高等院校会计专业（新准则）通用规划教材

政府会计学：理论与实务

Theory and Practice of Government Accounting

孙 琳 主编

上海财经大学出版社

图书在版编目(CIP)数据

政府会计学:理论与实务/孙琳主编. —上海:上海财经大学出版社,2020.6

(高等院校会计专业(新准则)通用规划教材)

ISBN 978-7-5642-3417-1/F·3417

Ⅰ.①政… Ⅱ.①孙… Ⅲ.①预算会计-高等学校-教材 Ⅳ.①F810.6

中国版本图书馆CIP数据核字(2019)第255438号

□ 责任编辑 施春杰
□ 封面设计 贺加贝 杨雪婷

政府会计学:理论与实务

孙 琳 主 编

上海财经大学出版社出版发行
(上海市中山北一路369号 邮编200083)
网 址:http://www.sufep.com
电子邮箱:webmaster @ sufep.com
全国新华书店经销
上海新文印刷厂印刷装订
2020年6月第1版 2020年6月第1次印刷

787mm×1092mm 1/16 24印张 584千字
印数:0 001—3 000 定价:65.00元

美国篇

目　录

准则第2号——投资》(政府会计准则2017年1月1日开始实施)以及《政府会计准则第5号——公共基础设施》《政府会计准则第6号——政府储备物资》《政府会计准则第7号——会计调整》《政府会计准则第8号——负债》《政府会计准则第9号——财务报表编制和列报》《政府会计准则第10号——政府和社会资本合作项目合同》等政府会计准则。同时,为了进一步适应权责发生制政府综合财务报告制度改革需要,规范行政事业单位会计核算,提高会计信息质量,根据《中华人民共和国会计法》《中华人民共和国预算法》《政府会计准则——基本准则》等法律、行政法规和规章,财政部制定了《政府会计制度——行政事业单位会计科目和报表》,于2019年1月1日起施行。同年9月,财政部发布了《政府财务报告编制办法》(征求意见稿)、《政府财务报告编制办法》(征求意见稿)修订说明、《政府部门财务报告编制操作指南》(征求意见稿)、《政府部门财务报告编制操作指南》(征求意见稿)修订说明、《政府综合财务报告编制操作指南》(征求意见稿)以及政府财务报告编制办法修订前后对照表(2019)等制度规范。修订通过后的新的财务报告编制办法及操作指南和《政府会计准则第10号——政府和社会资本合作项目合同》陆续开始实施。

以上我国政府会计制度改革部分借鉴了国际公共部门会计准则的做法,基本搭建了政府财务报告编制的制度框架,特别是编制办法和操作指南的出台,意味着政府财务报告编制进入操作起步阶段,新的政府会计规范体系也即将开始落实。

鉴于以上我国政府会计制度改革的进程,《政府会计学:理论与实务》一书进行了积极跟进和修订,包括基础篇、中国篇和美国篇三部分。其中,“基础篇”主要介绍了有关政府会计的基本概念,以及政府会计与预算及预算会计之间的关系,重点关注我国政府会计准则基本准则的各项内容的落实和实施。特别是对现阶段我国政府会计制度中预算会计和财务会计“双功能”和“平行记账”等新的制度变化进行了全面的更新和补充;“中国篇”和“美国篇”中分别以中国和美国的政府会计制度为例,以现行中国财政总预算会计制度、《政府会计制度——行政事业单位会计科目和报表》(2019)以及美国州和地方政府会计制度规范为基础,对以政府会计制度为主的公共部门会计制度框架进行了整体设计和论述。

《政府会计学:理论与实务》及其配套的教辅资料将更加注重实用性和可操作性,侧重于政府会计账务处理方法与政府实务活动的有机结合,融合目前最新颁布的政府会计准则及最新的研究成果,借鉴国内外最先进的经验,着力培养学生思考、分析、解决问题的能力。此外,本书编撰将更着力于构建现代政府会计思维方法和模式,改革与发展教学手段,更新教学内容,使其更具有本土化和国际化的特色。本书也是上海市教委科研创新重大项目“财政资金约束、债务风险控制和国家治理能力提升研究”(项目编号:2019－01－07－00－07－E00034)以及上海汽车工业教育基金会项目(2017)的阶段性成果。

本书适合作为财经类院校会计学专业及相关专业学生用书,也适合作为各部门对各类人员进行政府和非营利组织会计的培训用书,也可作为各级政府业务管理部门和中介机构了解业务知识的参考用书。

编者

2020年3月

前　言

政府会计主体的作用是提供“公共产品”，其组织目标的实现、财务资源的来源和分配机制都有其自身的规律，受托责任和业绩考核的内容也独具特色。我国近几年的财税体制改革中，围绕着财政国库管理改革、权责发生制政府综合财务报告制度改革以及预算体制改革等内容的研究和实践逐渐成为改革关注的重点。

据审计署2013年公布的数据，截至2012年底，全国政府负有偿还责任的债务余额与当年GDP(518 942亿元)的比率为36.74%；全国政府负有偿还责任债务的债务率为105.66%。为了进一步加强预算管理、防范政府债务风险，十八届三中全会审议通过的《中共中央关于全面深化改革若干重大问题的决定》(2013)指出，“改进预算管理制度”是提升国家治理能力、促进社会经济长期可持续发展的基础性制度改革。同时明确提出“建立跨年度预算平衡机制，建立权责发生制的政府综合财务报告制度，建立规范合理的中央和地方政府债务管理及风险预警机制”。这意味着，我国预算管理和地方政府债务风险防范对政府会计改革的推进提出了更为迫切的要求。《中华人民共和国预算法》(2015)第97条也明确规定，各级政府财政部门应当按年度编制以权责发生制为基础的政府综合财务报告，报告政府整体财务状况、运行情况和财政中长期可持续性。由此，我们更需要了解政府会计制度改革存在的问题、动因和改革的方向，特别是财政作为“国家治理的基础和重要支柱”，更加强调了政府运行(行政事务)与财政资金使用(财政事务)的密切关系，即行政事务和财政事务是一个硬币的两面。只有更为深入地了解政府会计制度核算和监督财政资金使用的作用路径和机制，才能更好地反映行政事务的处理效率，最终实现国家治理现代化的目标。

2019年10月，十九届四中全会制定了“坚持和完善中国特色社会主义制度、推进国家治理体系和治理能力现代化的总体目标”，即“……到二〇三五年，各方面制度更加完善，基本实现国家治理体系和治理能力现代化；到新中国成立一百年时，全面实现国家治理体系和治理能力现代化”；明确提出“坚持和完善党和国家监督体系，强化对权力运行的制约和监督。必须健全党统一领导、全面覆盖、权威高效的监督体系”。这同时对国家治理和财政管理提出了更高的要求。

为了加快推进政府会计改革，建立健全政府会计准则体系，根据《国务院关于批转财政部权责发生制政府综合财务报告制度改革方案的通知》(国发〔2014〕63号)(以下简称《改革方案》)，财政部于2015年10月23日颁布了《政府会计准则——基本准则》(于2016年1月1日开始实施)，此后于2016年7月到2019年12月期间，陆续颁布了《政府会计准则第3号——固定资产》《政府会计准则第1号——存货》《政府会计准则第4号——无形资产》和《政府会计

基础篇

第一章　政府会计的基本概念

学习目标

1. 了解政府的定义；
2. 掌握政府会计目标和核算前提；
3. 熟悉政府会计要素、记账基础和平行记账；
4. 掌握会计信息质量要求、计量属性和会计等式；
5. 了解政府会计体系构成及国内外的政府会计规范。

第一节　政府会计的相关概念

我国政府组织包括中央政府、32个省（自治区、直辖市）政府、2个特别行政区政府、600多个市政府、2 800个县政府和40 000余个乡（镇）政府。各级政府有各自具有相对独立法人地位的行政单位，包括民政、公安、教育、卫生、科技、财政等部门，各行政单位代表政府行使相应的管理职能。在美国，政府和行政事业单位人员约占城市劳动力的20%，1 800万人在从事提供公共物品的工作，总经费超过其国民生产总值的30%以上。

一、政府及政府预算的定义

（一）政府的定义

政府是通过人民民主选举产生的、接受人民的委托治理国家的政治主体，其主要职责是履行社会公共事务管理，行使行政管理的职能，是为其“辖区”公众和经济组织承担受托责任的政权组织。根据行政管理活动所涉及的内容，通常把政府职能划分为政治职能、经济职能和社会职能。其中，政治职能主要体现为维护国家政权、稳定社会秩序、防御外来侵略、惩治犯罪行为等；经济职能是政府通过高效的行政管理，促进社会生产力的发展，如弥补市场缺陷、进行宏观调控等；社会职能是指政府承担的与社会公众生活质量密切相关的各项社会公共事业，如科学、教育、文化、卫生、体育、社会保障、环境保护等。政府履行上述职能而提供的物品和服务属于公共物品的范畴，公共物品是私人部门不能提供的物品，只能由政府提供。从表面上看，社会公众消费公共物品无须付费，因而政府提供公共物品不能取得收入。但是，提供公共物品必须耗费一定的经济资源，这些资源的主要来源只能是政府凭借国家政权以法定形式向公众征收，也就是说，社会公众向政府提供经济资源就是在购买公共物品或公共服务。政府从事社会公共事务管理、提供公共物品和公共服务，就是在履行社会公众委托或赋予的责任，这种责任就是公共受托责任、政府对公众的受托责任是最基本的受托责任，这种受托责任在我国还可以进一步细分为下级政府对上级政府的受托责任、政府对人大以及人大对公众的受托责任等，同时，这种受托责任也会派生出其他的受托责任，如政府对债权人的受托责任、政府对其他政府的受托责任等。政府完整的受托责任体现在：政府是整个国民经济和社会发展的组织者和管理者。

从整体功能上看，政府是承担社会公众和经济组织广泛职责的一级政权。我国政府可分为中央级政府、各省级(直辖市、自治区)政府、各市级(地区、自治州)政府、各县级(市、区)政府以及各乡镇级政府5个级次，各级政府的财政部门代表该级政府执行财政总预算，管理财政收支。从职责分工上看，政府还包括各类行政单位，如立法机关、行政机关、司法机关等。行政机关是一级政府的办事处，是行使国家权力、管理国家事务、组织经济建设和文化建设、维护社会公共秩序、执行行政单位预算的部门和单位。

政府与行政单位的特点：

1. 非营利性

政府和行政单位不必向它们的所有者即资本的提供者分配利润。政府和行政单位对外提供服务或商品往往并不追求利益，甚至不收费，主要是按照财务资源和其他资源提供者的期望和要求提供尽可能多的服务或者商品。相应地，政府财政管理的重点放在如何谋求并合理使用财务资源、如何保证预算得到贯彻执行并努力保持足够的流动性和支付能力上，而不像企业那样致力于利润或每股净收益的提高。

2. 公益性

政府和行政单位服务于公共目的，为公众奉献。政府和行政单位所追求的是公共利益，即全体居民的共同利益，以实现政府的公共职能为目的。例如，行政单位向社会提供的服务等。

3. 组织约束性

政府和行政单位必须严格地遵守财政指令和财经纪律。以营利为目的的企业通常是按照其追求利润或财富最大化的目标，通过市场竞争来开展其生产经营活动的，并且有适用于自身的一套运行规则；而政府和行政单位有各自非营利性的既定目标，服务领域具有独占性且不存在竞争性的公开市场。同时，由于资金的来源具有独特的渠道(税收、捐赠、财政拨款等)，为了有效地使用资金，政府和行政单位不仅要受《中华人民共和国会计法》[①]等法律法规的约束，而且还受财经纪律和财政部门规定的各项制度的严格约束。

(二)政府预算的定义

1. 政府预算的定义

预算，是指对未来一定时期内财务运营的计划或者说规划。从形式上看，预算就是一个有关收支计划的报告或者报告汇编，它涉及一个组织的财务状况，包括收入、支出、活动及目的等信息。预算编制实际上就是将有限的资源对照无限的需求予以分配的过程，是某一具体时间如何花钱的计划。在政府机构中，预算具有企业所不可比拟的重要功能，它对政府未来活动发

① 《中华人民共和国会计法》(主席令第24号)于1985年1月21日颁布，1993年12月29日、1999年10月31日、2017年11月4日分别进行过修订，现行《会计法》于2017年11月5日施行至今。

挥着规划、控制、评价的重要作用。正是基于这一原因，美国政府会计准则委员会才会明确提出，每一政府单位都要有自己的年度预算，而且政府会计系统必须为预算的控制提供基本的信息，预算执行情况（即预算与实际的比较）必须作为财务报告中的一个重要部分予以编报。2015年修订的《中华人民共和国预算法》（以下简称"《预算法》（2015）"）也规定，政府的全部收入和支出都应当纳入预算。预算往往经过一定的法定程序，具有一定的法律地位，也是国家实现财政政策的重要手段。广义的预算是指编制、批准、执行、决算、审计结果的公布与评价等所有环节；狭义的预算就是指预算文件或预算书。

政府预算，是指经法定程序审批的具有法律效力的政府财政收支计划，是政府筹集、分配和管理财政资金及进行宏观调控的重要工具。政府预算是落实各项财税政策、有效发挥财政职能作用、促进经济社会事业健康发展的基础和保障。政府预算是任何国家政府进行财政管理所必需的一种管理工具，一般包括三方面的内容：一是收入和支出的种类和数量，以及这些种类和数量所表现出来的收支的性质和作用；二是各类国家机关和部门在处理这些收支问题上的关系以及其所处的地位和承担的责任；三是在收入和支出的实现上所必须经过的编制、批准、执行、管理和监督等预算过程。预算会计的主体就是各级政府财政部门和事业行政单位。

政府预算的内涵包括：

（1）从形式上看，政府预算是以年度政府财政收支计划的形式存在的，政府预算就是政府对年度财政收支规模和结构进行的预计、测算和安排。

（2）从内容上看，政府预算反映政府集中支配财力的分配过程。政府预算的形成过程实际上是国家立法机构审定预算内容和赋予政府预算执行权的过程。各项财政收入来源和财政支出去向体现了政府的职能范围，全面反映了公共财政的分配活动。

（3）从性质上看，政府预算是有法律效力的文件。

（4）从程序上看，政府预算是通过政治过程决定的。

（5）从政治角度看，政府预算是纳税人及其代议机构控制政府财政活动的机制，这种控制有别于经济活动由市场进行的控制。

（6）从决策管理体制看，预算是公共选择机制。预算由编制、审议通过、执行实施、决算审计、向社会公布等一系列环节组成，通过这些环节保证政府财政活动能够满足公共需要，这一过程的实质就是公共选择机制。

我国的政府预算具体分为中央预算和地方预算两部分。中央预算即中央政府预算，是经法定程序批准的中央政府财政收支计划[①]；地方预算由各省、自治区、直辖市总预算组成。地方各级总预算由本级预算和汇总的下一级总预算组成；下一级只有本级预算的，下一级总预算即指下一级的本级预算；没有下一级预算的，总预算即指本级预算。

2. 政府预算的基本特征

政府预算的基本特征包括公共性、预测性、法律性、集中性和综合性等方面。

（1）公共性。政府预算的公共性是指预算分配的内容是满足社会公共需要，预算的制定和运行方式公开、透明、规范。与其他预算主体相比较，如对营利组织来说，预算就是对营利组织

① 马蔡琛：《政府预算》（第二版），东北财经大学出版社2018年版，第30页。

资金的计划;但对于政府来说,是对社会上所有人的财富进行预算,所以这种预算存在公共性的特征。

(2)预测性。预测性是指政府通过编制预算可以对预算的收支规模、收入来源、支出去向做出事前的设计和规划。各级政府、相关的部门以及事业单位等都需要为下一年的预算收支状况进行提前测算和安排,只有这样政府部门才能够对宏观经济形势进行研究对比。随着现代化的信息手段和技术手段的不断发展,信息的获取渠道的扩大和反馈速度的加快,使预测的准确度大大提高。

(3)法律性。法律性是指政府预算的形成和执行结果都要经过立法机构审查批准。政府预算的法律性主要体现在:有关预算级次划分、收支内容、管理职权的划分等都是以法律形式规定的;预算的编制、执行和决算的程序也是在预算法的规范下进行的;预算编制后要经国家权力机构审查批准方能公布并组织实施;预算的执行过程,不经过法律程序审查批准,任何人无权改变预算规定的各项支出指标;等等。

(4)集中性。集中性是指预算资金作为集中性的政府财政资金,它的规模、来源、去向、收支结构比例和平衡状况,由国家根据社会公共需要和政治经济的形势,从国家全局利益出发进行统筹,集中进行分配。

(5)综合性。综合性是指政府预算是各项财政收支的汇集点和枢纽,综合反映一个国家的财政收支状况。政府预算一般包括一切收支,并以总额而不是以收支相抵后的净额列入预算。在收支范围上,政府预算收支比其他财政政策涉及的范围要广泛得多。

专栏 1—1

政府预算的原则

预算原则是伴随预算制度的产生而产生的,它是一国在预算的制定和执行的过程中必须遵守的。西方国家政府早期的预算原则比较注重控制性,主要包括预算的完整性、统一性、年度性、可靠性、公开性和分类性。随着财政支出内容的复杂程度加深,立法机构开始注重预算的周密性和功能性,进而形成了带有行政主动性的预算原则,即预算的计划性、责任程度、主动性、灵活性、充分性以及预算程序的多样化等。我国在长期的社会主义市场经济的建设过程中,借鉴国外的预算原则并结合我国的实际情况,产生了一些我国政府预算的基本原则,在《预算法》(2015)中这些原则得到了很好的体现。

1. 完整统一原则

预算完整性,是指政府的预算包括政府的全部预算收支项目,应完整地反映以政府为主体的资金收支活动,全面体现政府活动的范围和方向,不允许在预算规定范围之外还有任何政府的资金收支活动。预算的完整性可以帮助政府控制、调节各类财政性资金的流向和流量,完善财政的分配、调节和监督职能;预算的完整性也便于立法机关的审议批准和社会公众的了解,有利于对政府预算收支的监督和控制。

预算统一性,是指在一国或一级政府预算应按照统一的政策和程序进行。具体而言,全国性的财政预算的方针政策必须由中央制定,全国重要的财政规章制度也必须由中央统一制定,任何地区和部门必须坚决执行，不得任意改变。各部门、各单位应当按照国务院财政部门制定的政府收支分类科目、预算支出标准和要求，编制本部门、本单位预算草案。[①]

2. 公开透明原则

公开透明原则，是指政府预算应该是对全社会公开的文件。一是预算公开，预算内容应该为全社会所了解，除法律规定或涉及国家利益的重大机密外，预算草案及依据应向人民代表公开；二是预算的编制、审议和执行过程要公开透明，便于人民的监督；三是决算数据公开。通过预算将政府决策为民众所知晓，加强政府与公民的沟通，可以更好地配合政府落实有关决策，并且可以提升民主化程度，发挥预算的监督约束作用。

预算、预算调整、决算、预算执行情况的报告及报表，应当在批准后二十日内由本级政府财政部门向社会公开。县级以上政府审计部门依法对预算执行、决算实行审计监督。对预算执行和其他财政收支的审计工作报告应当向社会公开。未依照本法规定对有关预算事项进行公开和说明的，列为违法处罚。这些新规定都确保了政府预算的公开透明原则。[②]

3. 绩效管理原则

绩效管理原则，是指政府预算决策需建立在认真考察政府政策设计的基础上，力求提高资源的使用效率，将政府干预引起的无效和低效资源配置降至最低。预算的过程本身就是资源配置的过程，所以绩效就是政府预算追求的目标之一。它要求政府在预算决策过程中要考虑各个施政方案的绩效，做出理性的抉择，对有限的资源做出最有效的配置。政府绩效预算不同于一般的经济效率，主要体现在绩效指标的多元性上，即政府预算的绩效指标除经济、政治指标外，更多的应反映社会发展绩效指标。

《预算法》(2015)更加突出绩效管理原则，直接明确了预算法讲求绩效的原则：(1)确立了绩效评价是政府和预算单位的法定责任，各级政府、各部门、各单位应当对预算支出情况开展绩效评价。(2)确立了绩效是预算分配的重要依据，预算单位在编制预算时，应当附有绩效目标，各级预算应当根据年度经济社会发展目标、国家宏观调控总体要求和跨年度预算平衡的需要，参考上一年预算执行情况、有关支出绩效评价结果和本年度收支预测，按照规定程序征求各方面意见后，进行编制。(3)提出了绩效是人大监督的重要依据，人大财政经济委员会在向人大主席团提出的预算草案审查报告中，应对执行年度预算、改进预算管理、提高预算绩效、加强预算监督等提出意见和建议。

4. 平衡稳健原则

平衡稳健原则，是指要求预算的结余或赤字在可以控制的范围之内，以保持政府预算的稳健。预算收支情况无非有三种结果：收支相等、收大于支和收不抵支，即平衡、结余和赤字。政府预算结余过多或者长期赤字会对私人资本产生挤出效应，于国民经济发展不利，所以预算如何能够平衡稳健一直是预算理论中备受关注的一个问题。

---

① 根据《中华人民共和国预算法》(2015)第32条规定。

② 根据《中华人民共和国预算法》(2015)第14、89、92条规定。

二、政府会计的定义及构成

（一）政府会计的定义

公共部门会计是以各级政府、行政单位为主体，以货币为主要计量单位，连续、系统、完整地核算和监督公共部门资金运动过程及其结果的专业会计。政府会计，是指用于确认计量和报告政府组织为社会公众和经济组织提供“公共物品”的财务活动，以及自身受托责任履行情况的专业会计。

专栏 1—2

预算会计与企业会计、政府会计的区别

（一）预算会计与企业会计的区别

预算会计与企业会计在适用范围、要素构成、核算基础、会计等式以及核算内容方面存在很大不同。

1. 适用范围不同

预算会计适用于各级政府财政部门、各级行政单位和各类事业单位，适用对象具有很明显的非营利性；而企业会计适用于以营利为目的的从事生产经营活动的各类企业。

2. 会计要素构成不同

预算会计要素分为五大类，即资产、负债、净资产、收入和支出；企业会计要素分为六大类，即资产、负债、所有者收益、收入、费用和利润。即使名字相同的会计要素，其内容在预算会计与企业会计上也存在较大差异。

3. 会计核算基础不同

企业会计均以权责发生制为主要会计核算基础。根据《政府会计准则——基本准则》的规定，预算会计实行收付实现制，国务院另有规定的，依照其规定。财务会计实行权责发生制。《政府会计制度——行政事业单位会计科目和报表》[①]（以下简称“《政府会计制度》(2019)”）提出了“平行记账的基本原理”，即单位会计核算应当具备财务会计与预算会计双重功能，实现财务会计与预算会计适度分离并相互衔接，全面、清晰反映单位财务信息和预算执行信息。

4. 会计等式不同

预算会计恒等式：资产＝负债＋净资产

企业会计的恒等式：资产＝负债＋所有者权益

净资产与所有者权益的比较：所有者权益可以定义为“所有者对企业净资产的要求权”，可见所有者权益就是净资产。

但为何企业称为“所有者权益”，而政府会计直接称为“净资产”？

原因有三：(1)企业的投资者往往是多元的，比如国家、企业、个人等，而政府的出资者往往

① 《政府会计制度——行政事业单位会计科目和报表》(财会[2017]25 号)，自 2019 年 1 月 1 日起全面施行。

是唯一的，即国家；(2)企业是以赚取利润为目的的，政府为非营利组织；(3)企业赚取利润的分配以出资的多少为比例进行分配，所以企业尤其强调净资产的"归谁所有"，故称"所有者权益"。而政府组织不以营利为目的，只要表明政府预算收支的结果以及基金的多少就可以，因此便称为"净资产"。①

5. 会计核算内容不同

企业资金筹集主要源自权益资金和债务资金，其中，企业债务资金的筹集包括银行信贷和债券发行等。在预算会计中，也会涉及地方政府债务资金筹集及偿还等业务，但与企业会计核算内容存在显著差异。如根据《预算法》(2015)的规定，省、自治区、直辖市政府为一般债券的发行主体，具体发行工作由省级财政部门负责。设区的市、自治州，县、自治县、不设区的市、市辖区政府确需发行一般债券的，应当纳入本省、自治区、直辖市一般债务预算管理，由省、自治区、直辖市政府统一发行并转贷给市县级政府。由此，财政总预算会计中，省级财政部门需设置"一般债务收入"预算科目，市县级财政部门则需设置"地方政府一般债务转贷收入"预算科目。

(二)预算会计与政府会计的区别

在预算会计与政府会计关系的讨论中，学界大致有以下三种观点：(1)政府会计基本等同于预算会计，我国目前使用的预算会计概念即是西方国家采用的政府会计概念，二者只是名称不同；(2)预算会计包含政府会计，预算会计体系包括了财政总预算会计、事业单位会计、行政单位会计、国库会计等内容，其中只有财政总预算会计与行政单位会计才是政府会计；(3)政府会计包含预算会计，政府会计分为政府预算会计、政府财务会计和政府成本会计三种类型，目前支持这一观点的学者较多。②

从具体的定义来看，预算会计围绕预算为核心，记录预算支出过程中资金流量的变化，以预算资金运动为对象，反映预算执行情况及结果。政府会计是用于确认、计量、记录和报告政府和政府单位财务收支活动及其受托责任的履行情况的会计体系。两者概念中的侧重点存在显著差异，此外，预算会计与政府会计的区别主要体现在以下几个方面：

1. 会计目标差异

预算会计主要是以提供预算执行情况的会计信息为目标，服务于政府的预算管理，反映、监督预算资金的使用情况。政府会计主要是以反映政府受托责任的履行情况为目标，但同时也提供政府预算的信息。除了加强预算管理的目标外，政府会计更侧重政府公共财政资源受托责任的履行情况，报告范围更为广泛，还需要反映政府财务状况、政府财政绩效以及现金流等，为决策者做出有效决策提供充分有效信息。

2. 会计服务对象差异

在服务对象上，首先，预算会计主要是为政府自身服务的，便于各级政府和上级财政部门通过预算执行情况等有关会计信息进行管理、监督和决策。其次，预算会计是为行政事业单位的管理者服务的，用于各项预算单位的核算和管理。行政单位会计信息的使用者包括人民代表大会、政府及其有关部门、行政单位自身和其他会计信息使用者。最后，预算会计信息的服务对象还包括立法机关和审计部门，用于对政府收支的审核监督。因此，预算会计的目标就是

---

① 常光辉、刘文佳、李靠队：《政府会计与企业会计等式比较》，《财会通讯》2016年第22期。

② 张琦：《政府会计改革：系统重构与路径设计》，东北财经大学出版社2011年版，第164页。

提供信息使用者所要的信息。而政府会计除了满足以上内部使用者的需求外，还要为外部信息使用者提供评价政府整体财务状况和绩效的有用信息，接受社会公众的监督。总体而言，政府会计服务对象的范畴要比预算会计广泛。

3. 会计核算范围差异

在会计核算范围上，预算会计核算的范围只包含了支出周期各个阶段的财政交易，政府会计则是用以记录所有财政交易的信息系统。此外，预算会计以政府预算资金及其运动为对象，以预算年度为会计期间，确认、计量、记录和报告当年的预算收支及结果。政府会计除了要反映预算资金运动以外，还要反映政府拥有所有权的国有资产产权及其收益的变动、以政府作为受托人的各种社会保障资金的保管及其运作。[①] 故政府会计的核算对象除了包括预算会计对象，还包括整个预算资金的连续运动及积累的结果，即政府的资产与负债。

4. 会计记账基础差异

在会计记账基础上，预算会计采用的是收付实现制记账基础，强调预算收支的会计处理。这主要是因为预算管理的核心是收支的管理，在预算范围内控制实际支出，因此收付实现制在及时记录现金进出上更便于操作、简明易懂。政府会计采用的是权责发生制记账基础，这是因为政府会计所要核算的范围更广，要客观真实地反映政府财务活动的全貌，保证会计信息的相关性和可靠性。

资料来源：张琦：《政府会计改革：系统重构与路径设计》，东北财经大学出版社 2011 年版；景宏军、王蕴波：《我国政府会计改革：理论探源与流程创新》，黑龙江大学出版社 2012 年版。

（二）我国政府会计体系

根据《政府会计准则——基本准则》(2017)[②]的规定，政府会计由财务会计和预算会计构成。财务会计，是指以权责发生制为基础对政府发生的各项经济业务和事项进行会计核算，反映和监督政府财务状况、运行情况、运行成本和现金流量等信息的会计。预算会计，是指以收付实现制为基础对政府预算执行过程中发生的全部收入和全部支出进行会计核算，主要是反映和监督预算收支执行情况的会计。

专栏 1—3

政府会计体系三分法：以法国为例

我国公共财政管理改革的持续深化，特别是强化预算执行控制、增进财政透明度以及推动财政绩效评价的诉求，使加快建设功能完整且相对分立的政府会计体系，变得比过去任何时候都更加重要和紧迫。该体系应该并且可以由预算会计、财务会计和成本会计三个支柱联结而成。鉴于功能失调的“预算会计”并非真正义上的预算会计，建设基于支出周期的全面的预算会计，使其至少有能力跟踪支出承诺与义务信息，应置于改革议程中最优先的位置。开发成本

① 景宏军、王蕴波：《我国政府会计改革：理论探源与流程创新》，黑龙江大学出版社 2012 年版，第 13 页。

② 《中华人民共和国政府会计准则——基本准则》(财政部令第 78 号)于 2015 年 10 月 23 日发布，于 2017 年 1 月 1 日起施行。

会计以使其能够有效地支持绩效评价与管理，亦应尽快纳入相关改革议程，引入作业成本法以核算产出与成果的完全成本尤其重要。

法兰西共和国（简称法国），是一个高度发达的资本主义国家。法国是典型的高度集权国家，超过80%的公共财政支出由中央政府控制。政府分为中央政府及地方政府。地方政府由四类组成：大区、省、市镇和市镇间机关。大区是最大的行政划分区，由大区议会管理。大区议会每六年由直接普选产生，议会参与经济和社会领域的大多数事务的管理和财政拨款。省是比大区低一级别的行政区域，每个大区包括数个省。市镇在大多数情况下是最小的行政划分区，对应一个乡村或者城市。市镇由选举产生的市议会治理，后者由市长主管。各级政府权限不一，拥有各自的财政预算。

法国在2006年实施的中央政府会计改革是由政府推动的，共形成了三套会计系统：预算会计系统、财务会计系统和成本会计系统。

三套会计系统的功能主要表现在以下几个方面：

1. 预算会计系统与预算拨款保持一致，用来跟踪预算的执行，核算预算的现金流入和流出。预算会计系统以收付实现制为基础：收入在收到现金时核算，费用在付出现金时核算，并都可以在下一年度的追加期内记录。由于其处理方法兼有权责发生制的一些特征，因此称为修正的收付实现制。

2. 财务会计系统用来对中央政府的所有活动进行核算，力求全面、真实地反映中央政府的净资产和财务状况。强调权利和义务的确认，除中央政府特有的运行活动外，遵循私营企业权责发生制的会计原则。

3. 成本会计系统利用财务会计的权责发生制信息对项目进行成本分析，对公共支出是否达到预期目标进行评估。其记账基础也是权责发生制，是与绩效预算相对应、为评价公共支出效率而专门设置的一种特殊类型的会计系统。

表1—1　　预算会计、财务会计和成本会计的区别与联系

	预算会计	财务会计	成本会计
目的	追踪和反映政府预算执行的全过程	全面核算和反映政府的财务状况	进行成本分析，便于进行绩效管理
分类标准	预算功能分类	预算经济分类	产出项目
会计基础	收付实现制	权责发生制	权责发生制
记账方法	单式	复式	单式

资料来源：路军伟、陈希晖：《法国政府预算与政府会计改革：评介与借鉴》，载《审计与经济研究》2009年第3期。

目前，前两种类型的会计系统已经开始在政府会计领域使用，公共会计总局使用这两种方法对国家的每一笔收入和支出进行跟踪。而成本会计系统由于项目成本核算方法相对复杂再加上牵涉面广，目前只是在一些部门进行了试点，全面使用还要做大量的基础性工作。

预算会计系统、财务会计系统和成本会计系统三个会计系统之间的区别和联系如表1—1所示。

资料来源：王雍君：《政府会计体系三分法与预算会计的优先完善》，《会计之友》2017年第4期；法国维基百科：http://zh.wikipedia.org/zh—cn/%E6%B3%95%E5%9B%BD。

我国是以公有制为主体的社会主义市场经济国家,财政预算实行“统一领导、分级管理”的体制,整个政府会计体系由财政总预算会计、行政事业单位会计等组成。

财政总预算会计,是指各级政府财政部门核算并监督政府预算执行情况以及各项财政性资金收支活动情况及结果的专业会计。根据“一级财政、一级预算”的原则,我国将财政总预算会计的管理体系分为五级:财政部设立中央级财政总预算会计,省(自治区、直辖市)财政厅(局)设立省级财政总预算会计,市(地、州)财政局设立市级财政总预算会计,县级(市、区)政府设立县级财政总预算会计,以及各乡镇级政府设立乡镇财政总预算会计。

行政单位会计,是指我国各级行政机关和实行行政财务管理的其他机关(包括各级权力机关、行政机关、审判机关和检察机关)、政党及人民团体核算和监督本单位财务状况、预算执行过程及其结果的专业会计。行政单位会计体系根据国家机构建制和经费领报关系,分为主管会计单位、二级会计单位和基层会计单位三个级别。

事业单位会计,是指各类事业单位核算和监督本单位预算执行情况及结果的专业会计。事业单位会计体系根据国家机构建制和经费领报关系,分为主管会计单位、二级会计单位和基层会计单位三个等级。我国事业单位内部行业众多,包括科技、教育、文化卫生、应用科研型事业单位、社会服务部门的事业单位和社会福利救济事业单位等。与这些事业单位会计相适应,形成各种事业单位会计。

近年来,由于部门预算的编制,财政总预算会计和行政单位会计的改革将逐渐趋于以一级政府为中心,核算整个政府的财务状况,即编制一级政府的收支情况表。另外,在推行国库单一账户制度后,财政部门对财政支出资金实施全过程管理,各级行政单位由于只是政府的组成部分,其所有资金都是财政资金,都要通过国库单一账户收付,其资金活动已通过总预算会计反映。

同时,实行政府采购后,对于行政单位专项支出经费,财政部门不再简单地按照预算下拨经费给行政单位,而应当按照批准的预算和采购活动的履约情况直接向供应商拨付货款,即财政对这部分支出采用直接付款方式。财政总预算会计可以根据这部分支出数直接办理决算,而行政单位应根据财政部门提供的付款凭证进行资金核算,根据采购品入库情况入账。这笔业务可视为同一会计主体下获取货物、工程和服务的行为。因此,财政总预算会计和行政单位会计二者共同构成政府会计。

第二节 政府会计目标和核算前提

一、政府会计目标

所谓“会计目标”,是指提供财务信息或编制财务报告的目标或目的。会计目标影响到会计主体、会计报表体系的设计、提供信息的范围和质量规范,进而影响到会计要素的定义、分类、确认和计量等会计政策的选择。政府会计信息应当符合《预算法》(2015)的要求,适应国家宏观经济管理和上级财政部门及本级政府对财政管理的需要。从会计产生和发展的历史可以看出,会计是随着受托责任的发展而发展的。政府是一个承担着广泛受托责任的组织,政府会计的根本任务首先是对政府受托责任的完成情况进行自我认定、自我计量,并定期编制各种受托责任的财务报告,为委托人了解政府受托责任履行情况提供有用的会计信息,以帮助委托人进行相关的决策。

我国现行政府会计规范中有关政府会计目标的阐述主要体现在相关的政府会计制度和政府会计准则中。根据《政府会计准则——基本准则》的规定，政府应当编制财务报告和决算报告。财务报告的目标是向财务报告使用者提供与政府财务状况、运行情况（含运行成本）和现金流量等有关的信息，反映政府偿债能力和受托责任履行情况，有助于财务报告使用者做出决策或进行监督和管理。政府财务报告使用者包括债权人、政府自身和其他利益相关者。决算报告的目标是向决算报告使用者提供与政府预算执行情况有关的信息，综合反映政府预算收支的年度执行结果，有助于决算报告使用者进行监督和管理，并为编制后续年度预算提供参考和依据。政府决算报告使用者包括政府自身和其他利益相关者。

政府财务报告和决算报告应提供以下几个方面的信息：

(1)能使使用者评估责任、说明各级政府责任的信息。主要包括：能使使用者确定本年收入是否足以支付本年服务和在以后年度是否必须负担以前年度的服务成本；说明各级政府的预算责任以及是否遵循其他与财务相关的法律和合同要求；帮助使用者评估政府提供服务的成本、成果及努力程度。

(2)评估当期政府如何筹集其活动资金，满足其现金需要的信息。主要包括：财务资源来源和使用信息；政府如何筹集其活动资金，满足其现金需求的信息；确定各级政府财务状况在当年是改善还是恶化所需的信息。

(3)评价政府的服务水准，持续筹措活动资金和履行义务能力所需的信息。主要包括：各级政府财务状况的信息；各级政府有形资源和其他非财务资源未来使用寿命的信息，包括可评估其服务潜能的信息；披露法律、合同对资源使用的限制，以及资源可能损失的风险。

伴随现代公共财政体制改革的进行，会计核算上也要求与时俱进。① 为了适应权责发生制政府综合财务报告制度改革需要，规范行政事业单位会计核算，提高会计信息质量，财政部于 2017 年 10 月制定印发了《政府会计制度——行政事业单位会计科目和报表》（以下简称为《政府会计制度》），并于 2019 年 1 月 1 日起施行。该制度是服务全面深化财税体制改革的重要举措，对于提高政府会计信息质量、提升行政事业单位财务和预算管理水平、全面实施绩效管理、建立现代财政制度具有重要的政策支撑作用，在我国政府会计发展进程中具有划时代的重要意义。

综上所述，在提升政府治理和财政资金使用效率的大背景下，政府会计目标主要是提供包括预算管理活动在内的所有财务活动的信息，以及提供预算与实际执行情况比较的信息，以满足国家的宏观经济管理、政府预算管理以及政府单位内部管理的需要，并反映政府受托责任，帮助财务报告使用者做出科学决策。

二、政府会计核算前提

政府会计核算前提，也称会计假设，是指针对政府和行政事业单位会计所面临的变化不定

---

① 会计核算，包括会计确认、计量、记录和报告各个环节，涵盖填制会计凭证、登记会计账簿、编制报告全过程。2013 年财政部率先修订了《行政单位会计制度》（2014 年 1 月 1 日起实施）。相较于原制度，《行政单位会计制度》（2014）更侧重反映行政单位的预算收支信息。在会计目标上，行政单位提供的会计信息应当与行政单位受托责任履行情况的反映及会计信息使用者的管理、监督和决策需要相关，有助于会计信息使用者对行政单位过去、现在或者未来的情况做出评价或者预测。《政府会计制度》（2019）实施的同时，2013 年发布的《行政单位会计制度》和《事业单位会计制度》同时废止。

的客观经济环境,对政府和行政事业单位的某些情况或进行会计工作的先决条件所做出的逻辑推断。会计假设也并不是毫无根据的臆断,而是根据政府和行政事业单位所处的社会环境所做出的合乎逻辑的推论,是对会计活动的基本经验的总结和理论概括,具有相当普遍的适用性。尤其是会计基本假设,已在相当程度上反映了市场经济的最一般规律,是开展政府会计工作必要的前提和条件。

政府会计核算的前提包括会计主体假设、持续运营假设、会计分期假设和货币计量假设。

(一)会计主体假设

会计主体假设,是指政府会计核算应当以本组织发生的各项交易或事项为对象,记录和反映政府本身的各项业务活动。会计主体,是会计信息所反映的特定单位或组织,它界定了会计工作的空间范围。

会计工作的目标是反映一个组织的财务状况、业务活动情况和现金流量,为包括捐赠者在内的各利益相关者决策服务。只有明确规定政府和行政事业单位会计的核算对象,将政府和行政事业单位会计所要反映的对象与其他经济实体区别开来,才能保证政府和行政事业单位会计核算工作的正常开展,实现会计目标。

会计主体会计假设是为了政府和行政事业单位会计人员在日常的会计核算中对各项交易或事项做出正确的判断,对会计处理方法和会计处理程序做出正确选择的依据。由于政府和行政事业单位各项财务资源的用途通过预算作了限定,必须分别核算和报告不同用途的财务资源的收支情况及结果,但政府和行政事业单位是一个对外承担受托责任的整体,它必须对外报告所有财务收支情况及结果。

一般来说,凡是具有独立的资金、允许在银行开户、有业务收支、需要独立核算、编制会计报表的单位,在会计上均视为一个会计主体,应进行独立的会计核算。在市场经济中,企业是典型的会计主体,这个假设对进入一个会计信息系统的各种经济交易和事项作了空间上的限定,并以主体为范围,将其发生的所有交易或事项作为会计核算和报告的对象,而不区分交易或事项的类别和具体用途。所以,以企业作为会计主体时,每一个企业只需一套属于自身的日记账、分类账和会计报表就能够实现企业财务报告目标。

政府及其构成具有基金主体和组织主体的双重性。基金主体是假设政府及行政事业单位(包括民间非营利组织)以“基金”界定会计的空间,把按照法律法规或其他限定用途的各种财务资源分别设立基金,按基金组织财务收支的会计核算,要求基金与基金之间的财务收支必须区分开,分别核算和报告,因此,“基金”是政府及行政事业单位典型的会计和财务报告主体。组织主体则假设政府和行政事业单位以“组织”界定会计的空间,按对外承担受托责任的组织整体的财务收支作为会计核算和报告的对象,所以,政府和行政事业单位也是一个会计与财务报告的主体。

政府性基金,是指各级人民政府及其所属部门根据法律、行政法规和中共中央、国务院文件规定,为支持特定公共基础设施建设和公共事业发展,向公民、法人和其他组织无偿征收的具有专项用途的财政资金。政府性基金实行中央一级审批制度,遵循统一领导、分级管理的原则。政府性基金属于政府非税收入,全额纳入财政预算,实行“收支两条线”管理。[1]

---

① 《政府性基金管理暂行办法》(财综〔2010〕80 号)。

（二）持续运营假设

持续运营假设，是指政府和行政事业单位的会计核算应当以持续、正常的进行为前提，也就是说，在可预见的未来，政府和行政事业单位不会因终止、关闭、破产而清算，因而政府和行政事业单位所拥有的资产将在正常的经营过程中被耗用或出售，所承担的债务也将在正常的经营过程中清偿。

在企业会计中，通常假设一个会计主体除非提供"反证"，否则它将在可预期的未来持续不断地经营下去。会计学界普遍认为，持续经营是一个必要的和重要的会计基本前提，它要求企业对资产和计价必须建立在非清算的基础上，从而要求企业购置资产的现金流出不记为费用而记为资产，预收款项不记为收入而记为负债。

政府强调其公共活动的连续性也非常必要。因为政府与企业主体不同，它不以营利为目的，其开展各项公共活动不仅不能带来盈利，而且要消耗一定的资源，如果不作这样的假设，我们很难想象一个社会能够延续下去。但是，政府在以基金为主体的情况下，一旦基金所限定的项目或目的达到以后，该基金主体就消失了，其活动也就终止了。所以，这个假设应作适当的修正，即政府和行政事业单位公共活动具有连续性，而基金财务收支活动则具有暂时性。持续运行假设，要求政府会计工作必须以本单位将永远存在并持续运行为前提，来考虑、处理一切会计事务。

持续运营假设界定了会计工作的时间范围。正是在持续运营假设前提下，政府和行政事业单位会计理论和实务才能建立在"非清算基础"上，对于运营中较长使用期限的资产才能按其成本入账，而不是按破产清算时的清算价值入账。也正是在这一会计假设下，政府组织在会计信息的收集和处理上所使用的会计程序或方法才能保持相对的稳定性，才能出具正确的记载报告，为各方提供可靠的会计信息。

当然，由于组织章程的限定，或者是由于出资人共同商定的结果，或者是由于国家法律和政府法规的影响，或者是由于组织运转不良和竞争因素的作用，很多政府组织可能会面临终止、关闭，甚至宣布破产或进行法律上的改组。在这种情况下，持续运营假设就不再适用了，在这个假设基础上建立的会计原则和程序也不再适用。或者说，持续运营假设只适用于正常运营状态下的政府组织单位，而不适用于已经终止业务活动的政府组织单位。

（三）会计分期假设

会计分期假设，是指将政府会计主体持续运行的时间人为地划分成等距时间段，以便于分阶段结算账目，编制财务报告。会计期间至少分为年度和月度。会计年度、月度等会计期间的起讫日期采用公历日期。世界各国对会计年度的规定不同，一般采用的形式有：公历制（即每年 1 月 1 日起至本年 12 月 31 日止），如中国、德国等；四月制（即每年 4 月 1 日起至次年 3 月 31 日止），如英国、加拿大等；七月制（即每年 7 月 1 日至次年 6 月 30 日止），如瑞典、澳大利亚等。

在政府会计中，对于可支用基金和政务基金来说，需要会计分期前提的目的是为了考察预算期间内财务资源的实际流动情况以及预算的执行情况。

（四）货币计量假设

货币计量假设，是指政府会计主体在会计核算时，应当以货币为主要计量单位，不考虑币值变动因素的影响,以保证会计数据的连续性和有效性。我国现行会计制度规定,政府会计核算应以人民币作为记账本位币。如果发生外币收支,应当按照中国人民银行公布的当日人民币外汇汇率折算为人民币核算。①

第三节 政府会计要素、记账基础和平行记账

一、政府会计要素

会计要素是对会计事项所确认的项目所作的归类,是构成会计客体的必要因素。以往我国的预算会计制度中没有会计要素的提法,但有不同的会计分类。从 1966 年起,预算会计统一采用资金收付记账法,并按资金运动变化的形态,固定划分为资金来源、资金运用与资金结存三大类。1997 年的预算会计改革,第一次在预算会计中使用了会计要素,把预算会计要素划分为资产、负债、净资产、收入和费用 5 项,这意味着政府及预算单位会计不仅要反映其收入和支出,而且要反映其资产和负债。行政单位会计也应当按照业务或事项的经济特征确定会计要素,包括资产、负债、净资产、收入和费用。

在我国《政府会计准则——基本准则》②、《财政总预算会计制度》和《政府会计制度》(2019)中明确规定了政府会计分为财务会计要素和预算会计要素:政府财务会计要素包括资产、负债、净资产、收入和费用;政府预算会计要素包括预算收入、预算支出与预算结转结余。

(一)政府财务会计要素

政府财务会计要素包括资产、负债、净资产、收入和费用。

1. 资产

资产,是指政府过去的经济业务或者事项形成的,由政府所有、管理、占有、使用或者控制的,预期能够产生服务潜能或带来经济利益流入的经济资源。服务潜能,是指政府利用资产提供物品和服务以实现政府目标的能力。经济利益流入表现为现金(含现金等价物,下同)流入或者现金流出的减少。

政府的资产按照流动性,分为流动资产和非流动资产。流动资产,是指预计在 1 年内(含 1 年)变现或者耗用的资产,包括货币资金、短期投资、应收及预付款项、存货等。非流动资产是指流动资产以外的资产,包括固定资产、在建工程、无形资产、长期投资、公共基础设施、政府储备资产、文物文化资产、保障性住房和自然资源资产等。符合资产定义的经济资源,在同时满足以下两个条件时,确认为资产:(1)与该经济资源相关的服务潜能或者经济利益很可能流入政府;(2)该经济资源的成本或者价值能够可靠地计量。

2. 负债

负债,是指政府过去的经济业务或者事项形成的现时义务,履行该义务预期会导致含有服

① 对于业务收支以外币为主的行政事业单位,也可以选定某种外币作为记账本位币,但在编制会计报表时,应当按照编报日期的人民币外汇汇率折算为人民币反映。

② 《政府会计准则——基本准则》(财政部令第 78 号)于 2015 年 10 月 23 日发布,于 2017 年 1 月 1 日起施行,以下简称《基本准则》。

务潜能或者经济利益的经济资源流出政府。现时义务，是指政府在现行条件下已承担的义务。未来发生的经济业务或者事项形成的义务不属于现时义务，不应当确认为负债。

政府的负债按照流动性，分为流动负债和非流动负债。流动负债是指预计在 1 年内(含 1 年)偿还的负债，包括应付及预收款项、应付职工薪酬、应缴款项等。非流动负债是指流动负债以外的负债，包括长期应付款、应付政府债券和政府依法担保形成的债务等。

符合负债定义的义务，在同时满足以下两个条件时，确认为负债：(1)履行该义务很可能导致含有服务潜能或者经济利益的经济资源流出政府；(2)该义务的金额能够可靠地计量。

3. 净资产

净资产，是指政府资产扣除负债后的净额，其金额是资产减去负债的差额。净资产项目应当列入资产负债表。

4. 收入

收入，是指报告期内导致政府会计主体净资产增加的、含有服务潜力或者经济利益的经济资源的流入。收入的确认应当同时满足以下条件：(1)与收入相关的服务潜能或者经济利益很可能流入政府；(2)服务潜能或者经济利益流入会引致政府资产增加或者负债减少；(3)流入金额能够可靠地计量。符合收入定义和收入确认条件的项目，应当列入收入费用表。

5. 费用

费用，是指报告期内导致政府会计主体净资产减少的、含有服务潜力或者经济利益的经济资源的流出。费用的确认应当同时满足以下条件：(1)与费用相关的服务潜能或者经济利益很可能流出政府；(2)服务潜能或者经济利益流出会导致政府资产减少或者负债增加；(3)流出金额能够可靠地计量。符合费用定义和费用确认条件的项目，应当列入收入费用表。

(二)政府预算会计要素

政府预算会计要素包括预算收入、预算支出与预算结转结余。

1. 预算收入

预算收入，是指政府在预算年度内依法取得的并纳入预算管理的现金流入。预算收入一般在实际收到时予以确认，以实际收到的金额计量。

收入分类主要反映政府收入的来源和性质。根据目前我国政府收入构成情况，结合国际通行的分类方法，将政府收入分为类、款、项、目四级。在财政总预算会计中，财政收入是国家为实现其职能，根据法令和法规所取得的非偿还性资金，是一级财政的资金来源。财政收入包括一般预算收入、基金预算收入、专用基金收入、转移性收入等。现行的《财政总预算会计制度》中，财政总预算收入包括一般公共预算本级收入、政府性基金预算本级收入、国有资本经营预算本级收入、财政专户管理资金收入、专用基金收入、转移性收入、动用预算稳定调节基金、债务收入、债务转贷收入等。其中，按现行的《政府收支分类科目》中规定，一般公共预算收入科目包括税收收入、非税收入、债务收入和转移性收入四类；基金预算收入分为非税收入、债务收入、转移性收入三类；国有资本经营预算收入包括非税收入和转移性收入两类。

2. 预算支出

预算支出，是指政府在预算年度内依法发生并纳入预算管理的现金流出。预算支出一般在实际支付时予以确认，以实际支付的金额计量。

财政总预算会计中的财政支出，是指一级财政为实现其功能，对财政资金的再分配。它包括一般预算支出、基金预算支出、专用基金支出、转移性支出等。近年来，随着政府财政体制完善的需要，财政总预算会计又新增“国有资本经营预算支出”“国有资本经营预算调出资金”“财政专户管理资金支出”三个支出科目。按照现行《政府收支分类科目》，一般预算支出分设类、款、项三级科目，按照政府的功能和职能来分类主要包括一般公共服务、外交等类级科目；基金预算支出包括教育、科学技术等类级科目；国有资本经营预算支出，是指用国有资本经营预算收入安排的支出；社会保险基金预算支出，是指政府社会保险基金的各项支出。

按照部门预算管理的要求，行政单位的经费支出可分为基本支出和项目支出两大类。基本支出是行政单位为了保障其正常运转、完成日常业务活动而发生的各项支出，包括人员工资、办公经费支出等；项目支出是行政单位为完成专项工作或特定任务而发生的各项支出，包括专项会议支出、专项任务支出、专项构建支出等。按照《政府收支分类科目》中的“支出经济分类科目”分设类、款两级，政府支出主要包括工资福利支出、商品和服务支出、对个人和家庭的补助、对企事业单位的补贴等。

在《政府收支分类科目》中，“支出经济分类科目”与“支出功能分类科目”是两套相互并列的政府支出科目体系。这两套政府支出科目体系，分别从不同的角度对政府的支出进行反映。

3. 预算结转结余

预算结转结余，是指政府预算年度内预算收入扣除预算支出后的余额，以及历年滚存的余额。预算结转结余包括预算结转和预算结余。预算结转，是指预算安排的项目支出年终尚未执行完毕，或者因故未执行且下年需要按原用途继续使用的资金。预算结余，是指年度预算执行终了，预算收入实际完成数扣除预算支出和结转资金后剩余的资金，以及项目执行完毕或者项目不再执行剩余的资金。

符合预算收入、预算支出和预算结转结余定义和确认条件的项目应当列入政府决算报表。

二、会计确认、计量和报告基础

会计要素的记账基础，是指在确认和处理一定会计期间收入和费用时，选择的处理原则和标准，它与计量的时间有关。各种记账基础的区别在于交易确认的标准、时间和范围不同，尤其是确认交易时间的不同。会计记账基础对于政府会计、预算和财务报告尤为重要，采用不同的会计基础在很大程度上会影响到公共部门财务与预算信息的类别、范围和报告的及时性，进而对公共财政管理和决策产生重要的影响。

会计记账基础主要包括收付实现制和权责发生制。收付实现制①，又称为现金制，是指以款项的实际收付为标志来确定本期收入和支出。凡在当期实际收到的现金收入或发生的支出，均应作为当期应计的收入和支出；凡是不属于当期的现金收入或支出，均不应当作为当期的收入和支出。收付实现制有利于客观反映组织现金流量的财务状况，可简化会计核算，但不

---

① 在营利组织中，收付实现制是以款项实际收付为基础确认本期收入和费用。凡是本期收到的款项，无论其是否应属于本期收入，均作为本期收入处理；凡是本期支付的款项，无论其是否应由本期负担，均作为本期费用处理。

利于如实反映各期收入与费用的配比关系。权责发生制①，又称为应计制，是指以取得收到款项的权利或支付款项的责任为标志来确定本期收入和费用。凡是当期已经实现的收入和已经发生的或应当负担的费用，不论款项是否收付，都应当作为当期的收入和费用；凡是不属于当期的收入和费用，即使款项已在当期收付，也不应当作为当期的收入和费用。

收付实现制和权责发生制是会计要素确认基础区间上的两个极端，在其区间，还存在修正的收付实现制和修正的权责发生制。在实践中，许多国家在公共部门采用某种主导性的会计基础的同时，往往也采用某种形式的修正会计基础。国际会计师联合会（IFAC）发布的《政府财务报告指南》（1998）中，增加了可应用于政府和行政事业单位部门的会计基础：修正的权责发生制和修正的收付实现制。

修正的收付实现制是收付实现制的一种变体，通常包括两种："附加期"模式和附加披露模式。② "附加期"模式，是指在规定的追加期内（通常是 30 天或以下），对源于前一会计期间的交易所产生的本会计期间的现金收付，仍然确认为前一会计期间的现金收付。如"附加期"内的近似现金余额项目、财务资产与负债。附加披露模式，是指对通常在权责发生制下确认的项目提供附加的信息披露。

修正的权责发生制是权责发生制的一种变体，常见的模式是对采用权责发生制基础确认的资产和负债的范围做出限制，包括：（1）所有非财务资产在取得时确认为费用；（2）部分非财务资产（国防与文化资产）在取得或建造时确认为费用；（3）不确认养老金负债。

权责发生制在企业组织的财务报告中得到了广泛的应用，在政府会计、预算和报告中记账基础的选择因国情不同而异，目前大部分国家仍然采用传统的收付实现制（或修正的收付实现制）为基础的政府会计。但进入 21 世纪以来，不仅在政府会计中采用权责发生制基础的国家越来越多，而且还有越来越多的国家在预算系统引入了权责发生制基础。如美国则是权责发生制和修正的权责发生制基础；新西兰、英国和澳大利亚不仅提供权责发生制基础上的政府财政报告和财务报告，而且将以收付实现制为基础的预算、拨款转变为权责发生制为基础的预算、拨款。

伴随国际公共部门改革的深入，转向权责发生制为基础的政府会计是公共部门改革的趋势。十八届三中全会明确提出"建立权责发生制的政府综合财务报告制度"；根据《预算法》（2015）和《政府会计准则——基本准则》（2015）的规定，我国政府财务会计采用权责发生制，而政府预算会计一般采用收付实现制，实行权责发生制的特定事项应当符合国务院的规定。《政府会计制度》（2019）第一部分第 5 条规定："单位财务会计核算实行权责发生制；单位预算会计核算实行收付实现制，国务院另有规定的，依照其规定。单位对于纳入部门预算管理的现金收支业务，在采用财务会计核算的同时应当进行预算会计核算；对于其他业务，仅需进行财务会计核算。"在与世界公共部门管理接轨和我国未来现代国家财政体制逐步完善的过程中，权责发生制为基础的政府综合财务报告已经成为财政改革的重要基础和保障。

---

① 在营利组织中，权责发生制是以收入和费用的归属期为基础确定本期的收入和费用。凡是应归属本期的收入，无论其本期款项是否收到，都作为本期收入处理；凡是应归属于本期负担的费用，无论其本期款项是否收到，都作为本期费用处理。反之，凡是不应归属于本期的收入和费用，即使款项已于本期收到和支付，也不作为本期的收入和费用处理。

② 楼继伟、张弘力、李萍：《政府预算与会计的未来》，中国财政经济出版社 2002 年版，第 8 页。

专栏 1—4

政府会计要素的记账基础

20 世纪 80 年代以前,各个国家的政府会计环境尽管体制不同、国情各异,但就政府会计采用的核算基础而言,都实行收付实现制。

20 世纪 80 年代末期,新西兰率先对政府会计进行改革,将权责发生制全面引入政府会计,从而成为世界上第一个在政府会计中实施权责发生制基础的国家。澳大利亚紧跟其后,于 20 世纪 90 年代初期也在政府会计中全面实施权责发生制。此后,一场政府会计改革的浪潮在全世界迅速掀起,经济合作与发展组织(OECD)的各成员国家开始研究和探索政府会计权责发生制问题,到目前为止,包括新西兰、澳大利亚、英国、加拿大、美国、法国等超过半数的成员国已开始在政府会计中不同程度地引入权责发生制。许多发展中国家也开始对政府会计进行改革,逐步摒弃完全的收付实现制,一定程度上采用修正的收付实现制或修正的权责发生制(见表 1—2)。

表 1—2　　45 个国家政府会计和预算记账基础

序号	国家	会计记账基础	预算记账基础	序号	国家	会计记账基础	预算记账基础
1	阿尔巴尼亚	收付实现制	收付实现制	24	墨西哥	修正权责发生制	收付实现制
2	阿尔及利亚	修正收付实现制	收付实现制	25	南非	权责发生制	收付实现制
3	阿富汗	收付实现制	收付实现制	26	尼泊尔	修正收付实现制	收付实现制
4	阿根廷	修正权责发生制	修正权责发生制	27	尼日利亚	收付实现制	收付实现制
5	巴基斯坦	修正收付实现制	收付实现制	28	挪威	修正权责发生制	修正收付实现制
6	巴西	修正权责发生制	修正收付实现制	29	葡萄牙	权责发生制	修正收付实现制
7	保加利亚	修正权责发生制	修正收付实现制	30	瑞典	权责发生制	权责发生制
8	波兰	权责发生制	权责发生制	31	塞尔维亚	收付实现制	收付实现制
9	玻利维亚	修正收付实现制	收付实现制	32	斯洛伐克	修正权责发生制	修正收付实现制
10	德国	修正权责发生制	修正权责发生制	33	斯洛文尼亚	修正权责发生制	修正收付实现制
11	俄罗斯	权责发生制	修正权责发生制	34	泰国	修正权责发生制	收付实现制
12	法国	权责发生制	修正权责发生制	35	土耳其	修正权责发生制	修正收付实现制
13	菲律宾	修正权责发生制	收付实现制	36	西班牙	权责发生制	修正收付实现制
14	哥伦比亚	修正权责发生制	收付实现制	37	新西兰	权责发生制	权责发生制
15	韩国	修正权责发生制	修正收付实现制	38	伊拉克	收付实现制	收付实现制
16	加纳	修正权责发生制	收付实现制	39	意大利	修正权责发生制	修正权责发生制
17	捷克	权责发生制	修正权责发生制	40	印度	权责发生制	收付实现制
18	克罗地亚	修正权责发生制	收付实现制	41	印度尼西亚	修正权责发生制	收付实现制
19	罗马尼亚	权责发生制	修正收付实现制	42	英国	权责发生制	权责发生制
20	马来西亚	修正权责发生制	收付实现制	43	越南	修正收付实现制	收付实现制
21	美国	权责发生制	权责发生制	44	智利	权责发生制	收付实现制
22	孟加拉国	修正权责发生制	修正收付实现制	45	中国	修正收付实现制	收付实现制
23	秘鲁	权责发生制	修正权责发生制				

政府会计改革浪潮引起了有关国际组织的关注。国际会计师联合会专门成立国际公立单位委员会,研究制定公立单位会计准则。世界银行、国际货币基金组织也开始提倡改革公共财

政领域，并将由收付实现制向权责发生制会计转变视为改革的重要内容。

各国政府在政府会计改革中的推进方式及实施范围等方面各有特点。就其推进方式而言，主要有以下三种：

1. 采用“一步到位”的方式，即对政府会计的核算基础直接由收付实现制改为完全的权责发生制，其代表国家有新西兰、澳大利亚、英国等。

2. 采用“分步到位”的方式，即先由完全的收付实现制过渡到修正的收付实现制，再由修正的收付实现制过渡到修正的权责发生制，最后由修正的权责发生制改为完全的权责发生制。加拿大主要采用这种方式。

3. 采用“逐渐扩展”的方式，即先根据实际情况对部分收入、支出项目或对部分资产、负债项目实行权责发生制，此后，再逐渐推广扩大。美国采用了这种方式，如：对联邦退休雇员的退休金中个人不能承担的部分，由政府部门按权责发生制方法确认成本；对政府直接贷款和贷款担保，采用权责发生制进行会计处理；等等。

资料来源：

（1）黄鑫、郝向华、王红霞：《谈我国政府会计核算的会计基础》，《山东经济》2006 年第 4 期。

（2）孙琳、陈舒敏：《债务风险、财政透明度和记账基础选择——基于国际经验的数据分析》，《管理世界》2015 年第 10 期。

三、政府会计核算模式和“平行记账”

（一）政府会计核算模式

《政府会计制度》（2019）列出了财务会计和预算会计两类科目表，共计 103 个一级会计科目。其中，财务会计下资产、负债、净资产、收入和费用五个要素共 77 个一级科目，预算会计下“预算收入”“预算支出”和“预算结余”三个要素共 26 个一级科目。①

在总结分析传统预算会计体系利弊的基础上，《政府会计制度》（2019）按照《改革方案》和《政府会计准则——基本准则》的要求，构建了“财务会计和预算会计适度分离并相互衔接”的会计核算模式。

所谓“适度分离”，是指适度分离政府预算会计和财务会计功能，决算报告和财务报告功能，全面反映政府会计主体的预算执行信息和财务信息。主要体现在以下几个方面：

（1）“双功能”，在同一会计核算系统中实现财务会计和预算会计双重功能，通过资产、负债、净资产、收入、费用五个要素进行财务会计核算；通过预算收入、预算支出和预算结余三个要素进行预算会计核算。

（2）“双基础”，财务会计采用权责发生制；预算会计采用收付实现制。国务院另有规定的，依照其规定。

（3）“双报告”，通过财务会计核算形成财务报告；通过预算会计核算形成决算报告。

所谓“相互衔接”，是指在同一会计核算系统中政府预算会计要素和相关财务会计要素相互协调，决算报告和财务报告相互补充，共同反映政府会计主体的预算执行信息和财务信息。

---

① 2017 年财政部会计司有关负责人就印发《政府会计制度——行政事业单位会计科目和报表》答记者问，http://kjs.mof.gov.cn/zhengwuxinxi/zhengcejiedu/201711/t20171109_2746905.html。

主要体现在：一是对纳入部门预算管理的现金收支进行“平行记账”。对于纳入部门预算管理的现金收支业务，在进行财务会计核算的同时也应当进行预算会计核算。对于其他业务，仅需要进行财务会计核算。二是财务报表与预算会计报表之间存在勾稽关系。

通过编制“本期预算结余与本期盈余差异调节表”并在附注中进行披露，反映单位财务会计和预算会计因核算基础和核算范围不同所产生的本年盈余数（即本期收入与费用之间的差额）与本年预算结余数（本年预算收入与预算支出的差额）之间的差异，从而揭示财务会计和预算会计的内在联系。这种会计核算模式兼顾了现行部门决算报告制度的需要，又能满足部门编制权责发生制财务报告的要求，对于规范政府会计行为、夯实政府会计主体预算和财务管理基础、强化政府绩效管理具有深远的影响。

（二）平行记账的基本原理

《政府会计制度》(2019)提出了平行记账的基本原理。如上所述，政府行政事业单位会计核算应当具备财务会计与预算会计双重功能，实现财务会计与预算会计适度分离并相互衔接，全面、清晰反映单位财务信息和预算执行信息。

平行记账具有如下特点[①]：

(1)平行记账在同一会计信息系统中进行，即平行记账是为了满足政府行政事业单位在一个会计信息系统中同时进行财务会计和预算会计核算的需要。

(2)平行记账针对的是纳入部门预算管理的现金收支业务。这就明确了预算会计核算的经济业务范围。根据这一规定，实务中经济业务事项是否需要在预算会计中核算可以按照以下两点判断：一是该业务是否是现金收支业务；二是该业务是否纳入部门预算管理。只有同时满足以上两点的，在采用财务会计核算的同时才需要进行预算会计核算。

(3)不需要平行记账的其他业务只需要进行财务会计核算。实务工作中，典型的不纳入预算管理的现金收支业务包括：应当上缴国库或财政专户的款项、应当转拨其他单位的款项、受托代理的款项、暂收款业务等，这些款项收到或支付时仅作财务会计核算，不需要进行预算会计核算。

第四节　会计信息质量要求、计量属性和会计等式

政府会计与财务报告目标是向内外部信息使用者提供反映单位财务状况、收支情况及结果的会计信息。政府会计信息能否全面、完整、系统、正确地反映主体的实际情况，无论对国家宏观管理部门、资源提供者，还是对政府当局了解业务运营情况都是十分重要的。

一、会计信息质量要求

会计信息质量要求是处理具体会计业务的基本依据，在会计准则中居于主导地位，指导着会计要素的确认计量和会计方法的选择。研究会计信息质量要求的意义在于：它是确认会计目标的必然延伸，是实现会计目标的衡量标准；它影响到会计报表的体系和内容，制约所提供

① 王晨明、周欣：《政府会计实务及案例解析》，立信会计出版社2018年版，第15页。

会计信息的范围、程度和方式；它直接影响会计要素的确认、计量和报表列示方法，影响会计政策的选择。

会计信息质量要求是对会计信息的基本要求，所以在营利组织与非营利组织之间，在政府财政会计、行政单位会计等非营利组织会计之间，具有相当的共性。政府会计信息质量要求主要包括可靠性、全面性、及时性、可比性、相关性、实质重于形式和明晰性等。

1. 可靠性

可靠性会计信息质量要求，是指政府应当以实际发生的经济业务或者事项为依据进行会计核算，如实反映各项会计要素的情况和结果，保证会计信息真实可靠。核算的数字应为实际发生数，不能是预计数、估计数，更不能是有意伪造数。

会计核算的可靠性有三个含义，即真实性、客观性和可验证性。真实性，是指会计反映的结果应同实际情况一致，不能弄虚作假、隐瞒谎报。客观性，是指经济业务的记录和报告，要以客观事实为依据，不受主观意念的支配，要求两位合格的会计人员，根据相同的原始资料对同一业务进行处理，应得到实质相同的结论。可验证性，是指有可靠的合法的凭据来复查数据的来源及数据的加工过程。不真实、不可靠、不能验证的会计信息，只会导致错误的决策。

专栏 1—5

多地存在连续多年虚编预算、虚列支出

一、关于虚列支出

财政部发布 2017 年度地方预决算公开度排行榜。总体来看，部门预决算公开率接近 100%，但截至检查结束，仍有 227 个部门和单位未公开 2017 年度预算，160 个部门和单位未公开 2016 年度决算。

检查还发现，不少基层预算单位存在大量预算编报不实、多计或少计收支、账账不符、账表不符等问题。如天津河东区、武清区、宝坻区民政部门存在连续多年虚编预算、虚列支出并将大量预算资金转入账外核算等问题。

财政部的检查结果显示，不少基层预算单位财务管理松懈，会计人员不足或素质不高，导致预算管理和会计核算不规范，存在大量预算编报不实、多计或少计收支、账账不符、账表不符等问题，造成编制和上报的预决算信息失真，并严重影响预决算公开信息的质量。

这之中，天津河东区、武清区、宝坻区民政部门存在连续多年虚编预算、虚列支出并将大量预算资金转入账外核算等问题，严重影响资金绩效和安全。深圳福田区机关事务管理局将公务接待费用列入“食堂餐费”，少公开公务接待费 20.35 万元。

二、关于审计署

中华人民共和国审计署根据 1982 年 12 月 4 日第五届全国人民代表大会第四次会议通过的《中华人民共和国宪法》第 91 条的规定，于 1983 年 9 月 15 日正式成立，是国务院 26 个组成部门之一，在国务院领导下，主管全国的审计工作。

审计署可以直接审计下列事项，出具审计报告，在法定职权范围内做出审计决定或向有关主管机关提出处理处罚的建议：

1. 中央预算执行情况和其他财政收支，中央各部门(含直属单位)预算的执行情况、决算和其他财政收支。

2. 省级人民政府预算的执行情况、决算和其他财政收支，中央财政转移支付资金。

3. 使用中央财政资金的事业单位和社会团体的财务收支。

4. 中央投资和以中央投资为主的建设项目的预算执行情况和决算。

5. 中国人民银行、国家外汇管理局的财务收支，中央国有企业和金融机构、国务院规定的中央国有资本占控股或主导地位的企业和金融机构的资产、负债和损益。

6. 国务院部门、省级人民政府管理和其他单位受国务院及其部门委托管理的社会保障基金、社会捐赠资金及其他有关基金、资金的财务收支。

7. 国际组织和外国政府援助、贷款项目的财务收支。

8. 法律、行政法规规定应由审计署审计的其他事项。

《财政总预算会计制度》第三十八条对虚列支出的定性做了相应的说明，即"从本级预算支出中安排提取的专用基金，按照实际提取金额列支入账。财政专户管理资金支出、专用基金支出应当按照实际支付的金额入账。转移性支出应当按照财政体制的规定或实际发生的金额入账。债务转贷支出应当按照实际转贷的金额入账。债务还本支出应当按照实际偿还的金额入账"，"对于收回当年已列支出的款项，应冲销当年支出。对于收回以前年度已列支出的款项，除财政部门另有规定外，应冲销当年支出"，若违反上述规定即为虚列支出。

按照虚列支出的具体手段，又可分为四类：

1. 虚构支出。即虚构本不存在的交易或事项，骗取本单位付款，然后与同谋者私分、自己直接领取或设法冒领。主要包括：虚构合同支出，如虚构服务合同、工程发包合同、采购合同、投资协议；伪造发票报销虚构的费用，如业务费、管理费等。

2. 虚增支出。即存在导致支出发生的交易或事项，但是报账时设法加大支出金额，从而侵吞差额支出。主要包括：虚增他人存款额从而虚增应付利息、虚增发包工程量、加大材料消耗量并私自销售、虚增合同或发票支出、虚增人员及工资并冒领、重复报销、个人消费公家报销、虚增股权收购成本予以私分等。

3. 虚增利润骗取奖金。该类贪污发生于奖金与经营业绩挂钩的单位，经营业绩越好，奖金越多，从而使当事人产生操纵利润骗取奖金的动机。

4. 虚构损失。该类贪污的特征有二：一是谎报本单位资产状况，把优良资产评定为不良资产予以报废，或把实有资产报为盘亏资产予以核销；二是以公款弥补个人损失。

资料来源：MBA 智库百科，https://wiki.mbalib.com/wiki/%E8%99%9A%E5%88%97%E6%94%AF%E5%87%BA；http://www.sohu.com/a/278643011_161795。

2. 全面性

全面性会计信息质量要求，是指政府应当将发生的各项经济业务或者事项统一纳入会计核算，确保会计信息能够全面反映政府预算执行情况和财务状况、运行情况、现金流量等。

3. 及时性

及时性会计信息质量要求，是指政府对已经发生的经济业务或者事项，应当及时进行会计核算，不得提前或者延后。即对会计事项的处理必须在经济业务发生时，及时收集信息、及时核算信息，及时报送信息，以实现会计目标。

4. 可比性

政府提供的会计信息应当具有可比性。可比性会计信息质量要求，是指会计处理的方法和指标口径，必须有利于前后会计期间以及同类政府会计主体之间的比较分析，同时各个政府会计主体处理会计业务的方法和程序在不同的会计期间要保持前后一致，不能随意变更，以便于政府会计主体对前后各期的会计资料进行纵向比较。即同一政府会计主体不同时期发生的相同或者相似的经济业务或者事项，应当采用一致的会计政策，不得随意变更。确需变更的，应当将变更的内容、理由和对政府财务状况及运行情况的影响在附注中予以说明。不同政府会计主体发生的相同或者相似的经济业务或者事项，应当采用一致的会计政策，确保政府会计信息口径一致、相互可比。

实行可比性会计信息质量要求，并不意味着一个政府会计主体的会计核算方法一旦实行以后就绝对不能变动。当发现原有核算方法不适应政府行政事业单位经济活动或不足以反映变化了的经济业务时，可在下一会计年度进行变更，但必须对变更的情况、变更的原因及变动后对政府会计主体财政收支的影响在会计报表说明中表述清楚。

5. 相关性

相关性会计信息质量要求，是指会计核算所提供的经济信息应当有助于信息使用者正确做出经济决策，会计提供的信息要同经济决策相关联。政府提供的会计信息，应当与反映政府会计主体公共受托责任履行情况以及报告使用者决策或者监督、管理的需要相关，有助于报告使用者对政府会计主体过去、现在或未来的情况做出评价或预测。

6. 实质重于形式

实质重于形式会计信息质量要求，是指政府应当按照经济业务或者事项的经济实质进行会计核算，而不应仅以经济业务或者事项的法律形式为依据。

7. 明晰性

明晰性会计信息质量要求，是指会计记录和会计报表应当清晰明了，便于财务报告使用者理解和运用，数字记录和文字说明要能一目了然地反映经济活动的来龙去脉。对有些不易理解的问题，应在会计报表附注中加以说明。

除了以上信息质量要求，还需注意在政府会计中，出资者对所提供的资财是否具有资本收益和资本回收的要求。若具有按规定用途使用的要求，即限制性信息质量要求，那么在资金管理核算上就要有限制性。限制性，是指对于有指定用途的资金应按照规定的用途使用，并单独反映，即“专款专用”。政府部门的留本基金、专用基金等均具有指定用途和具体的使用范围，不能移作他用，特别是不能用于生产经营。政府部门的各项收入实行复式预算条件也需分别按照规定用于经常性支出和资本性支出，同样具有一定的限制性。专款专用固然使得会计主体的资金使用权限有所减弱，但这也不失为控制资金使用的一种办法，是对不要求投资回报的非营利性资金使用的一种约束。

二、会计计量属性

会计计量是为了将符合确认条件的会计要素登记入账并列报于财务报表而确定其金额的

过程。[①] 企业应当按照规定的会计计量属性进行计量,确定相关金额。会计计量要求,是对会计信息处理方法和程序的要求,也规范着会计报表列示的原则。会计要素确认和计量与会计主体的经济业务和会计要素的具体内容有着紧密的联系,因此在企业与非企业之间,在财政机关、行政单位和非营利组织之间,存在着较大的差别。

(一)政府资产的计量属性

资产的计量属性主要包括:

(1)历史成本。在历史成本计量下,资产按照取得时支付的现金金额,或支付对价的公允价值计量。

(2)重置成本。在重置成本计量下,资产按照现在购买相同或者相似资产所需支付的现金金额计量。

(3)现值。在现值计量下,资产按照预计从其持续使用和最终处置中所产生的未来净现金流入量的折现金额计量。

(4)公允价值。在公允价值计量下,资产按照市场参与者在计量日发生的有序交易中,出售资产所能收到的价格计量。

(5)名义金额。无法采用上述计量属性的,采用名义金额(即人民币 1 元)计量。

政府在对资产进行计量时,一般应当采用历史成本。采用重置成本、现值、公允价值计量的,应当保证所确定的资产金额能够持续取得并可靠计量。

(二)政府负债的计量属性

负债的计量属性主要包括:

(1)历史成本。在历史成本计量下,负债按照因承担现时义务而实际收到的款项或者资产的金额,或者承担现时义务的合同金额,或者按照为偿还负债预期需要支付的现金计量。

(2)现值。在现值计量下,负债按照预计期限内需要偿还的未来净现金流出量的折现金额计量。

(3)公允价值。在公允价值计量下,负债按照市场参与者在计量日发生的有序交易中,转移负债所需支付的价格计量。

政府在对负债进行计量时,一般应当采用历史成本。采用现值、公允价值计量的,应当保证所确定的负债金额能够持续取得并可靠计量。

三、会计等式

会计等式,是指资产、负债和净资产之间的关系。一个单位所拥有的资产和负债与净资产明显地表现为同一资金的两个方面,即拥有一定的资产,必然存在一定数额的负债和净资产。从数学角度讲,一个单位所拥有的资产总额与负债和净资产总额必然是相等的,资产、负债和净资产之间存在的这种客观的恒等关系,称为会计等式。

---

① 我国企业会计准则规定,企业在对会计要素进行计量时,一般应当采用历史成本,采用重置成本、可变现净值、现值、公允价值计量的,应当保证所确定的会计要素金额能够取得并可靠地计量。

静态会计要素的平衡关系式为：

资产＝负债＋净资产

预算会计净资产的变化在很大程度上是由于收入和支出的发生而形成的，其动态会计要素的平衡关系式为：

收入－支出＝结余（净资产）

以上两种平衡式可以结合在一起，形成会计要素的综合平衡式：

资产＝负债＋原净资产＋收入－支出

资产－负债＝原净资产＋结余

资产－负债＝新净资产

任何一个政府会计主体在其业务活动和经营活动过程中，随着收支业务的发生，必然要引起资产、负债、净资产的不断变化。然而，不管它们怎么变化，始终不会破坏上述会计平衡式。

专栏 1—6

政府会计的核算程序和记账方法

政府会计的核算程序应该体现出会计凭证、会计账簿和会计报表有机联系的特点。根据核算内容，政府会计可选择记账凭证核算程序或科目汇总表核算程序进行核算，并按照会计基础工作规范的要求填制凭证、登记账簿和编制会计报表。

政府会计采取的复式记账法中的借贷记账法，它能清楚地反映每一项经济业务的来龙去脉，是当今世界各国普遍采用的记账方法。根据复式记账原理，对于任何一项经济业务，都可以按照资金运动的方向，一方面记入一个或几个账户的借方，另一方面必须要记入一个或几个账户的贷方，而且记入借方的总额与记入贷方的总额必须相等。简而言之就是“有借必有贷，借贷必相等”。“有借必有贷”是一笔经济业务的来龙去脉，“借贷必相等”是表示来龙去脉两方面量的平衡。

借贷记账法是以“借”和“贷”作为记账符号，对每一项经济业务与都采取方向相反、金额相等的方式，在有关的两个或两个以上账户中，全面地、相互联系地记录经济业务的一种复式记账法。借贷记账法以“借”和“贷”作为记账符号，表示记账方向。账户的左边称为“借方”，右边称为“贷方”。

在政府会计中，借贷记账法中的“借”表示资产和支出（费用）类账户的增加，以及负债、净资产和收入类账户的减少或转销；“贷”则表示资产和支出类账户的减少或者转销，以及负债、净资产和收入类账户的增加。

在政府会计中，各类账户在借贷记账法中的记账方向如表 1—3 所示。

表 1—3　各类账户的账户结构

借　方	贷　方
资产类账户的增加	负债类账户的增加
支出（费用）类账户的增加	净资产账户的增加
负债类账户的减少	收入类账户的增加

续表

借　方	贷　方
净资产账户的减少	资产类账户的减少
收入类账户的减少或转销	支出类账户的减少或转销

在一定时期内,账户的借方和贷方的合计数称为“发生额”,借方和贷方的差额称为“余额”。借方大于贷方的,其余额在借方;反之,其余额在贷方。在通常情况下,资产类账户的余额在借方,负债类账户的余额在贷方。每个账户在一点时期开始的余额称为“期初余额”,一定时期终了的余额称为“期末余额”。期末余额的计算方法为:

资产类期末借方余额=期初借方余额+本期借方发生额－本期贷方发生额

负债类期末贷方余额=期初贷方余额+本期贷方发生额－本期借方发生额

四、政府财务报告和决算报告

(一)政府财务报告的内容

政府财务报告是反映政府某一特定日期的财务状况和某一会计期间的运行情况和现金流量等信息的文件。政府财务报告应当包括财务报表以及其他应当在财务报告中披露的相关信息和资料。政府财务报告分为政府综合财务报告和政府部门财务报告。政府综合财务报告,是指由政府财政部门编制的,反映各级政府整体财务状况、运行情况和财政中长期可持续性的报告。政府部门财务报告,是指政府各部门及其所属单位的财务报告。财务报表是政府财务报告的主要形式,各类财务信息是政府财务报告的主要内容。政府财务报告反映了政府偿债能力和受托责任履行情况,有助于财务报告使用者做出决策或进行监督和管理。政府财务报告使用者包括债权人、政府自身和其他利益相关者。

专栏 1—7

政府综合财务报告简介及改革现状

一、基于权责发生制的政府综合财务报告

基于权责发生制的政府综合财务报告是以政府财务信息为内容,以权责发生制作为基础,以财务报表和文字说明作为反映形式,反映政府运行结果和整体财务状况及受托责任履行情况的年度综合性的财务报告。基于权责发生制的政府综合财务报告为加强宏观经济调控提供坚实的会计信息基础和管理手段以及实现公共财政可持续发展提供支撑。为进一步推进国家治理能力现代化和加快政府会计与国际接轨,建立全面反映政府收入和费用、资产和负债、现金流量等财务信息的权责发生制政府综合财务报告制度,制定政府财务报告编制方法,编制政府财务报告就势在必行。

目前政府财务报告主要包括政府资产负债表、收入费用表和本期盈余与预算结余差异表等财务报表和报表附注,以及以此为基础进行的财政经济综合分析形成的财务报告。核心在于“重构”和“统一”,要点在“双体系、双目标、双功能、双基础、双报告、双系统、平行记账”,创新在于构建"财务会计与预算会计既适度分离又相互衔接的会计核算模式"。

1. 政府综合财务报告的构成

一般来讲,政府综合财务报告由财务报表、财务综合分析两部分组成。财务报表又包括资产负债表、收入费用表、本期盈余与预算结余差异表三张报表。资产负债表反映政府整体年末财务状况,反映报告主体资产、负债和净资产的构成及差额情况。收入费用表是反映政府整体年度运行情况,反映报告主体在报告年度实际发生的收入和费用的构成及其差额情况,其覆盖的收支范围比预算执行情况表覆盖的范围要更加宽广,涵盖预算内外的所有需要报告的项目。本期盈余与预算结余差异表反映政府整体权责发生制基础本年盈余与收付实现制基础本年结余之间的差异,政府本年盈余是政府收付实现制预算收入减去支出后的净额,预算结余差异主要是指日常活动产生的差异、投资活动产生的差异和筹资活动产生的差异。

2. 编制过程中存在的问题

(1)组织协调难,对编报人员水平要求较高。

(2)资产核算难度加大;政府资产管理不规范;政府资产核算不准确;账面数据与实有资产不相符;会计核算未严格执行新制度。

(3)政府债务难以全面准确披露。

(4)新制度执行不到位。

(5)报表转换难。

(6)编制口径有待进一步明确。

3. 编制政府综合财务报告的对策

(1)对资产进行全面清查,全面清理地方债务。

(2)精心设计模块,大力推广信息系统。

(3)加大培训力度,提高编制人员业务水平。

二、改革现状

为进一步推进权责发生制政府综合财务报告制度改革,财政部根据新的政府会计制度和政府财务报告编制试点情况,对《政府财务报告编制办法(试行)》(财库〔2015〕212 号)、《政府部门财务报告编制操作指南(试行)》(财库〔2018〕29 号)和《政府综合财务报告编制操作指南(试行)》(财库〔2018〕30 号)进行了修订,形成了三份征求意见稿。2019 年 9 月,财政部办公厅下发关于征求对政府财务报告编制办法及操作指南修订意见的函。

此次修订主要变化如下:

1.《政府财务报告编制办法》(征求意见稿)修订说明

政府财务报告主要内容的变化:一是政府部门财务报告方面,将原《办法》中"会计报表主要包括资产负债表、收入费用表及当期盈余与预算结余差异表等"修改为"会计报表主要包括资产负债表及收入费用表等"。同时,要求在附注中列示本年盈余与预算结余差异情况。主要是与《政府会计制度》有关要求相衔接。二是对政府部门财务报告和政府综合财务报告的附注内容结合《政府会计制度》有关规定进行了调整。

政府财务报告编制的变化:一是政府部门财务报告方面,删除有关调整的条款。主要考虑是新的《政府会计制度》已经要求单位按照权责发生制基础进行财务会计核算,所需会计报表信息可以直接来自会计账簿,无需进行调整操作,因此《办法》删除了有关调整的规定。二是政府综合财务报告方面,删除农业综合开发资金会计报表、土地储备资金财务报表、物资储备资金会计报表数据来源。主要是农业综合开发资金专户已撤销,多数地区已将该项资金纳入财政总预算会计核算范围,无需再从此报表取数。土地储备资金由各地土地储备管理机构进行管理,物资储备资金由国家粮食与物资储备局具体负责管理,由部门在编制部门财务报告时进行合并更为合理。三是删除对政府股权投资的调整事项规定。主要是考虑到相关内容属于具体业务操作范畴,不宜在《办法》中进行规定,拟在相关操作指南中予以明确。

2.《政府部门财务报告编制操作指南》(征求意见稿)修订说明

主要包括:进一步明确部门财务报告编制范围、修改完善部门财务报告的主表及报表项目、调整部门财务报表编制方法、补充完善会计报表明细表、修改完善会计报表项目对照表五方面修订内容。

3.《政府综合财务报告编制操作指南》(征求意见稿)修订说明

主要包括:调整政府综合财务报告编制合并方法、修改部分抵销调整事项、细化会计报表项目要求、修改完善报表附注披露内容、修改完善政府财政经济分析指标五方面修订内容。

资料来源:

(1)严刚、王双蕾、师慧:《基于权责发生制的政府综合财务报告编制探讨》,《经贸实践》2018 年第 18 期。

(2)财政部办公厅关于征求对政府财务报告编制办法及操作指南修订意见的函,http://gks.mof.gov.cn/zhengfuxinxi/guizhangzhidu/201909/t20190916_3386261.html。

(二)政府决算报告的内容

政府决算报告是综合反映政府预算收支年度执行结果的文件。政府决算报告应当包括决算报表和其他应当在决算报告中反映的相关信息和资料。决算报表是政府决算报告的主要形式,各类决算信息是政府决算报告的主要内容。政府决算报告的提供有助于决算报告使用者进行监督和管理,并为编制后续年度预算提供参考和依据。政府决算报告使用者包括政府自身和其他利益相关者。

(三)政府财务报告与政府决算报告之间的关系

政府财务报告的编制以权责发生制为基础,以财务会计核算生成的数据为准。政府决算报告的编制以收付实现制为基础,以预算会计核算生成的数据为准。政府财务报告和政府决算报告两套报告体系共同构成政府会计报告,两者互为补充,有机衔接,形成科学、完整的决算部门财务信息报告体系。①

第五节 政府会计规范体系

根据我国《宪法》和有关法规规定,有权参与会计及其报告立法和政策制定的机关,主要包括全国人大及其常委会、国务院及其委员会、财政部、国家税务总局等。根据我国《会计法》规定,国家实行统一的会计制度,国家统一的会计制度由国务院财政部门根据本法制定并公布。

① 王晨明、周欣:《政府会计实务及案例解析》,立信会计出版社 2018 年版,第 415 页。

国务院有关部门可依本法和国家统一会计制度制定对会计核算和会计监督有特殊要求的行业实施国家统一会计制度的具体办法或补充规定，报国务院财政部门审核批准。

我国会计准则由政府制定，是会计法规的组成部分。根据《财政部会计准则委员会工作大纲》的规定，财政部会计准则委员会（China Accounting Standards Committee，CASC）是我国会计准则制定的咨询机构，旨在为制定和完善我国的会计准则提供咨询意见和建议。财政部会计准则委员会下设会计理论专业委员会、企业会计专业委员会和政府及非营利组织会计专业委员会。

我国会计立法机构包括全国人大及其常委会、国务院及其委员会、财政部和国家税务总局等。我国会计规范体系包括会计法规、会计准则和会计制度。

会计法规包括会计法、注册会计师法、总会计师条例和企业财务报告条例。会计准则包括企业会计准则和政府会计准则。会计制度包括企业会计制度和政府会计制度等。政府会计制度体系分为《财政总预算会计制度》（2016）和《政府会计制度》（2019），以及《国库会计管理规定》等。

经 2014 年十二届全国人大常委会通过，2015 年 1 月 1 日开始施行的《中华人民共和国预算法》将更加强化国库管理，将政府的全部收入和支出都纳入预算管理，增强预算的完整性、约束力和透明化。预算法和会计法作为政府财政和会计体系的基础大法，对于建立现代财政制度，进一步深化财政体制改革打下基础。政府会计准则体系主要包括基本准则、具体准则及应用指南，由财政部根据基本准则制定。其中，具体准则用于规范政府发生的经济业务或事项的会计处理，详细规定经济业务或事项引起的会计要素变动的确认、计量、记录和报告。应用指南包括会计科目设置及使用说明、财务报表格式及编制说明等。

现已颁布的具体准则和应用指南包括《政府会计准则第 1 号——存货》（2017）、《政府会计准则第 2 号——投资》（2017）、《政府会计准则第 3 号——固定资产》（2017）、《政府会计准则第 4 号——无形资产》（2017）、《政府会计准则第 5 号——公共基础设施》（2018）、《政府会计准则第 6 号——政府储备物资》（2018）、《政府会计准则第 7 号——会计调整》（2019）、《政府会计准则第 8 号——负债》（2019）、《政府会计准则第 9 号——财务报表编制和列报》（2019）、《政府会计准则第 10 号——政府和社会资本合作项目合同》（2020）。

专栏 1—8

政府会计准则具体准则（1～10 号）

自《政府会计准则——基本准则》2015 年实施以来，财政部已陆续印发第 1～9 号具体准则。其中，2016 年制定印发了《政府会计准则第 1 号——存货》《政府会计准则第 2 号——投资》《政府会计准则第 3 号——固定资产》和《政府会计准则第 4 号——无形资产》（2017 年 1 月 1 日起施行）；2017 年制定印发了《政府会计准则第 5 号——公共基础设施》和《政府会计准则第 6 号——政府储备物资》（2018 年 1 月 1 日起施行）；2018 年制定印发了《政府会计准则第 7 号——会计调整》《政府会计准则第 8 号——负债》和《政府会计准则第 9 号——财务报表编制和列报》（2019 年 1 月 1 日起施行）。另外，财政部办公厅还于 2019 年 7 月发布了关于征求

《政府会计准则第10号——政府和社会资本合作项目合同》(2020年1月1日起施行)及应用指南意见的函。

一、《政府会计准则第1号——存货》

《政府会计准则第1号——存货》所规范的存货,是指政府会计主体在开展业务活动及其他活动中为耗用或出售而储存的资产,如材料、产品、包装物和低值易耗品等,以及未达到固定资产标准的用具、装具、动植物等。考虑到政府储备物资的取得、调拨、管理、处置、权属确定等与本准则规范的存货有较大不同,因此将其排除在存货准则范围以外。另外,考虑到政府收储土地规模较大且具有不同于一般存货的显著特点,也对其进行了范围排除。关于政府储备物资、收储土地等,财政部将单独制定相关准则。

二、《政府会计准则第2号——投资》

《政府会计准则第2号——投资》所规范的投资,是指政府会计主体按规定以货币资金、实物资产、无形资产等方式形成的股权和债权投资,分为短期投资和长期投资。政府会计主体外币投资的折算,适用其他相关政府会计准则。

三、《政府会计准则第3号——固定资产》

《政府会计准则第3号——固定资产》所规范的固定资产,是指政府会计主体为满足自身开展业务活动或其他活动需要而控制的,使用年限超过1年(不含1年)、单位价值在规定标准以上,并在使用过程中基本保持原有物质形态的资产,一般包括房屋及构筑物、专用设备、通用设备等。考虑到公共基础设施、政府储备物资、保障性住房为政府会计主体经管的资产,其使用目的和管理方式不同于一般固定资产,且这类资产规模较大,财政部根据具体情况制定相关准则。另外,自然资源资产的定义和内涵尚不明确,是否需要制定相关准则,需要做进一步研究。

四、《政府会计准则第4号——无形资产》

《政府会计准则第4号——无形资产》所规范的无形资产,是指政府会计主体控制的没有实物形态的可辨认非货币性资产,一般包括专利权、商标权、著作权、土地使用权、非专利技术以及其他财产权利等。

五、《政府会计准则第5号——公共基础设施》

《政府会计准则第5号——公共基础设施》所称的公共基础设施,是指政府会计主体为满足社会公共需求而控制的,同时具有以下特征的有形资产:(1)是一个有形资产系统或网络的组成部分;(2)具有特定用途;(3)一般不可移动。公共基础设施主要包括市政基础设施(如城市道路、桥梁、隧道、公交场站、路灯、广场、公园绿地、室外公共健身器材,以及环卫、排水、供水、供电、供气、供热、污水处理、垃圾处理系统等)、交通基础设施(如公路、航道、港口等)、水利基础设施(大坝、堤防、水闸、泵站、渠道等)和其他公共基础设施。独立于公共基础设施、不构成公共基础设施使用不可缺少组成部分的管理维护用房屋建筑物、设备、车辆等,适用《政府会计准则第3号——固定资产》。属于文物文化资产的公共基础设施,适用其他相关政府会计准则。

六、《政府会计准则第6号——政府储备物资》

《政府会计准则第6号——政府储备物资》所称的政府储备物资,是指政府会计主体为满足实施国家安全与发展战略、进行抗灾救灾、应对公共突发事件等特定公共需求而控制的,同时具有下列特征的有形资产:(1)在应对可能发生的特定事件或情形时动用;(2)其购入、存储保管、更新(轮换)、动用等由政府及相关部门发布的专门管理制度规范。

政府储备物资主要包括战略及能源物资、抢险抗灾救灾物资、农产品、医药物资和其他重要商品物资,通常情况下由政府会计主体委托承储单位存储。企业以及纳入企业财务管理体系的事业单位接受政府委托收储并按企业会计准则核算的储备物资,不适用本准则。

此外,由于《政府会计准则——基本准则》将企业、军队、已纳入企业财务管理体系的单位和执行《民间非营利组织会计制度》的社会团体排除在政府会计主体之外,因此,上述会计主体拥有或控制的公共基础设施、储备物资不适用公共基础设施准则和政府储备物资准则,应当按照各会计主体适用的相关会计准则制度进行核算。

七、《政府会计准则第 7 号——会计调整》

《政府会计准则第 7 号——会计调整》所称的会计调整,是指政府会计主体因按照法律、行政法规和政府会计准则制度的要求,或者在特定情况下对其原采用的会计政策、会计估计,以及发现的会计差错、发生的报告日后事项等所作的调整。

1. 会计政策,是指政府会计主体在会计核算时所遵循的特定原则、基础以及所采用的具体会计处理方法。特定原则,是指政府会计主体按照政府会计准则制度所制定的、适用于本政府会计主体的会计处理原则。具体会计处理方法,是指政府会计主体从政府会计准则制度规定的诸多可选择的会计处理方法中所选择的、适用于本政府会计主体的会计处理方法。

2. 会计估计,是指政府会计主体对结果不确定的经济业务或者事项以最近可利用的信息为基础所作的判断,如固定资产、无形资产的预计使用年限等。

3. 会计差错,是指政府会计主体在会计核算时,在确认、计量、记录、报告等方面出现的错误,通常包括计算或记录错误、应用会计政策错误、疏忽或曲解事实产生的错误、财务舞弊等。

4. 报告日后事项,是指自报告日(年度报告日通常为 12 月 31 日)至报告批准报出日之间发生的需要调整或说明的事项,包括调整事项和非调整事项两类。

八、《政府会计准则第 8 号——负债》

《政府会计准则第 8 号——负债》所称的负债,是指政府会计主体过去的经济业务或者事项形成的、预期会导致经济资源流出政府会计主体的现时义务。其中,现时义务,是指政府会计主体在现行条件下已承担的义务。未来发生的经济业务或者事项形成的义务不属于现时义务,不应当确认为负债。

值得注意的是,负债准则所规范的负债是会计意义上的“负债”,具体指各类政府会计主体所承担的符合会计上负债定义及确认条件的负债。其范围界定包括以下两个方面:

1. 关于负债主体。负债准则所规范的负债是指各类政府会计主体所承担的负债,其对政府会计主体的界定与《政府会计准则——基本准则》保持一致,即包括各级政府、各部门、各单位。其中,各部门、各单位是指与本级政府财政部门直接或者间接发生预算拨款关系的国家机关、军队、政党组织、社会团体、事业单位和其他单位。其中,军队、已纳入企业财务管理体系的单位和执行《民间非营利组织会计制度》的社会团体不适用负债准则。这与其他文件或资料中的政府债务或政府性债务主体的范围可能不完全一致。

2. 关于负债内容。负债准则所规范的负债为满足会计上负债定义及确认条件、纳入会计账簿核算并列入政府会计主体的个别或合并资产负债表中的负债,包括举借债务、应付及预收款项、暂收性负债和由或有事项形成的预计负债。这一负债内容的界定与国际通行会计惯例相一致,但与其他文件或资料中的政府债务或政府性债务的内容可能不完全一致。

九、《政府会计准则第9号——财务报表编制和列报》

《政府会计准则第9号——财务报表编制和列报》所称的财务报表,是对政府会计主体财务状况、运行情况和现金流量等信息的结构性表述。财务报表至少包括下列组成部分:资产负债表;收入费用表;附注。其中,政府会计主体可以根据实际情况自行选择编制现金流量表。

关于列报准则,需要说明的重要事项有:

1. 关于列报准则的适用范围。现行企业会计准则体系和国际公共部门会计准则体系中,对于财务报表列报和合并财务报表分别两项准则进行规范,但政府财务报表列报准则的规定既适用于个别财务报表,也适用于合并财务报表。

2. 关于合并财务报表的组成。《改革方案》明确提出,各级政府财政部门应合并各部门和其他纳入合并范围主体的财务报表,编制以资产负债表、收入费用表等财务报表为主要内容的本级政府综合财务报告。因此,本准则规定的合并财务报表由合并资产负债表、合并收入费用表和附注构成。

3. 关于合并范围的确定。企业合并财务报表的合并范围以控制为基础予以确定。由于政府会计主体之间通常并不存在类似企业的投资控制关系,因此,政府合并财务报表合并范围不能直接以控制为基础确定。本准则在立足我国国情基础上,对不同级次合并财务报表的合并范围进行了原则性规定,即部门(单位)合并财务报表的合并范围一般应当以财政预算拨款关系为基础予以确定,部门(单位)所属的企业不纳入部门(单位)合并财务报表的合并范围;本级政府合并财务报表的合并范围一般应当以财政预算拨款关系为基础予以确定;行政区政府合并财务报表的合并范围一般应当以行政隶属关系为基础予以确定。另外,考虑到列报准则主要侧重规范合并范围确定的原则,具体合并范围将由财政部另行规定。

4. 关于合并财务报表项目及格式。报表项目及格式是列报准则的重要内容,本准则对部门(单位)、本级政府、行政区政府合并资产负债表和合并收入费用表至少应该单独列示的项目进行了明确规定。

十、《政府会计准则第10号——政府和社会资本合作项目合同》

政府和社会资本合作(PPP)模式是公共服务供给机制的重大创新,即政府采取竞争性方式择优选择具有投资、运营管理能力的社会资本,双方按照平等协商原则订立合同,明确责权利关系,由社会资本提供公共服务,政府依据公共服务绩效评价结果向社会资本支付相应对价,保证社会资本获得合理收益。PPP模式作为一项重要的供给侧结构性改革措施,正在我国社会经济发展和政府转变治理模式过程中发挥积极作用。

制定《政府会计准则第10号——政府和社会资本合作项目合同》是构建保障PPP模式持续健康发展的制度体系的明确要求、规范PPP业务政府方会计处理的迫切需要和健全政府会计标准体系的迫切要求。

PPP项目涉及多个环节和多种运作方式,很难通过一项准则或制度规范所有与PPP有关的经济业务和事项的会计处理,因此,该准则坚持问题导向,着力规范PPP业务中最核心、最需要解决的问题,即PPP安排中由政府方控制的资产及不同付费方式下相应净资产或负债的确认、计量和相关信息的披露。PPP安排中涉及的其他经济业务或事项的会计处理,不属于本准则规范的内容。其中,属于政府方会计核算范围的,应当按照《政府会计准则第2号——

投资》《政府会计准则第5号——公共基础设施》《政府会计准则第8号——负债》等具体准则和《政府会计制度》《财政总预算会计制度》等现行政府会计标准进行处理；属于企业方核算范围的，应当按照相关企业会计准则制度进行处理。

资料来源：

(1)财政部会计司有关负责人就印发《政府会计准则第1号——存货》等4项具体准则答记者问，http://kjs.mof.gov.cn/zhengwuxinxi/zhengcejiedu/201607/t20160714_2357376.html。

(2)财政部会计司有关负责人就印发《政府会计准则第5号——公共基础设施》和《政府会计准则第6号——政府储备物资》答记者问，http://kjs.mof.gov.cn/zhengwuxinxi/zhengcejiedu/201708/t20170803_2665633.html。

(3)《政府会计准则第7号——会计调整》。

(4)《政府会计准则第8号——负债》。

(5)财政部会计司有关负责人就印发《政府会计准则第8号——负债》答记者问，http://kjs.mof.gov.cn/zhengwuxinxi/zhengcejiedu/201811/t20181115_3069980.html。

(6)《政府会计准则第9号——财务报表编制和列报》。

(7)财政部会计司有关负责人就印发《政府会计准则第9号——财务报表编制和列报》答记者问，http://kjs.mof.gov.cn/zhengwuxinxi/zhengcejiedu/201812/t20181229_3111352.html。

(8)财政部：《关于征求〈政府会计准则第10号——政府和社会资本合作项目合同〉及应用指南意见的函》，http://www.gov.cn/xinwen/2019－07/25/content_5415016.htm。

此外，我国现行主要法规还包括《财政总预算会计制度》(2016)、《政府会计制度》(2019)等。其中，《政府会计制度》(2019)根据《中华人民共和国会计法》《中华人民共和国预算法》以及《政府会计准则——基本准则》等法律、行政法规和规章，由财政部制定，适用于各级各类行政单位和事业单位。

专栏1－9

国外政府会计规范体系：以美国为例

美国的公共部门会计分为政府、非营利组织两部分，前者包括联邦政府和地方政府；后者包括公立的非营利组织和私立的非营利组织。政府会计规范体系包括法规和准则两方面：美国联邦政府的财务法规有《预算与会计法》《反赤字法》和《联邦管理者财务一体化法》等，州和地方政府也颁布各自的财务法规和制度。会计准则是政府财务报告的规范标准。美国地方政府会计准则先后由政府会计理事会(NCGA)和GASB等机构制定，AICPA也制定有关州和地方政府的审计指南。美国会计准则制定的权威机构包括：美国财务会计准则委员会(FASB)、联邦会计准则咨询委员会(Federal Accounting Advisory Board，FASAB)和政府会计准则委员会(Governmental Accounting Standard Board，GASB)。

联邦会计准则咨询委员会(FASAB)，负责制定联邦政府会计的准则。1990年，美国通过《首席财务执行官法案》，并根据美国GAAP编制年度整体财务报告。同年，根据该法案要求，财政部、预算管理局(Office of Management and Budget，OMB)和会计总署(General Accounting Office，GAO)三家发起单位共同组成FASAB。GAO代表立法机构，它是国会一部分，其

80%的工作是进行会计信息相关研究并解答国会提出的各种问题,20%工作是负责财务审计;行政机构的财政部和OMB分别派员出任该机构成员,三家单位均对拟订的联邦政府会计准则具有否决权。

政府会计准则委员会(GASB),负责制定州和地方政府准则。目的在于指导政府机构编制财务报表,准确反映其真实财务状况。政府会计准则委员会(GASB)无权介入政府预算工作,也不参与政府会计和财务管理。政府会计准则委员会(GASB)参照FASAB的做法,其成员由FAF任命,共有7人,其中专职主席1人,兼职6人,还有12名全职专业人士协助委员会的工作。其费用由FAF依靠企业、会计职业组织、债务信用评估机构、各级政府等捐助解决。目前,州和地方政府会计准则主要内容集中体现在GASB每年修订重版一次的《政府会计与财务报告准则汇编》(Codification of Government Accounting and Financial Reporting Standards)以及FASB制定的8个相关会计准则中,目前GASB已发布47份准则报告。

GASB成立前,FASB指定的有些FAS也适用于州和地方政府会计报告。法规与GAAP有可能发生矛盾,此时,AICPA和GASB认为应该优先服从GAAP。同时,会计总局还声明,政府会计准则委员会公布的各项公告和准则以及财务会计准则委员会制定准则中的适用部分完全可以在最大可能的程度上作为联邦机构的会计准则。美国政府会计中使用的基金,是一个独立的会计体系。每项基金,都有自己的资产、负债、收入、支出和费用,以及基金余额和基金权益,并有自己的一套完整的财务报表。在每个政府组织中,设置的各只基金,都有一个完整的会计核算和一套完整的会计报表。与此同时,整个政府组织还有一套完整的财务报告,整个政府组织称为"财务报告主体"。

资料来源:林世怡、林华编著:《财务报告和分析——企业、政府和行政事业单位财务报告分析》,复旦大学出版社2007年版,第20页;卢平:《浅析美国会计准则制定机构的演变及其对我国的启示》,《金卡工程·经济与法》2009年第11期。

本章小结

政府会计,是指用于确认计量和报告政府组织为社会公众和经济组织提供"公共物品"的财务活动,以及自身受托责任履行情况的一个专门会计。政府会计由预算会计和财务会计构成。

政府决算报告的目标是向决算报告使用者提供与政府预算执行情况有关的信息,综合反映政府会计主体预算收支的年度执行结果,有助于决算报告使用者进行监督和管理,并为编制后续年度预算提供参考和依据。政府决算报告使用者包括各级人民代表大会及其常务委员会、各级政府及其有关部门、政府会计主体自身、社会公众和其他利益相关者。

政府财务报告的目标是向财务报告使用者提供与政府的财务状况、运行情况(含运行成本,下同)和现金流量等有关的信息,反映政府会计主体公共受托责任履行情况,有助于财务报告使用者做出决策或者进行监督和管理。政府财务报告使用者包括各级人民代表大会常务委员会、债权人、各级政府及其有关部门、政府会计主体自身和其他利益相关者。

政府会计体系由财政总预算会计、行政单位会计、事业单位会计组成。美国的公共部门会计分为政府、非营利组织两部分,前者包括联邦政府和地方政府;后者包括公立的非营利组织和私立的非营利组织。

政府会计核算的前提包括会计主体假设、持续运营假设、会计分期假设和货币计量假设。政府财务会计要素包括为资产、负债、净资产、收入和费用。政府预算会计要素包括预算收入、预算支出与预算结余。

在政府会计中，借贷记账法中的“借”表示资产和支出类账户的增加，以及负债、净资产和收入类账户的减少或转销；“贷”则表示资产和支出类账户的减少或者转销，以及负债、净资产和收入类账户的增加。

政府会计信息质量要求主要包括可靠性、相关性、可比性、限制性、及时性、可理解性和全面性等。会计要素的记账基础主要包括收付实现制和权责发生制。

我国政府会计规范体系包括政府会计准则和政府会计制度等法律法规。

关键词

政府　非营利组织　会计主体　持续运营　会计分期　货币计量　会计准则制定机构
政府会计准则——基本准则　政府财务会计　政府预算会计　会计目标　政府会计规范
会计要素　可靠性　相关性　可比性　限制性　及时性　可理解性　全面性　收付实现制
权责发生制　修正的收付实现制　修正的权责发生制　会计计量属性　历史成本计价
预算　政府预算　预算会计　会计主体　持续运行　会计分期　货币计量　反映职能
监督职能　预测职能　参与决策职能　预算会计体系　资产　负债　净资产　收入　费用
预算收入　预算支出　预算结余　资产＝负债＋原净资产＋收入－支出
资产－负债＝净资产　预算收入－预算支出＝预算结余

思考题

1. 政府会计的特征是什么？
2. 政府会计与企业会计的区别是什么？
3. 政府会计的会计确认、计量和报告基础有哪些？
4. 简述国外公共部门会计的会计规范制定机构和规范体系。
5. 什么是政府资产和负债的计量属性？与企业会计计量属性的区别是什么？
6. 政府预算与预算会计的关系是怎样的？
7. 政府会计的核算前提和基本要素是什么？
8. 简述政府会计核算模式及平行记账的特点。
9. 简要描述预算会计与政府会计的联系与区别。

中国篇

第二章　财政总预算会计

学习目标

1. 了解财政总预算会计的基本概念和职能；
2. 熟悉财政总预算会计的科目；
3. 掌握财政总预算会计要素及主要业务的账务处理；
4. 了解财政收入的征收机构，划分收纳和报解；
5. 了解财政总预算会计年终结账和报表编制。

第一节　财政总预算会计的基本概念

一、财政总预算会计的定义

财政总预算会计是各级政府财政部门核算、反映、监督政府一般公共预算资金、政府性基金预算资金、国有资本经营预算资金、社会保险基金预算资金以及财政专户管理资金、专用基金和代管资金等资金活动的专业会计，通常也称为“财政总预算会计”“总预算会计”“财政会计”。政府预算管理体系决定了财政总预算会计体系，我国的政府预算是按照统一领导、分级管理的原则进行的，每一级政府设立一级总预算，每一级总预算都有相应的总预算会计。由此，我国的五级预算都分别设立总预算会计，即财政部设立中央财政总预算会计，省级(包括自治区、直辖市)的财政厅(局)设立总预算会计，市(地、州)财政局设立市级财政总预算会计，县(市)财政局设立县级总预算会计，乡(镇)财政所设立乡级财政总预算会计。

财政总预算会计的目标是核算和监督财政资金的运行状况和财政收支预算的执行情况，向各级政府提供财政资金的会计信息，为宏观决策提供依据。财政总预算会计的主体是各级政府，其执行机构是各级政府的财政部门，核算对象是各级政府总预算执行过程中的预算收入、预算支出、预算结余，以及在资金运动过程中形成的资产、负债、净资产。

专栏 2—1

财政总预算会计的改革历程

中华人民共和国成立以来，财政总预算会计主要经历了以下几次改革：

1. 1949～1965 年创立“总预算会计”，分设资产、负债、岁入、岁出会计要素，以“资产＝负债”作为基本会计等式，实行收付实现制，采用借贷记账法，编报资产负债表、收支决算表。

2. 1966～1997 年调整为“财政总预算会计”，改设资金来源、资金运用、资金结存会计要素，改设基本会计等式为“资金来源－资金运用＝资金结存”，改用资金收付记账法，编报资金活动情况表、财政收支决算总表、预算外收支决算表。

3. 1998 年实行财政总预算会计的重大改革，涉及会计要素、会计等式、记账方法和会计报表等各个方面，分设资产、负债、净资产、收入、支出会计要素，确立“资产－负债＝净资产”“收入－支出＝结余”，采用收付实现制运用借贷记账法并以历史成本计量属性为主。1998 年对政府预算会计制度进行的改革确立了现行财政总预算会计的基本模式。

4. 2007 年补充调整财政总预算会计、政府收支分类等。2000 年 6 月，财政部调整内部机构，成立国库司，研究和推行财政国库管理制度改革。2001 年 7 月，成立国库支付中心，地方各级财政部门先后设立国库处（科、股）及国库支付中心，进一步强化了财政总预算会计的管理职责。随着现代财政管理制度改革深化，推行政府收支分类、国库集中收付制度、政府采购和部门预算等项制度改革，2007 年对财政总预算会计制度收支分类和核算内容进行补充调整。

5. 2016 年财政总预算会计制度改革。党的十八届三中全会明确提出财政是国家治理的基础和重要支柱，要求深化财税体制改革，建立现代财政制度。建立权责发生制政府综合财务报告制度被写入三中全会决定，《预算法》（2015）明确要求编制政府综合财务报告。为了适应改革需要，2016 年实施了新的财政总预算会计制度。财政总预算会计制度通过采用“双分录”核算方法，在核算预算收支的同时，全面核算单位资产负债，尝试将预算会计和财务会计功能相融合。新财政总预算制度改进了会计核算方法，既核算反映政府预算收支执行情况，也核算反映政府资产负债情况。

资料来源：施锦明编著：《政府会计》，中国财政经济出版社 2018 年版，第 58 页。

二、财政总预算会计的特点和工作任务

（一）财政总预算会计的特点

与企业会计、行政事业单位会计相比，财政总预算会计有以下特点：

（1）财政总预算会计所提供的信息，不仅要符合《会计法》和《政府会计准则》要求，还要符合《预算法》的要求，以满足人民代表大会、上级财政部门、本级政府对预算管理和财政决策方面的需要。

（2）财政总预算会计反映的是宏观总体，核算对象是财政预算资金活动，即一个县、一个市、一个省等政府预算收支情况，而不是各级政府财政部门要核算的政府的全部财务活动及结果，具有宏观性和公共性的特征。

（3）财政总预算会计的会计确认基础以收付实现制为主，对因实施国库管理制度而形成的年终预算结余资金，实行个别事项的权责发生制会计，且存在较多的“双分录”核算业务。

（二）财政总预算会计的工作任务

财政总预算会计的工作任务主要包括：

（1）进行会计核算。办理政府财政各项收支、资产负债的会计核算工作，反映政府财政预算执行情况和财务状况。

(2)严格财政资金收付调度管理。组织办理财政资金的收付、调拨，在确保资金安全性、规范性、流动性前提下，合理调度管理资金，提高资金使用效益。

(3)规范账户管理。加强对国库单一账户、财政专户、零余额账户和预算单位银行账户等的管理。

(4)实行会计监督，参与预算管理。通过会计核算和反映，进行预算执行情况分析，并对总预算、部门预算和单位预算执行实行会计监督。

(5)协调预算收入征收部门、国家金库、国库集中收付代理银行、财政专户开户银行和其他有关部门之间的业务关系。

(6)组织本地区财政总决算、部门决算编审和汇总工作。

(7)组织和指导下级政府财政总预算会计工作。

三、财政总预算会计规范

会计规范是从事会计核算及相关活动中应当遵循的约束性行为准则。按照层级划分，我国财政总预算会计规范可分为三层：第一层次是基本法律；第二层次是行政法规；第三层次是规章制度。

会计法律是全国人民代表大会及其常务委员会经过一定的法律程序制定的有关会计工作的法律，是会计法律制度的最高层次，是制定其他会计法规的依据，也是指导会计工作的最高准则，是会计机构、会计工作、会计人员的根本大法。我国的会计法律指的是《中华人民共和国会计法》和《中华人民共和国预算法》，财政总预算会计、行政单位会计与事业单位会计均要遵循此最高法。

会计行政法规，是指国务院制定并发布，或由国务院有关部门拟定并经过国务院批准发布，调整经济生活中某些方面会计关系的法律规范。它是会计基本法律规范的具体化，以会计基本法律为指导，同时又统驭具体的会计规章制度，是有关具体会计规章制度的制定依据。会计行政法规制定的依据是《会计法》，会计行政法规的效力仅次于会计基本法。

会计制度是财政部根据会计法制定的关于会计核算、会计监督、会计机构和会计人员以及会计工作管理的制度和准则。《财政总预算会计制度》经国务院批准于 1997 年 6 月 25 日由财政部公布，从 1998 年 1 月 1 日起执行。制定公布《财政总预算会计制度》[①]的目的是为了加强财政预算管理，进一步规范各级财政总预算的会计核算，反映和监督政府预算执行情况的专业会计制度。财政总预算会计制度自 1998 年实施以来，对规范财政总预算会计核算，加强财政管理发挥了重要作用。改革与时俱进，为了进一步规范各级政府财政总预算会计核算，提高会计信息质量，充分发挥总预算会计的职能作用，财政部对《财政总预算会计制度》(财预字〔1997〕287 号)进行了进一步修订。2015 年 10 月 10 日由财政部公布印发，自 2016 年 1 月 1 日起施行。此外，为了确保新旧制度顺利衔接、平稳过渡，促进新制度的有效贯彻实施，财政部制定了《新旧财政总预算会计制度有关衔接问题的处理规定》，2015 年 10 月 30 日公布印发。而财政部在 2015 年 10 月 23 日发布的《政府会计准则——基本准则》，自 2017 年 1 月 1 日起

① 《财政总预算会计制度》包括总则、一般原则、资产、负债、净资产、收入、支出、会计科目、会计结账和结算、会计报表编审、会计电算化、会计监督、附则共计 13 章 75 条，并附有财政部门总预算会计凭证、会计账簿、会计报表三个附录。

施行,这是政府会计改革进程中意义重大的一个成果。之后,根据政府会计制度框架,发布了一系列的具体准则、应用指南等。

2010年以来,中央要求各省市地区试编权责发生制为基础的政府综合财务报告,在保持现行预算会计制度不变的基础上,通过转换预算会计数据、完善财务信息,编制权责发生制财务报告,对于加强政府财务规范、推进政府会计改革有十分重要的意义①;十八届三中全会通过的《中共中央关于全面深化改革若干重大问题的决定》将深化财税体制改革作为改革的重点内容,提到"改进预算管理制度部分,强调建立跨年度预算平衡机制,建立权责发生制的政府综合财务报告制度,建立规范合理的中央和地方政府债务管理及风险预警机制";明确提出"建立权责发生制的政府综合财务报告制度",对深化政府会计改革提出了更高的要求。各级政府财政部门应当按年度编制以权责发生制为基础的政府综合财务报告,报告政府整体财务状况、运行情况和财政中长期可持续性,报本级人民代表大会常务委员会备案。② 在十九大报告中,党中央提出"建立全面规范透明、标准科学、约束有力的预算制度,全面实施绩效管理"。这是党中央在整体管理层面上贯彻落实新《预算法》的重大决策,将之作为完善国家治理体系、提高财政资金使用效率的重要抓手,是新时代推进服务型、责任型和效能型政府的探索和创新。

四、财政总预算会计的会计科目和会计凭证

(一)会计科目

为正确核算各类会计事项,财政部统一规定了会计科目和会计核算方法。按照财政总预算会计要素的类别,总预算会计科目可分为资产、负债、净资产、收入、支出五类。

近年来,财政部针对国库集中收付制度改革、政府收支分类改革、国债余额管理、国有资本经营预算管理等方面的变化陆续制定了有关规范财政总预算会计处理的补充规定,修订和补充了许多财政总预算会计科目(见表2—1)。该表共包括59个会计科目:资产类科目15个、负债类科目11个、净资产科目9个、收入类科目12个和支出类科目12个。

表2—1 财政总预算会计科目表

序号	科目编号	会计科目名称
一、资产类		
1	1001	国库存款
2	1003	国库现金管理存款
3	1004	其他财政存款
4	1005	财政零余额账户存款
5	1006	有价证券
6	1007	在途款

① 财政部2010年制定了《权责发生制政府综合财务报告试编办法》,2010年全国有11个省市参与2011年试编权责发生制政府综合财务报告,2012年试编地区扩大到23个省市,2013年全国36个省市均开展试编工作。

② 根据《预算法》(2015)第97条规定。

续表

序号	科目编号	会计科目名称
7	1011	预拨经费
8	1021	借出款项
9	1022	应收股利
10	1031	与下级往来
11	1036	其他应收款
12	1041	应收地方政府债券转贷款
13	1045	应收主权外债转贷款
14	1071	股权投资
15	1081	待发国债
二、负债类		
16	2001	应付短期政府债券
17	2011	应付国库集中支付结余
18	2012	与上级往来
19	2015	其他应付款
20	2017	应付代管资金
21	2021	应付长期政府债券
22	2022	借入款项
23	2026	应付地方政府债券转贷款
24	2027	应付主权外债转贷款
25	2045	其他负债
26	2091	已结报支出
三、净资产类		
27	3001	一般公共预算结转结余
28	3002	政府性基金预算结转结余
29	3003	国有资本经营预算结转结余
30	3005	财政专户管理资金结余
31	3007	专用基金结余
32	3031	预算稳定调节基金
33	3033	预算周转金
34	3081 308101 308102 308103 308104	资产基金 应收地方政府债券转贷款 应收主权外债转贷款 股权投资 应收股利

续表

序号	科目编号	会计科目名称
35	3082 308201 308202 308203 308204 308205 308206	待偿债净资产 应付短期政府债券 应付长期政府债券 借入款项 应付地方政府债券转贷款 应付主权外债转贷款 其他负债
四、收入类		
36	4001	一般公共预算本级收入
37	4002	政府性基金预算本级收入
38	4003	国有资本经营预算本级收入
39	4005	财政专户管理资金收入
40	4007	专用基金收入
41	4011	补助收入
42	4012	上解收入
43	4013	地区间援助收入
44	4021	调入资金
45	4031	动用预算稳定调节基金
46	4041	债务收入
47	4042	债务转贷收入
五、支出类		
48	5001	一般公共预算本级支出
49	5002	政府性基金预算本级支出
50	5003	国有资本经营预算本级支出
51	5005	财政专户管理资金支出
52	5007	专用基金支出
53	5011	补助支出
54	5012	上解支出
55	5013	地区间援助支出
56	5021	调出资金
57	5031	安排预算稳定调节基金
58	5041	债务还本支出
59	5042	债务转贷支出

各级财政总预算会计应按规定选择设置、使用会计科目。在填制会计凭证、登记账簿时，应填记会计科目的名称或者同时填名称和编码，不得只填编码、不填名称。

（二）会计凭证

会计凭证是记录经济业务、明确经济责任的书面证明，是登记会计账簿的依据。政府财政部门在核算各项经济业务时，应取得或填制原始凭证，并根据审核无误的原始凭证填制记账凭证。

各级政府财政总预算会计的原始凭证主要包括：(1)国库报来的各种日报表及附件，如“缴款书”“收入退还书”“更正通知书”等；(2)各项预算拨款和转账拨款凭证，如财政库款支付凭证回单、各种银行汇款凭证等；(3)非包干专项经费日报；(4)其他凭证和文件。

记账凭证是根据审核无误的原始凭证填制的，用来确定经济业务应借、应贷会计科目及其金额的会计凭证。常见记账凭证格式有两种(见表 2—2，表 2—3)。

表 2—2 **记账凭证(格式一)**

总号________

分号________

年　　月　　日　　　　附凭证　　　　张

对方单位	摘要	借方		贷方		金额	记账符号
		科目编号	科目名称	科目编号	科目名称		

会计主管　　　　记账　　　　稽核　　　　出纳　　　　制单

表 2—3 **记账凭证(格式二)**

年　　月　　日

摘要	总账科目	明细科目	借方金额	贷方金额	记账符号

会计主管　　　　记账　　　　稽核　　　　出纳　　　　制单

各级总预算会计应根据审核无误的原始凭证，归类整理编制记账凭证。记账凭证的各项内容必须齐全，经复核后凭以记账，制证人必须签名或盖章。属于预算划拨经费转列支出、年终结账、更正错误的记账凭证可以不附原始凭证，但应经会计主管人员签章。

第二节　财政总预算会计的账务处理

一、资产

财政总预算资产主要是将物质生产部门的一部分收入以税收等方式集中起来,是对社会产品的一种再分配,主要是用于国家的行政管理、经济建设、国防建设以及教、科、文、卫、体等各方面事业的发展。资产的所有权属于各级政府。财政部门作为各级政府的会计核算部门,代表政府履行职能,而资产的所有权仍归政府。

财政总预算会计的资产,是各级政府财政掌管或控制的能以货币计量的经济资源,具体包括财政存款、有价证券、应收股利、借出款项、暂付及应收款项、预拨经费、应收转贷款和股权投资等。按照财政总预算会计资产的流动性分为流动资产和非流动资产,流动资产是指预计在1年内(含1年)变现的资产;非流动资产指的是流动资产以外的资产。

(一)财政存款

财政存款,是指政府财政部门代表政府管理的国库存款、国库现金管理存款以及其他财政存款等。财政存款的支配权属于同级政府财政部门,统一在国库或选定的银行开立存款账户,统一收付,不得透支,不得提取现金。

专栏 2—2

财政性存款的管理原则

财政总预算会计在管理财政性存款中,应遵循以下原则:

1. 集中资金,统一调度。实行财政性资金集中收付、统一调度,有利于提高财政资金的使用效率和财政任务的完成,有助于发挥总预算会计的核算和监督作用。

2. 按规定开立银行存款户。财政资金的存款户,应按照规定开立;县及县以上财政和已设国库的乡镇财政,可按规定在中国人民银行开设“国库存款”户,在商业银行开设“其他财政存款”户。未建立国库的乡镇财政,也可在其他商业银行开户。

为保证财政存款的安全,除国库存款外,各级财政开户应选择当地国有商业银行机构,当地没有国有商业银行机构的应选择资信较好的商业银行开立。

3. 按部门预算、按用款计划拨付款项。财政拨款必须根据人民代表大会通过的年度预算和经批准的单位季度分月用款拨付资金,不应办理超预算、无计划的拨款。

4. 转账结算,不提现金。主要原因:(1)财政是分配财政资金的部门,不是具体的使用单位,不需要支付现金;(2)财政的收入和支出都通过国库办理,财政会计不另设出纳;(3)财政库款进出巨大,不提取现金有利于库款安全。

5. 在存款余额内支付,不得透支。财政总预算会计只能在存款户余额范围内支拨,不能超过存款余额拨付资金,这样有利于财政总预算的执行,确保财政收支平衡。

资料来源:财政部预算司,http://yss.mof.gov.cn/。

根据《财政国库管理制度改革试点方案》(财库〔2001〕24 号)的有关规定,自 2001 年起,我国开始逐步建立以国库单一账户体系为基础、资金缴拨以国库集中收付为主要形式的财政国库管理制度,最终将所有财政性资金都纳入国库单一账户体系管理,收入直接缴入国库或财政专户,支出通过该体系支付到商品或劳务供应者或用款单位。国库单一账户体系,是指实行财政国库集中收付后,用于所有财政性资金收支核算管理的账户体系,目的为实现由国库单一账户核算所有财政性资金收支活动,并通过各部门在商业银行开设的零余额账户处理日常支付和清算业务。

专栏 2—3

财政资金管理制度——国库单一账户制度的概念

国库单一账户制度,即国库集中收付制度,是指将所有财政性资金全部集中到国库单一账户,所有财政收入直接缴入这一账户,同时所有财政支出直接通过该账户进行拨付的财政资金管理制度。

现代国库制度以国库单一账户为基础,实行收支两条线管理,以进一步增强财政资金支出的透明度,提高财政资金使用效益。

在这种制度下,财政资金的使用由各部门、单位根据细化的预算自主决定,经财政部门核准后支出,财政资金将由国库单一账户直接拨付给商品和劳务供应商,而不必经过支出单位进行转账结算。为便于各部门、单位小额零散支出的需要,财政部门可为预算单位设立小额现金账户和当日清算的零余额账户,在实际支付之前,所有资金都集中在国库,财政部门可以统一调度。

建立国库集中收付制度,主要是改革了财政资金的支出方式,支出按照不同的支付主体分别实行财政直接支付和财政授权支付。实行财政直接支付的支出包括工资支出、购买支出和转移支出;实行财政授权支付的支出包括未实行财政直接支付的购买支出和零星支出。

资料来源:财政部国库司,http://gks.mof.gov.cn/。

国库单一账户体系共设置四类账户:国库单一账户、零余额账户、财政专户、特殊过渡性专户。

(1)国库单一账户:财政部门在中国人民银行开设国库单一账户,用于记录、核算和反映纳入预算管理的财政收入和支出活动,并与财政部门在商业银行开设的零余额账户进行清算,实现资金收缴入库和资金支付。一般按收入和支出设置分类账,收入账按预算科目进行明细核算,支出账按资金使用性质设立分账册。

(2)零余额账户:财政部门或预算单位经财政部门批准,在国库集中支付代理银行和非税收入收缴代理银行开立零余额账户,用于办理国库集中收付业务的银行结算账户,主要分为“财政零余额账户”与“预算单位零余额账户”。①财政部门按资金使用性质在商业银行开设“财政零余额账户”:属于过渡性质的账户,用于财政直接支付和与国库单一账户支出清算,不得提取现金。②在商业银行为预算单位开设“单位零余额账户”:主要用于在支出管理中财政授权支付和与国库单一账户清算;财政汇缴专户作为零余额账户,主要用于在收入收缴管理中非税收入收缴和资金清算。

(3)财政专户:财政部门为核算具有专门用途的资金,在商业银行及其他金融机构开设的资金账户,用于记录、核算和反映非税收入的收支活动,以及日常收支清算,主要包括专项支出财政专户、社会保险基金财政专户、非税收入收缴财政专户、外国政府和国际金融组织贷款赠款财政专户四类。[①]

专栏 2—4

财政专户的规范和清理

财政专户是财政部门为履行财政管理职能,在商业银行开设的用于管理核算特定财政资金的银行结算账户。财政专户有利于弥补国库单一账户操作技术上的不足,与财政部门开设在人民银行的国库单一账户、财政部门和预算单位开设在商业银行的零余额账户,共同构成了我国的国库单一账户体系。财政专户主要是用来满足社会保险基金核算管理、一些具有专项用途的资金管理、非税收入收缴管理、乡级财政资金存放、外国政府和国际金融组织贷款赠款资金管理、外币资金核算管理等需要。目前,国库暂时还不能完全替代财政专户。从国际上看,各国财政部门为了更好地加强财政资金管理,也都设立了大量的功能性财政专户,比如,美国联邦政府在商业银行开设了13 000多个税收与贷款账户。

近年来,各级财政部门认真贯彻落实国务院决策部署,积极主动工作,在清理规范财政专户方面取得了阶段性成果,财政专户数量大幅精减,专户管理逐渐规范。2011~2013年财政部连续3年组织开展清理整顿地方财政专户工作,累计撤并财政专户7.4万个。2014年对存量专户进行审核,又撤销专户1.1万个。2015年,为贯彻落实新《预算法》精神,财政部印发《财政部关于加强和规范地方财政专户管理的指导意见》(财库〔2015〕257号),就规范存量财政专户、严格控制新增专户、加强专户资金管理、规范开户银行选择等进一步提出要求,其中对地方自行出台的各类文件或有关会议纪要等为开户依据设立的财政专户,要求地方主动进行规范和撤销。

资料来源:中央政府门户网站,http://www.gov.cn/xinwen/2014-10/08/content_2761356.htm;财政部国库司网站,http://gks.mof.gov.cn/zhengfuxinxi/gongzuodongtai/201602/t20160202_1662648.html。

(4)特殊过渡性专户:经国务院和省级人民政府批准或授权财政部门开设特殊过渡性专户(以下简称"特设专户"),用于记录、核算和反映预算单位的特殊专项支出活动,并与国库单一账户清算。

① 2010年前,为了对预算外资金收支进行统一核算和集中管理,《预算外资金管理实施办法》规定预算外资金由财政部门建立统一财政专户,实行收支两条线管理。2010年后,预算外资金纳入预算管理,取消预算外资金财政专户(《财政部关于将按预算外资金管理的收入纳入预算管理的通知》财预〔2010〕88号)。

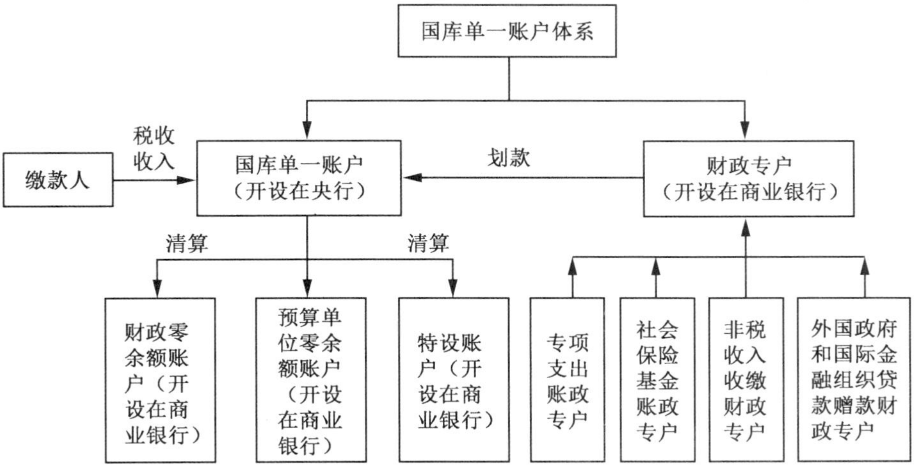

图 2—1　国库单一账户体系

为核算财政性存款，各级政府财政部门应设置“国库存款”“国库现金管理存款”“其他财政存款”三个总账科目。

1. 国库存款

为核算国库存款业务，应设置资产性质的“国库存款” 账户（资产类），用于核算各级总预算会计存放在中国人民银行国库的预算资金（含一般预算、基金预算和国有资本经营预算）存款。借方登记国库存款增加数，贷方登记国库存款减少数，借方余额反映国库存款的结存数。“国库存款”科目按“一般预算存款”“基金预算存款”和“国有资本经营预算存款”设置明细账户。

业务 1：总预算会计收到预算收入时，应根据国库报来的收入日报表入账；收到上级补助、下级上解收入时，应根据国库转来的有关结算凭证入账。对应“国库存款”记借方，表示国库存款增加数。

业务 2：总预算会计在办理库款拨付、上解上级财政、对下级财政进行补助等，都会使国库存款减少，应根据有关支付凭证入账。对应“国库存款”记贷方，表示国库存款减少数。

业务 3：收到国库存款利息收入时，借记本科目，贷记“一般公共预算本级收入”科目。

业务 4：收到缴入国库的来源不清的款项时，借记本科目，贷记“其他应付款”等科目。

【例 2—1】　山水市财政局发生如下经济业务：

(1)收到国库报来的“预算收入日报表”，当日收到一般公共预算本级收入 20 万元，政府性基金预算本级收入 5 万元。

(2)按财政体制关系规定，对所属甲县进行一般预算补助 4 万元；按财政体制关系规定，上解上级省财政 10 万元。

(3)收到国库存款利息收入 1 万元。

(4)收到缴入国库的来源不清的款项 2 万元。

应编制会计分录如下：

(1)收到一般公共预算本级收入 20 万元，政府性基金预算本级收入 5 万元时：

借:国库存款——一般预算存款　　200 000
　贷:一般公共预算本级收入　　200 000
借:国库存款——基金预算存款　　50 000
　贷:政府性基金预算本级收入　　50 000

(2)按财政体制关系规定,对所属甲县进行一般预算补助 4 万元;按财政体制关系规定,上解上级省财政 10 万元时:

借:补助支出　　40 000
　贷:国库存款——一般预算存款　　40 000
借:上解支出　　100 000
　贷:国库存款——一般预算存款　　100 000

(3)收到国库存款利息收入 1 万元时:

借:国库存款　　10 000
　贷:一般公共预算本级收入　　10 000

(4)收到缴入国库的来源不清的款项 2 万元时:

借:国库存款　　20 000
　贷:其他应付款　　20 000

2. 国库现金管理存款

为核算国库现金存款业务,应设置"国库现金管理存款"账户(资产类),该账户主要用于核算政府财政实行国库现金管理业务存放在商业银行的款项。

业务 1:将国库款转存商业银行时,按照存入商业银行的金额,借记本科目,贷记"国库存款"科目。

业务 2:国库现金管理存款收回国库时,按照实际收回的金额,借记"国库存款"科目;按照原存入商业银行的存款本金金额,贷记本科目;按照两者的差额,贷记"一般公共预算本级收入"科目。

【例 2—2】 山水市财政局发生如下经济业务:

(1)将国库存款 10 万元转存至商业银行。

(2)将转存至商业银行的 10 万元收回国库存款,利息收入 800 元。

应编制会计分录如下:

(1)将国库存款 10 万元转存至商业银行时:

借:国库现金管理存款　　100 000
　贷:国库存款　　100 000

(2)对转存至商业银行的 10 万元和利息 800 元收回国库存款,连本带利总收入 10.08 万元进行核算时:

借:国库存款　　100 800
　贷:国库现金管理存款　　100 000
　　一般公共预算本级收入　　800

3. 其他财政存款

为核算其他财政存款业务,应设置"其他财政存款"账户(资产类),用于核算总预算会计未列入“国库存款”“国库现金管理存款”账户的各项财政性存款，包括未设国库的乡(镇)财政在专业银行的预算资金存款、部分由财政部指定存入专业银行的专用基金存款以及未纳入预算并实行财政专户管理的资金存款等。借方登记存款增加数，贷方登记存款减少数，借方余额反映其他财政性存款的结余数。为了便于管理，该账户应按交存地点和资金性质分设明细账户。

业务1：收到其他财政性存款时，应据经办行报来的收入日报表或银行收款通知入账。

业务2：支付其他财政存款时，应根据有关支付凭证回单入账。

业务3：其他财政存款产生的利息收入(除规定作为专户资金收入外)应缴入国库纳入一般公共预算管理。取得其他财政存款利息收入时，按照实际获得的利息金额，根据以下情况分别处理：

(1)按规定作为专户资金收入的，借记本科目，贷记“应付代管资金”或有关收入科目。

(2)按规定应缴入国库的，借记本科目，贷记“其他应付款”科目。将其他财政存款利息收入缴入国库时，借记“其他应付款”科目，贷记本科目；同时，借记“国库存款”科目，贷记“一般公共预算本级收入”科目。

【例2—3】 百强县县财政局发生如下经济业务：

(1)上级财政部门拨入粮食风险专用基金750万元，并立专户存储。

(2)按规定从其他财政存款账户向粮食部门拨付风险基金600万元。

(3)产生利息收入1万元，按规定应该缴入国库。

应编制会计分录如下：

(1)上级财政部门拨入粮食风险专用基金750万元，并立专户存储时：

借：其他财政存款——专用基金存款	7 500 000	
贷：与上级往来		7 500 000

(2)按规定从其他财政存款账户向粮食部门拨付风险基金600万元时：

借：专用基金支出	6 000 000	
贷：其他财政存款——专用基金存款		6 000 000

(3)产生利息收入1万元，按规定应该缴入国库时：

借：其他财政存款——利息收入	10 000	
贷：其他应付款		10 000
借：其他应付款	10 000	
贷：其他财政存款——利息收入		10 000
借：国库存款	10 000	
贷：一般公共预算本级收入		10 000

【例2—4】 梁山乡未设国库，按规定在某商业银行开设预算资金存款账户。乡财政收到县财政的粮食风险专用基金30万元。

应编制会计分录如下：

借：其他财政存款——专用基金存款	300 000	
贷：与上级往来		300 000

专栏 2—5

财政零余额账户存款

“财政零余额账户存款”科目核算财政国库支付执行机构在代理银行办理财政直接支付的业务。财政国库支付执行机构未单设的地区不使用该科目。

主要账务处理如下:财政国库支付执行机构为预算单位直接支付款项时,借记有关预算支出科目,贷记本科目。财政国库支付执行机构每日将按部门分“类”“款”“项”汇总的预算支出结算清单等结算单与中国人民银行国库划款凭证核对无误后,送财政总预算会计结算资金,按照结算的金额,借记本科目,贷记“已结报支出”科目。

资料来源:财政部关于印发《财政总预算会计制度》的通知,http://www.mof.gov.cn/mofhome/guokusi/zhengfuxinxi/guizhangzhidu/201510/t20151022_1517735.html。

(二)政府投资

政府投资,是指政府会计主体按规定以货币资金、实物资产、无形资产等方式形成的债权或股权投资。有价证券与股权投资是政府投资的两种主要形式,也是政府的重要资产。各级政府财政应该按规定盘活财政结余,提高财政资金使用效益,发挥好财政资金的杠杆作用,同时进行会计核算。财政总预算会计如果在会计处理上采用权责发生制时,应遵循《政府会计准则第2号——投资》相关规定进行确认和计量。

1. 有价证券

有价证券,是指政府财政按照有关规定取得并持有的政府债券。各级政府财政部门只能用各项财政结余购买国家指定由地方各级政府购买的有价证券。支付购买有价证券的资金不能列作支出。购入有价证券(含债券收购单)应视同货币资金妥善保管,防止损失。

为核算有价证券业务,应设置“有价证券”账户(资产类)。有价证券应按取得时实际支付的价款数入账,当期取得有价证券的兑付利息以及有价证券转让时取得的收入与账面成本的差额,应按购买时资金性质,分别计入一般公共预算本级收入、政府性基金预算本级收入。为了便于管理,该账户应按有价证券的种类和资金性质设置明细账户。

业务1:购入有价证券时,借记本科目,贷记“国库存款”“其他财政存款”科目。

业务2:转让或到期兑付有价证券时,借记“国库存款”“其他财政存款”科目,贷记本科目;按其差额,贷记“一般公共预算本级收入”等科目;借方余额反映有价证券的实际库存数。

【例2—5】 山水市财政局发生如下经济业务:

(1)用一般公共预算结转结余购买有价证券50万元,用政府性基金预算结转结余购买有价证券30万元。

(2)一般公共预算结转结余购买的有价证券到期,兑付本金50万元,并取得利息收入6万元。

(3)用政府性基金预算购买的有价证券到期,兑付本金30万元,并取得利息收入4万元。

应编制会计分录如下:

(1)用一般公共预算结转结余购买有价证券50万元,用政府性基金预算结转结余购买有价证券30万元时：

借：有价证券——一般公共预算结转结余购入 500 000
——政府性基金预算结转结余购入 300 000
贷：国库存款——一般公共预算结转结余 500 000
——政府性基金预算结转结余 300 000

(2)一般公共预算结转结余购买的有价证券到期，兑付本金50万元，并取得利息收入6万元时：

借：国库存款——一般预算存款 560 000
贷：有价证券——一般公共预算结转结余购入 500 000
一般公共预算本级收入 60 000

(3)用政府性基金预算购买的有价证券到期，兑付本金30万元，并取得利息收入4万元时：

借：国库存款——基金预算存款 340 000
贷：有价证券——政府性基金预算结转结余购入 300 000
政府性基金预算本级收入 40 000

2. 股权投资

股权投资，是指政府持有的各类股权投资，具体包括国际金融组织股权投资、投资基金股权投资和企业股权投资等。股权投资一般采用权益法[①]进行核算，应设置"股权投资"账户(资产类)，并按照"国际金融组织股权投资""投资基金股权投资""企业股权投资"设置一级明细科目，在一级明细科目下，可根据管理需要，按照被投资主体进行明细核算。对每一被投资主体，还可按"投资成本""收益转增投资""损益调整""其他权益变动"进行明细核算。本科目期末借方余额反映政府持有的各种股权投资金额。主要账务处理有：

(1)国际金融组织股权投资

①政府财政代表政府认缴国际金融组织股本时，按照实际支付的金额，借记"一般公共预算本级支出"等科目，贷记"国库存款"科目；根据股权投资确认相关资料，按照确定的股权投资成本，借记本科目，贷记"资产基金——股权投资"科目。

②从国际金融组织撤出股本时，按照收回的金额，借记"国库存款"科目，贷记"一般公共预算本级支出"科目；根据股权投资清算相关资料，按照实际撤出的股本，借记"资产基金——股权投资"科目，贷记本科目。

(2)投资基金股权投资

①政府财政对投资基金进行股权投资时，按照实际支付的金额，借记"一般公共预算本级支出"等科目，贷记"国库存款"等科目。根据股权投资确认相关资料，按照实际支付的金额，借记本科目(投资成本)；按照确定的在被投资基金中占有的权益金额与实际支付金额的差额，借记或贷记本科目(其他权益变动)；按照确定的在被投资基金中占有的权益金额，贷记"资产基

---

① 权益法，是指政府持有的各类股权投资要按照其在被投资单位拥有的权益比例和被投资单位净资产的变化来调整"股权投资"账户的账面价值。使用这种方法时，政府应将被投资单位每年获得的净损益按投资权益比例列为自身的投资损益，并表示为投资的增减。如果收到被投资单位发放的股利，政府要冲减投资账户的账面价值。

金——股权投资”科目。

②年末，根据政府财政在被投资基金当期净利润或净亏损中占有的份额，借记或贷记本科目(损益调整)，贷记或借记“资产基金——股权投资”科目。

③政府财政将归属财政的收益留作基金滚动使用时，借记本科目(收益转增投资)，贷记本科目(损益调整)。

④被投资基金宣告发放现金股利或利润时，按照应上缴政府财政的部分，借记“应收股利”科目，贷记“资产基金——应收股利”科目；同时按照相同的金额，借记“资产基金——股权投资”科目，贷记本科目(损益调整)。

⑤被投资基金发生除净损益以外的其他权益变动时，按照政府财政持股比例计算应享有的部分，借记或贷记本科目(其他权益变动)，贷记或借记“资产基金——股权投资”科目。

⑥投资基金存续期满、清算或政府财政从投资基金退出需收回出资时，政府财政按照实际收回的资金，借记“国库存款”等科目；按照收回的原实际出资部分，贷记“一般公共预算本级支出”等科目；按照超出原实际出资的部分，贷记“一般公共预算本级收入”等科目。根据股权投资清算相关资料，按照因收回股权投资而减少在被投资基金中占有的权益金额，借记“资产基金——股权投资”科目，贷记本科目。

(3)企业股权投资

企业股权投资的账务处理，根据管理条件和管理需要参照投资基金股权投资的账务处理。

【例 2—6】 山水市政府财政发生如下经济业务：

(1)市财政根据批准预算，从一般公共预算本级安排设立产业引导基金资金 10 亿元，根据股权投资确认相关资料，在被投资基金中占有的权益金额为 9.5 亿元。

(2)年末，按权益法计算，政府财政在被投资基金当期净利润中占有份额 2 亿元。

(3)政府财政将归属财政的收益留作基金滚动使用。

(4)被投资基金宣告发放现金股利或利润 1 000 万元。

(5)投资基金存续期满、清算或政府财政从投资基金退出需收回出资时，政府财政按照实际收回产业引导基金资金 12 亿元。

应编制会计分录如下：

(1)安排引导基金时：

借：一般公共预算本级支出——对企业资本性支出	1 000 000 000	
贷：国库存款		1 000 000 000

同时，按照在被投资基金中占有的权益金额为 9.5 亿元：

借：股权投资——投资基金股权投资——投资成本	1 000 000 000	
贷：股权投资——投资基金股权投资——其他权益变动		50 000 000
资产基金——股权投资		950 000 000

(2)根据政府财政在被投资基金当期净利润中占有的份额 2 亿元：

借：股权投资——投资基金股权投资——损益调整	200 000 000	
贷：资产基金——股权投资		200 000 000

(3)政府财政将归属财政的收益留作基金滚动使用时：

借：股权投资——投资基金股权投资——收益转增投资 200 000000

贷：股权投资——投资基金股权投资——损益调整 200 000 000

(4)被投资基金宣告发放现金股利或利润 1 000 万元时，按照应上缴政府财政的部分：

借：应收股利 10 000 000

贷：资产基金——应收股利 10 000 000

同时，按照相同的金额：

借：资产基金——股权投资 10 000 000

贷：股权投资——投资基金股权投资——损益调整 10 000 000

(5)投资基金存续期满、清算或政府财政从投资基金退出需收回出资时，政府财政按照实际收回产业引导基金资金 12 亿元时：

借：国库存款 1 200 000 000

贷：一般公共预算本级支出——对企业资本性支出 1 000 000 000

一般公共预算本级收入 200 000 000

根据股权投资清算相关资料，按照因收回股权投资而减少在被投资基金中占有的权益金额：

借：资产基金——股权投资 950 000 000

贷：股权投资——投资基金股权投资——投资成本 950 000 000

专栏 2—6

应收股利

“应收股利”(资产类)账户，用于核算政府因持有股权投资应当收取的现金股利或利润。本科目应当按照被投资主体进行明细核算。主要账务处理有：

1. 持有股权投资期间被投资主体宣告发放现金股利或利润的，按应上缴政府财政的部分，借记本科目，贷记“资产基金——应收股利”科目；按照相同的金额，借记“资产基金——股权投资”科目，贷记“股权投资(损益调整)”科目。

2. 按照实际收到现金股利或利润，借记“国库存款”等科目，贷记有关收入科目；按照相同的金额，借记“资产基金——应收股利”科目，贷记本科目。

本科目期末借方余额反映政府尚未收回的现金股利或利润。

资料来源：财政部关于印发《财政总预算会计制度》的通知，http://www.mof.gov.cn/mofhome/guoku-si/zhengfuxinxi/guizhangzhidu/201510/t20151022_1517735.html。

(三)在途款

在途款，是指在库款报解整理期内，财政总预算会计收到的属于上年度的收入、收回的不属于上年度的支出和其他作为在途款过渡的款项。由于库款的报解需要一定的时间，年终会出现国库经收处或各级国库已经在年度前收纳，以及在清理期收纳属于本年收入的款项，但尚未转到支库或尚未报解到各上级国库的各种收入。根据人民银行国库管理制度的规定，在每年年度终了后,各支库应设置 10 天的库款报解整理期。

为反映在途款,应设置"在途款"账户(资产类)。

业务 1:决算清理期内收到属于上年度收入时,借记本科目,贷记"一般公共预算本级收入""补助收入""上解收入"等收入科目。

业务 2:收回属于上年度拨款或支出时,借记本科目,贷记"预拨经费"或"一般公共预算本级支出"等科目。冲转在途款时,在本年度账务中,借记"国库存款"科目,贷记本科目。在记入新年度账上后,该科目无余额。

【例 2—7】 山水市财政局在库款报解整理期内发生如下经济业务:

(1)收到属于上一年度的一般公共预算本级收入 20 万元。

在上年度的账务处理中,应编制会计分录如下:

借:在途款	200 000	
贷:一般公共预算本级收入		200 000

在新一年度的账务处理中,应编制会计分录如下:

借:国库存款	200 000	
贷:在途款		200 000

(2)收回上年度已列支的政府性基金预算本级支出 8 万元。

在上一年度的账务处理中,应编制会计分录如下:

借:在途款	80 000	
贷:政府性基金预算本级支出		80 000

在新一年度账务处理中,应编制会计分录如下:

借:国库存款——基金预算存款	80 000	
贷:在途款		80 000

(四)预拨经费

预拨经费,是指政府财政在年度预算执行中预拨出应在以后各月列支以及会计年度终了前根据"二上"预算预拨出的下年度预算资金,是财政部门用预算资金拨付给行政、事业单位,尚未在当期列作预算支出的经费。具体包括:(1)在年度执行中,用预算资金预先拨出应在本财政年度以后各期列支的款项;(2)本财政年度终了前预拨给用款单位下年度经费款,均应作为预拨经费管理。待新财政年度预算经同级人民代表大会批准或经有关程序批准后,预拨经费才可以按照批准的预算数额转作预算支出。预拨经费(不含预拨下年度预算资金)应在年终前转列支出或清理收回。

我国的预算年度采用公历财政年度,即每年的 1 月 1 日至 12 月 31 日,人民代表大会批准预算的时间一般在每年 3 月份左右,即全国人大召开期间,为了满足有关预算单位在下年初需要使用的预算资金的需求,在预算年度末各级政府需按一定标准向所属预算单位预拨下一年的预算经费。对于在预算年度向所属单位预拨经费,在财政总预算会计制度中应该严格按照规定执行,如只有对那些距离财政部门路途遥远、交通和通信不便、财政部门当期汇款不能及时到达的所属预算单位,才可以考虑采用预拨经费的方式在预算年度拨付下年经费。预拨经费应在规定的期间及时转作预算支出,不能长期挂账。

"预拨经费"账户(资产类),用于核算财政部门预拨给行政事业单位、尚未列为支出的经费。该账户应按预拨经费的种类、用款单位等设置明细账。

业务 1:预拨经费时,借记本科目,贷记"国库存款""其他财政存款"科目。

业务 2:转列支出或收到用款单位交回预拨经费时,借记"国库存款""一般公共预算本级支出""政府性基金预算本级支出"等科目,贷记本科目;期末余额在借方,表示尚未转列支出或尚待回收的经费数。

【例 2—8】 山水市财政局发生如下经济业务:

(1)按用款计划,向市卫生局预拨经费 40 万元。

(2)经审核,拨付市卫生局的预拨经费由 35 万元转作当期支出,收回剩余 5 万元。

应编制会计分录如下:

(1)拨款时:

借:预拨经费——市卫生局	400 000	
贷:国库存款		400 000

(2)转列支出并收回剩余款项时:

借:一般公共预算本级支出	350 000	
国库存款	50 000	
贷:预拨经费——市卫生局		400 000

(五)借出款项

为核算对外借款情况应设置"借出款项"账户(资产类),该账户主要核算政府财政按照对外借款管理相关规定借给预算单位临时急需的,并需按期收回的款项。本科目应当按照借款单位等进行明细核算。

根据国家有关规定,各级财政部门需严格按照批准的年度预算和用款计划拨款,对于年度预算执行中确需新增的支出项目,应按规定通过动支预备费或调整当年预算解决,不得对外借款。对于确需出借的临时急需款项,应严格限定借款对象、用途和期限。借款对象应限于纳入本级预算管理的一级预算单位(不含企业),不得对非预算单位及未纳入年度预算的项目借款或垫付财政资金,且应仅限于临时性资金周转或者为应对社会影响较大的突发事件的临时急需垫款。借款期限不得超过一年。

为区分财政对外借款与日常往来资金,规范财政对外借款管理,提供更加明晰的会计信息,应设置"借出款项"和"其他应收款"两个债权科目。其中,"借出款项"专门用于核算财政对外借款业务;其他日常往来结算业务形成的债权则通过"其他应收款"科目核算。

借出款项的主要账务处理如下:

业务 1:将款项借出时,按照实际支付的金额,借记本科目,贷记"国库存款"等科目

业务 2:收回借款时,按照实际收到的金额,借记"国库存款"等科目,贷记本科目。

【例 2—9】 山水市财政局发生如下经济业务:

(1)市林业局遭遇重大突发事件,向市财政借款 30 万元。

(2)到期后,市财政局收回这笔款项。

应编制会计分录如下:

(1)向林业局借出款项时:

借:借出款项——市林业局 300 000

贷:国库存款 300 000

(2)到期收回款项时:

借:国库存款 300 000

贷:借出款项——市林业局 300 000

(六)与下级往来

与下级往来,是指本级财政与下级财政间由于财政体制结算或借给下级等原因而形成的待结算款项。与下级往来主要有两种情况:一种是与下级财政之间发生的资金调度往来,二是体制结算中应由下级财政上缴而未缴的收入数。

为核算与下级往来情况,应设置"与下级往来"账户(资产类)。

业务1:借给下级财政款项时,借记本科目,贷记"国库存款"科目。

业务2:体制结算中,应由下级财政上交款项时,借记本科目,贷记"上解收入"科目。

业务3:收回借款、转作补助支出或体制结算中应补助下级财政时,借记"国库存款""补助支出"等有关科目,贷记本科目。

业务4:发生上解多交应当退回的,按照应当退回的金额,借记"上解收入"科目,贷记本科目。

业务5:发生补助多补应当退回的,按照应当退回的金额,借记本科目,贷记"补助支出"科目。

"与下级往来"科目余额一般在借方,反映下级财政尚未归还或上缴的款项。该科目应及时清理结算,其中转作补助支出的部分,应在当年结清;年终尚未结清的数额,结转下年。本科目应按资金性质和下级财政部门的名称设置明细账。

【例2—10】 山水市财政局发生如下经济业务:

(1)向下属百强县财政局提供临时周转借款450万元,已经办理了资金划拨手续。

(2)年终,百强县归还借款300万元。

(3)经山水市市政府研究决定,其余150万元借款,转作对百强县的补助支出。

(4)市财政局对拨出资金进行核对时发现,对百强县的补助中的10万元已经通过其他项目拨付,故将已经拨付的10万元收回。

应编制会计分录如下:

(1)借:与下级往来——百强县 4 500 000

贷:国库存款 4 500 000

(2)借:国库存款 3 000 000

贷:与下级往来——百强县 3 000 000

(3)借:补助支出——一般预算补助 1 500 000

贷:与下级往来 1 500 000

(4)借:与下级往来——百强县 100 000

贷:补助支出 100 000

（七）其他应收款

“其他应收款”账户（资产类），用于核算政府财政临时发生的其他应收、暂付、垫付款项。项目单位拖欠外国政府和国际金融组织贷款本息和相关费用导致相关政府财政履行担保责任，代偿的贷款本息费，也通过本科目核算。本科目应当按照资金性质、债务单位等进行明细核算。

业务 1：发生其他应收款项时，借记本科目，贷记“国库存款”“其他财政存款”等科目。

业务 2：收回或转作预算支出时，借记“国库存款”“其他财政存款”或有关支出科目，贷记本科目。

业务 3：政府财政对使用外国政府和国际金融组织贷款资金的项目单位履行担保责任，代偿贷款本息费时，借记本科目，贷记“国库存款”“其他财政存款”等科目。政府财政行使追索权，收回项目单位贷款本息费时，借记“国库存款”“其他财政存款”等科目，贷记本科目。政府财政最终未收回项目单位贷款本息费，经核准列支时，借记“一般公共预算本级支出”等科目，贷记本科目。

【例 2—11】 山水市财政局发生如下经济业务：

（1）政府财政临时发生一笔其他应收的款项 10 万元。

（2）一段时间后收回这 10 万元款项作为国库存款。

（3）该市 A 项目单位向一国际金融机构借款 150 万元，该市财政对此履行担保责任并通过国库存款代偿本息费 151 万元，其中本金 150 万元，利息 1 万元。

应编制会计分录如下：

（1）发生其他应收款项时：

借：其他应收款	100 000	
贷：国库存款		100 000

（2）收回款项时：

借：国库存款	100 000	
贷：其他应收款		100 000

（3）履行担保责任时：

借：其他应收款——A 单位	1 510 000	
贷：国库存款——本金		1 500 000
——利息		10 000

（八）应收转贷款

应收转贷款，是指政府财政将借入的资金转贷给下级政府财政的款项，包括应收地方政府债券转贷款、应收主权外债转贷款等。

2015 年以前，我国地方政府举债采用代发代还和自发代还形式。2009 年和 2010 年，地方政府债券由财政部代理发行，代办还本付息。2011 至 2013 年，经国务院批准，上海等地试点在国务院批准的额度内自行发行债券，但仍由财政部代办还本付息。从 2015 年开始，经国务院批准，省、自治区、直辖市政府可以适度举借债务，市县级政府确需举借债务的由省、自治区、直辖市政府代为举借。

为适应地方政府性债务管理变化,针对《预算法》(2015)赋予省级政府发债权,在财政总预算会计的核算中设置了与地方政府债券转贷业务相关的会计科目,包括"应收地方政府债券转贷款"和"应付地方政府债券转贷款"科目,分别核算反映地方政府债券转贷业务形成的相关资产负债事项。相应地,上级政府财政将借入的资金转贷给下级政府财政的款项,上级政府财政对下级政府财政形成债权核算;而下级政府财政形成对上级政府财政负债,上级政府财政使用"应收地方政府债券转贷款""应收主权外债转贷款"科目核算;下级政府财政使用"应付地方政府债券转贷款""应付主权外债转贷款"科目核算。

"应收地方政府债券转贷款"账户(资产类),用于核算本级政府财政转贷给下级政府财政的地方政府债券资金的本金及利息。本科目下应当设置"应收地方政府一般债券转贷款"和"应收地方政府专项债券转贷款"明细科目,本科目下再分设"应收本金"和"应收利息"两个明细科目,并按照转贷对象进行明细核算。

业务1:向下级政府财政转贷地方政府债券资金时,按照转贷金额,借记"债务转贷支出"科目,贷记"国库存款"科目;根据债务管理部门相关资料,按照到期应收回的转贷本金金额,借记本科目,贷记"资产基金——应收地方政府债券转贷款"科目。

业务2:期末,确认利息时,根据债务管理部门计算出的应收利息金额,借记本科目,贷记"资产基金——应收地方政府债券转贷款"科目。

业务3:收回本息时,按照收回的金额,借记"国库存款"等科目,贷记"其他应付款"或"其他应收款"科目;根据债务管理部门相关资料,按照收回的本金及确认的利息和,借记"资产基金——应收地方政府债券转贷款"科目,贷记本科目。

业务4:扣缴本息时,按照扣缴的金额,借记"与下级往来"科目,贷记"其他应付款"或"其他应收款"科目;根据债务管理部门相关资料,按照扣缴的本金及确认的利息和,借记"资产基金——应收地方政府债券转贷款"科目,贷记本科目。

【例2—12】 黑山省财政厅发生如下经济业务:

(1)向山水市财政转贷3年期、票面利率为2%的地方政府一般债券300 000元。

(2)该债券分年付息,分月确认应收利息。

(3)山水市政府到期一次偿还债券本金。

应编制会计分录如下:

(1)向山水市财政转贷3年期、票面利率为2%的地方政府一般债券300 000元时:

借:债务转贷支出——山水市政府一般债券　　300 000

　　贷:国库存款　　300 000

同时:

借:应收地方政府债券转贷款——应收地方政府一般债券转贷款——应收本金

　　300 000

　　贷:资产基金——应收地方政府债券转贷款　　300 000

(2)该债券分年付息,分月确认应收利息时:

年应收利息=300 000×2%=6 000(元)

月末应收利息=6 000÷12=500(元)

借：应收地方政府债券转贷款——应收地方政府一般债券转贷款——应收利息　500

　　贷：资产基金——应收地方政府债券转贷款　500

每年收回利息时：

借：国库存款　6 000

　　贷：其他应付款　6 000

借：资产基金——应收地方政府债券转贷款　6 000

　　贷：应收地方政府债券转贷款——应收地方政府一般债券转贷款——应收利息　6 000

(3)山水市政府到期一次偿还债券本金时：

借：国库存款　306 000

　　贷：其他应付款　306 000

同时：

借：资产基金——应收地方政府债券转贷款　306 000

　　贷：应收地方政府债券转贷款——应收地方政府一般债券转贷款——应收本金　300 000

　　　　——应收利息　6 000

专栏 2—7

应收主权外债转贷款和待发国债

一、应收主权外债转贷款

“应收主权外债转贷款”账户(资产类)，用于核算本级政府财政转贷给下级政府财政的外国政府和国际金融组织贷款等主权外债资金的本金及利息。本科目下应当设置“应收本金”和“应收利息”两个明细科目，并按照转贷对象进行明细核算。本科目期末借方余额反映政府财政应收未收的主权外债转贷款本金和利息。

业务1：本级政府财政向下级政府财政转贷主权外债资金，且主权外债最终还款责任由下级政府财政承担的，相关账务处理如下：

1. 本级政府财政支付转贷资金时，根据转贷资金支付相关资料，借记“债务转贷支出”科目，贷记“其他财政存款”科目；根据债务管理部门转来的相关资料，按照实际持有的债权金额，借记本科目，贷记“资产基金——应收主权外债转贷款”科目。

2. 外方将贷款资金直接支付给用款单位或供应商时，本级政府财政根据转贷资金支付相关资料，借记“债务转贷支出”科目，贷记“债务收入”或“债务转贷收入”科目；根据债务管理部门转来的相关资料，按照实际持有的债权金额，借记本科目，贷记“资产基金——应收主权外债转贷款”科目；同时，借记“待偿债净资产”科目，贷记“借入款项”或“应付主权外债转贷款”科目。

业务2：期末，确认主权外债转贷款的应收利息时，根据债务管理部门计算出转贷款的本期应收未收利息金额,借记本科目,贷记“资产基金——应收主权外债转贷款”科目。

业务3:收回转贷给下级政府财政主权外债的本息时,按照收回的金额,借记“其他财政存款”科目,贷记“其他应付款”或“其他应收款”科目;根据债务管理部门转来的相关资料,按照实际收回的转贷款本金及已确认的应收利息金额,借记“资产基金——应收主权外债转贷款”科目,贷记本科目。

业务4:扣缴下级政府财政的转贷款本息时,按照扣缴的金额,借记“与下级往来”科目,贷记“其他应付款”或“其他应收款”科目;根据债务管理部门转来的相关资料,按照扣缴的转贷款本金及已确认的应收利息金额,借记“资产基金——应收主权外债转贷款”科目,贷记本科目。

二、待发国债

“待发国债”账户(资产类)[①]核算为弥补中央财政预算收支差额,中央财政预计发行国债与实际发行国债之间的差额。

业务1:年度终了,实际发行国债收入用于债务还本支出后,小于为弥补中央财政预算收支差额中央财政预计发行国债时,按两者的差额,借记“待发国债”科目,贷记相关科目。

业务2:年度终了,实际发行国债收入用于债务还本支出后,大于为弥补中央财政预算收支差额中央财政预计发行国债时,按两者的差额,贷记“待发国债”科目,借记相关科目。

示例:年度终了,经计算,中央财政实际发行(长期)国债收入用于债务还本支出后,小于为弥补中央财政预算收支差额中央财政预计发行(长期)国债的数额,两者的差额为90 000元。中央应编制会计分录如下:

借:待发国债　　90 000

　　贷:应付长期政府债券　　90 000

资料来源:财政部关于印发《财政总预算会计制度》的通知,http://www.mof.gov.cn/mofhome/guokusi/zhengfuxinxi/guizhangzhidu/201510/t20151022_1517735.html。

二、负债

负债是各级政府所承担的能以货币计量的、需以资产偿付的债务。财政总预算会计核算的负债按照流动性分为流动负债和非流动负债。其中,流动负债,是指预计在1年内(含1年)偿还的负债;非流动负债,是指流动负债以外的负债。负债主要包括应付国库集中支付结余、暂收及应付款项、应付政府债券、借入款项、应付转贷款、其他负债、应付代管资金等。

由于财政总预算会计职能的特殊性,总预算会计的负债主要核算的是上下级之间的资金转移,以及政府利用信用形式的债务。负债的主体是政府,不会造成债权人的损失,负债的偿付形式主要是货币资金。此外,财政总预算会计应遵行《政府会计准则第9号——负债》

① 为适应实行国债余额管理的需要,规范应发未发国债的会计核算,根据《财政部关于应发未发国债和预算稳定调节基金会计核算的通知》(财库〔2007〕117号)有关规定,增设“待发国债”科目。

(2019)等相关规定①进行确认和计量。

(一)应付政府债券

政府采用发行政府债券和以政府名义借款的方式使得债务分为举债和借款两种形式,分别在“应付政府债券”和“借入款项”反映。《预算法》(2015)赋予省级政府发债权,经国务院批准,省、自治区、直辖市政府可以适度举借债务,市县级政府确需举借债务的由省、自治区、直辖市政府代为举借。

地方政府举债有两种模式:第一种为地方政府直接发债;第二种是中央或省政府发行国债,再转贷给地方或下级政府使用。地方政府直接发债形成的债务为应付政府债券,而通过中央(或上级)政府举债后再转贷给地方(或下级政府)的债务为应付地方政府债券转贷款。

应付政府债券,是指政府财政采用发行政府债券方式筹集资金而形成的负债,包括应付短期政府债券和应付长期政府债券。

1. 应付短期政府债券

“应付短期政府债券”账户(负债类),该账户主要用于核算政府财政部门以政府名义发行的期限不超过 1 年(含 1 年)的国债和地方政府债券的应付本金和利息。本科目下设置“应付国债”“应付地方政府一般债券”“应付地方政府专项债券”等明细科目;在明细科目下,再分别设置“应付本金”“应付利息”明细科目,分别核算政府债券的应付本金和利息。同时,债务管理部门应当设置相应的辅助账,详细记录每期政府债券金额、种类、期限、发行日、到期日、票面利率、偿还本金及付息情况等。

业务 1:实际收到短期政府债券发行收入时,按照实际收到的金额,借记“国库存款”科目;按照短期政府债券实际发行额,贷记“债务收入”科目;按照发行收入和发行额的差额,借记或贷记有关支出科目。根据债券发行确认文件等相关债券管理资料,按照到期应付的短期政府债券本金金额,借记“待偿债净资产——应付短期政府债券”科目,贷记本科目。

业务 2:期末,确认应付利息时,根据债务管理部门计算出的金额,借记“待偿债净资产——应付短期政府债券”科目,贷记本科目。

业务 3:实际支付利息时,借记“一般公共预算本级支出”或“政府性基金预算本级支出”科目,贷记“国库存款”等科目;实际支付利息金额中属于已确认的应付利息部分,还应根据债券兑付确认文件等相关债券管理资料,借记本科目,贷记“待偿债净资产——应付短期政府债券”科目。

业务 4:实际偿还本金时,借记“债务还本支出”科目,贷记“国库存款”等科目;根据债券兑付确认文件等相关债券管理资料,借记本科目,贷记“待偿债净资产——应付短期政府债券”科目。

业务 5:省级财政部门采用定向承销方式发行短期地方政府债券置换存量债务时,根据债权债务确认相关资料,按照置换本级政府存量债务的额度,借记“债务还本支出”科目,贷记“债

① 2015 年 10 月 23 日,财政部发布了《政府会计准则——基本准则》,自 2017 年 1 月 1 日起施行。根据《基本准则》,财政部进一步制定发布了政府会计具体准则。截至目前财政部已经发布《存货》《投资》《固定资产》《无形资产》《公共基础设施》《政府储备物资》《会计调整》《负债》《财务报表编制和列报》《政府和社会资本合作项目合同》10 项政府会计具体准则,以及固定资产准则应用指南。

务收入"科目;根据债务管理部门转来的相关资料,按照置换本级政府存量债务的额度,借记"待偿债净资产——应付短期政府债券"科目,贷记本科目。

【例 2-13】 中央财政发行 1 年期国债 12 000 000 000 元,实际收到 12 000 000 000 元,票面利率 2 %,到期一次还本付息。①

中央财政总预算会计账务处理如下:

(1)收到发行收入时:

借:国库存款	12 000 000 000	
贷:债务收入		12 000 000 000
借:待偿债净资产——应付短期政府债券	12 000 000 000	
贷:应付短期政府债券——应付国债——应付本金		12 000 000 000

(2)每月末确认应付利息时:

应付年利息=12 000 000 000×2%=240 000 000(元)

每月月末应付利息=240 000 000÷12=20 000 000(元)

借:待偿债净资产——应付短期政府债券	20 000 000	
贷:应付短期政府债券——应付国债——应付利息		20 000 000

到期还本付息时(实际支付利息中含最后一个月的应付利息):

借:债务还本支出	12 000 000 000	
一般公共预算本级支出	240 000 000	
贷:国库存款		12 240 000 000
借:应付短期政府债券——应付国债——应付本金	12 000 000 000	
——应付利息	240 000 000	
贷:待偿债净资产——应付短期政府债券		12 240 000 000

2. 应付长期政府债券

"应付长期政府债权"账户(负债类),用于核算政府财政部门以政府名义发行的期限超过 1 年的国债和地方政府债券的应付本金和利息。本科目下设置"应付国债""应付地方政府一般债券""应付地方政府专项债券"等明细科目;在明细科目下,再分设"应付本金""应付利息"明细科目,分别核算政府债券的应付本金和利息。本科目期末贷方余额反映政府财政尚未偿还的长期政府债券本金和利息。此外,债务管理部门应当设置相应的辅助账,详细记录每期政府债券金额、种类、期限、发行日、到期日、票面利率、偿还本金及付息情况等。

业务 1:实际收到长期政府债券发行收入时,按照实际收到的金额,借记"国库存款"科目;按照长期政府债券实际发行额,贷记"债务收入"科目;按照发行收入和发行额的差额,借记或贷记有关支出科目。根据债券发行确认文件等相关债券管理资料,按照到期应付的长期政府债券本金金额,借记"待偿债净资产——应付长期政府债券"科目,贷记本科目。

业务 2:期末,确认长期政府债券的应付利息时,根据债务管理部门计算出的本期应付未付利息金额,借记"待偿债净资产——应付长期政府债券"科目,贷记本科目。

业务 3:实际支付本级政府财政承担的长期政府债券利息时,借记"一般公共预算本级支

① 改编自《政府会计》(邢俊英编著),东北财经大学出版社 2016 年版,第 148~150 页。

出"或"政府性基金预算本级支出"科目，贷记"国库存款"等科目；实际支付利息金额中属于已确认的应付利息部分，还应根据债券兑付确认文件等相关债券管理资料，借记本科目，贷记"待偿债净资产——应付长期政府债券"科目。

业务4：实际偿还本级政府财政承担的长期政府债券本金时，借记"债务还本支出"科目，贷记"国库存款"等科目；根据债券兑付确认文件等相关债券管理资料，借记本科目，贷记"待偿债净资产——应付长期政府债券"科目。

业务5：本级政府财政偿还下级政府财政承担的地方政府债券本息时，借记"其他应付款"或"其他应收款"科目，贷记"国库存款"科目；根据债券兑付确认文件等相关债券管理资料，按照实际偿还的长期政府债券本金及已确认的应付利息金额，借记本科目，贷记"待偿债净资产——应付长期政府债券"科目。

业务6：省级财政部门采用定向承销方式发行长期地方政府债券置换存量债务时，根据债权债务确认相关资料，按照置换本级政府存量债务的额度，借记"债务还本支出"科目；按照置换下级政府存量债务的额度，借记"债务转贷支出"科目；按照置换存量债务的总额度，贷记"债务收入"科目。根据债务管理部门转来的相关资料，按照置换存量债务的总额度，借记"待偿债净资产——应付长期政府债券"科目，贷记本科目。同时，按照置换下级政府存量债务额度，借记"应收地方政府债券转贷款"科目，贷记"资产基金——应收地方政府债券转贷款"科目。

【例2—14】 黑山省发生如下经济业务：

(1)发行10年期地方政府一般债券200 000 000元，实际收到同样发行金额。发行5年期地方政府专项债券200 000 000元，实际收到发行金额180 000 000元。

(2)一般债券票面利率3%，每月末确认应付利息，分年付息。专项债券票面利率2%，每月末确认应付利息，分年付息。

(3)长期政府债券到期一次性还本付息。

该省财政总预算会计应编制会计分录如下：

(1)实际收到长期政府债券发行收入时：

借：国库存款 380 000 000

贷：债务收入 380 000 000

借：待偿债净资产——应付长期政府债券 380 000 000

贷：应付长期政府债券——应付地方政府一般债券——应付本金 200 000 000

——应付地方政府专项债券——应付本金 180 000 000

(2)每月末确认应付利息时：

一般债券应付年利息＝200 000 000×3%＝6 000 000(元)

一般债券每月末应付利息＝6 000 000÷12＝500 000(元)

专项债券应付年利息＝180 000 000×2%＝3 600 000(元)

专项债券每月末应付利息＝3 600 000÷12＝300 000(元)

借：待偿债净资产——应付长期政府债券 800 000

贷：应付长期政府债券——应付地方政府一般债券——应付利息 500 000

——应付地方政府专项债券——应付利息　300 000

每年实际支付利息时:

借:一般公共预算本级支出　6 000 000

政府性基金预算本级支出　3 600 000

贷:国库存款　9 600 000

借:应付长期政府债券——应付地方政府一般债券——应付利息　6 000 000

——应付地方政府专项债券——应付利息　3 600 000

贷:待偿债净资产——应付长期政府债券　9 600 000

(3)到期还本付息时(含最后一个月已确认的利息):

借:待偿债净资产——应付长期政府债券　800 000

贷:应付长期政府债券——应付地方政府一般债券——应付利息　500 000

——应付地方政府专项债券——应付利息　300 000

借:债务还本支出　380 000 000

一般公共预算本级支出　6 000 000

政府性基金预算本级支出　3 600 000

贷:国库存款　389 600 000

借:应付长期政府债券——应付地方政府一般债券——应付本金

200 000 000

——应付利息　500 000

——应付地方政府专项债券——应付本金

180 000 000

——应付利息　300 000

贷:待偿债净资产——应付长期政府债券　380 800 000

专栏 2—8

借入款项

“借入款项”账户(负债类),用于核算政府财政部门以政府名义向外国政府和国际金融组织等借入的款项,以及经国务院批准的其他方式借入的款项。本科目下设置“应付本金”“应付利息”明细科目,分别对借入款项的应付本金和利息进行明细核算,还应当按照债权人进行明细核算。此外,债务管理部门应当设置相应的辅助账,详细记录每笔借入款项的期限、借入日期、偿还及付息情况等。本科目的期末贷方余额,反映本级政府财政尚未偿还的借入款项本金和利息。

(一)借入主权外债的账务处理

1. 本级政府财政收到借入的主权外债资金时,借记“其他财政存款”科目,贷记“债务收入”科目;根据债务管理部门转来的相关资料,按照实际承担的债务金额,借记“待偿债净资产——借入款项”科目,贷记本科目。

2. 本级政府财政借入主权外债，且由外方将贷款资金直接支付给用款单位或供应商时，应根据以下情况分别处理：

(1)本级政府财政承担还款责任，贷款资金由本级政府财政同级部门(单位)使用的，本级政府财政部门根据贷款资金支付相关资料，借记“一般公共预算本级支出”等科目，贷记“债务收入”科目；根据债务管理部门转来的相关资料，按照实际承担的债务金额，借记“待偿债净资产——借入款项”科目，贷记本科目。

(2)本级政府财政承担还款责任，贷款资金由下级政府财政同级部门(单位)使用的，本级政府财政部门根据贷款资金支付相关资料及预算指标文件，借记“补助支出”科目，贷记“债务收入”科目；根据债务管理部门转来的相关资料，按照实际承担的债务金额，借记“待偿债净资产——借入款项”科目，贷记本科目。

(3)下级政府财政承担还款责任，贷款资金由下级政府财政同级部门(单位)使用的，本级政府财政部门根据贷款资金支付相关资料，借记“债务转贷支出”科目，贷记“债务收入”科目；根据债务管理部门转来的相关资料，按照实际承担的债务金额，借记“待偿债净资产——借入款项”科目，贷记本科目；同时，借记“应收主权外债转贷款”科目，贷记“资产基金——应收主权外债转贷款”科目。

3. 期末，确认借入主权外债的应付利息时，根据债务管理部门计算出的本期应付未付利息金额，借记“待偿债净资产——借入款项”科目，贷记本科目。

4. 偿还本级政府财政承担的借入主权外债本金时，借记“债务还本支出”科目，贷记“国库存款”“其他财政存款”等科目；根据债务管理部门转来的相关资料，按照实际偿还的本金金额，借记本科目，贷记“待偿债净资产——借入款项”科目。

5. 偿还本级政府财政承担的借入主权外债利息时，借记“一般公共预算本级支出”等科目，贷记“国库存款”“其他财政存款”等科目；实际偿还利息金额中属于已确认的应付利息部分，还应根据债务管理部门转来的相关资料，借记本科目，贷记“待偿债净资产——借入款项”科目。

6. 偿还下级政府财政承担的借入主权外债的本息时，借记“其他应付款”或“其他应收款”科目，贷记“国库存款”“其他财政存款”等科目；根据债务管理部门转来的相关资料，按照实际偿还的本金及已确认的应付利息金额，借记本科目，贷记“待偿债净资产——借入款项”科目。

7. 被上级政府财政扣缴借入主权外债的本息时，借记“其他应收款”科目，贷记“与上级往来”科目；根据债务管理部门转来的相关资料，按照实际扣缴的本金及已确认的应付利息金额，借记本科目，贷记“待偿债净资产——借入款项”科目。列报支出时，对应由本级政府财政承担的还本支出，借记“债务还本支出”科目，贷记“其他应收款”科目；对应由本级政府财政承担的利息支出，借记“一般公共预算本级支出”等科目，贷记“其他应收款”科目。

8. 债权人豁免本级政府财政承担偿还责任的借入主权外债本息时，根据债务管理部门转来的相关资料，按照被豁免的本金及已确认的应付利息金额，借记本科目，贷记“待偿债净资产——借入款项”科目。

9. 债权人豁免下级政府财政承担偿还责任的借入主权外债本息时，根据债务管理部门转来的相关资料，按照被豁免的本金及已确认的应付利息金额，借记本科目，贷记“待偿债净资产——借入款项”科目；同时，借记“资产基金——应收主权外债转贷款”科目，贷记“应收主权外债转贷款”科目。

（二）其他借入款项的账务处理，参照本科目使用说明中借入主权外债业务的账务处理。

资料来源：财政部关于印发《财政总预算会计制度》的通知，http://www.mof.gov.cn/mofhome/guokusi/zhengfuxinxi/guizhangzhidu/201510/t20151022_1517735.html。

（二）应付国库集中支付结余

应付国库集中支付结余，是指国库集中支付中按照财政部门批复的部门预算当年未支而需结转下一年度支付的款项采用权责发生制列支后形成的债务。“应付国库集中支付结余”账户（负债类），该账户主要用于核算政府财政采用权责发生制列支、预算单位尚未使用的国库集中支付结余资金。应根据管理需要，按照政府收支分类科目等进行相应明细核算。

业务1：年末，对当年形成的国库集中支付结余采用权责发生制列支时，借记有关支出科目，贷记本科目。

业务2：以后年度实际支付国库集中支付结余资金时，分以下情况处理：

（1）按原结转预算科目支出的，借记本科目，贷记“国库存款”科目。

（2）调整支出预算科目的，应按原结转预算科目作冲销处理，借记本科目，贷记有关支出科目。同时，按实际支出预算科目作列支账务处理，借记有关支出科目，贷记“国库存款”科目。

【例2—15】 山水市财政局发生如下经济业务：

（1）年末时，经过核查，发现当年形成国库集中支付结余200万元，根据规定进行结转。

（2）在下一年度，山水市财政局实际支付了国库集中支付结余资金中的100万元。

应编制会计分录如下：

（1）年末，将当年形成国库集中支付结余200万元根据规定进行结转时：

借：一般公共预算本级支出	2 000 000	
贷：应付国库集中支付结余		2 000 000

（2）在下一年度，山水市财政局实际支付了国库集中支付结余资金中的100万元时：

借：应付国库集中支付结余	1 000 000	
贷：国库存款		1 000 000

（三）与上级往来

与上级往来，是指本级财政与上级财政间由于财政体制结算或向上级借入财政周转款项等原因而形成的待结算款项。

为核算与上级财政之间的待结算款项，应设置“与上级往来”账户（负债类），同一笔业务中，不论是债权还是债务，下级财政都是用“与上级往来”科目，而其上级财政部门则是用“与下级往来”科目，分别反映上下财政债权债务情况，至于是负债还是债权，从科目的借方还是贷方余额来判断。“与上级往来”科目贷方余额为本级财政欠上级财政的款项；借方余额为上级财政欠本级财政的款项。本科目应及时清理结算，年终未能结清的余额，结转下年。在存在基金预算往来的地区，应按资金性质分设明细账。

业务1：从上级财政借入款项或体制结算中发生应上缴上级财政款项时，借记“国库存款”或“上解支出”科目，贷记本科目。

业务 2：归还借款、转作上级补助收入时或体制结算中应由上级补给款项时，借记本科目，贷记“国库存款”“补助收入”等科目。

【例 2－16】 山水市财政局发生如下经济业务：

(1)按财政体制规定，本级财政应上解上级省财政 100 万元。

(2)由于政府业务活动需要，向省财政厅借入临时资金 80 万元，已经存入银行。

(3)经省财政厅批准，将上项借入款项转为对本市的补助。

应编制会计分录如下：

(1)按财政体制规定，本级财政应上解上级省财政 100 万元时：

借：上解支出　1 000 000

　贷：与上级往来　1 000 000

(2)由于政府业务活动需要，向省财政厅借入临时资金 80 万元时：

借：国库存款——一般预算存款　800 000

　贷：与上级往来　800 000

(3)经省财政厅批准，将上项借入款项转为对本市的补助时：

借：与上级往来　800 000

　贷：补助收入　800 000

(四)其他应付款

“其他应付款”账户(负债类)，该账户主要用于核算政府财政临时发生的暂收、应付和收到的不明性质款项。税务机关代征入库的社会保险费、项目单位使用并承担还款责任的外国政府和国际金融组织贷款，也通过本科目核算。本科目应当按照债权单位或资金来源等进行明细核算。

业务 1：收到暂存款项时，借记“国库存款”“其他财政存款”等科目，贷记本科目。

业务 2：将暂存款项清理退还或转作收入时，借记本科目，贷记“国库存款”“其他财政存款”或有关收入科目。

业务 3：社会保险费代征入库时，借记“国库存款”科目，贷记本科目。社会保险费国库缴存社保基金财政专户时，借记本科目，贷记“国库存款”科目。

业务 4：收到项目单位承担还款责任的外国政府和国际金融组织贷款资金时，借记“其他财政存款”科目，贷记本科目；付给项目单位时，借记本科目，贷记“其他财政存款”科目。收到项目单位偿还贷款资金时，借记“其他财政存款”科目，贷记本科目；付给外国政府和国际金融组织项目单位还款资金时，借记本科目，贷记“其他财政存款”科目。

【例 2－17】 山水市财政局发生如下经济业务：

(1)收到国库交来的“预算收入日报表”，内列性质不明的收入 10 万元。

(2)经查明，上述款项中，行政单位上缴行政性收费 5 万元，另外 5 万元属于误入，应予退回。

应编制会计分录如下：

(1)收到不明收入时：

借：国库存款　100 000

　贷：其他应付款　100 000

(2)处理不明收入时:

借:其他应付款　　100 000

　　贷:一般公共预算本级收入　　50 000

　　　　国库存款　　50 000

(五)应付转贷款

应付转贷款,是指地方政府财政向上级政府财政借入转贷资金而形成的负债,包括应付地方政府债券转贷款和应付主权外债转贷款等。

"应付地方政府债券转贷款"账户(负债类),该账户主要用于核算地方政府财政从上级政府财政借入的地方政府债券转贷款的本金和利息。本科目下应当设置"应付地方政府一般债券转贷款"和"应付地方政府专项债券转贷款"一级明细科目,在一级明细科目下再分别设置"应付本金"和"应付利息"两个明细科目,分别对应付本金和利息进行明细核算。

业务1:收到上级政府财政转贷的地方政府债券资金时,借记"国库存款"科目,贷记"债务转贷收入"科目;根据债务管理部门相关资料,按照到期应偿还的本金金额,借记"待偿债净资产——应付地方政府债券转贷款"科目,贷记本科目。

业务2:期末,确认应付利息时,根据债务管理部门计算出的利息金额,借记"待偿债净资产——应付地方政府债券转贷款"科目,贷记本科目。

业务3:偿还本金时,借记"债务还本支出"科目,贷记"国库存款"等科目;根据债务管理部门相关资料,按照实际偿还的本金金额,借记本科目,贷记"待偿债净资产——应付地方政府债券转贷款"科目。

业务4:偿还利息时,借记"一般公共预算本级支出"或"政府性基金预算本级支出"科目,贷记"国库存款"等科目;实际支付利息金额中属于已确认的应付利息部分,还应根据债务管理部门相关资料,借记本科目,贷记"待偿债净资产——应付地方政府债券转贷款"科目。

业务5:偿还下级政府承担的本息时,借记"其他应付款"或"其他应收款"科目,贷记"国库存款"等科目;根据债务管理部门相关资料,按照实际偿还的本金及已确认的利息金额,借记本科目,贷记"待偿债净资产——应付地方政府债券转贷款"科目。

业务6:被上级政府扣缴本息时,借记"其他应收款"科目,贷记"与上级往来"科目;根据债务管理部门相关资料,按照实际扣缴的本金及已确认的利息金额,借记本科目,贷记"待偿债净资产——应付地方政府债券转贷款"科目。列报支出时,对本级政府财政承担的还本支出,借记"债务还本支出"科目,贷记"其他应收款"科目;对本级政府财政承担的利息支出,借记"一般公共预算本级支出"或"政府性基金预算本级支出"科目,贷记"其他应收款"科目。

业务7:采用定向承销方式发行地方政府债券置换存量债务时,省级以下(不含省级)财政部门根据上级财政部门提供的债权债务确认相关资料,按照置换本级政府存量债务的额度,借记"债务还本支出"科目,按照置换下级政府存量债务的额度,借记"债务转贷支出"科目,按照置换存量债务的总额度,贷记"债务转贷收入"科目;根据债务管理部门相关资料,按照置换存量债务的总额度,借记"待偿债净资产——应付地方政府债券转贷款"科目,贷记本科目。同时,按照置换下级政府存量债务额度,借记"应收地方政府债券转贷款"科目,贷记"资产基金——应收地方政府债券转贷款"科目。

【例 2—18】 山水市财政发生如下经济业务：

(1)收到上级省政府财政转贷的地方政府债券资金 500 000 元，用以支持该市政府一项公共设施建设。

(2)每年确认该省政府债券转贷款的利息费用为 6 000 元，转贷期限 3 年，每年支付一次利息。

(3)按时偿还由市政府承担的省政府债券转贷款本金。

应编制会计分录如下：

(1)收到上级省政府财政转贷的地方政府债券资金时：

借：国库存款　500 000

　贷：债务转贷收入　500 000

同时：

借：待偿债净资产——应付地方政府债券转贷款　500 000

　贷：应付地方政府债券转贷款　500 000

(2)每年确认省政府债券转贷款项的应付利息时：

借：待偿债净资产——应付地方政府债券转贷款　6 000

　贷：应付地方政府债券转贷款　6 000

支付由市政府财政承担的省政府债券转贷款项利息时：

借：一般公共预算本级支出　6 000

　贷：国库存款　6 000

同时：

借：应付地方政府债券转贷款　6 000

　贷：待偿债净资产——应付地方政府债券转贷款　6 000

(3)按时偿还由市政府财政承担的省政府债券转贷款本金时：

借：债务还本支出　500 000

　贷：国库存款　500 000

同时：

借：应付地方政府债券转贷款　500 000

　贷：待偿债净资产——应付地方政府债券转贷款　500 000

专栏 2—9

应付代管资金和应付主权外债转贷款

一、应付代管资金

“应付代管资金”账户(负债类)，该账户主要用于核算政府财政代为管理的，使用权属于被代管主体的资金。本科目期末贷方余额反映政府财政尚未支付的代管资金。

本科目应当根据管理需要进行相关明细核算。

应付代管资金的主要账务处理如下：

(一)收到代管资金时,借记"其他财政存款"等科目,贷记本科目。

(二)支付代管资金时,借记本科目,贷记"其他财政存款"等科目。

(三)代管资金产生的利息收入按照相关规定仍属于代管资金的,借记"其他财政存款"等科目,贷记本科目。

二、应付主权外债转贷款

"应付主权外债转贷款"账户(负债类),该账户主要用于核算本级政府财政从上级政府财政借入的主权外债转贷款的本金和利息。本科目下设置"应付本金"和"应付利息"两个明细科目,分别对应付本金和利息进行明细核算。本科目期末贷方余额反映本级政府财政尚未偿还的主权外债转贷款本金和利息。

应付主权外债转贷款的主要账务处理如下:

(一)收到上级政府财政转贷的主权外债资金时,借记"其他财政存款"科目,贷记"债务转贷收入"科目;根据债务管理部门转来的相关资料,按照实际承担的债务金额,借记"待偿债净资产——应付主权外债转贷款"科目,贷记本科目。

(二)从上级政府财政借入主权外债转贷款,且由外方将贷款资金直接支付给用款单位或供应商时,应根据以下情况分别处理:

1. 本级政府财政承担还款责任,贷款资金由本级政府财政同级部门(单位)使用的,本级政府财政根据贷款资金支付相关资料,借记"一般公共预算本级支出"等科目,贷记"债务转贷收入"科目;根据债务管理部门转来的相关资料,按照实际承担的债务金额,借记"待偿债净资产——应付主权外债转贷款"科目,贷记本科目。

2. 本级政府财政承担还款责任,贷款资金由下级政府财政同级部门(单位)使用的,本级政府财政部门根据贷款资金支付相关资料及预算指标文件,借记"补助支出"科目,贷记"债务转贷收入"科目;根据债务管理部门转来的相关资料,按照实际承担的债务金额,借记"待偿债净资产——应付主权外债转贷款"科目,贷记本科目。

3. 下级政府财政承担还款责任,贷款资金由下级政府财政同级部门(单位)使用的,本级政府财政部门根据贷款资金支付相关资料,借记"债务转贷支出"科目,贷记"债务转贷收入"科目;根据债务管理部门转来的相关资料,按照实际承担的债务金额,借记"待偿债净资产——应付主权外债转贷款"科目,贷记本科目;同时,借记"应收主权外债转贷款"科目,贷记"资产基金——应收主权外债转贷款"科目。

(三)期末,确认主权外债转贷款的应付利息时,按照债务管理部门计算出的本期应付未付利息金额,借记"待偿债净资产——应付主权外债转贷款"科目,贷记本科目。

(四)偿还本级政府财政承担的借入主权外债转贷款的本金时,借记"债务还本支出"科目,贷记"其他财政存款"等科目;根据债务管理部门转来的相关资料,按照实际偿还的本金金额,借记本科目,贷记"待偿债净资产——应付主权外债转贷款"科目。

(五)偿还本级政府财政承担的借入主权外债转贷款的利息时,借记"一般公共预算本级支出"等科目,贷记"其他财政存款"等科目;实际偿还利息金额中属于已确认的应付利息部分,还应根据债务管理部门转来的相关资料,借记本科目,贷记"待偿债净资产——应付主权外债转贷款"科目。

(六)偿还下级政府财政承担的借入主权外债转贷款的本息时,借记"其他应付款"或"其他应收款”科目，贷记“其他财政存款”等科目；根据债务管理部门转来的相关资料，按照实际偿还的本金及已确认的应付利息金额，借记本科目，贷记“待偿债净资产——应付主权外债转贷款”科目。

（七）被上级政府财政扣缴借入主权外债转贷款的本息时，借记“其他应收款”科目，贷记“与上级往来”科目；根据债务管理部门转来的相关资料，按照被扣缴的本金及已确认的应付利息金额，借记本科目，贷记“待偿债净资产——应付主权外债转贷款”科目。列报支出时，对本级政府财政承担的还本支出，借记“债务还本支出”科目，贷记“其他应收款”科目；对本级政府财政承担的利息支出，借记“一般公共预算本级支出”等科目，贷记“其他应收款”科目。

（八）上级政府财政豁免主权外债转贷款本息时，根据以下情况分别处理：

1. 豁免本级政府财政承担偿还责任的主权外债转贷款本息时，根据债务管理部门转来的相关资料，按照豁免转贷款的本金及已确认的应付利息金额，借记本科目，贷记“待偿债净资产——应付主权外债转贷款”科目。

2. 豁免下级政府财政承担偿还责任的主权外债转贷款本息时，根据债务管理部门转来的相关资料，按照豁免转贷款的本金及已确认的应付利息金额，借记本科目，贷记“待偿债净资产——应付主权外债转贷款”科目；同时，借记“资产基金——应收主权外债转贷款”科目，贷记“应收主权外债转贷款”科目。

资料来源：财政部关于印发《财政总预算会计制度》的通知，http://www.mof.gov.cn/mofhome/guokusi/zhengfuxinxi/guizhangzhidu/201510/t20151022_1517735.html。

（六）其他负债

“其他负债”账户（负债类），该账户主要用于核算政府财政因有关政策明确要求其承担支出责任的事项而形成的应付未付款项。本科目按照债权单位和项目等进行明细核算。期末贷方余额反映政府财政承担的尚未支付的其他负债余额。

业务1：有关政策已明确政府财政承担的支出责任，按照确定应承担的负债金额，借记“待偿债净资产”科目，贷记本科目。

业务2：实际偿还负债时，借记有关支出等科目，贷记“国库存款”等科目；同时，按照相同的金额，借记本科目，贷记“待偿债净资产”科目。

【例2—19】 山水市政府财政发生如下经济业务：

（1）因有关政策明确要求本级财政承担支出责任的事项而形成的应付未付款项100万元。

（2）实际偿还负债100万元。

应编制会计分录如下：

（1）确定因有关政策明确要求本级财政承担支出责任的事项而形成的应付未付款项100万元时：

借：待偿债净资产——其他负债	1 000 000	
贷：其他负债		1 000 000

（2）实际偿还负债时：

借：一般公共预算本级支出——其他支出	1 000 000	
贷：国库存款		1 000 000

同时，按照相同的金额进行平行记账时：

借：其他负债　　1 000 000

　　贷：待偿债净资产——其他负债　　1 000 000

专栏 2—10

已结报支出

"已结报支出"账户（负债类），用于核算政府财政国库支付执行机构已清算的国库集中支付支出数额。财政国库支付执行机构未单设的地区，不使用该科目。本科目年终转账后无余额。

业务1：每日汇总清算后，财政国库支付执行机构会计根据有关划款凭证回执联和按部门分"类""款""项"汇总的《预算支出结算清单》，对于财政直接支付，借记"财政零余额账户存款"科目，贷记本科目；对于财政授权支付，借记"一般公共预算本级支出""政府性基金预算本级支出""国有资本经营预算本级支出"等科目，贷记本科目。

业务2：年终，财政国库支付执行机构按照累计结清的支出金额，与有关方面核对一致后转账时，借记本科目，贷记"一般公共预算本级支出""政府性基金预算本级支出""国有资本经营预算本级支出"等科目。

【例2—20】 中央财政国库支付执行机构发生如下经济业务：

(1)某日汇总清算后，中央财政国库支付执行机构根据有关划款凭证回执联和按部门分"类""款""项"汇总的《预算支出结算清单》核对结果，无误后送财政总预算会计结算。该日一般公共预算本级支出200 000元，政府性基金预算本级支出100 000元。其中，一般公共预算本级支出中80 000元以财政授权支付处理，其余以财政直接支付处理。

(2)年终，财政国库支付执行机构按照累计结清的支出金额，与有关方面核对一致后转账。其中，一般公共预算本级支出20 000 000元，政府性基金预算本级支出10 000 000元，国有资本经营预算本级支出10 000 000元。

应编制会计分录如下：

(1)报送结报支出时：

借：财政零余额账户存款　　220 000

　　一般公共预算本级支出　　80 000

　　贷：已结报支出　　300 000

(2)年终转账时：

借：已结报支出　　40 000 000

　　贷：一般公共预算本级支出　　20 000 000

　　　　政府性基金预算本级支出　　10 000 000

　　　　国有资本经营预算本级支出　　10 000 000

三、收入

财政总预算收入，是国家为实现其职能，根据法令和法规所取得的非偿还性资金，是一级财政的资金来源。财政总预算收入包括一般公共预算本级收入、政府性基金预算本级收入、国有资本经营预算本级收入、财政专户管理资金收入、专用基金收入、转移性收入、债务收入、债务转贷收入等。

财政总预算会计收支类科目依据政府收支分类科目来设计，但又有所区别。

现行政府收支分类科目将政府收支分别纳入四本预算，即一般公共预算收支科目、政府性基金预算收支科目、国有资本经营预算收支科目和社会保险基金预算收支科目。而财政总预算会计只核算反映其中三本预算的收支，政府收入分类科目所包含的社会保险基金预算收入科目，根据现行财政总预算会计制度的规定暂不核算社会保险基金预算本级收入。

为体现预算的完整性，在政府收入分类科目中，债务收入和转移性收入按预算类别纳入四本预算中，而在财政总预算会计核算的"收入"则单列作为一级会计科目核算，如债务收入、补助收入、上解收入等，这些收入不纳入本级收入。此外，政府部分收入（如纳入财政专户管理的其他财政资金收入），虽然不纳入政府预算管理，没有在四本预算收支中反映，但财政总预算会计却要对其收支进行核算和反映，如非税收入中的教育收费、转移性收入中的收回存量资金等。

表 2—4　政府预算、政府收入分类科目和财政总预算会计核算的收入科目对照表

政府收支分类科目的收入分类科目	财政总预算会计核算的收入会计科目	是否纳入预算
1. 税收收入	一般公共预算本级收入	一般公共预算
2. 社会保险基金收入	其他应付款	社会保险基金预算
3. 非税收入，其中：		
(1)政府性基金收入	政府性基金预算本级收入	政府性基金预算
(2)专项收入	一般公共预算本级收入	一般公共预算
(3)行政事业性收费收入	一般公共预算本级收入	一般公共预算
其中：教育收费	财政专户管理资金收入	
(4)罚没收入等	一般公共预算本级收入	一般公共预算
(5)国有资本经营预算收入	国有资本经营预算本级收入	国有资本经营预算
	一般公共预算本级收入	一般公共预算
(6)国有资源（资产）有偿使用收入	一般公共预算本级收入	一般公共预算
(7)捐赠收入	一般公共预算本级收入	一般公共预算
(8)政府住房基金收入	一般公共预算本级收入	一般公共预算
(9)其他收入	一般公共预算本级收入	一般公共预算
4. 贷款转贷回收本金收入	应收地方政府债券转贷款、应收主权外债转贷款	—
5. 债务收入	债务收入（一般）	一般公共预算
	债务收入（专项）	政府性基金预算

续表

政府收支分类科目的收入分类科目	财政总预算会计核算的收入会计科目	是否纳入预算
6. 转移性收入：返还性收入、一般性转移支付收入、专项转移支付收入、其他收入、政府性基金转移收入、国有资本经营预算转移支付收入、上解收入、上年结余收入、调入资金、债务转贷收入、接受其他地区援助收入等	补助收入(一般)	一般公共预算
	补助收入(专项)	政府性基金预算
	上解收入(一般公共预算)	一般公共预算
	上解收入(政府性基金预算)	政府性基金预算
	地区间援助收入	一般公共预算
	调入资金(一般公共预算)	一般公共预算
	调入资金(政府性基金预算)	政府性基金预算
	动用预算稳定调节基金	一般公共预算
其中：债券转贷收入	债券转贷收入(一般)	一般公共预算
	债券转贷收入(专项)	政府性基金预算
—	专用基金收入	—
—	财政专户管理资金收入	—

资料来源：施锦明编著：《政府会计》，中国财政经济出版社 2018 年版，第 58 页。

通过表 2—4 可以进一步看出，政府收入分类科目不同于财政总预算会计核算的收入科目，政府预算收支分类中的一般公共预算收入不等同于财政总预算会计一般公共预算本级收入科目。此外，政府收入分类科目中的政府性基金预算收入和国有资本经营预算收入科目与财政总预算会计政府性基金预算本级收入和国有资本经营预算本级收入科目也存在内容不一致，主要区别在于转移性收入和债务收入。

(一)一般公共预算本级收入

一般公共预算本级收入，是指政府财政筹集的纳入本级一般公共预算管理的税收收入和非税收入。一般公共预算本级收入是一级财政一般公共预算收入的主体收入，构成一般公共预算的主要收入。

1. 一般公共预算本级收入的概念和科目层级

一般公共预算本级收入的分类应按照《政府收支分类科目》[①]进行分类，分设类、款、项、目四级，四级科目层层递进，内容逐渐细化。其中，类级科目包括：

(1)税收收入，分设增值税、消费税、企业所得税、企业所得税退税、个人所得税、资源税、城市建设维护税、房产税、印花税、城镇土地使用税、土地增值税、车船税、船舶吨税、车辆购置税、关税、耕地占用税、契税、烟叶税、环境保护税、其他税收收入等。[②]

以上有关税收收入的科目，再根据情况分设若干目级科目。如“国内增值税”项级科目再分设“国有企业增值税”“股份制企业增值税”等目级科目。税收收入反映政府从开征的各种税收中取得的收入，体现政府与纳税人之间的非交换性交易关系，即政府向纳税人征收税收的同时，并不直接向具体的纳税人提供相应的物品或服务；纳税人再向政府缴纳税收的同时，也不

① 参照财政部发布的《2019 年政府收支分类科目》，http://yss.mof.gov.cn/zaixianfuwuyss/xiazaizhongxin/201809/t20180903_3005117.html。

② 有关税收具体内容和相关的税收法规，可参照《中国税制》等教材。

直接从政府那里取得相应的物品或服务。

(2)非税收入,反映各级政府及其所属部门和单位依法利用行政权力、政府信誉、国家资源、国有资产或提供特定公共服务征收、收取、提取、募集的除税收和政府债务收入以外的财政收入,分设专项收入、行政事业性收费收入、罚没收入、国有资本经营收入、国有资源(资产)有偿使用收入、捐赠收入、政府住房基金收入和其他收入等。

专项收入,反映纳入公共预算管理的有专项用途的非税收入。专项收入包括教育费附加收入、铀产品出售收入、三峡库区移民专项收入、场外核应急准备收入、地方教育费附加、文化事业建设费收入、残疾人就业保障金收入、教育资金收入、农田水利建设资金、森林植被恢复费、水利建设专项收入、油价调控风险准备金收入和其他专项收入。①

行政事业性收费,反映依据法律、行政法规、国务院有关规定、国务院财政部门会同价格主管部门共同发布的规章或者规定以及省、自治区、直辖市的地方性法规、政府规章或者规定,省、自治区、直辖市人民政府财政部门会同价格主管部门共同发布的规定所收取的各项收费收入。行政事业性收费包括公安行政事业性收费收入、法院行政事业性收费收入、司法行政事业性收费收入、外交行政事业性收费收入、商贸行政事业性收费收入、财政行政事业性收费收入、税务行政事业性收费收入、海关行政事业性收费收入、审计行政事业性收费收入等。

罚没收入,反映执法机关依法收缴的罚款(罚金)、没收款、赃款,没收物资、赃物的变价款收入。罚没收入包括一般罚没收入、缉私罚没收入、缉毒罚没收入、罚没收入退库。

国有资本经营收入,反映各级人民政府及其部门、机构履行出资人职责的企业(即一级企业)上缴的国有资本收益。国有资本经营收入包括利润收入(中央人民银行、国有独资企业等按规定上缴国家的利润),股利、股息收入(国有控股、参股企业国有股权股份上缴的股利股息收入),产权转让收入,清算收入,国有资本经营收入退库,国有企业计划亏损补贴,烟草企业上缴专项收入和其他国有资本经营收入。

国有资源(资产)有偿使用收入,反映有偿转让国有资源(资产)使用费而取得的收入。国有资源(资产)有偿使用收入包括海域使用金收入、场地和矿区使用费收入、特种矿产品出售收入、专项储备物资销售收入、利息收入、非经营性国有资产收入、出租车经营权有偿出让和转让收入、无居民海岛使用金收入、转让政府还贷道路收费权收入、石油特别收益金专项收入、动用国家储备物资上缴财政收入、铁路资产变现收入、电力改革预留资产变现收入、矿产资源专项收入、排污权出让收入、航班时刻拍卖和使用费收入等。

捐赠收入,反映按《财政部关于加强非税收入管理的通知》(财综〔2004〕53 号)规定以政府名义接受的捐赠收入。捐赠收入包括国外捐赠收入和国内捐赠收入。

政府住房基金收入,反映按《住房公积金管理条例》等规定收取的政府住房基金收入。政府住房基金收入包括上缴管理费用、计提公共租赁住房资金、公共租赁住房租金收入、配建商业设施租售收入、其他政府住房基金收入。

其他收入,反映上述各款收入以外的其他收入,包括主管部门集中收入、免税商品特许经营费收入、基本建设收入、差别电价收入、债务管理收入、南水北调工程基金收入和其他收入。

(3)债务收入,反映政府的各类债务收入,分设中央政府债务收入和地方政府债务收入两

---

① 均列举到“项”一级,下同,“项”如果较多则部分列出,完整信息请参考阅读《2019 年政府收支分类科目》。

款:中央政府债务收入反映中央政府取得的债务收入,包括中央政府国内债务收入和中央政府国外债务收入;地方政府债务收入反映地方政府取得的债务收入。下设一般债务收入的一项。

(4)转移性收入,反映政府间的转移支付以及不同性质资金之间的调拨收入。

转移性收入分设返还性收入、一般性转移支付收入、专项转移支付收入、上解收入、上年结余收入、调入资金、债务转贷收入、接受其他地区援助收入和动用预算稳定调节基金。

返还性收入,反映下级政府收到的上级政府的返还性收入,主要包括所得税基数返还收入、成品油税费改革税收返还收入、增值税税收返还收入、消费税税收返还收入、增值税"五五分享"税收返还收入和其他返还性收入。

一般性转移支付收入,反映政府间一般性转移支付收入,主要包括体制补助收入、均衡性转移支付收入、县级基本财力保障机制奖补资金收入、结算补助收入、资源枯竭型城市转移支付补助收入等。

专项转移支付收入,反映政府间专项转移支付收入,主要包括一般公共服务、外交、国防、公共安全、教育、科学技术、文化旅游体育与传媒、社会保障和就业等。

上解收入,反映上级政府收到下级政府的上解收入,主要包括体制上解收入和专项上解收入两项。

上年结余收入,反映各类资金的上年结余。

调入资金,反映不同预算资金之间的调入收入,主要包括调入一般公共预算资金一项。

债务转贷收入,反映下级政府收到的上级政府转贷的债务收入,主要包括地方政府一般债券转贷收入一项。

接受其他地区援助收入,反映受援方政府接受的可统筹使用的各类援助捐赠等资金收入。

动用预算稳定调节基金,反映用于弥补收支缺口的预算稳定调节基金。

需要说明的是,上述各类一般公共预算收入都是安排一般公共预算支出的资金来源,在编制一般公共预算时都按"一般公共预算收入"来处理。但在财政总预算会计中,纳入公共预算的各类公共预算收入在发生时并非都通过"一般公共预算本级收入"科目核算。如政府财政筹集的纳入本级一般公共预算管理的税收收入和除了国有资本经营收入以外的非税收入通过"一般公共预算本级收入"科目核算,政府筹集的纳入本级国有资本经营预算管理的国有资本经营收入通过"国有经营预算本级收入"科目核算;债务收入则通过"债务收入"科目核算;转移性收入则分别不同情况通过"补助收入""上解收入""调入资金""债务转贷收入"等科目核算。这些都说明政府收支分类科目与财政总预算会计科目存在不同的反映对象和功能,两者互相联系,但不能互相取代。这种现象在政府性基金预算和国有资本经营预算中也同样存在。[①]

2. 预算收入的收纳

为组织预算收入的征收、监督和出纳工作,国家设立了专门机构,即收入机关和国家金库。

(1)收入机关。收入机关是具体负责收入征收和监督的机构,我国的收入机关包括财政机关、税务机关和海关。

税务机关负责征收工商税、国营企业所得税、能源交通建设税,以及按规定由税务机关负责征收的其他预算收入;海关负责征收关税,以及代征的进出口产品的增值税、消费税。财政

① 邢俊英编著:《政府会计》,东北财经大学出版社 2016 年版,第 92 页。

机关负责征收国有企业上缴利润、耕地占用税、契税、国库券以及其他收入。不属于上述征收范围的预算收入，以国家指定的负责征收单位为征收机关，如水资源税由城建部门征收。

（2）国家金库。国家金库简称“金库”，是预算资金的唯一收纳、划分和报解机关，是国家预算及其执行工作的重要组成部分。一切预算收入都必须缴入国库，一切预算支出都必须从国库支拨。

在现行财政国库单一账户制度下，一般公共预算本级收入的收缴方式有直接缴库和集中汇缴两种。直接缴库，是指缴款单位或缴款人按有关法律和法规的规定，直接将应缴款项缴入财政国库的收缴方式。集中汇缴，是指由征收机关按照有关法律和法规的规定，将所收取的应缴款项汇总缴入财政国库的收缴方式。

无论是直接缴库还是集中汇缴，征收机关都不需要设立应缴款项的过渡账户，即征收机关不需要将收到的应缴款项先存入自行在银行开立的专门账户，然后再通过该专门账户将应缴款项缴入财政国库。尚未实行财政国库单一账户制度改革的有关地区或单位，征收机关仍然可以暂时保留应缴款项的过渡账户。随着财政国库单一账户制度改革的深入推行，资金缴拨以财政国库集中收付为主要形式的财政国库管理制度将逐步推广实行，征收机关传统使用的过渡账户也将随之取消。

专栏 2—11

国库机构的设置与主要职责

我国的国库分为总库、分库、中心支库和支库四级。中国人民银行总行经理总库（司）；各省、自治区、直辖市分行经理分库（处）；省辖市、自治州和成立一级财政的地区，由市、地（州）分、支行经理中心支库（科）；县和县级市、区支行经理支库（股或专人）。支库以下的国库经收处业务，由专业银行的分支机构办理，负责收纳报解财政库款，受支库领导。国库以支库为基层库，除乡镇级预算固定收入和县乡共享收入以缴入乡（镇）国库为准外，其他各级预算收入均以缴入支库以上各级国库为正式入库。

国库的主要职责有：（1）准确及时地收纳各项国家预算收入。根据国家财政管理体制规定的预算收入级次和上级财政机关确定的分成留解比例，正确、及时地办理各级财政库款的划分和留解。（2）按规定为各级财政机关开立账户。根据财政机关填发的拨款凭证，办理同级财政库款的支拨。（3）对各级财政库款和预算收入进行会计账务核算。按期向上级国库和同级财政、征收机关报送日报、旬报、月报和年度决算报表，定期同财政、征收机关对账，以保证数字准确一致。（4）协助财政、征收机关组织预算收入及时缴库。（5）按照国家财政制度的规定，监督库款的退付。

资料来源：中国人民银行—国库基础知识，http://dalian. pbc. gov. cn/publish/dalian/2660/2011/201103-15150717012211748/20110315150717012211748_. html。

3. 预算收入的缴款凭证

预算收入在缴入国库时，必须填制缴款凭证，即缴款书。它是国库办理收纳预算收入唯一合法的原始凭证，也是各级财政机关、税务机关、海关、国库、银行以及缴款单位分析检查预算收入任务完成情况，进行记账统计的重要基础资料。缴款书一般分为工商税收专用缴款书、一般缴款书和其他缴款书。

（1）工商税收专用缴款书。工商税收专用缴款书共分六联：第一联为收据（代完税凭证），国库收款盖章后退缴款单位或纳税人；第二联为付款凭证，由缴款单位开户行作付出传票；第三联为收款凭证，由收款国库作收入传票；第四联为回执，国库收款盖章后退征收机关；第五联为报查，国库收款盖章后退基层征收机关；第六联为存根，由征收机关根据需要增加，由税务机关留存。

（2）一般缴款书。实行利润承包的国有企业上缴利润等收入，各机关、事业单位上缴有关收入等使用一般缴款书。一般缴款书一式五联，一至四联的用途与工商税收专用缴款书相同；第五联为报查，国库收款盖章后退回同级财政部门（一般缴款书样表见表2—5）。

表2—5 **非税收入一般缴款书（回单）** NO：

填制日期 年 月 日

执收单位名称：

执收单位编码：

组织机构代码：

付款人	全称		收款人	全称	
	账号			账号	
	开户银行			开户银行	
金额（大写）：				（小写）	
收入项目编码	收入项目名称	单位	数量	收费标准	金额
单位主管 会计 复核 记账				上列款项已收妥并划转收款单位账户 银行盖章 复核员 记账员 出纳员 年 月 日	

第一联 代理银行收款签章后由缴款人退执收单位

校验码：

（3）其他专用缴款书。其他专用缴款书包括国营企业所得税专用缴款书、涉外税收专用缴款书、海关专用缴款书，以及其他不属于税收、利润和其他收入的缴款书等。其他专用缴款书共分六联，与工商税收专用缴款书各联内容相同。

4. 预算收入的划分

基层国库在收到预算收入后，应根据国家预算管理体制的规定，将预算收入在中央与地方预算之间，以及地方各级预算之间进行正确的划分。国家财政管理体制将国家预算收入分为中央预算固定收入、地方预算固定收入、中央与地方共享收入三类：

（1）中央财政固定收入，主要包括消费税（含进口环节海关代征的部分）、关税、车辆购置税、海关代征的进口环节增值税等。

（2）地方财政固定收入，主要包括城镇土地使用税、耕地占用税、土地增值税、房产税、车船税、契税等。

(3)中央与地方共享收入，主要包括增值税、企业所得税、个人所得税、资源税、城市维护建设税、印花税等。

增值税方面，国内增值税中央政府分享50%，地方政府分享50%；进口环节由海关代征的增值税和铁路建设基金营业税改征增值税为中央收入。

企业所得税方面，国有邮政企业(包括中国邮政集团公司及其控股公司和直属单位)、中国工商银行股份有限公司、中国农业银行股份有限公司、中国银行股份有限公司、国家开发银行股份有限公司、中国农业发展银行、中国进出口银行、中国投资有限责任公司、中国建设银行股份有限公司、中国建银投资有限责任公司、中国信达资产管理股份有限公司、中国石油天然气股份有限公司、中国石油化工股份有限公司、海洋石油天然气企业(包括中国海洋石油总公司、中海石油(中国)有限公司、中海油田服务股份有限公司、海洋石油工程股份有限公司)、中国长江电力股份有限公司等企业缴纳的企业所得税(包括滞纳金、罚款)为中央收入，其余部分中央政府分享60%，地方政府分享40%。此外，个人所得税分享比例与企业所得税相同。

资源税方面，海洋石油企业缴纳的部分为中央收入，其余部分为地方收入。2016年7月1日起，在河北省开展水资源税改革试点工作。水资源税中央政府分享10%，地方政府分享90%，河北省在缴纳南水北调工程基金期间，水资源税收入全部留给该省。

城市维护建设税方面，各银行总行、各保险总公司集中缴纳的部分为中央收入，其余部分为地方收入。

印花税方面，证券交易印花税收入为中央收入，其他印花税收入为地方收入。

5. 预算收入的报解

中国人民银行在对收到的一般公共预算本级收入进行划分后，将相应的一般公共预算本级收入以预算收入日报表的形式报送给相应的政府财政总预算会计；同时，将相应的一般公共预算本级收入款项解入相应级别政府的国库存款账户。

预算收入的报解就是通过基层国库向上级财政部门或上级国库报告预算收入情况，并将划分后属于上级财政的预算收入缴到相应总库、分库和中心支库。国库对预算收入的划分和报解应当及时、准确，严格执行规定的比例。每天需根据"缴款书"编制"预算收入日报表"，再根据"预算收入日报表""分成收入计算日报表"，经审核无误后，连同缴款书回执联，送同级财政部门，同时向上级金库解缴款项。

"一般公共预算收入日报表"格式见表2—6，"分成收入计算日报表"格式见表2—7。

表2—6　　　　**一般公共预算本级收入日报表**

级次　　　　　　年　　月　　日　　　　　　第　　号

预算科目	本日收入

国库(公章)　　　　复核　　　　制表

表 2—7　　分成收入计算日报表

级次　　年　月　日　　第　号

分成项目	本日收入	本年累计
收入总额		
60%地(市)级分成		
40%县级分成		

国库(公章)　　复核　　制表

6. 预算收入的退库

预算收入退库,是指在预算收入执行过程中,经本级政府财政部门批准,将已入库的预算收入退还给原缴款单位或个人。退库属于减少政府预算收入,需认真审核。办理退库时,必须遵守《中华人民共和国国家金库条例》及其实施细则规定的退库范围和审批程序。凡是不符合规定的收入退库,各级财政机关、税务机关、海关不得办理审批手续,各级国库对不符合规定的退库有权拒绝办理。

7. 预算收入错误的更正

各级财政机关、收入机关和国库在办理预算收入的收纳、退还、报解时,都应加强复核,防止差错。如有错误,无论是本月还是以前月份发生的,都应由发现错误的单位在发现错误的当日按《中华人民共和国国库条例实施细则》的规定,填制更正通知书,通知有关单位共同更正。

预算收入错误类型包括预算级次错误和预算科目错误。

(1)预算级次错误的更正。凡将上级预算收入更正为本级预算收入的,应补做记账凭单,据以登账;凡将本级预算收入更正为上级预算收入的,应做一红字记账凭单,冲销错记本级的预算收入。

(2)预算科目错误的更正。更正时先将原错误科目的预算收入冲销,再补记正确科目的收入。

8. 一般公共预算本级收入核算

为核算和监督各级财政部门组织纳入预算的一般公共预算本级收入的执行情况,应设置"一般公共预算本级收入"(收入类)账户,该科目平时贷方余额,表示一般公共预算本级收入的累计数,年终结账时将该科目贷方余额全数转入"一般公共预算结转结余"科目。结账后,该科目无余额。该账户应按现行《政府收支分类科目》设置"一般公共预算本级收入"明细账。

业务 1:收到国库报来的预算收入日报表时,借方登记"国库存款"科目,贷记该科目;

业务 2:当日收入为负数以红字登记(采用计算机记账的,以负数反映)。

业务 3:年终转账时,本科目贷方余额全数转入"一般公共预算结转结余"科目,借记本科目,贷记"一般公共预算结转结余"科目。结转后,本科目无余额。

【例 2—21】 山水市财政局发生如下经济业务:

(1)根据国库报来的"预算收入日报表"当日税收收入共计 200 万元,其中:"税收收入——增值税——国内增值税"80 万元,"税收收入——企业所得税——股份制企业所得税"76 万元,"税收收入——城建税——国有企业城市维护建设税"44 万元,"非税收收入——行政事业性收费收入——教育行政事业性收费收入"23 万元,"非税收收入——行政事业性收费收入——

公安行政事业性收费收入”15 万元，“非税收收入——罚没收入——一般罚没收入”22 万元，共计 60 万元。

(2)收到国库报来的“分成收入计算表日报表”列示当日收入为 100 万元。其中，上解中央财政 60%，市留成 40%。

(3)经查，原列入一般公共预算本级收入的 65 万元，应退还给缴款企业。

(4)经查，该市将中央预算收入 100 万元，误作为共享税(上解 75%，留存 25%)并入账。现根据“预算收入日报表”“分成收入计算日报表”“更正通知书”予以更正。

(5)年终结账，一般公共预算本级收入贷方余额 680 万元。

(6)年终结账期间，收到国库报来“预算收入日报表”，列示上年度预算收入 80 万元。

应编制会计分录如下：

(1)据国库报来的“预算收入日报表”当日税收收入办理账务处理时：

借：国库存款——一般预算存款	2 600 000	
贷：一般公共预算本级收入——税收收入		2 000 000
——非税收入		600 000

同时，在一般公共预算本级收入明细账的贷方登记如下：

税收收入——增值税——国内增值税	800 000
税收收入——企业所得税——股份制企业所得税	760 000
税收收入——城建税——国有企业城市维护建设税	440 000
非税收收入——行政事业性收费收入——教育行政事业性收费收入	230 000
非税收收入——行政事业性收费收入——公安行政事业性收费收入	150 000
非税收收入——罚没收入——一般罚没收入	220 000

(2)收到国库报来的“分成收入计算表日报表”列示当日收入时：

借：国库存款——一般预算存款	400 000	
贷：一般公共预算本级收入		400 000
借：上解支出	600 000	
贷：一般公共预算本级收入		600 000

(3)经查，原列入一般公共预算本级收入退还给缴款企业时，用红字编制会计凭证：

借：国库存款——一般预算存款	650 000	
贷：一般公共预算本级收入		650 000

(4)根据“预算收入日报表”“分成收入计算日报表”“更正通知书”予以更正时：

借：国库存款	250 000	
贷：一般公共预算本级收入		250 000
借：国库存款	250 000	
贷：与上级往来		250 000

(5)年终结账时：

借：一般公共预算本级收入	6 800 000	
贷：一般公共预算结转结余		6 800 000

(6)在上年度账上，应编制会计分录如下：

借:在途款　　800 000
　　贷:一般公共预算本级收入　　800 000

在新年度账上,应编制会计分录如下:

借:国库存款——一般预算存款　　800 000
　　贷:在途款　　800 000

(二)政府性基金预算本级收入

政府性基金预算本级收入,是按规定收取、转入或通过当年财政安排,由财政管理并具有指定用途的政府性基金收入,即政府财政筹集的纳入本级政府性基金预算管理的非税收入。政府性基金预算本级收入是政府预算内收入,纳入政府预算管理。政府性基金收入科目反映各级政府及其所属部门根据法律、行政法规等规定,向公民、法人和其他组织无偿征收的具有专项用途的财政资金,包括基金、资金、附加和专项收费。

政府性基金预算本级收入的分类应与《政府收支分类科目》相一致,分设类、款、项、目四级。类级科目:(1)非税收入,下设款级科目"政府性基金收入"和"专项债券对应项目专项收入";(2)债务收入,下设款级科目"地方政府债务收入";(3)转移性收入,分设"政府性基金转移收入""上年结余收入""调入资金""债务转贷收入"四个款级科目。

与一般公共预算本级收入类似,非税收入——政府性基金收入通过"政府性基金预算本级收入"科目核算;债务收入——地方政府债务收入则通过"债务收入"科目核算;当政府性基金在上、下级财政以及在本级财政不同性质资金之间进行转移时,所形成的政府性基金收入,在现行《政府收支分类科目》中作为政府性基金预算本级收入科目处理;而财政总预算会计在进行会计核算时,作为转移性收入处理。即根据不同的具体情况,通过"补助收入""上解收入""调入资金""债务转贷收入"等科目核算。

政府性基金收入项级[①]科目与划分具体如表2—8所示。

表2—8　　政府性基金收入项级科目与划分

	中央收入		地方收入
1	铁路建设基金收入	1	海南省高等公路车辆通行附加费收入
2	民航发展基金收入	2	小型水库移民扶助基金收入
3	旅游发展基金收入	3	车辆通行费
4	大中型水库移民后期扶持基金收入		
5	三峡水库库区基金收入		
6	中央特别国债经营基金收入		
7	中央特别国债经营基金财务收入		
8	核电站乏燃料处理处置基金收入		
9	可再生能源电价附加收入		

① 在一些项级科目下,不同的目级科目分别划分给中央或地方或中央与地方共享,则按照中央地方共享收入列示项级科目。

续表

	中央收入		地方收入
10	船舶油污损害赔偿基金收入		
11	废弃电器电子产品处理处置基金收入		
	中央地方共享收入		
1	农网还贷资金收入		
2	港口建设费收入		
3	国家电影事业发展专项资金收入		
4	国有土地收益基金收入		
5	农业土地开发资金收入		
6	国有土地使用权出让收入		
7	大中型水库库区基金收入		
8	彩票公益金收入		
9	城市基础设施配套费收入		
10	国家重大水利工程建设基金收入		
11	彩票发行机构和彩票销售机构的业务费用		
12	其他政府性基金收入		

资料来源：根据《2019 年政府收支分类科目》整理而得。

基金是专用性较强的资金，政府性基金预算本级收入的确定以缴入国库数和总预算会计实际收到数额为准，在实际管理中要坚持收入按标准、支出按规定，专款专用，自求平衡，单独核算的原则。[①] 如“民航发展基金收入”的征收依据是《民航发展基金征收使用管理暂行办法》，“旅游发展基金收入”的征收依据是《旅游发展基金管理暂行办法》。此外，政府性基金收入也区分中央收入和地方收入，如民航发展基金收入为中央政府性收入，海南省高等公路车辆通行附加费收入为地方政府性基金收入，国家重大水利工程建设基金收入为中央、地方共有政府性收入。

政府性基金预算本级收入的收缴方式、收缴程序、划分和报解方法等，都比照一般公共预算本级收入。为核算和监督各级财政部门组织纳入预算的政府性基金预算本级收入的执行情况，应设置“政府性基金预算本级收入”账户。平时余额在贷方，反映当年政府性基金预算本级收入累计数。该账户应按《政府收支分类科目》设置政府性基金预算本级收入明细账。

业务 1：取得政府性基金预算本级收入时，借记“国库存款”科目，贷记本科目。

业务 2：年终转账时，本科目贷方余额全数转入“政府性基金预算结转结余”科目，借记本科目，贷记“政府性基金预算结转结余”科目。结转后，本科目无余额。

【例 2—22】 山水市财政局发生如下经济业务：

(1)收到国库报来的预算收入日报表，其中，“城市基础设施配套费”收入 80 万元，“新菜地开发建设基金”收入 20 万元。

---

① 收入按国家规定标准取得，不得擅自扩大范围提高标准；支出要坚持专款专用，保证相关事业资金需要；各项资金要单独核算，争取做到量入为出、自求平衡、略有结余。

(2)年终结账,将"政府性基金预算本级收入"贷方转入"政府性基金预算结转结余"贷方。

应编制会计分录如下:

(1)收到国库报来的预算收入日报表时:

借:国库存款——基金预算存款　　1 000 000

　贷:政府性基金预算本级收入　　1 000 000

同时,在政府性基金预算本级收入明细账的贷方登记如下:

城市基础设施配套费　　800 000

新菜地开发建设基金　　200 000

(2)年终结账时:

借:政府性基金预算本级收入　　8 600 000

　贷:政府性基金预算结转结余　　8 600 000

同时,应结清所有政府性基金预算本级收入科目的明细账。

(三)国有资本经营预算本级收入

国有资本经营预算本级收入,是指各级人民政府及其部门以所有者身份依法取得的国有资本收益。主要包括:中国人民银行、国有独资企业按规定上缴国家的利润;国有控股、参股企业国有股权(股份)上缴的股利、股息收入;国有资产(含国有股权)的转让或出售收入;国有独资企业清算净收入,以及国有控股、参股企业国有股权(股份)分享的公司清算净收入;其他收入;等等。

专栏 2—12

关于2018年中央国有资本经营预算的说明

一、基本情况说明

(一)编制范围

2018年中央国有资本经营预算编制范围包括国资委监管企业98户、所属企业32户,最高人民检察院所属企业2户,教育部所属企业377户,工业和信息化部所属企业82户,民政部所属企业5户,司法部所属企业1户,环境保护部所属企业2户,水利部所属企业8户,农业部所属企业5户,商务部所属企业1户,文化部所属企业10户,卫生计生委所属企业6户,新闻出版广电总局所属企业1户,体育总局所属企业46户,国家林业局所属企业1户,国家旅游局所属企业2户,国家海洋局所属企业2户,民航局所属企业9户,国家文物局所属企业1户,中直管理局所属企业2户,共青团中央所属企业3户,中国文联所属企业5户,中国国际贸易促进委员会所属企业25户,财政部代表国务院履行出资人职责的中央文化企业117户和中国烟草总公司、中国邮政集团公司、中国铁路总公司等,以及新疆兵团所属国有企业。

(二)主要财务指标

根据2017年12月份国有及国有控股企业(不含金融企业和新疆兵团)财务快报,中央企业资产总额751 283.53亿元,同比增长8.2%;负债总额511 213.02亿元,同比增长7.3%;

所有者权益总额 240 070.51 亿元，同比增长 10.2%；2017 年实现利润总额 17 757.17 亿元，同比增长 16%；实现净利润 12 785.26 亿元，同比增长 17.5%；实现归属于母公司所有者的净利润 7 641.38 亿元，同比增长 6.5%。

其中，已纳入中央国有资本经营预算编制范围的中央企业资产总额 741 457.06 亿元，同比增长 8.3%，占全部中央企业的 98.7%；负债总额 505 963.97 亿元，同比增长 7.4%，占全部中央企业的 99%；所有者权益总额 235 493.09 亿元，同比增长 10.2%，占全部中央企业的 98.1%；2017 年实现利润总额 17 403.05 亿元，同比增长 15.9%，占全部中央企业的 98%；实现净利润 12 498.71 亿元，同比增长 17.3%，占全部中央企业的 97.8%；实现归属于母公司所有者的净利润 7 395.21 亿元，同比增长 6.1%，占全部中央企业的 96.8%。

二、收入预算

按照《财政部关于进一步提高中央企业国有资本收益收取比例的通知》（财企〔2014〕59 号）和《财政部关于印发〈中央企业国有资本收益收取管理办法〉的通知》（财资〔2016〕32 号）等规定，纳入 2018 年中央国有资本经营预算实施范围的中央企业税后利润（净利润扣除以前年度未弥补亏损和提取的法定公积金）的收取比例分为五类执行：第一类为烟草企业，收取比例 25%；第二类为石油石化、电力、电信、煤炭等资源型企业，收取比例 20%；第三类为钢铁、运输、电子、贸易、施工等一般竞争型企业，收取比例 15%；第四类为军工企业、转制科研院所、中国邮政集团公司、中国铁路总公司、中央文化企业、中央部门所属企业，收取比例 10%；第五类为政策性企业，免交当年应交利润。符合小型微型企业规定标准的国有独资企业，应交利润不足 10 万元的，比照第五类政策性企业，免交当年应交利润。

2018 年中央国有资本经营收入预算数为 1 376.82 亿元，比上年执行数（下同）增长 76.66 亿元，增长 5.9%。主要根据 2017 年中央企业归属母公司所有者净利润增长情况和新疆兵团所属企业纳入中央国有资本经营预算管理等因素测算安排。其中：

（一）利润收入 1 265.92 亿元，增加 103.4 亿元，增长 8.9%。其中，第一类企业 350 亿元，减少 36.42 亿元，下降 9.4%，占中央企业税后利润收取额的 27.8%；第二类企业 481.72 亿元，增加 116.88 亿元，增长 32%，占中央企业税后利润收取额的 38.3%；第三类企业 334.55 亿元，增加 74.58 亿元，增长 28.7%，占中央企业税后利润收取额的 26.6%；第四类企业 93.03 亿元，减少 3.37 亿元，下降 3.5%，占中央企业税后利润收取额的 7.4%。另外，新疆兵团所属企业首次纳入中央国有资本经营预算管理，利润收入 6.62 亿元。需要说明的是，煤炭、钢铁行业利润收入增幅较高，主要是近年来煤、钢行业处置僵尸企业和去产能工作成效明显，2017 年行业实现利润增幅较高。

（二）股利、股息收入 110.76 亿元，增加 9.79 亿元，增长 9.7%。其中，国有控股公司股利、股息收入增幅较高，主要是部分国有企业申报 2017 年应缴股利、股息收入时间较晚，当年未能及时入库，改由 2018 年入库。

（三）产权转让收入 0.02 亿元，减少 36.44 亿元，下降 99.9%。主要是根据国务院《划转部分国有资本充实社保基金实施方案》（国发〔2017〕49 号），国有企业不再通过减持国有股补充全国社保基金，而是划转部分股权由全国社保基金或专门设立的国有独资公司集中持有、管理和运营，产权转让收入相应大幅减少。

（四）其他国有资本经营预算收入 0.12 亿元，减少 0.08 亿元。

加上上年结转收入113.59亿元,2018年中央国有资本经营预算收入总量为1 490.41亿元。

三、支出预算

2018年中央国有资本经营预算支出优先落实国家发展战略,着力推进供给侧结构性改革,重点解决国有企业历史遗留问题,进一步推动国有经济布局优化和结构调整,增强国有经济的竞争力、控制力和影响力。

(一)2018年中央国有资本经营支出预算数为1 168.87亿元,增加164.75亿元,增长16.4%。具体如下:

1. 中央国有资本经营预算本级支出预算数为1 068.87亿元,增加300.12亿元,增长39%。其中:

(1)国有股减持补充社保基金支出预算数为10.44亿元,主要为上年国有股减持收入结转资金。

(2)解决历史遗留问题及改革成本支出预算数为431.14亿元,增加36.57亿元,增长9.3%。主要包括厂办大集体改革支出、"三供一业"移交补助支出、国有企业棚户区改造支出、化解过剩产能及"处僵治困"人员安置支出、离休干部医药费补助支出等。

(3)国有企业资本金注入支出预算数为351.72亿元,增加101.98亿元,增长40.8%。其中:国有经济结构调整支出197亿元,用于支持装备制造业发展、中央文化企业产业升级与发展等;前瞻性战略性产业发展支出130亿元,用于国家集成电路产业投资基金注资等支出;对外投资合作支出10亿元,用于支持核电"走出去";其他国有企业资本金注入14.62亿元,主要用于支持国家应急救援基地(队)建设和运维。

(4)国有企业政策性补贴支出预算数为70.09亿元。

(5)其他国有资本经营支出预算数为205.48亿元。

2. 中央对地方国有资本经营预算转移支付支出预算数为100亿元,减少135.37亿元,下降57.5%。用于支持相关省市对中央下放企业职工家属区"三供一业"的设备设施进行必要的维修改造,达到城市基础设施的平均水平,分户设表、按户收费,由专业化企业或机构实行社会化管理。

(二)国有资本经营预算调出资金预算数为321.54亿元,增加11.06亿元,增长3.6%。调入一般公共预算用于保障和改善民生。

资料来源:中华人民共和国财政部2018年中央财政预算,http://yss.mof.gov.cn/2018zyys/201804/t20180403_2859405.html。

国有资本经营预算本级收入在《政府收支分类科目》中分设类、款、项、目四级。类级科目包括:(1)非税收入,下设"国有资本经营收入"款级科目;(2)转移性收入,下设"国有资本经营预算转移支付收入"款级科目。

按照《财政部国资委关于印发〈中央企业国有资本收益收取管理暂行办法〉的通知》(财企〔2007〕309号)、《财政部关于完善中央国有资本经营预算有关事项的通知》(财企〔2010〕392号)、《财政部关于扩大中央国有资本经营预算实施范围有关事项的通知》(财企〔2012〕3号)、《关于提高中国烟草总公司国有资本收益收取比例的函》(财办企〔2012〕84号)和《关于进一步提高中央企业国有资本收益收取比例的通知》(财企〔2014〕59号)等规定,纳入中央国有资本经营预算实施范围的中央企业税后利润(净利润扣除年初未弥补亏损和法定公积金)的收取比例分为 5 类执行(见表 2—9)。

专栏 2—13

中央企业应交利润收取比例分类表

表 2—9　　中央企业应交利润收取比例分类表

第一类:25%			
1	中国烟草总公司		
第二类:20%			
2	中国石油天然气集团公司	9	中国国电集团公司
3	中国石油化工集团公司	10	中国华电集团公司
4	中国海洋石油总公司	11	中国大唐集团公司
5	国家电网公司	12	神华集团有限责任公司
6	中国长江三峡集团公司	13	中国中煤能源集团公司
7	中国电力投资集团公司	14	中国移动通信集团公司
8	中国华能集团公司	15	中国电信集团公司
第三类:15%			
16	中国铝业公司	34	东风汽车公司
17	中国有色矿业集团有限公司	35	中国东方电气集团有限公司
18	中国黄金集团公司	36	哈尔滨电气集团公司
19	宝钢集团有限公司	37	中国西电集团公司
20	鞍钢集团公司	38	中国第一重型机械集团公司
21	武汉钢铁(集团)公司	39	中国南车集团公司
22	中国化工集团公司	40	中国北方机车车辆工业集团公司
23	中国远洋运输(集团)总公司	41	中国铁路通信信号集团公司
24	中国海运(集团)总公司	42	新兴际华集团有限公司
25	中国外运长航集团有限公司	43	国家开发投资公司
26	中国航空集团公司	44	中国国新控股有限责任公司
27	中国南方航空集团公司	45	中国节能环保集团公司
28	中国东方航空集团公司	46	华侨城集团公司
29	中国民航信息集团公司	47	中国国旅集团有限公司
30	中国电子信息产业集团有限公司	48	中国国际工程咨询公司
31	中国华录集团有限公司	49	中国恒天集团有限公司
32	中国普天信息产业集团公司	50	中国盐业总公司
33	中国第一汽车集团公司	51	中国中纺集团公司

续表

52	中国航空油料集团公司	69	中国中材集团有限公司
53	中国航空器材集团公司	70	中国建筑材料集团有限公司
54	中国工艺(集团)公司	71	中国化学工程集团公司
55	中国轻工集团公司	72	中国交通建设集团有限公司
56	中国机械工业集团有限公司	73	中国建筑工程总公司
57	中国通用技术(集团)控股有限责任公司	74	中国铁路工程总公司
58	中国中化集团公司	75	中国铁道建筑总公司
59	中粮集团有限公司	76	中国冶金科工集团有限公司
60	中国五矿集团公司	77	中国电力建设集团有限公司
61	中国保利集团公司	78	中国能源建设集团有限公司
62	中国铁路物资总公司	79	华润(集团)有限公司
63	珠海振戎公司	80	南光(集团)有限公司
64	中国诚通控股集团有限公司	81	中国港中旅集团公司
65	中国中钢集团公司	82	招商局集团有限公司
66	中国中丝集团公司	83	中国国际技术智力合作公司
67	中国华孚贸易发展集团公司	84	中国农业发展集团总公司
68	中国医药集团总公司	85	中国林业集团公司
第四类:10%			
86	中国核工业集团公司	103	中国建筑设计研究院
87	中国核工业建设集团公司	104	武汉邮电科学研究院
88	中国航天科技集团公司	105	中国汽车技术研究中心
89	中国航天科工集团公司	106	中国冶金地质总局
90	中国航空工业集团公司	107	中国煤炭地质总局
91	中国船舶工业集团公司	108	中国邮政集团公司
92	中国船舶重工集团公司	109	中国电影集团公司
93	中国兵器工业集团公司	110	黑龙江北大荒农垦集团公司
94	中国兵器装备集团公司	111	广东省农垦集团公司
95	中国电子科技集团公司	112	教育部所属企业
96	中国煤炭科工集团有限公司	113	贸促会所属企业
97	机械科学研究总院	114	工业和信息化部所属企业
98	中国钢研科技集团公司	115	卫生计生委所属企业
99	北京有色金属研究总院	116	国资委所属企业
100	北京矿冶研究总院	117	体育总局所属企业
101	中国建筑科学研究院	118	首都机场集团公司
102	电信科学技术研究院	119	文资办履行出资人职责的中央文化企业

续表

第五类：0%①			
120	中国储备粮管理总公司	121	中国储备棉管理总公司

注：为落实《中共中央关于全面深化改革若干重大问题的决定》，根据《关于进一步提高中央企业国有资本收益收取比例的通知》（财企〔2014〕59号）新规，从2014年起，国有独资企业应交利润收取比例在原有基础上提高5个百分点。十八届三中全会《中共中央关于全面深化改革若干重大问题的决定》明确提出了划拨部分国有资本充实社会保障基金的量化目标，即2020年国有资本收益上缴公共财政的比例提高到30%，更多地用于保障和改善民生。

资料来源：财政部企业司：《关于进一步提高中央企业国有资本收益收取比例的通知》（财企〔2014〕59号），http://qys.mof.gov.cn/zhengwuxinxi/zhengcefabu/201405/t20140506_1075478.html。

"国有资本经营预算本级收入"账户（收入类），该账户主要用于核算各级财政部门管理的国有资本经营预算本级收入。该账户贷方登记国有资本经营预算本级收入的取得数，借方登记年末转销数，平时余额在贷方，反映当年国有资本经营预算本级收入的累计数。年终，应将本科目贷方余额全部转入"国有资本经营预算结转结余"科目。本科目应按现行《政府收支分类科目》中"国有资本经营收入"款级科目下的项、目级科目，设置相应明细账。

业务1：取得国有资本经营预算本级收入时，借记"国库存款"科目，贷记本科目。

业务2：年终转账时，将本科目贷方余额全数转入"国有资本经营预算结转结余"科目，借记本科目，贷记"国有资本经营预算结转结余"科目。

【例2—23】 山水市财政局发生如下经济业务：

（1）本市所辖三家央企——国家电网公司、中国盐业总公司和中国煤炭科工集团有限公司，2018年分别实现利润700亿元、20亿元和30亿元。按规定计算上缴利润。

（2）年终转账时，"国有资本经营预算本级收入"贷方余额146亿元。

应编制会计分录如下：

（1）计算上缴利润，根据2018年央企应交利润收取比例，本市三家央企共需上缴利润为：

700×20%+20×15%+30×10%=146（亿元）

借：国库存款——非税收入　　14 600 000 000

　　贷：国有资本经营预算本级收入　　14 600 000 000

（2）年终转账时：

借：国有资本经营预算本级收入　　14 600 000 000

　　贷：国有资本经营预算结转结余　　14 600 000 000

（四）财政专户管理资金收入

财政专户管理资金收入，是指未纳入预算并实行财政专户管理的资金收入。各级财政部门对未纳入预算并实行财政专户管理的资金应当单独设账核算。

① 符合小型微型企业规定标准的国有独资企业，应交利润不足100 000元的，比照第五类政策性企业，免交当年应交利润。

为适应预算外资金纳入预算管理的需要,规范教育收费等未纳入预算并实行财政专户管理资金的会计核算,从 2011 年 1 月 1 日起,未纳入预算并实行财政专户管理资金会计核算执行《财政总预算会计制度》。

"财政专户管理资金收入"账户(收入类),该账户主要用于核算未纳入预算并实行财政专户管理的资金收入情况。本科目的贷方登记资金收入的取得数,借方登记转销数,平时余额在贷方,反映当年财政专户管理的资金收入累计数。年终,应将贷方余额全部转入"财政专户管理资金结余"科目。明细账应按《政府收支分类科目》中收入分类科目设置,同时,根据管理需要,按部门进行明细核算。

业务 1:收到财政专户管理的资金收入时,借记"其他财政存款"科目,贷记本科目。

业务 2:年终转账时,将本科目贷方余额全数转入"财政专户管理资金结余"科目,借记本科目,贷记"财政专户管理资金结余"科目。

【例 2—24】 山水市财政局发生如下经济业务:

(1)收到市教育局某中学缴入财政专户的普通高中学费 20 万元。

(2)年终结算,财政专户管理资金收入科目余额为 20 万元。

应编制会计分录如下:

(1)收到市教育局某中学缴入财政专户款项时:

借:其他财政存款——未纳入预算并实行财政专户管理的资金存款 200 000

　　贷:财政专户管理资金收入　　200 000

同时,在财政专户管理资金收入明细账的贷方登记:

非税收入——行政事业性收费收入——教育行政事业性收费收入　　200 000

(2)年终结算时:

借:财政专户管理资金收入　　200 000

　　贷:财政专户管理资金结余　　200 000

(五)专用基金收入

专用基金收入,是指财政部门按规定取得或安排的有专门用途的资金来源。专用基金收入与政府性基金预算本级收入在管理和使用上有相同之处:专款专用、先收后支、量入为出。所不同的是:政府性基金预算本级收入纳入预算管理,由国库管理,而专用基金收入是财政部门按规定设置或取得的在政府性基金预算本级收入之外单独管理的资金收入,由财政部门开立专户管理。

专用基金收入的主要来源渠道有:(1)上级财政部门拨入;(2)本级政府预算安排专用基金收入。专用基金收入一般都需要通过开设银行存款专户,进行单独管理。

为核算各级财政部门组织的专用基金收入的执行情况,应设置"专用基金收入"账户(收入类)。该账户平时余额在贷方,反映当年专用基金收入累计数,年终转账后,该科目无余额。

业务 1:从上级财政部门或通过本级预算支出安排取得专用基金收入时,借记"其他财政存款"科目,贷记该科目;同时,借记"一般公共预算本级支出"等科目,贷记"国库存款""补助收入"等科目。

业务 2:退回专用基金收入时,借记本科目,贷记"其他财政存款"科目。

业务3:通过预算支出安排取得专用基金收入仍存在国库的,借记“一般公共预算本级支出”等科目,贷记“专用基金收入”科目。

业务4:年终结账时,借方登记年终转入“专用基金结余”账户的余额。

【例2—25】 山水市财政局发生如下经济业务:

(1)经决定安排一般公共预算本级支出1 000 000元作为粮食风险专用基金,并立专户存储。

(2)年终结账,专用基金收入贷方余额为6 500 000元。

应编制会计分录如下:

(1)安排一般公共预算本级支出作为粮食风险专用基金时:

借:一般公共预算本级支出　　1 000 000

　　贷:国库存款　　1 000 000

同时:

借:其他财政存款——专用基金存款　　1 000 000

　　贷:专用基金收入——粮食风险基金　　1 000 000

(2)年终结账时:

借:专用基金收入——粮食风险基金　　6 500 000

　　贷:专用基金结余——粮食风险基金　　6 500 000

(六)转移性收入

转移性收入,是指在各级政府财政之间进行资金调拨以及在本级政府财政不同类型资金之间调剂所形成的收入,包括补助收入、上解收入、调入资金、地区间援助收入和动用预算稳定调节基金等。

1. 补助收入

补助收入,是指上级财政按财政体制规定或因专项需要补助给本级财政的款项形成的收入,包括返还性补助收入、一般性转移支付补助收入、专项转移支付补助收入、政府性基金转移支付补助收入等。补助收入属于上一级财政对下一级财政的财力转移,补助收入会减少上一级财政的财力,增加下一级财政的财力。

为核算上级财政部门拨来的补助款,应设置“补助收入”账户(收入类)。该账户按照不同的资金性质,设置“一般公共预算补助收入”“政府性基金预算补助收入”等明细科目。该账户平时贷方余额反映上级补助收入累计数;年终时,该账户余额应按补助资金性质分别转入“一般公共预算结转结余”或“政府性基金预算结转结余”账户。该账户应按补助资金性质设置明细账。

业务1:收到上级拨入的补助款项时,借记“国库存款”“其他财政存款”等科目,贷记该科目;专项转移支付资金实行特设专户管理的,政府财政应当根据上级政府财政下达的预算文件确认补助收入。年度当中收到资金时,借记“其他财政存款”科目,贷记“与上级往来”等科目;年度终了,根据专项转移支付资金预算文件,借记“与上级往来”科目,贷记本科目。

业务2:从“与上级往来”科目转入本科目时,借记“与上级往来”,贷记本科目。

业务3:有主权外债业务的财政部门,贷款资金由本级政府财政同级部门(单位)使用,且贷款的最终还款责任由上级政府财政承担的,本级政府财政部门收到贷款资金时,借记"其他财政存款"科目,贷记本科目;外方将贷款资金直接支付给供应商或用款单位时,借记"一般公共预算本级支出",贷记本科目。

业务4:年终与上级政府财政结算时,根据预算文件,按照尚未收到的补助款金额,借记"与上级往来"科目,贷记本科目。退还或核减补助收入时,借记本科目,贷记"国库存款""与上级往来"等科目。

业务5:年终转账时,本科目贷方余额应根据不同资金性质分别转入对应的结转结余科目,借记本科目,贷记"一般公共预算结转结余""政府性基金预算结转结余"等科目。结转后,本科目无余额。

【例2—26】 山水市财政局发生如下经济业务:

(1)收到省财政拨来的补助款100万元,具体科目和金额为"返还性补助收入——其他税收返还收入"27万元,"一般性转移支付收入——体制补助收入"36万元,"专项转移支付收入——专项补助收入"17万元,"政府性基金转移收入——政府性基金补助收入"20万元。

(2)因急需向上级财政借入10万元。

(3)上笔业务发生后,经上级研究决定,转作对本级财政的补助款项。

(4)年终结账,"补助收入——一般预算补助"贷方余额为50万元,"补助收入——基金预算补助"贷方余额为100万元(假定该余额发生若干业务后的余额)。

应编制会计分录如下:

(1)收到省财政拨来的补助款时:

借:国库存款——一般预算存款	800 000	
——基金预算存款	200 000	
贷:补助收入		1 000 000

同时,在补助收入明细账的贷方登记如下:

返还性补助收入——其他税收返还收入	270 000
一般性转移支付收入——体制补助收入	360 000
专项转移支付收入——专项补助收入	170 000
政府性基金转移收入——政府性基金补助收入	200 000

(2)因急需向上级财政借入款项时:

借:国库存款	100 000	
贷:与上级往来		100 000

(3)转作对本级财政的补助款项时:

借:与上级往来	100 000	
贷:补助收入——一般预算补助		100 000

(4)年终结账时:

借:补助收入——一般预算补助	500 000	
——基金预算补助	1 000 000	
贷:一般公共预算结转结余		500 000
政府性基金预算结转结余		1 000 000

2. 上解收入

上解收入，是指按财政体制规定由下级财政上交给本级财政的款项。上解收入包括一般性转移支付上解收入、专项转移支付上解收入、政府性基金转移上解收入等。上解收入属于下一级财政对上一级财政的财力转移。上解收入会减少下一级财政的财力，增加上一级财政的财力。

为核算下级财政上缴的预算上解款，应设置"上解收入"账户（收入类）。该账户平时贷方余额表示下级上解收入的累计数。"上解收入"科目应当按照不同资金性质，设置"一般公共预算上解收入""政府性基金预算上解收入"等明细科目。同时，该账户应按上解地区设置明细账户。

业务1：收到下级上解款项时，借记"国库存款"科目，贷记本科目。

业务2：年终与下级政府财政结算时，根据预算文件，按照尚未收到的上解款金额，借记"与下级往来"科目，贷记本科目。退还或核减上解收入时，借记本科目，贷记"国库存款""与下级往来"等科目。

业务3：年终结账，借记本科目，贷记"一般公共预算结转结余""政府性基金预算结转结余"科目。

【例2—27】 山水市财政局发生如下经济业务：

(1)收到按财政体制规定所属水泊县上解收入合计90万元。具体的科目和金额为："一般性转移支付收入——出口退税专项上解收入"29万元，"专项转移支付收入——专项上解收入"31万元，"政府性基金转移收入——政府性基金上解收入"30万元。

(2)年终结算时，将所属水泊县财政应解未解的政府性基金款项100万元款项作为往来处理。

(3)年终结算，上解收入贷方结余650万元(其中，属于一般预算的上解收入300万元，政府性基金预算本级收入350万元)。

应编制会计分录如下：

(1)收到按财政体制规定所属水泊县上解收入时：

借：国库存款——一般预算存款	600 000	
——基金预算存款	300 000	
贷：上解收入——水泊县		900 000

同时，在上解收入明细账的贷方登记如下：

一般性转移支付收入——出口退税专项上解收入	290 000
专项转移支付收入——专项上解收入	310 000
政府性基金转移收入——政府性基金上解收入	300 000

(2)年终结算时，将水泊县财政应解未解的政府性基金款项作为往来处理时：

借：与下级往来	1 000 000	
贷：上解收入——水泊县		1 000 000

(3)年终结算时：

借：上解收入	6 500 000	
贷：一般公共预算结转结余		3 000 000
政府性基金预算结转结余		3 500 000

3. 调入资金

调入资金,是指一级政府中不同性质资金之间的调入收入,包括一般预算调入资金、政府性基金预算调入资金和国有资本经营预算本级收入。调入资金的目的是为了平衡一般预算、基金预算或国有资本经营预算。调入资金属于预算资金的横向调度,不涉及上下级预算的收支变动。调入资金仅限于地方弥补财政总决算赤字,需要经过有关部门的批准,在年终决算时,一次性使用。

为核算调入资金业务,应设置"调入资金"账户(收入类)。该账户平时贷方余额表示调入资金累计数。

业务1:调入资金发生在一般预算中,可从基金预算中调入资金;调入资金发生在基金预算中,可从一般预算中调入资金。调入资金时,借记"国库存款"科目,贷记本科目。

业务2:年终结转,借记本科目,贷记"一般公共预算结转结余"科目。

【例2—28】 山水市财政局发生如下经济业务:

(1)经决定,从地方财政附加税费结余中调入资金50万元,用于平衡一般预算收支。

(2)年终结账,将调入资金贷方余额350万元,转入"一般公共预算结转结余"账户。

应编制会计分录如下:

(1)从地方财政附加税费结余中调入资金用于平衡一般预算收支时:

借:国库存款——一般预算存款	500 000	
贷:调入资金		500 000

同时:

借:调出资金	500 000	
贷:国库存款——基金预算存款		500 000

(2)将调入资金贷方余额转入"一般公共预算结转结余"账户时:

借:调入资金	3 500 000	
贷:一般公共预算结转结余		3 500 000

专栏2—14

地区间援助收入

"地区间援助收入"账户(收入类),主要用于核算受援方政府财政收到援助方政府财政转来的可统筹使用的各类援助、捐赠等资金收入。本科目应当按照援助地区及管理需要进行相应的明细核算。

地区间援助收入的主要账务处理如下:

1. 收到援助方政府财政转来的资金时,借记"国库存款"科目,贷记本科目。

2. 年终转账时,本科目贷方余额全数转入"一般公共预算结转结余"科目,借记本科目,贷记"一般公共预算结转结余"科目。结转后,本科目无余额。

本科目平时贷方余额反映地区间援助收入的累计数。

资料来源:财政部关于印发《财政总预算会计制度》的通知,http://www.mof.gov.cn/mofhome/guokusi/zhengfuxinxi/guizhangzhidu/201510/t20151022_1517735.html。

4. 动用预算稳定调节基金

动用预算稳定调节基金，核算为弥补财政短收年份预算执行收支缺口，调用的预算稳定调节基金。

业务1：年度终了，为弥补财政短收年份预算执行收支缺口，调用预算稳定调节基金时，借记“预算稳定调节基金”科目，贷记本科目。

业务2：年终转账时，将本科目余额全部转入“一般公共预算结转结余”科目，借记本科目，贷记“一般公共预算结转结余”科目。

【例2—29】 山水市财政局发生如下经济业务：

(1)2019年度本级财政收入1.85亿元，财政支出2亿元，导致本年度出现预算执行收支缺口1 500万元。研究决定，动用预算稳定调节基金科目余额为1 500万元。

(2)年终结算，结转动用预算稳定调节基金余额到一般公共预算结转结余。

应编制会计分录如下：

(1)动用预算稳定调节基金平衡预算时：

借：预算稳定调节基金	15 000 000	
贷：动用预算稳定调节基金		15 000 000

(2)结转动用预算稳定调节基金余额时：

借：动用预算稳定调节基金	15 000 000	
贷：一般公共预算结转结余		15 000 000

(七)债务收入

为适应财政部代理发行地方政府债券管理需要，规范和加强财政部代理发行的地方政府债券会计核算，根据国务院有关规定和2016年11月9日发布的《地方政府一般债务预算管理办法》(财预〔2016〕154号)、2015年4月2日发布的《地方政府专项债券发行管理暂行办法》(财库〔2015〕83号)以及《财政部代理发行2014年地方政府债券发行兑付办法》(财库〔2014〕41号)的规定，在现行《财政总预算会计制度》中增设收入类科目“4041 债务收入”“4042 债务转贷收入”，支出类科目“5041 债务还本支出”“5042 债务转贷支出”。

“债务收入”账户(收入类)，该账户主要用于核算政府财政根据法律法规等规定，通过发行债券、向外国政府和国际金融组织借款等方式筹集的纳入预算管理的资金收入。平时本科目贷方余额，反映省级财政部门当年实际收到的地方政府债券发行收入累计数。本科目应按照《政府收支分类科目》规定设置明细账。

业务1：省级以上政府财政部门实际收到地方政府债券发行收入时，借记“国库存款”科目，贷记本科目；根据债务管理部门转来的债券发行确认文件等相关资料，按照到期应付的政府债券本金金额，借记“待偿债净资产——应付短期政府债券/应付长期政府债券”科目，贷记“应付短期政府债券”“应付长期政府债券”等科目。

业务2：年终转账时，本科目下“专项债务收入”明细科目的贷方余额应按照对应的政府性基金种类分别转入“政府性基金预算结转结余”相应明细科目，借记本科目(专项债务收入明细科目)，贷记“政府性基金预算结转结余”科目；本科目下其他明细科目的贷方余额全数转入“一般公共预算结转结余”科目，借记本科目(其他明细科目)，贷记“一般公共预算结转结余”科目。

结转后,本科目无余额。

【例 2—30】 山水市上级省级财政部门发生如下经济业务:

(1)上级省级财政部门实际收到 1 年期山水市地方政府债券发行收入 5 000 万元。

(2)年终结账,债务收入科目余额 5 000 万元。

应编制会计分录如下:

(1)上级省级财政部门实际收到 1 年期山水市地方政府债券发行收入时:

借:国库存款　　50 000 000

　　贷:债务收入——财政部代理发行地方政府债券收入　　50 000 000

同时:

借:待偿债净资产　　50 000 000

　　贷:应付短期政府债券　　50 000 000

(2)年终结账时:

借:债务收入　　50 000 000

　　贷:一般公共预算结转结余　　50 000 000

专栏 2—15

债务收入中的主权外债部分

政府财政向外国政府、国际金融组织等机构借款时,按照借入的金额,借记"国库存款""其他财政存款"等科目,贷记本科目;根据债务管理部门转来的相关资料,按照实际承担的债务金额,借记"待偿债净资产——借入款项"科目,贷记"借入款项"科目。

本级政府财政借入主权外债,且由外方将贷款资金直接支付给用款单位或供应商时,应根据以下情况分别处理:

1. 本级政府财政承担还款责任,贷款资金由本级政府财政同级部门(单位)使用的,本级政府财政根据贷款资金支付相关资料,借记"一般公共预算本级支出"科目,贷记本科目;根据债务管理部门转来的相关资料,按照实际承担的债务金额,借记"待偿债净资产——借入款项"科目,贷记"借入款项"科目。

2. 本级政府财政承担还款责任,贷款资金由下级政府财政同级部门(单位)使用的,本级政府财政根据贷款资金支付相关资料及预算指标文件,借记"补助支出"科目,贷记本科目;根据债务管理部门转来的相关资料,按照实际承担的债务金额,借记"待偿债净资产——借入款项"科目,贷记"借入款项"科目。

3. 下级政府财政承担还款责任,贷款资金由下级政府财政同级部门(单位)使用的,本级政府财政根据贷款资金支付相关资料,借记"债务转贷支出"科目,贷记本科目;根据债务管理部门转来的相关资料,按照实际承担的债务金额,借记"待偿债净资产——借入款项"科目,贷记"借入款项"科目;同时,借记"应收主权外债转贷款"科目,贷记"资产基金——应收主权外债转贷款"科目。

资料来源:财政部关于印发《财政总预算会计制度》的通知,http://www.mof.gov.cn/mofhome/guokusi/zhengfuxinxi/guizhangzhidu/201510/t20151022_1517735.html。

（八）债务转贷收入

“债务转贷收入”账户（收入类），该账户主要用于核算省级以下财政部门（不含省级，下同）收到的来自上级财政部门转贷的债务收入。本科目平时贷方余额，反映省级以下财政部门当年实际收到的来自上级财政部门转贷的债务收入累计数。本科目下应当设置“地方政府一般债务转贷收入”“地方政府专项债务转贷收入”明细科目。

业务 1：省级以下财政部门实际收到债务转贷收入时，借记“国库存款”科目，贷记本科目；根据债务管理部门转来的相关资料，按照到期应偿还的转贷款本金金额，借记“待偿债净资产——应付地方政府债券转贷款”科目，贷记“应付地方政府债券转贷款”科目。

业务 2：年终转账时，本科目下“地方政府一般债务转贷收入”明细科目的贷方余额全数转入“一般公共预算结转结余”科目，借记本科目，贷记“一般公共预算结转结余”科目。本科目下“地方政府专项债务转贷收入”明细科目的贷方余额按照对应的政府性基金种类分别转入“政府性基金预算结转结余”相应明细科目，借记本科目，贷记“政府性基金预算结转结余”科目。结转后，本科目无余额。

【例 2—31】 山水市财政局发生如下经济业务：

（1）收到上级财政部门转贷的债务收入 300 万元。

（2）年终结账，债务收入科目余额 750 万元。

应编制会计分录如下：

（1）收到上级财政部门转贷的债务收入 300 万元时：

借：国库存款	3 000 000	
贷：债务转贷收入——转贷财政部代理发行地方政府债券收入		3 000 000

同时：

借：待偿债净资产——应付地方政府债券转贷款	3 000 000	
贷：应付地方政府债券转贷款		3 000 000

（2）年终结账时：

借：债务转贷收入	7 500 000	
贷：一般公共预算结转结余		7 500 000

专栏 2—16

债务转贷收入中的主权外债部分

省级以下（不含省级）政府财政收到主权外债转贷收入的具体账务处理如下：

1. 本级财政收到主权外债转贷资金时，借记“其他财政存款”科目，贷记本科目；根据债务管理部门转来的相关资料，按照实际承担的债务金额，借记“待偿债净资产——应付主权外债转贷款”科目，贷记“应付主权外债转贷款”科目。

2. 从上级政府财政借入主权外债转贷款，且由外方将贷款资金直接支付给用款单位或供应商时，应根据以下情况分别处理：

(1)本级政府财政承担还款责任,贷款资金由本级政府财政同级部门(单位)使用的,本级政府财政根据贷款资金支付相关资料,借记“一般公共预算本级支出”科目,贷记本科目;根据债务管理部门转来的相关资料,按照实际承担的债务金额,借记“待偿债净资产——应付主权外债转贷款”科目,贷记“应付主权外债转贷款”科目。

(2)本级政府财政承担还款责任,贷款资金由下级政府财政同级部门(单位)使用的,本级政府财政根据贷款资金支付相关资料及预算文件,借记“补助支出”科目,贷记本科目;根据债务管理部门转来的相关资料,按照实际承担的债务金额,借记“待偿债净资产——应付主权外债转贷款”科目,贷记“应付主权外债转贷款”科目。

(3)下级政府财政承担还款责任,贷款资金由下级政府财政同级部门(单位)使用的,本级政府财政根据转贷资金支付相关资料,借记“债务转贷支出”科目,贷记本科目;根据债务管理部门转来的相关资料,按照实际承担的债务金额,借记“待偿债净资产——应付主权外债转贷款”科目,贷记“应付主权外债转贷款”科目;同时,借记“应收主权外债转贷款”科目,贷记“资产基金——应收主权外债转贷款”科目。下级政府财政根据贷款资金支付相关资料,借记“一般公共预算本级支出”科目,贷记本科目;根据债务管理部门转来的相关资料,按照实际承担的债务金额,借记“待偿债净资产——应付主权外债转贷款”科目,贷记“应付主权外债转贷款”科目。

资料来源:财政部关于印发《财政总预算会计制度》的通知,http://www.mof.gov.cn/mofhome/guokusi/zhengfuxinxi/guizhangzhidu/201510/t20151022_1517735.html。

四、支出

支出,是指一级政府为实现其职能而对财政资金的再分配。政府为了实现其职能,满足社会公共需要,对通过预算收入集中起来的预算资金,按照各种不同用途进行有计划的再分配,它体现政府预算资金的安排、供应和使用的全过程。主要包括一般公共预算本级支出、政府性基金预算本级支出、国有资本经营预算本级支出、财政专户管理资金支出、专用基金支出、转移性支出、债务还本支出和债务转贷支出等。

政府财政支出可以分别从政府预算管理角度划分即《政府收支分类科目》和从财政总预算会计核算的支出角度划分,两者既有区别又有联系。

两者的联系表现为:政府支出分类科目不仅是政府预算管理的重要依据,也是财政总预算会计支出类科目设置的依据。“一般公共预算本级支出”除了按财政总预算会计科目设置外,其明细科目还应当根据《政府收支分类科目》中的“一般公共预算支出”科目进行分类:按照政府活动的“支出功能”和“支出经济”分类,一般公共预算支出分为类、款、项三级。政府性基金预算本级支出和国有资本经营预算本级支出也参照一般公共预算本级支出设置明细科目进行明细核算。

两者的区别在于:财政总预算会计支出科目与政府支出分类科目涵盖范围不同。财政总预算会计核算的支出中本级支出与转移性支出和债务支出是分别设置科目,如一般公共预算本级支出是政府财政管理的由本级政府使用的列入一般公共预算的支出,而不包括本级政府财政的转移性支出和债务支出(在政府收支分类中未加以区分)。同时,对未纳入预算管理、具有专门用途的专项资金也设置科目进行核算,如财政专户管理资金支出、专用基金支出等。财政总预算会计核算的政府财政本级支出包括一般公共预算本级支出、政府性基金预算本级支出和国有资本经营预算本级支出，不包括社会保险基金预算本级支出。社会保险基金收支执行《社会保险基金会计制度》，由社会保险经办机构负责管理和核算，暂不纳入财政总预算会计核算范围。

政府支出分类科目不仅按支出功能分类、支出经济分类设置，还按预算管理要求分类，设置一般公共预算支出、政府性基金预算支出、国有资本经营预算支出、财政专户管理资金支出、专用基金支出和转移性支出。为保证每本预算的完整性，按预算管理要求设置的支出不仅包括本级支出，还包括转移性支出和债务支出，如一般公共预算支出包括本级财政一般公共预算支出、由上下级政府财政资金转移形成的补助支出和上解支出、由本级政府财政不同性质资金转移形成调出资金等。政府性基金预算支出、国有资本经营预算支出和社会保险基金预算支出科目分类也是如此。对未纳入预算管理的支出不设置科目。

（一）一般公共预算本级支出

1. 一般公共预算本级支出的构成和分类

一般公共预算本级支出，是指一级政府对取得的一般公共预算本级收入有计划地进行分配和使用所形成的支出。一般公共预算本级支出是各级政府履行行政职能最主要的财力保证，也是各级政府最主要的支出。根据现行《政府收支分类科目》的规定，按照政府活动的“支出功能”和“支出经济”分类，一般公共预算本级支出分为类、款、项三级。其中，一般公共预算支出功能分类科目中类、款两级科目设置如下：

(1)一般公共服务支出。主要包括人大事务、政协事务、政府办公厅(室)及相关机构事务、发展与改革事务、统计信息事务、财政事务、税收事务、审计事务、海关事务、人力资源事务、纪检监察事务、商贸事务、知识产权事务、民族事务、港澳台事务、档案事务、民主党派及工商联事务、群众团体事务、党委办公厅(室)及相关机构事务、组织事务、宣传事务、统战事务、对外联络事务、其他共产党事务、网信事务、市场监督管理事务和其他一般公共服务支出款级科目。

(2)外交支出。主要包括外交管理事务、驻外机构、对外援助、国际组织、对外合作与交流、对外宣传、边界勘察联检、国际发展合作和其他外交支出款级科目。

(3)国防支出。主要包括现役部队、国防科研事业、专项工程、国防动员和其他国防支出款级科目。

(4)公共安全支出。主要包括武装警察、公安、国家安全、检察、法院、司法、监狱、强制隔离戒毒、国家保密、缉私警察和其他公共安全支出款级科目。

(5)教育支出。主要包括教育管理事务、普通教育、职业教育、成人教育、广播电视教育、留学教育、特殊教育、进修及培训、教育费附加安排的支出和其他教育支出款级科目。

(6)科学技术支出。主要包括科学技术管理事务、基础研究、应用研究、技术研究与开发、科技条件与服务、社会科学、科学技术普及、科技交流与合作、科技重大项目和其他科学技术支出款级科目。

(7)文化体育与传媒支出。主要包括文化和旅游、文物、体育、新闻出版、电影、广播电视和其他文化体育与传媒支出款级科目。

(8)社会保障和就业支出。主要包括人力资源和社会保障管理事务、民政管理事务、补充全国社会保障基金、行政事业单位离退休、企业改革补助、就业补助、抚恤、退役安置、社会福利、残疾人事业、红十字事业、最低生活保障、临时救助、特困人员救助供养、补充道路交通事故社会救助基金、其他生活救助、财政对基本养老保险基金的补助、财政对其他社会保险基金的补助、退役军人管理事务和其他社会保障和就业支出款级科目。

(9)卫生健康支出。主要包括医疗卫生管理事务、公立医院、基层医疗卫生机构、公共卫生、中医药、计划生育事务、行政事业单位医疗、财政对基本医疗保险基金的补助、医疗救助、优抚对象医疗、医疗保障管理事务、老龄卫生健康事务和其他卫生健康支出款级科目。

(10)节能环保支出。主要包括环境保护管理事务、环境检测与监察、污染防治、自然生态保护、天然林保护、退耕还林、风沙荒漠治理、退牧还草、已垦草原退耕还草、能源节约利用、污染减排、可再生能源、循环经济、能源管理事务和其他节能环保支出款级科目。

(11)城乡社区支出。主要包括城乡社区管理事务、城乡社区规划与管理、城乡社区公共设施、城乡社区环境卫生、建设市场管理与监督和其他城乡社区支出款级科目。

(12)农林水支出。主要包括农业、林业和草原、水利、南水北调、扶贫、农业综合开发、农村综合改革、惠普金融发展支出、目标价格补贴和其他农林水支出款级科目。

(13)交通运输支出。主要包括公路水路运输、铁路运输、民用航空运输、成品油价格改革对交通运输的补贴、邮政业支出、车辆购置税支出和其他交通运输支出款级科目。

(14)资源勘探信息等支出。主要包括资源勘探开发、制造业、建筑业、工业和信息产业监管、国有资产监管、支持中小企业发展和管理支出和其他资源勘探信息支出等款级科目。

(15)商业服务业等支出。主要包括商业流通事务、涉外发展服务支出和其他商业服务业等支出款级科目。

(16)金融支出。主要包括金融部门行政支出、金融部门监管支出、金融发展支出、金融调控支出和其他金融支出款级科目。

(17)援助其他地区支出。主要包括一般公共服务、教育、文化体育与传媒、医疗卫生、节能环保、农业、交通运输、住房保障和其他支出款级科目。

(18)自然资源海洋气象等支出。主要包括自然资源事务、海洋管理事务、测绘事务、气象事务和其他自然资源、海洋气象等支出款级科目。

(19)住房保障支出。主要包括保障性安居工程支出、住房改革支出、城乡社区住宅款级科目。

(20)粮油物资储备支出。主要包括粮油事务、物资事务、能源储备、粮油储备、重要商品储备款级科目。

(21)灾害防治及应急管理支出。主要包括应急管理事务、消防事务、森林消防事务、煤矿安全、地震事务、自然灾害防治、自然灾害救灾及恢复重建支出和其他灾害防治及应急管理支出款级科目。

(22)预备费。《预算法》第40条规定,各级一般公共预算应当按照本级一般公共预算支出额的1%～3%设置预备费,用于当年预算执行中的自然灾害等突发事件处理增加的支出及其他难以预见的开支。

(23)其他支出。主要包括年初预留和其他支出款级科目。

(24)转移性支出。主要包括返还性支出、一般性转移支付、专项转移支付、上解支出、调出资金、年终结余、债务转贷支出、援助其他地区支出、安排预算稳定调节基金和补充预算周转金款级科目。

(25)债务还本支出。主要包括中央政府国内债务还本支出、中央政府国外债务还本支出和地方政府一般债务还本支出款级科目。

(26)债务付息支出。主要包括中央政府国内债务付息支出、中央政府国外债务付息支出和地方政府一般债务付息支出款级科目。

(27)债务发行费用支出。主要包括中央政府国内债务发行费用支出、中央政府国外债务发行费用支出和地方政府一般债务发行费用支出款级科目。

一般公共预算本级支出的"类""款"设置、划分以及包含的具体内容会在以后的改革中不断调整,运用时应以当年颁布的《政府收支分类科目》为准。

2. 一般公共预算本级支出的支付方式

一般公共预算本级支出的支付方式包括财政直接支付、财政授权支付和财政实拨资金三种。

财政直接支付,是指预算单位按照部门预算和用款计划确定的资金用途,提出支付申请,经财政国库执行机构审核后开出支付令,送代理银行,通过国库单一账户体系中的财政零余额账户,直接将财政性资金支付到收款人或收款单位账户。财政直接支付方式主要适用于工资支出、工会会费支出、会议、培训、接待费支出、车辆保险、维修、加油及印刷费支出、工程采购支出、物品和服务采购支出和其他特定用途专项支出。

财政授权支付,是指预算单位按照部门预算和用款计划确定资金用途,根据财政部门授权,自行开具支付令送代理银行,通过国库单一账户体系中的单位零余额账户或特设专户,将财政性资金支付到收款人或用款单位账户。财政授权支付方式适用于未纳入财政直接支付的购买支出或零星支出,未列入或低于《政府采购品目分类表》的商品、服务采购价值的支出,特别紧急支出,经财政部门批准的其他支出。

财政实拨资金,是指财政部门将预算资金拨付到预算单位在商业银行开设的银行存款账户,供预算单位在需要使用预算资金时直接从其银行存款账户中进行使用的支付方式,是一种传统的财政资金支付方式。

3. 一般公共预算本级支出的核算

为核算各级财政部门纳入预算的一般公共预算本级支出的执行情况,应设置"一般公共预算本级支出"账户(支出类),该账户平时借方余额,表示一般公共预算本级支出的累计数。年终结账时将本账户借方余额全部转入"一般公共预算结转结余"账户,结账后无余额。本科目应当根据《政府收支分类科目》中支出功能分类科目设置明细科目。同时,根据管理需要,按照支出经济分类科目、部门等进行明细核算。

业务1:确认一般公共预算本级支出时,借记本科目,贷记"国库存款""其他财政存款"等科目。

业务2:将预拨给行政事业单位的经费转列支出时,借记本科目,贷记"预拨经费"科目。

业务3:支出收回或冲转销账时,借记有关科目,贷记本科目。

业务4:年度终了,对纳入国库集中支付管理的、当年未支而需结转下一年度支付的款项(国库集中支付结余),采用权责发生制确认支出时,借记本科目,贷记"应付国库集中支付结余”科目。

业务5:年终转账时,本科目借方余额应全数转入“一般公共预算结转结余”科目,借记“一般公共预算结转结余”科目,贷记本科目。结转后,本科目无余额。

【例2—32】 山水市财政局发生如下经济业务:

(1)收到国库执行机构报来的预算支出结算清单,列示财政零余额存款账户直接支付一般公共预算本级支出30万元,其中“一般公共服务——人大事务——行政运行”10万元,“公共安全——公安——治安管理”20万元。

(2)对尚未纳入国库集中支付的部门和单位采用实拨资金方式。上月预拨市教委“教育——成人教育——成人高等教育”30万元转列本月支出。

(3)收到市基本建设财务处的拨款月报,拨付本月“城乡社区事务——城乡社区公共设施——小城镇基础设施建设”40万元。

(4)针对本年度爆发的某小规模传染病,向市某传染病医院拨付卫生局非包干某专项经费“医疗卫生与计划生育支出——公立医院——传染病医院”30万元。

(5)上述专项任务完成,实际使用经费36万元,结余4万元交回国库。

(6)上月已作为一般公共预算本级支出核算的向监狱拨付的“公共安全——监狱——犯人改造”30万元经费,经审核不应由一般预算资金支付,已通知收回。

(7)年末结账,上缴本级承担的地方政府债券发行手续费5万元,并上缴本级承担的地方政府债券付息5万元。

(8)年末结账,“一般公共预算本级支出”账户借方余额870万元,转入预算结余科目。

应编制会计分录如下:

(1)收到国库执行机构报来的预算支出结算清单时:

借:一般公共预算本级支出	300 000	
贷:国库存款——一般预算存款		300 000

同时,在一般公共预算本级支出明细账的借方登记如下:

一般公共服务——人大事务——行政运行	100 000
公共安全——公安——治安管理	200 000

(2)对尚未纳入国库集中支付的部门和单位采用实拨资金方式预拨经费时:

借:一般公共预算本级支出	300 000	
贷:预拨经费		300 000

同时,在一般公共预算本级支出明细账的借方登记如下:

教育——成人教育——成人高等教育	300 000

(3)收到市基本建设财务处的拨款月报拨付基建拨款时:

借:一般公共预算本级支出	400 000	
贷:国库存款——一般预算存款		400 000

同时,在一般公共预算本级支出明细账的借方登记如下:

城乡社区事务——城乡社区公共设施——小城镇基础设施建设	400 000

(4)向市传染病医院拨付卫生局非包干传染病专项经费时:

借：一般公共预算本级支出 300 000

贷：国库存款——一般预算存款 300 000

同时，在一般公共预算本级支出明细账的借方登记如下：

医疗卫生与计划生育支出——公立医院——传染病医院 300 000

(5)结余4万元交回国库时：

借：国库存款——一般预算存款 40 000

贷：一般公共预算本级支出 40 000

同时，在一般公共预算本级支出明细账的贷方登记如下：

医疗卫生与计划生育支出——公立医院——传染病医院 40 000

(6)上月已作为一般公共预算本级支出核算的向监狱拨付的经费通知收回时：

借：国库存款——一般预算存款 300 000

贷：一般公共预算本级支出 300 000

同时，在一般公共预算本级支出明细账的贷方登记如下：

公共安全——监狱——犯人改造 300 000

(7)上缴本级承担的地方政府债券发行手续费并付息时：

借：一般公共预算本级支出——国内外债务发行 50 000

——财政部代理发行地方政府债券付息 50 000

贷：国库存款 100 000

(8)年末结账时：

借：一般公共预算结转结余 8 700 000

贷：一般公共预算本级支出 8 700 000

(二)政府性基金预算本级支出

政府性基金预算本级支出，是指各级政府用政府性基金预算本级收入安排的支出。与一般公共预算本级支出相比，政府性基金预算本级支出具有专款专用特征，并要求做到先收后支、量入为出。

根据现行《政府收支分类科目》，政府性基金预算本级支出“类”“款”项目设置如下：

(1)科学技术支出。主要包括核电站乏燃料处理处置基金支出1个款级科目。

(2)文化旅游体育与传媒支出。主要包括国家电影事业发展专项资金安排的支出、旅游发展基金支出、国家电影事业发展专项资金对应债务收入安排的支出3个款级科目。

(3)社会保障和就业支出。主要包括大中型水库移民后期扶持基金支出、小型水库移民扶助基金安排的支出、小型水库移民扶助基金对应专项债务收入安排的支出3个款级科目。

(4)节能环保支出。主要包括可再生能源电价附加收入安排的支出和废弃电器电子产品处理基金支出2个款级科目。

(5)城乡社区支出。主要包括国有土地使用权出让收入及对应专项债务收入安排的支出、国有土地收益基金及对应专项债务收入安排的支出、农业土地开发资金安排的支出、城市基础设施配套费安排的支出、污水处理费安排的支出、土地储备专项债务收入安排的支出、棚户区改造专项债务收入安排的支出、城市基础设施配套费对应专项债务收入安排的支出和污水处理费对应专项债务收入安排的支出 9 个款级科目。

(6)农林水支出。主要包括大中型水库库区基金安排的支出、三峡水库库区基金支出、国家重大水利工程建设基金安排的支出、大中型水库库区基金对应专项债务收入安排的支出和国家重大水利工程建设基金对应专项债务收入安排的支出 5 个款级科目。

(7)交通运输支出。主要包括海南省高等级公路车辆通行附加费安排的支出、车辆通行费安排的支出、港口建设费安排的支出、铁路建设基金支出、船舶油污损害赔偿基金支出、民航发展基金支出、海南省高等级公路车辆通行附加费对应专项债务收入安排的支出、政府收费公路专项债务收入安排的支出、车辆通行费对应专项债务收入安排的支出和港口建设费对应专项债务收入安排的支出 10 个款级科目。

(8)资源勘探信息等支出。主要包括农网还贷资金支出 1 个款级科目。

(9)商业服务业等支出。主要包括旅游发展基金支出 1 个款级科目。

(10)金融支出。主要包括金融调控支出 1 个款级项目。

(11)其他支出。主要包括其他政府性基金及对应专项债务收入安排的支出和用于其他社会公益事业的彩票公益金支出 2 个款级科目。

(12)转移性支出。主要包括政府性基金转移支付、调出资金、年终结余和债务转贷支出 4 个款级科目。

(13)债务还本支出。主要包括地方政府专项债务还本支出 1 个款级项目。

(14)债务付息支出。主要包括地方政府专项债务付息支出 1 个款级项目。

(15)债务发行费用支出。主要包括地方政府专项债务发行费用支出 1 个款级项目。

政府性基金预算本级支出的“类”“款”设置、划分以及包含的具体内容会在以后的改革中不断调整,运用时应以当年颁布的《政府收支分类科目》为准。

需要说明的是,上述各类政府性基金预算支出在编制政府性基金预算时都按照政府性基金预算支出处理。但在财政总预算会计中,纳入政府性基金预算的各类政府性基金预算支出发生时并非都通过“政府性预算本级支出”科目核算。如当政府性基金在上下级财政以及在本级财政不同性质资金之间进行转移时,所形成的政府性基金支出,在《在政府收支分类科目》中作为政府性基金预算本级支出科目处理;而在财政总预算会计中,按照不同的情况通过“补助支出”“上解支出”和“调入资金”科目核算;同理,债务还本支出通过“债务还本支出”科目核算;“政府性预算本级支出”科目核算除上述之外的各类政府性基金支出。

为核算政府性基金预算本级支出的执行情况,应设置“政府性基金预算本级支出”账户(支出类),该账户平时借方余额,表示政府性基金预算本级支出的累计数;年终结账时,应将本账户借方余额全部转入“政府性基金预算结转结余”账户,结账后无余额。本科目应按《政府收支分类科目》的政府性基金预算本级支出科目分设明细账。

业务 1:发生政府性基金预算本级支出时,借记本科目,贷记“国库存款”等科目。

业务 2:支出收回或冲销转账时,借记“国库存款”等科目,贷记本科目。

业务 3:年度终了,对纳入国库集中支付管理的、当年未支而需结转下一年度支付的款项(国库集中支付结余),采用权责发生制确认支出时,借记本科目,贷记“应付国库集中支付结余”科目。

业务 4:年终转账时,本科目借方余额应全数转入“政府性基金预算结转结余”科目,借记

"政府性基金预算结转结余"科目，贷记本科目。结转后，本科目无余额。

【例 2—33】 山水市财政局发生如下经济业务：

(1)收到国库执行机构报来的预算支出结算清单，列示财政零余额存款账户直接支付有关预算单位的政府性基金预算本级支出 60 万元，其中"农林水事务——新菜地开发建设基金支出"40 万元，"社会保障和就业——大中型水库移民后期扶持基金支出"20 万元。

(2)对尚未纳入国库集中支付的部门和单位采用实拨资金方式。根据经批准的预算经费请拨单及有关凭证，共拨付政府性基金预算本级支出 24 万元。其中，拨付教育局"教育——地方教育附加安排的支出——农村中小学教学设施"18 万元，文化局"文化体育与传媒——国家电影事业发展专项资金支出——资助国产影片放映"6 万元。

(3)年终结账"政府性基金预算本级支出"账户借方余额 660 万元。

应编制会计分录如下：

(1)收到国库执行机构报来的预算支出结算清单时：

借：政府性基金预算本级支出　　600 000

　贷：国库存款——基金预算存款　　600 000

同时，在政府性基金预算本级支出明细账的借方登记如下：

农林水事务——新菜地开发建设基金支出　　400 000

社会保障和就业——大中型水库移民后期扶持基金支出　　200 000

(2)拨付政府性基金预算本级支出时：

借：政府性基金预算本级支出　　240 000

　贷：国库存款——基金预算存款　　240 000

同时，在政府性基金预算本级支出明细账的借方登记如下：

教育——地方教育附加安排的支出——农村中小学教学设施　　180 000

文化体育与传媒——国家电影事业发展专项资金支出——资助国产影片放映　　60 000

(3)年终结账时：

借：政府性基金预算结转结余　　6 600 000

　贷：政府性基金预算本级支出　　6 600 000

(三)国有资本经营预算本级支出

国有资本经营预算本级支出，是指用国有资本经营预算本级收入安排的支出。国有资本经营预算单独编制，预算支出按当年预算收入规模安排，不列赤字。

根据现行《政府收支分类科目》，国有资本经营预算支出分设 3 类项级科目：

(1)社会保障和就业支出。主要包括补充全国社会保障基金 1 个款级科目。

(2)国有资本经营预算支出。主要包括解决历史遗留问题及改革成本支出、国有企业资本金注入、国有企业政策性补贴、金融国有资本经营预算支出和其他国有资本经营预算支出 5 个款级科目。

(3)转移性支出。主要包括国有资本经营预算转移支付和调出资金 2 个款级科目。

上述各类国有资本经营预算支出在编制国有资本经营预算时都按照国有资本经营预算支

出处理。但在财政总预算会计中，纳入国有资本经营预算的各类国有资本经营预算支出在发生时并非都通过"国有资本经营预算本级支出"科目核算。如转移性支出分不同情况通过"补助支出"和"调入资金"科目核算；"国有资本经营预算本级支出"科目核算除此之外的国有资本经营支出。

"国有资本经营预算本级支出"账户（支出类），该账户主要用于核算各级财政部门用国有资本经营预算本级收入安排的支出。借方登记国有资本经营预算本级支出的发生数，贷方登记年末转销数，平时余额在借方，反映当年国有资本经营预算本级支出的累计数。年终时，应将本账户借方余额全部转入"国有资本经营预算结转结余"账户。本科目根据《政府收支分类科目》中有关国有资本经营预算本级支出的支出功能分类科目分行业设置明细账。

业务 1：发生国有资本经营预算本级支出时，借记本科目，贷记"国库存款"等有关科目。

业务 2：年终转账时，将本科目借方余额全数转入"国有资本经营预算结转结余"科目，借记"国有资本经营预算结转结余"科目，贷记本科目。

业务 3：年度终了，对纳入国库集中支付管理的、当年未支而需结转下一年度支付的款项（国库集中支付结余），采用权责发生制确认支出时，借记本科目，贷记"应付国库集中支付结余"科目。

【例 2－34】 山水市财政局发生如下经济业务：

（1）收到国库执行机构报来的预算支出结算清单，列示直接支付有关预算单位的国有资本经营预算重点项目支出共 600 万元。其中，"教育——国有资本经营预算本级支出——重点项目支出"400 万元，"文化体育与传媒——国有资本经营预算本级支出——重点项目支出"100 万元，"农林水事务——国有资本经营预算本级支出——重点项目支出"100 万元。

（2）年终结账时，"国有资本经营预算本级支出"账户借方余额 600 万元。

应编制会计分录如下：

（1）收到国库执行机构报来的预算支出结算清单时：

借：国有资本经营预算本级支出　　6 000 000

　　贷：国库存款　　6 000 000

同时，在"国有资本经营预算本级支出"明细账的借方登记如下：

　　教育——国有资本经营预算本级支出——重点项目支出　　4 000 000

　　文化体育与传媒——国有资本经营预算本级支出——重点项目支出　　1 000 000

　　农林水事务——国有资本经营预算本级支出——重点项目支出　　1 000 000

（2）年终结账时：

借：国有资本经营预算结转结余　　6 000 000

　　贷：国有资本经营预算本级支出　　6 000 000

（四）财政专户管理资金支出

财政专户管理资金支出，是指未纳入预算并实行财政专户管理的资金安排的支出。

"财政专户管理资金支出"账户（支出类），该账户主要用于核算未纳入预算并实行财政专户管理的资金安排的支出。该账户借方登记资金支出的发生数，贷方登记转销数，平时余额在借方，反映当年财政专户管理的资金支出累计数。年终时，应将借方余额全部转入“财政专户管理资金结余”账户。此外，还应按《政府收支分类科目》中支出功能分类科目设置明细科目，并根据管理需要按部门进行明细核算。

业务1：发生财政专户管理的资金支出时，借记本科目，贷记“其他财政存款”等有关科目。

业务2：年终转账时，将本科目借方余额全数转入“财政专户管理资金结余”科目，借记“财政专户管理资金结余”科目，贷记本科目。

【例2—35】 山水市财政局发生如下经济业务：

(1)从市财政专户拨付某中学教育设备支出2万元。

(2)年终时，“财政专户管理资金结余”科目余额为2万元。

应编制会计分录如下：

(1)从市财政专户拨付某中学教育设备支出时：

借：财政专户管理资金支出	20 000	
贷：其他财政存款——未纳入预算并实行财政专户管理的资金存款		20 000

同时，在财政专户管理资金收入明细账借方登记：

教育支出——普通教育——初中教育	20 000	

(2)年终转账时：

借：财政专户管理资金结余	20 000	
贷：财政专户管理资金支出		20 000

(五)专用基金支出

专用基金支出，是指用专用基金收入安排的支出，如粮食风险基金等。专用基金支出是用于特定项目的开支，必须按规定用途拨付，专款专用、先收后支、量入为出。

为核算专用基金支出的执行情况，应设置“专用基金支出”账户(支出类)。该账户平时借方余额，表示专用基金支出的累计数。年终时，应将本账户借方余额全部转入“专用基金结余”账户，结账后无余额。

业务1：发生专用基金支出时，借记该科目，贷记“其他财政存款”等科目。

业务2：收回专用基金支出时，借记“其他财政存款”等科目，贷记该科目。

业务3：年终转账时，本科目借方余额全数转入“专用基金结余”科目，借记“专用基金结余”科目，贷记本科目。结转后，本科目无余额。

【例2—36】 山水市财政局发生如下经济业务：

(1)按规定从专用基金账户向粮食部门拨付专项支出50万元。

(2)年终结账，“专用基金支出”账户借方余额980万元。

应编制会计分录如下：

(1)按规定从专用基金账户向粮食部门拨付专项支出50万元时：

借：专用基金支出——粮食风险基金	500 000	
贷：其他财政存款——专用基金存款		500 000

(2)年终结账时：

借：专用基金结余　　9 800 000
　　贷：专用基金支出　　9 800 000

（六）转移性支出

转移性支出，是指预算资金在上、下级政府之间以及在本级政府不同性质资金之间进行转移所形成的支出。转移性支出包括补助支出、上解支出、调出资金、地区间援助支出和安排预算稳定调节基金。

1. 补助支出

补助支出，是指本级财政按财政管理体制规定或因专项、临时性资金需求等原因对下级财政进行补助而形成的支出。补助支出包括税收返还性补助支出、一般性转移支付补助支出、专项转移支付补助支出和政府性基金转移支付补助支出等。补助支出属于上一级财政对下一级财政的财力转移，会减少本级财政的财力，增加下级财政的财力。补助支出的业务与补助收入的业务对应。

为核算补助支出业务，财政总预算会计应设置"补助支出"账户（支出类），该账户平时借方余额，表示补助支出的累计数。年终结账时，应将本账户借方余额全部转入"一般公共预算结转结余"账户，结账后无余额，该科目应按补助地区设置明细账。

业务1：发生补助支出或从"与下级往来"科目转入本科目时，借记本科目，贷记"国库存款""其他财政存款""与下级往来"科目。

业务2：补助支出退转时，借记"国库存款""其他财政存款"等科目，贷记本科目。

业务3：专项转移支付资金实行特设专户管理的，本级政府财政应当根据本级政府财政下达的预算文件确认补助支出，借记本科目，贷记"国库存款""与下级往来"等科目。

业务4：有主权外债业务的财政部门，贷款资金由下级政府财政同级部门（单位）使用，且贷款最终还款责任由本级政府财政承担的，本级政府财政部门支付贷款资金时，借记本科目，贷记"其他财政存款"科目；外方将贷款资金直接支付给用款单位或供应商时，借记本科目，贷记"债务收入""债务转贷收入"等科目；根据债务管理部门转来的相关外债转贷管理资料，按照实际支付的金额，借记"待偿债净资产"科目，贷记"借入款项""应付主权外债转贷款"等科目。

业务5：年终与下级政府财政结算时，按照尚未拨付的补助金额，借记本科目，贷记"与下级往来"科目。退还或核减补助支出时，借记"国库存款""与下级往来"等科目，贷记本科目。

业务6：年终转账时，本科目借方余额应根据不同资金性质分别转入对应的结转结余科目，借记"一般公共预算结转结余""政府性基金预算结转结余"等科目，贷记本科目。结转后，本科目无余额。

【例2—37】 山水市财政局发生如下经济业务：

（1）按财政体制规定，向所属水泊县财政局拨付税收返还款58万元。

（2）将所属水泊县财政借款45万元，转作对该县的体制补助。

（3）年终结账，一般预算的补助支出账户借方余额为60万元，基金预算的补助支出借方余额为35万元。

应编制会计分录如下：

（1）向所属水泊县财政局拨付税收返还款时：

借：补助支出 580 000

贷：国库存款——一般预算存款 580 000

同时，在补助支出明细账的借方登记如下：

返还性支出——税收返还支出——水泊县 580 000

(2)将所属水泊县财政借款转作对该县的体制补助时：

借：补助支出 450 000

贷：与下级往来——水泊县 450 000

同时，在补助支出明细账的借方登记如下：

一般性转移支付——体制补助支出 450 000

(3)年终结账时：

借：一般公共预算结转结余 600 000

政府性基金预算结转结余 350 000

贷：补助支出 950 000

同时，应结清所有补助支出的明细账户。

2. 上解支出

上解支出，是指根据财政管理体制规定由本级财政交给上级财政的支出。上解支出包括一般性转移支付上解支出、专项转移支付上解支出和政府性基金转移上解支出等。上解支出属于下一级财政对上一级财政的财力转移。上解支出会减少下一级财政的财力，增加上一级财政的财力。上解支出的业务与上解收入的业务对应。

为核算上解支出业务，财政总预算会计应设置“上解支出”账户(支出类)，该账户平时借方余额，表示上解支出的累计数。年终结账时，应将本账户借方余额全部转入“一般公共预算结转结余”“政府性基金预算结转结余”账户，结账后无余额，该账户一般可不设明细账。

业务 1：发生上解支出时，借记本科目，贷记“国库存款”等有关科目。

业务 2：上解支出退转时，借记“国库存款”等科目，贷记本科目。

业务 3：年终与上级政府财政结算时，按照尚未支付的上解金额，借记本科目，贷记“与上级往来”科目。退还或核减上解支出时，借记“国库存款”“与上级往来”等科目，贷记本科目。

业务 4：年终转账时，本科目借方余额应根据不同资金性质分别转入对应的结转结余科目，借记“一般公共预算结转结余”“政府性基金预算结转结余”等科目，贷记本科目。

【例 2—38】 山水市财政局发生如下经济业务：

(1)按财政管理体制规定向上级财政上解 80 万元。其中，属于一般预算的专项资金 50 万元(属于体制上解支出 35 万元，属于专项上解支出 15 万元)；属于基金预算的政府性基金 30 万元。

(2)年终结账时，“上解支出”账户的借方余额为 360 万元，其中属于一般预算的上解支出 200 万元，属于基金预算的上解支出 160 万元。

应编制会计分录如下：

(1)按财政管理体制规定向上级财政上解时：

借：上解支出 800 000

贷：国库存款——一般预算存款 500 000

——基金预算存款　　　　300 000

同时,在上解支出明细账的借方登记如下:

一般性转移支付——体制上解支出　　350 000

专项转移支付——专项上解支出　　150 000

政府性基金转移——基金上解支出　　300 000

(2)年终结账时:

借:一般公共预算结转结余　　2 000 000

政府性基金预算结转结余　　1 600 000

贷:上解支出　　　　3 600 000

同时,财政总预算会计应结清所有上解支出科目的明细账。

3. 调出资金

调出资金,是指一级政府中不同性质资金之间的调出支出。调出资金包括公共财政预算调出资金、政府性基金预算调出资金和国有资本经营预算调出资金。调出资金的目的是为了平衡一般预算、基金预算或国有资本经营预算。调出资金需要经过有关部门批准。调出资金不影响上、下级财政和本级财政各自的财力,但会影响本级财政不同性质财政资金的数额。该账户平时借方余额,表示调出资金的累计数。年终结账时,应将本账户借方余额全部转入"政府性基金预算结转结余"账户,结账后无余额。

为核算调出资金业务,财政总预算会计应设置"调出资金"账户(支出类),该账户下还分设"一般公共预算调出资金""政府性基金预算调出资金"和"国有资本经营预算调出资金"等明细科目。

业务 1:从一般公共预算调出资金时,按照调出的金额,借记本科目(一般公共预算调出资金),贷记"调入资金"相关明细科目;从政府性基金预算调出资金时,按照调出的金额,借记本科目(政府性基金预算调出资金),贷记"调入资金"相关明细科目;从国有资本经营预算调出资金时,按照调出的金额,借记本科目(国有资本经营预算调出资金),贷记"调入资金"相关明细科目。

业务 2:调出政府性基金预算结转结余时,借记本科目,贷记"国库存款——基金预算存款"科目;同时,借记"国库存款——一般预算存款"科目,贷记"调入资金"科目。

业务 3:年终转账时,本科目借方余额分别转入相应的结转结余科目,借记"一般公共预算结转结余""政府性基金预算结转结余"和"国有资本经营预算结转结余"等科目,贷记本科目。

【例 2—39】 山水市财政局发生如下经济业务:

(1)为平衡一般预算,从政府性基金预算结转结余中调出资金 60 万元到一般预算存款账户。

(2)年终结账时,"调出资金"账户借方余额 86 万元转入政府性基金预算结转结余账户。

应编制会计分录如下:

(1)从政府性基金预算结转结余中调出资金到一般预算存款账户时:

借:调出资金——政府性基金预算调出资金　　600 000

贷:国库存款——基金预算存款　　　　600 000

同时:

借：国库存款——一般预算存款　　600 000

　　贷：调入资金　　600 000

同时，在调出资金明细账的借方登记如下：

　　政府性基金预算调出资金　　600 000

(2)年终结账时：

借：政府性基金预算结转结余　　860 000

　　贷：调出资金　　860 000

4. 安排预算稳定调节基金

"安排预算稳定调节基金"账户(支出类)，该账户主要用于核算从财政超收收入中安排的预算稳定调节基金。该账户平时借方余额，表示安排预算稳定调节基金的累计数。年终结账时，应将本账户借方余额全部转入"一般公共预算结转结余"账户，结账后无余额。该账户一般可不设明细账。

业务1：年度终了，从财政超收收入中安排预算稳定调节基金时，借记本科目，贷记"预算稳定调节基金"科目。

业务2：年终转账时，本科目借方余额全数转入"一般公共预算结转结余"科目，借记"一般公共预算结转结余"科目，贷记本科目。

【例2—40】 山水市财政局发生如下经济业务：

(1)本年度出现预算超收50万元，经研究决定，用以安排预算稳定调节基金。

(2)年终结算，安排预算稳定调节基金科目余额为70万元。

应编制会计分录如下：

(1)安排预算稳定调节基金时：

借：安排预算稳定调节基金　　500 000

　　贷：预算稳定调节基金　　500 000

(2)年终结算时：

借：一般公共预算结转结余　　700 000

　　贷：安排预算稳定调节基金　　700 000

专栏2—17

地区间援助支出

"地区间援助支出"账户(支出类)，主要用于核算援助方政府财政安排用于受援方政府财政统筹使用的各类援助、捐赠等资金支出。本科目应当按照受援地区及管理需要进行相应明细核算。

地区间援助支出的主要账务处理如下：

1. 发生地区间援助支出时，借记本科目，贷记"国库存款"科目。

2. 年终转账时，本科目借方余额全数转入"一般公共预算结转结余"科目，借记"一般公共预算结转结余"科目，贷记本科目。结转后，本科目无余额。

本科目平时借方余额反映地区间援助支出的累计数。

资料来源：财政部关于印发《财政总预算会计制度》的通知，http://www.mof.gov.cn/mofhome/guokusi/zhengfuxinxi/guizhangzhidu/201510/t20151022_1517735.html。

（七）债务还本支出

"债务还本支出"账户（支出类），该账户主要用于核算财政部代理发行的地方政府债券中地方财政总预算会计的债务还本支出。该账户平时借方余额，反映各级财政部门当年发生的债务还本支出累计数。该账户应按照《政府收支分类科目》的规定设置明细账。

业务1：偿还本级政府财政承担的政府债券、主权外债等纳入预算管理的债务本金时，借记本科目，贷记"国库存款""其他财政存款"等科目；根据债务管理部门转来的相关资料，按照实际偿还的本金金额，借记"应付短期政府债券""应付长期政府债券""借入款项""应付地方政府债券转贷款""应付主权外债转贷款"等科目，贷记"待偿债净资产"科目。

业务2：偿还本级政府财政承担的存量债务本金时，借记本科目，贷记"国库存款""其他财政存款"等科目。

业务3：年终转账时，本科目下"专项债务还本支出"明细科目的借方余额应按照对应的政府性基金种类分别转入"政府性基金预算结转结余"相应明细科目，借记"政府性基金预算结转结余"科目，贷记本科目（专项债务还本支出）。本科目下其他明细科目的借方余额应全数转入"一般公共预算结转结余"科目，借记"一般公共预算结转结余"科目，贷记本科目（其他明细科目）。

【例2—41】 山水市财政局发生如下经济业务：

（1）本财政年度山水市上级省级财政部代理山水市发行1年期地方政府债券5 000万元用于基础设施建设，票面利率4%，2016年末偿还本金时，山水市财政部门上缴本级承担的地方政府债券还本资金5 000万元。

（2）年终结账，"债务还本支出"科目余额为5 000万元。

应编制会计分录如下：

（1）山水市上级省级财政部代理山水市发行地方政府债券时：

借：债务还本支出——地方政府一般债务还本支出　　50 000 000

　　贷：国库存款　　50 000 000

同时：

借：应付短期政府债券　　50 000 000

　　贷：待偿债净资产——应付短期政府债券　　50 000 000

（2）年终结账时：

借：一般公共预算结转结余　　50 000 000

　　贷：债务还本支出　　50 000 000

（八）债务转贷支出

"债务转贷支出"账户（支出类），该账户主要用于核算地方各级财政部门对下级财政部门转贷的债务支出。该账户平时借方余额，反映地方各级财政部门当年对下级财政部门转贷的债务支出累计数。本科目下应当设置"地方政府一般债务转贷支出"和"地方政府专项债务转贷支出"明细科目,同时还应当按照转贷地区进行明细核算。

业务 1:本级政府财政向下级政府财政转贷地方政府债券资金时,借记本科目,贷记"国库存款"科目;根据债务管理部门转来的相关资料,按照到期应收回的转贷款本金金额,借记"应收地方政府债券转贷款"科目,贷记"资产基金——应收地方政府债券转贷款"科目。

业务 2:年终转账时,本科目下"地方政府一般债务转贷支出"明细科目的借方余额应全数转入"一般公共预算结转结余"科目,借记"一般公共预算结转结余"科目,贷记"债务转贷支出(地方政府一般债务转贷支出)"科目。本科目下"地方政府专项债务转贷支出"明细科目的借方余额应全数转入"政府性基金预算结转结余"科目,借记"政府性基金预算结转结余"科目,贷记"债务转贷支出(地方政府专项债务转贷支出)"科目。结转后,本科目无余额。

【例 2—42】 山水市财政局发生如下经济业务:

(1)山水市财政部门将地方政府债券收入 32 万元转贷给下属百强县。

(2)年终结账,债务转贷支出科目余额 32 万元。

应编制会计分录如下:

(1)转贷时:

借:债务转贷支出——转贷财政部代理发行地方政府债券支出　　320 000

　　贷:国库存款　　320 000

(2)年终结账时:

借:一般公共预算结转结余　　320 000

　　贷:债务转贷支出——地方政府一般债务转贷支出　　320 000

专栏 2—18

债务转贷支出中的主权外债部分

本级政府财政向下级政府财政转贷主权外债资金,且主权外债最终还款责任由下级政府财政承担的,相关账务处理如下:

1. 本级政府财政支付转贷资金时,根据转贷资金支付相关资料,借记"债务转贷支出"科目,贷记"其他财政存款"科目;根据债务管理部门转来的相关资料,按照实际持有的债权金额,借记"应收主权外债转贷款"科目,贷记"资产基金——应收主权外债转贷款"科目。

2. 外方将贷款资金直接支付给用款单位或供应商时,本级政府财政根据转贷资金支付相关资料,借记本科目,贷记"债务收入""债务转贷收入"科目;根据债务管理部门转来的相关资料,按照实际持有的债权金额,借记"应收主权外债转贷款"科目,贷记"资产基金——应收主权外债转贷款"科目;同时,借记"待偿债净资产"科目,贷记"借入款项""应付主权外债转贷款"等科目。

资料来源:财政部关于印发《财政总预算会计制度》的通知,http://www.mof.gov.cn/mofhome/guokusi/zhengfuxinxi/guizhangzhidu/201510/t20151022_1517735.html。

五、净资产

财政总预算净资产,是指一级政府财政所掌握的资产净值,即资产减去负债后的净值,包括各项结转结余、预算周转金和预算稳定调节基金。

财政总预算会计核算的净资产包括:一般公共预算结转结余、政府性基金预算结转结余、国有资本经营预算结转结余、财政专户管理资金结余、专用基金结余、预算稳定调节基金、预算周转金、资产基金和待偿债净资产。

(一)结转结余类净资产

结转结余,是指本年度收入减去支出后的差额。结转结余包括一般公共预算结转结余、政府性基金预算结转结余、国有资本经营预算结转结余、专用基金结余和财政专户管理资金结余。各项结余每年年终分别结算一次,平时不结算。《预算法》规定:"各级政府上一年预算的结转资金,应当在下一年用于结转项目的支出;连续两年未用完的结转资金,应当作为结余资金管理。"

为核算各项结余,应分别设置"一般公共预算结转结余""政府性基金预算结转结余""国有资本经营预算结转结余""专用基金结余"和"财政专户管理资金结余"五个净资产类账户。

1. 一般公共预算结转结余

一般公共预算结转结余,是指一般预算类收入减去一般预算类支出后的差额。为核算一般预算收支的差额,需设置"一般公共预算结转结余"账户(净资产类),该账户反映各级财政预算收支的执行结果。该账户年终贷方余额,反映本年度的预算滚存结余,该结余转入下年度账。根据本年预算结余增设预算周转金时,借记本科目,贷记"预算周转金"科目。

业务 1:年终转账时,将一般公共预算的有关收入科目贷方余额转入本科目的贷方,借记"一般公共预算本级收入""补助收入——一般公共预算补助收入""上解收入——一般公共预算上解收入""地区间援助收入""调入资金——一般公共预算调入资金""债务收入(一般债务收入)""债务转贷收入(地方政府一般债务转贷收入)""动用预算稳定调节基金"等科目,贷记本科目。

业务 2:年终转账时,将一般公共预算的有关支出科目借方余额转入本科目的借方,借记本科目,贷记"一般公共预算本级支出""上解支出——一般公共预算上解支出""补助支出——一般公共预算补助支出""地区间援助支出""调出资金——一般公共预算调出资金""安排预算稳定调节基金""债务转贷支出(地方政府一般债务转贷支出)""债务还本支出(一般债务还本支出)"等科目。

业务 3:设置和补充预算周转金时,借记本科目,贷记"预算周转金"科目。

2. 政府性基金预算结转结余

政府性基金预算结转结余,是指基金预算类收入减去基金预算类支出后的差额。为核算基金预算收支之差,应设置"政府性基金预算结转结余"(净资产类)账户,该账户反映各级财政管理政府性基金收支的年终执行结果。该账户年终贷方余额,反映本年度的基金预算滚存结余,该结余转入下年度账。

业务 1:年终转账时,应将政府性基金预算的有关收入科目贷方余额按照政府性基金种类分别转入本科目下相应明细科目的贷方，借记“政府性基金预算本级收入”“补助收入——政府性基金预算补助收入”“上解收入——政府性基金预算上解收入”“调入资金——政府性基金预算调入资金”“债务收入——专项债务收入”“债务转贷收入——地方政府专项债务转贷收入”等科目，贷记本科目。

业务 2：年终转账时，将政府性基金预算的有关支出科目借方余额按照政府性基金种类分别转入本科目下相应明细科目的借方，借记本科目，贷记“政府性基金预算本级支出”“上解支出——政府性基金预算上解支出”“补助支出——政府性基金预算补助支出”“调出资金——政府性基金预算调出资金”“债务还本支出——专项债务还本支出”“债务转贷支出——地方政府专项债务转贷支出”等科目。

3. 国有资本经营预算结转结余

国有资本经营预算结转结余，是指国有资本经营预算类收入减去国有资本经营预算类支出后的差额，是各级财政执行国有资本经营预算的结果。国有资本经营预算类收入包括国有资本经营预算本级收入、补助收入中的国有资本经营预算补助收入等；国有资本经营预算类支出包括国有资本经营预算本级支出、补助支出中的国有资本经营预算补助支出、调出资金中的国有资本经营预算调出资金等。国有资本经营预算结转结余每年年终结算一次，平时不结算。

“国有资本经营预算结转结余”账户（净资产类），用于核算各级财政国有资本经营收支的年终执行结果。该账户贷方登记年终从“国有资本经营预算本级收入”“补助收入——国有资本经营预算补助收入”等账户转来的全年收入数，借方登记年终从“国有资本经营预算本级支出”“补助支出——国有资本经营预算补助支出”“调出资金——国有资本经营预算调出资金”等账户转来的全年支出数。该账户年终贷方余额反映本年的国有资本经营预算滚存结余，转入下一年度。

年终转账时，应将“国有资本经营预算本级收入”科目余额转入本科目贷方，借记“国有资本经营预算本级收入”等科目，贷记本科目；将“国有资本经营预算本级支出”“调出资金——国有资本经营预算调出资金”科目余额转入本科目借方，借记本科目，贷记“国有资本经营预算本级支出”“调出资金——国有资本经营预算调出资金”等科目。

4. 财政专户管理资金结余

财政专户管理资金结余，是指未纳入预算并实行财政专户管理的资金收支相抵形成的结余，包括教育收费等资金的结余。

“财政专户管理资金结余”账户（净资产类），用于核算未纳入预算并实行财政专户管理的资金收支的年终执行结果。贷方登记“财政专户管理资金收入”账户的转入数，借方登记“财政专户管理资金支出”账户的转入数。本账户年终贷方余额，反映未纳入预算并实行财政专户管理的资金收支相抵后的滚存结余，转入下一年度。明细账根据管理需要，按部门核算。

年终转账时，应将“财政专户管理资金收入”等有关科目余额转入本科目贷方，借记“财政专户管理资金收入”等科目，贷记本科目；将“财政专户管理资金支出”等有关科目余额转入本科目借方，借记本科目，贷记“财政专户管理资金支出”等科目。

5. 专用基金结余

专用基金结余，是指专用基金收入减去专用基金支出后的差额。为反映各级财政专用基金收支的年终执行结果，应设置“专用基金结余”账户（净资产类）。年终时，将“专用基金收入”

账户年末贷方余额转入该账户贷方,借记“专用基金收入”等科目,贷记本科目;将“专用基金支出”账户年末借方余额转入该账户借方,借记本科目,贷记“专用基金支出”等科目;该账户年末余额在贷方,反映本年度专用基金的滚存结余。

【例 2—43】 山水市财政局年终结算时情况如表 2—10 所示。

表 2—10　山水市财政局年终各账户本年发生额　单位:元

一般公共预算本级收入	
税收收入——增值税——国内企业增值税——私营企业增值税	6 000 000
非税收收入——罚没收入——一般罚没收入——工商罚没收入	860 000
一般性转移支付收入——体制补助收入	750 000
一般性转移支付收入——体制上解收入	300 000
调入资金——公共财政预算调入资金	500 000
一般公共预算本级支出	
一般公共服务——发展与改革事务——经济体制改革研究	600 000
教育——职业教育——职业高中教育	650 000
一般性转移支付——结算补助支出	500 000
专项转移支付——专项上解支出	1 000 000
调出资金——公共财政预算调出资金	300 000
政府性基金预算本级收入	
非税收入——政府性基金收入——农网还贷资金收入	2 000 000
非税收入——政府性基金收入——下放港口以港养港收入	1 500 000
基金预算转移收入——基金预算补助收入	800 000
基金预算转移收入——基金预算上解收入	600 000
调入资金——政府性基金预算调入资金	1 200 000
政府性基金预算本级支出	
社会保障与就业——大中型水库移民后期扶持基金支出	800 000
城乡社区事务——政府住房基金支出——廉租住房支出	6 000 000
基金预算转移支付——基金预算补助支出	600 000
基金预算转移支付——基金预算上解支出	800 000
调出资金——政府性基金预算调出资金	300 000
国有资本经营预算本级收入余额	20 000 000
国有资本经营预算本级支出余额	30 000 000
国有资本经营预算调出资金余额	10 000 000
财政专户管理资金收入贷方余额	20 000 000
财政专户管理资金支出借方余额	15 000 000
专用基金收入账户余额	6 500 000
专用基金支出账户余额	5 000 000

(1)根据表2—10中各账户本年发生额,结转一般公共预算本级收入时:

借:一般公共预算本级收入　6 860 000
　补助收入　750 000
　上解收入　300 000
　调入资金　500 000
　贷:一般公共预算结转结余　8 410 000

同时,在一般公共预算本级收入、补助收入、上解收入和调入资金明细账的借方登记如下:

税收收入——增值税——国内企业增值税——私营企业增值税　6 000 000
非税收收入——罚没收入——一般罚没收入——工商罚没收入　860 000
一般性转移支付收入——体制补助收入　750 000
一般性转移支付收入——体制上解收入　300 000
调入资金——公共财政预算调入资金　500 000

(2)根据表2—10中各账户本年发生额,结转一般公共预算本级支出时:

借:一般公共预算结转结余　3 050 000
　贷:一般公共预算本级支出　1 250 000
　　补助支出　500 000
　　上解支出　1 000 000
　　调出资金　300 000

同时,在一般公共预算本级支出、补助支出、上解支出和调出资金明细账的贷方登记如下:

一般公共服务——发展与改革事务——经济体制改革研究　600 000
教育——职业教育——职业高中教育　650 000
一般性转移支付——结算补助支出　500 000
专项转移支付——专项上解支出　1 000 000
调出资金——公共财政预算调出资金　300 000

(3)根据表2—10中各账户本年发生额,结转政府性基金预算本级收入时:

借:政府性基金预算本级收入　3 500 000
　补助收入　800 000
　上解收入　600 000
　调入资金　1 200 000
　贷:政府性基金预算结转结余　6 100 000

同时,在非税收入、补助收入、上解收入、调入资金的借方登记如下:

非税收入——政府性基金收入——农网还贷资金收入　2 000 000
非税收入——政府性基金收入——下放港口以港养港收入　1 500 000
基金预算转移收入——基金预算补助收入　800 000
基金预算转移收入——基金预算上解收入　600 000
调入资金——政府性基金预算调入资金　1 200 000

(4)根据表2—10中各账户本年发生额,结转政府性基金预算本级支出时:

借:政府性基金预算结转结余　　8 500 000

　贷:政府性基金预算本级支出　　6 800 000

　　补助支出　　600 000

　　上解支出　　800 000

　　调出资金　　300 000

同时,在政府性基金预算本级支出、补助支出、上解支出、调出资金的借方登记如下:

社会保障与就业——大中型水库移民后期扶持基金支出　　800 000

城乡社区事务——政府住房基金支出——廉租住房支出　　6 000 000

基金预算转移支出——政府性基金补助支出　　600 000

基金预算转移支出——基金预算上解支出　　800 000

调出资金——政府性基金预算调出资金　　300 000

(5)根据表2—10中各账户本年发生额,结转国有资本经营预算本级收入时:

借:国有资本经营预算本级收入　　20 000 000

　贷:国有资本经营预算结转结余　　20 000 000

(6)根据表2—10中各账户本年发生额,结转国有资本经营预算本级支出时:

借:国有资本经营预算结转结余　　30 000 000

　贷:国有资本经营预算本级支出　　30 000 000

(7)根据表2—10中各账户本年发生额,结转调出资金——国有资本经营预算调出资金时:

借:国有资本经营预算结转结余　　10 000 000

　贷:调出资金——国有资本经营预算调出资金　　10 000 000

(8)根据表2—10中各账户本年发生额,结转财政专户管理资金收入时:

借:财政专户管理资金收入　　20 0000 000

　贷:财政专户管理资金结余　　20 000 000

同时,财政总预算会计应结清所有财政专户管理资金收入明细账的余额。

(9)根据表2—10中各账户本年发生额,结转财政专户管理资金支出时:

借:财政专户管理资金结余　　15 000 000

　贷:财政专户管理资金支出　　15 000 000

(10)根据表2—10中各账户本年发生额,结转专用基金收入时:

借:专用基金收入　　6 500 000

　贷:专用基金结余　　6 500 000

(11)根据表2—10中各账户本年发生额,结转专用基金支出时:

借:专用基金结余　　5 000 000

　贷:专用基金支出　　5 000 000

（二）基金类净资产

1. 预算稳定调节基金

预算稳定调节基金，指各级财政通过超收安排的具有储备性质的基金，用于弥补短收年份预算执行的收支缺口，核算预算稳定调节基金的增减变动。为此需设置"预算稳定调节基金"账户（净资产类）。

业务1：年度终了，使用超收收入或一般公共预算结余补充预算稳定调节基金时，借记"安排预算稳定调节基金"科目，贷记本科目。

业务2：为弥补财政短收年份预算执行收支缺口，调用预算稳定调节基金时，借记本科目，贷记"动用预算稳定调节基金"科目。

业务3：将预算周转金调入预算稳定调节基金时，借记"预算周转金"科目，贷记本科目。

【例2—44】 山水市财政局发生如下经济业务：

（1）本年度出现预算超收50万元，安排预算稳定调节基金。

（2）本年度出现预算执行收支缺口500万元，经研究决定，动用预算稳定调节基金弥补收支缺口。

应编制会计分录如下：

（1）安排预算稳定调节基金时：

借：安排预算稳定调节基金	500 000	
贷：预算稳定调节基金		500 000

（2）弥补预算执行收支缺口时：

借：预算稳定调节基金	5 000 000	
贷：动用预算稳定调节基金		5 000 000

2. 预算周转金

预算周转金，是指各级财政为调剂预算年度内预算收支季节性差异，保证及时供应预算而设置的周转资金。预算周转金的来源包括：（1）上级财政部门拨入；（2）从本级财政的年度预算结余中安排设置或补充。一般来讲，新成立的一级财政，原来没有预算周转金，上级财政在财力许可的范围内会拨入相应数额的预算周转金。其后，其财政收支逐步增大，对预算周转金的需求也逐步增加，该级财政应从本级的预算结余中逐步补充预算周转金。

《预算法》规定，各级一般公共预算按照国务院的规定可以设置预算周转金，用于本级政府调剂预算年度内季节性收支差额；各级预算周转金由本级政府财政部门管理，不得挪作他用。

预算周转金是供预算周转使用的，它不能用来安排支出，也不能随意减少。预算周转金存入国库存款账户。动用预算周转金时，作为国库存款的减少，不作为预算周转金的减少。若国库存款的余额小于预算周转金数额，表明预算周转金已经动用。

为核算预算周转金业务，财政总预算会计应设置"预算周转金"账户（净资产类），该账户借方一般无发生额。该账户贷方余额，反映历年累计的预算周转金。

业务1：设置和补充预算周转金时，借记"一般公共预算结转结余"科目，贷记本科目。

业务2：将预算周转金调入预算稳定调节基金时，借记本科目，贷记"预算稳定调节基金"科目。

【例 2—45】 山水市财政局为增强预算资金调度,用预算结余增加预算周转金 10 万元,并收到上级财政拨来的预算周转金 25 万元。

应编制会计分录如下:

借:一般公共预算结转结余 100 000

国库存款——一般预算存款 250 000

贷:预算周转金 350 000

专栏 2—19

资产基金

"资产基金"账户(净资产类),用于核算政府财政持有的应收地方政府债券转贷款、应收主权外债转贷款、股权投资和应收股利等资产(与其相关的资金收支纳入预算管理)在净资产中占用的金额。本科目下应当设置"应收地方政府债券转贷款""应收主权外债转贷款""股权投资""应收股利"等明细科目,进行明细核算。

资产基金的账务处理,参见"应收地方政府债券转贷款""应收主权外债转贷款""股权投资"和"应收股利"等科目的使用说明。

本科目期末贷方余额,反映政府财政持有应收地方政府债券转贷款、应收主权外债转贷款、股权投资和应收股利等资产(与其相关的资金收支纳入预算管理)在净资产中占用的金额。

资料来源:财政部关于印发《财政总预算会计制度》的通知,http://www.mof.gov.cn/mofhome/guokusi/zhengfuxinxi/guizhangzhidu/201510/t20151022_1517735.html。

专栏 2—20

待偿债净资产

"待偿债净资产"账户(净资产类),主要用于核算政府财政因发生应付政府债券、借入款项、应付地方政府债券转贷款、应付主权外债转贷款、其他负债等负债(与其相关的资金收支纳入预算管理)相应需在净资产中冲减的金额。本科目下应当设置"应付短期政府债券""应付长期政府债券""借入款项""应付地方政府债券转贷款""应付主权外债转贷款""其他负债"等明细科目,进行明细核算。

待偿债净资产的账务处理,参见"应付短期政府债券""应付长期政府债券""借入款项""应付地方政府债券转贷款""应付主权外债转贷款"和"其他负债"等科目的使用说明。

本科目期末借方余额,反映政府财政承担应付政府债券、借入款项、应付地方政府债券转贷款、应付主权外债转贷款和其他负债等负债(与其相关的资金收支纳入预算管理)而相应需冲减净资产的金额。

资料来源:财政部关于印发《财政总预算会计制度》的通知,http://www.mof.gov.cn/mofhome/guokusi/zhengfuxinxi/guizhangzhidu/201510/t20151022_1517735.html。

第三节 财政总预算会计报表及政府综合财务报告

一、年终清理、结算与结账

为便于编制政府财政总预算会计报表，保证报表的编制质量，各级财政会计在每年年终时，应对全年的各项预算收支和往来款项及时进行清理和结算。

（一）年终清理

年终清理，是指年度终了时，对全年各项预算收支及其有关财务活动进行全面清查和整理的工作。年终清理包括清理核对年度预算收支数、清理本年预算应收应支款项、清理各项往来款项、组织征收机关和国库进行年度对账、清理核对当年拨款支出、清理往来款项、清理借入借出和放款。

（二）年终结算

年终结算，是指总预算会计在年终清理的基础上，按照财政管理体制的有关规定，结算上、下级财政总预算会计之间的预算调拨收支和往来款项。年终结算主要包括体制结算、转移支付结算、政策性拨款结算、预算执行情况变化的结算、专项拨款补助结算、上下级往来结算等。各级财政应按财政管理体制的要求，计算出当年应补助、应上解和应返还的数额，与已补助、已上解和已返还的数额进行比较，结合借垫款项，计算出全年最后应补助数或应退回数额，填制“年终财政决算结算单”，经审核无误后，作为年终财政结算凭证，并据以入账。

各级财政对年终结算清理期内发生的会计事项，应当划清会计年度。属于清理上年度的会计事项，记入上年度账内；属于新年度的会计事项，记入新年度账内，防止错记和漏记。

（三）年终结账

经过年终清理和结算，各项计算收支记入旧账后，即可办理年终结账。年终结账包括年终转账、结清旧账和记入新账 3 个环节。

在年终转账环节，是将资产负债表下半部分的收入和支出类账户余额结转入相关结余科目。首先，计算出各账户 12 月份的合计数和全年的累计数，结出 12 月末各账户的余额，并编制转账前资产负债表，进行试算平衡；然后，编制记账凭证，将收入和支出类账户的年末余额结转为零，从而使旧账自然过渡到新账。

在结清旧账环节，首先，应结出各个账户借方和贷方的全年合计数，并在下面画双红线，表示该账户已全部结清；然后，编制转账后资产负债表，进行试算平衡。对于有余额的账户，结清旧账时应在账户的“摘要”栏内注明“结转下年”字样，表示旧账结束，转入新账。

在记入新账环节，应根据本年度各总账账户和明细账户年终结转后的余额编制年终决算资产负债表，具体是将各账户余额直接记入新年度有关总账和明细账户预留空行的余额栏内，并在“摘要”内注明“上年结转”字样，以区别于新年度的发生额。各级财政部门编制的本级决算草案,经本级人民代表大会常务委员会或本级人民代表大会审查后,如需更正原报决算草案中有关收入和支出的数字,则需要相应调整旧账,重新办理结清旧账和记入新账。

二、会计报表

财政总预算会计报表是反映政府财政预算收支执行结果和财务状况的书面文件。财政总预算会计报表是人民代表大会、政府及其有关部门、政府财政部门自身和其他会计信息使用者获取决策相关信息的依据,也是编制下一年度政府财政预算的基础。

财政总预算会计报表包括资产负债表、收入支出表、一般公共预算执行情况表、政府性基金预算执行情况表、国有资本经营预算执行情况表、财政专户管理资金收支情况表、专用基金收支情况表等会计报表和附注。其他附表有基本数字表、行政事业单位收支汇总表以及所附会计报表。

1. 资产负债表

资产负债表是反映政府财政在某一特定日期财务状况的报表。资产负债表应当按照资产、负债和净资产分类、分项列示。按照编报时间,资产负债表分为月报和年报两种。月报是反映月末本级财政财务状况的报表。各收支账户的余额在各月末不结转,而是在年终一次将各项收支账户的余额结转至有关的净资产账户。鉴于此,资产负债表月报采用了“资产+支出=负债+净资产+收入”的平衡公式。年报是反映年末本级财务状况的报表。

资产负债表年报一般格式如表2—11所示。

表2—11 资产负债表

会财政01表

编制单位: 年 月 日 单位:元

资 产	年初余额	期末余额	负债和净资产	年初余额	期末余额
流动资产:			流动负债:		
国库存款			应付短期政府债券		
国库现金管理存款			应付利息		
其他财政存款			应付国库集中支付结余		
有价证券			与上级往来		
在途款			其他应付款		
预拨经费			应付代管资金		
借出款项			一年内到期的非流动负债		
应收股利			流动负债合计		
应收利息			非流动负债:		
与下级往来			应付长期政府债券		
其他应收款			借入款项		
流动资产合计			应付地方政府债券转贷款		
非流动资产:			应付主权外债转贷款		
应收地方政府债券转贷款			其他负债		

续表

资　产	年初余额	期末余额	负债和净资产	年初余额	期末余额
应收主权外债转贷款			非流动负债合计		
股权投资			负债合计		
待发国债			一般公共预算结转结余		
非流动资产合计			政府性基金预算结转结余		
			国有资本经营预算结转结余 财政专户管理资金结余		
			专用基金结余预算稳定调节基金		
			预算周转金		
			资产基金		
			减:待偿债净资产		
			净资产合计		
资产总计			负债和净资产总计		

年末,已将各项收支账户余额结转至相应的净资产账户,各项收支账户余额为零,因此,“资产负债表”年报中只有资产、负债和净资产三个会计要素,其平衡公式为“资产＝负债＋净资产”。

在编报资产负债表时,应先编制本级财政的资产负债表,然后再将其与审核无误的所属下级财政总预算会计编报的资产负债表进行汇总,编出本级财政汇总资产负债表。在编报汇总资产负债表时,应将本级财政的“与下级往来”科目与下级财政的“与上级往来”科目、本级财政的“上解收入”科目与下级财政的“上解支出”科目、本级财政的“补助支出”科目与下级财政的“补助收入”科目等核对无误后相互冲销,以免重复汇总。

2. 收入支出表

收入支出表是反映政府财政在某一会计期间各类财政资金收支余情况的报表。收入支出表根据资金性质按照收入、支出、结转结余的构成分类、分项列示。通过收入支出表可以提供政府财政在某一会计期间内各项收入、支出和结转结余情况。收入支出表按编制的时间分为月报和年报。收入支出表的基本格式如表2—12所示。

表2—12　收入支出表

会财政02表

编制单位:　　　　年　　月　　　　单位:元

项　目	一般公共预算		政府性基金预算		国有资本经营预算		财政专户管理资金		专用基金	
	本月数	本年累计数	本月数	本年累计数	本月数	本年累计数	本月数	本年累计数	本月数	本年累计数
年初结转结余										
收入合计										
本级收入										
其中:来自预算安排的收入	—	—	—	—	—	—	—	—		

续表

项目	一般公共预算		政府性基金预算		国有资本经营预算		财政专户管理资金		专用基金	
	本月数	本年累计数	本月数	本年累计数	本月数	本年累计数	本月数	本年累计数	本月数	本年累计数
补助收入					—	—	—	—	—	—
上解收入					—	—	—	—	—	—
地区间援助收入			—	—	—	—	—	—	—	—
债务收入					—	—	—	—	—	—
债务转贷收入					—	—	—	—	—	—
动用预算稳定调节基金			—	—	—	—	—	—	—	—
调入资金					—	—	—	—	—	—
支出合计										
本级支出										
其中：权责发生制列支							—	—	—	—
预算安排专用基金的支出			—	—	—	—	—	—	—	—
补助支出					—	—	—	—	—	—
上解支出					—	—	—	—	—	—
地区间援助支出			—	—	—	—	—	—	—	—
债务还本支出					—	—	—	—	—	—
债务转贷支出					—	—	—	—	—	—
安排预算稳定调节基金			—	—	—	—	—	—	—	—
调出资金							—	—	—	—
结余转出			—	—	—	—	—	—	—	—
其中：增设预算周转金			—	—	—	—	—	—	—	—
年末结转结余										

注：表中有“—”的部分不必填列。

3. 预算执行情况表

预算执行情况表是反映财政总预算收支情况及其结果的报表，包括一般公共预算执行情况表、政府性基金预算执行情况表、国有资本经营预算执行情况表、财政专户管理资金收支情况表、专用基金收支情况表。按照编报时间，预算执行情况报表分为旬报、月报和年报等。

一般公共预算执行情况表（见表2—13）是反映政府财政在某一会计期间一般公共预算收支执行结果的报表，按照《政府收支分类科目》中一般公共预算收支科目列示。

政府性基金预算执行情况表（见表2—14）是反映政府财政在某一会计期间政府性基金预算收支执行结果的报表，按照《政府收支分类科目》中政府性基金预算收支科目列示。

国有资本经营预算执行情况表（见表2—15）是反映政府财政在某一会计期间国有资本经营预算收支执行结果的报表，按照《政府收支分类科目》中国有资本经营预算收支科目列示。

财政专户管理资金收支情况表（见表2—16）是反映政府财政在某一会计期间纳入财政专户管理的财政专户管理资金全部收支情况的报表，按照相关政府收支分类科目列示。

专用基金收支情况表（见表2—17）是反映政府财政在某一会计期间专用基金全部收支情况的报表，按照不同类型的专用基金分别列示。

附注，是指对在会计报表中列示项目的文字描述或明细资料，以及对未能在会计报表中列示项目的说明。

旬报是反映月初至本旬为止的预算收支完成情况报表。每月上、中旬各编报一次，只列报若干主要的报表项目。上旬列报本旬发生数，中旬列报上、中旬累计发生数，下旬以月报替代。旬报要求及时、快速、简明扼要。

月报是反映自年初至本月末止预算执行情况的报表，包括预算收入和预算支出两部分。月报的列报内容通常要求列报到预算收支科目的“款”级科目。月报在报送时，还要附上本月收支预算执行情况的文字说明。各级财政部门在收到下级财政上报的月报后，应将其与本级月报进行汇总，然后将经过汇总后的月报上报上级财政部门。月报的报送要及时，省级财政部门一般要求在月后五日内将一般预算收支执行情况报送到财政部。各省、自治区、直辖市上报到财政部的月报，应按照财政部每年制发的月报格式规定编制。

年报，即各级政府决算或政府财政收支决算，是反映整个预算年度内政府预算收支执行情况及其结果的报表。财政总预算会计应当在财政部门首长的领导下，参与或具体负责有关决算草案的编审工作。

一般公共预算执行情况表、政府性基金预算执行情况表、国有资本经营预算执行情况表应当按旬、月度和年度编制，财政专户管理资金收支情况表和专用基金收支情况表应当按月度和年度编制。旬报、月报的报送期限及编报内容应当根据上级政府财政具体要求和本行政区域预算管理的需要办理。

各级财政应当根据现行制度编制并提供真实、完整的会计报表，切实做到账表一致，不得估列代编、弄虚作假，并需严格按照统一规定的种类、格式、内容、计算方法和编制口径填制会计报表，以保证全国统一汇总和分析。汇总报表的单位需将所属单位的报表汇集齐全，防止漏报。

表 2—13 **一般公共预算执行情况表**

会财政 02—1 表

编制单位： 年 月 旬 单位：元

项 目	本月(旬)数	本年(月)累计数
一般公共预算本级收入		
101 税收收入		
10101 增值税		
1010101 国内增值税		
……		
一般公共预算本级支出		
201 一般公共服务支出		
20101 人大事务		
2010101 行政运行		
……		

表 2—14　政府性基金预算执行情况表　会财政 02—2 表

编制单位:　年　月　旬　单位:元

项　目	本月(旬)数	本年(月)累计数
政府性基金预算本级收入		
10301 政府性基金收入		
1030102 农网还贷资金收入		
103010201 中央农网还贷资金收入		
……		
政府性基金预算本级支出		
206 科学技术支出		
20610 核电站乏燃料处理处置基金支出		
2061001 乏燃料运输		
……		

表 2—15　国有资本经营预算执行情况表　会财政 02—3 表

编制单位:　年　月　旬　单位:元

项　目	本月(旬)数	本年(月)累计数
国有资本经营预算本级收入		
10306 国有资本经营收入		
1030601 利润收入		
103060103 烟草企业利润收入		
……		
国有资本经营预算本级支出		
208 社会保障和就业支出		
20804 补充全国社会保障基金		
2080451 国有资本经营预算补充社保基金支出		
……		

表 2—16　财政专户管理资金收支情况表　会财政 04 表

编制单位:　年　月　单位:元

项　目	本月数	本年累计数
财政专户管理资金收入		
……		
……		
财政专户管理资金支出		
……		
……		

表 2－17 专用基金收支情况表 会财政 05 表

编制单位： 年 月 单位：元

项 目	本月数	本年累计数
专用基金收入		
粮食风险基金		
……		
专用基金支出		
粮食风险基金		
……		

三、决算报告

"政府决算报告"是综合反映各级政府财政年度预算收支执行结果的文件。政府决算报告的编制主要以收付实现制为基础，以预算会计核算生成的数据为准。其主要包括决算报表、决算报告说明和分析。其中，决算报表一般包括一般公共预算执行情况报表、政府性基金预算执行情况报表和国有资本经营预算执行情况报表。

财政总决算，是指各级政府依照法律法规和法定程序编制，经同级人大常委会批准的、全面反映各级政府年度预算收支执行结果的综合报告。财政总决算由中央财政决算和地方财政总决算构成，并与预算体系相适应分别按收入分类和支出功能分类，全面反映政府收支活动，体现了一年来政府活动的范围和方向，是政府收支预算执行的最终结果。财政总决算在改进预算编制、规范预算执行、促进提高预算管理水平等方面发挥了重要作用。

四、政府综合财务报告①

"政府综合财务报告"由政府财政部门编制，以权责发生制为基础，主要反映政府整体财务状况、运行情况和财政中长期可持续性等信息，包括"财务报表""政府财政经济分析"和"政府财政财务管理情况"等。财务报表是对政府会计主体财务状况、运行情况和现金流量等信息的结构性表述，包括会计报表（资产负债表、收入费用表、当期盈余与预算结余差异表等）和报表附注；政府财政经济分析应当包括财务状况分析、运行情况分析、财政中长期可持续性分析等；政府财政财务管理情况，主要反映政府财政财务管理的政策要求、主要措施和取得成效等。

政府综合财务报告可以全面反映政府资产负债、收入费用、运行成本、现金流量等财务信息，可作为考核地方政府绩效、开展地方政府信用评级、评估预警地方政府债务风险、编制全国和地方资产负债表以及制定财政中长期规划和其他相关规划的重要依据。

---

① 该部分主要参考财政部关于印发《政府财务报告编制办法（试行）》的通知，http://www.mof.gov.cn/zhengwuxinxi/caizhengwengao/wg2016/wg201601/201605/t20160516_1992277.html。

本章小结

财政总预算会计,是各级政府财政部门核算、反映、监督政府预算执行等各项财政性资金活动的专业会计。我国的五级预算均需设立总预算会计,即财政部设立中央财政总预算会计,省级(包括自治区、直辖市)的财政厅(局)设立总预算会计,市(地、州)财政局设立市级财政总预算会计,县(市)财政局设立县级总预算会计,乡(镇)财政所设立乡级财政总预算会计。总预算会计科目可分为资产、负债、净资产、收入、支出五类。

财政总预算会计报表包括资产负债表、收入支出表、一般公共预算执行情况表、政府性基金预算执行情况表、国有资本经营预算执行情况表、财政专户管理资金收支情况表、专用基金收支情况表等会计报表和附注。其他附表有基本数字表、行政事业单位收支汇总表以及所附会计报表。

关键词

财政总预算会计　财政性存款　政府投资　在途款　应付政府债券　与上级往来
一般公共预算本级收入　财政专户管理资金收入　一般公共预算本级支出
政府性基金预算本级支出　一般公共预算结转结余　政府性基金预算结转结余
财政总预算会计报表　政府综合财务报告

思考题

1. 简述财政总预算会计的概念和核算原则。
2. 财政总预算会计收支科目与年度《政府收支分类科目》的区别和联系是什么?
3. 财政总预算会计的净资产包括哪些内容?
4. 财政总预算会计的专用基金与基金预算有何区别?
5. 简述财政总预算会计的报表体系。
6. 简述政府综合财务报告的主要内容。

第三章　行政单位会计

学习目标

1. 了解行政单位会计的基本概念，掌握会计科目的运用；
2. 熟悉行政单位会计的核算要求；
3. 掌握行政单位会计要素及主要业务的账务处理；
4. 熟悉行政单位收入和支出项目构成；
5. 掌握平行记账模式的特点及账务处理；
6. 熟悉行政单位财务报告的种类，掌握资产负债表和收入支出表的编制方法。

第一节　行政单位会计的基本概念

一、行政单位会计的定义和特点

（一）定义

行政单位会计，是行政单位核算、反映和监督行政单位财务状况、预算执行程及其结果的专业会计。行政单位会计的主体是行政单位，我国行政单位会计的具体适用组织包括各级各类国家机关、政党组织，具体包括：

（1）国家机关，是指依宪法和有关组织法的规定设置的，行使国家行政职权，负责对国家各项行政事务进行组织、管理、监督和指挥的机关。我国的国家机关主要包括各级人民代表大会及其常务委员会机关、各级人民政府及其所属工作机构、中国人民政治协商会议各级委员会机关、各级监察机关、各级审判机关、各级检察机关等。

（2）政党组织，包括中国共产党各级机关、各民主党派和工商联的各级机关。其中，中国共产党为执政党，由党的中央组织、地方组织和基层组织组成。民主党派，是指除执政党中国共产党以外的参政党的统称，包括中国国民党革命委员会、中国民主同盟、中国民主建国会、中国民主促进会、中国农工民主党、中国致公党、九三学社、台湾民主自治同盟。工商联是中华全国工商业联合会的简称，是面向工商界、以非公有制企业和非公有制经济人士为主体的人民团体和商会组织。

行政单位会计的核算对象是部门预算资金，纳入财政预算管理。

（二）特点

作为政府会计的重要组成部分，行政单位会计具有以下特点：

(1)行政单位会计的主体是行政单位,包括各级国家权力机关、政府机关、审判机关和检察机关以及政党组织、接受预算拨款的人民团体等。

(2)行政单位会计的客体是国家预算资金的取得、使用和执行结果,纳入财政预算管理。

(3)行政单位会计核算目标兼顾预算管理和财务管理的需要,向会计信息使用者提供财务状况、预算执行情况等有关会计信息,反映行政单位受托责任履行情况,为加强经济管理、监督资金的使用和做出经济决策服务。

(4)行政单位会计核算应当具备财务会计和预算会计双重功能,实现财务会计与预算会计适度分离并相互衔接,全面、清晰反映行政单位财务信息和预算执行信息。行政单位财务会计核算实行权责发生制,行政单位预算会计核算实行收付实现制,国务院另有规定的,依照其规定。行政单位会计采用"平行记账法",既反映行政单位预算执行情况,也反映行政单位的财务状况(见专栏3—1)。

(5)行政单位会计以历史成本为主要计量属性,适当引入了历史成本以外的计量属性。

专栏 3—1

平行记账法

政府会计制度明确了行政事业单位会计核算应当具备财务会计与预算会计双重功能,实现财务会计与预算会计适度分离并相互衔接。平行记账法是财务会计与预算会计适度分离并相互衔接核算模式的最重要的表现形式。

平行记账的基本原理:政府会计制度规定,单位对于纳入部门预算管理的现金收支业务,在采用财务会计核算的同时应当进行预算会计核算;对于其他业务,仅需进行财务会计核算。

平行记账的特点:(1)平行记账在同一会计信息系统中进行,即平行记账是为了满足单位在一个会计信息系统中同时进行财务会计和预算会计核算的需要。(2)平行记账针对的是纳入部门预算管理的现金收支业务。这就明确了预算会计核算的经济业务范围。根据这一规定,实务中经济业务事项是否需要在预算会计中核算可以按照以下两点进行判断:一是该业务是否有现金收支业务;二是该业务是否纳入部门预算管理。只有同时满足以上两点的,在采用财务会计核算的同时才需要进行预算会计核算。(3)不需要平行记账的其他业务只需要进行财务会计核算。实务工作中,典型的不纳入预算管理的现金收支业务包括应当上缴国库或财政专户的款项、应当转拨其他单位的款项、受托代理的款项、暂收款业务等,这些款项收到或支付时仅作财务会计核算,不需要进行预算会计核算。

资料来源:王晨明、周欣:《政府会计实务及案例解析》,立信会计出版社2018年版,第14页。

二、行政单位会计科目

行政单位会计中,财务会计要素包括资产、负债、净资产、收入和费用5项。行政单位会计科目是对行政单位会计要素所做的进一步分类。它是行政单位会计设置账户、组织会计核算的依据和基础。

根据现行规定，行政单位会计共设置会计科目 77 个：资产类科目 35 个，负债类科目 16 个，净资产类科目 7 个，收入类科目 11 个，费用类科目 8 个。行政单位会计统一适用的会计科目如表 3—1 所示。

表 3—1 行政单位会计科目表

财务会计					
编号	科目名称	适用范围	编号	科目名称	适用范围
	一、资产类				
1001	库存现金	行政单位/事业单位	1502	长期债券投资	事业单位专用
1002	银行存款	行政单位/事业单位	1601	固定资产	行政单位/事业单位
1011	零余额账户用款额度	行政单位/事业单位	1602	固定资产累计折旧	行政单位/事业单位
1021	其他货币资金	行政单位/事业单位	1611	工程物资	行政单位/事业单位
1101	短期投资	事业单位专用	1613	在建工程	行政单位/事业单位
1201	财政应返还额度	行政单位/事业单位	1701	无形资产	行政单位/事业单位
1211	应收票据	事业单位专用	1702	无形资产累计摊销	行政单位/事业单位
1212	应收账款	事业单位专用	1703	研发支出	行政单位/事业单位
1214	预付账款	行政单位/事业单位	1801	公共基础设施	行政单位/事业单位
1215	应收股利	事业单位专用	1802	公共基础设施累计折旧(摊销)	行政单位/事业单位
1216	应收利息	事业单位专用	1811	政府储备物资	行政单位/事业单位
1218	其他应收款	行政单位/事业单位	1821	文物文化资产	行政单位/事业单位
1219	坏账准备	事业单位专用	1831	保障性住房	行政单位/事业单位
1301	在途物品	行政单位/事业单位	1832	保障性住房累计折旧	行政单位/事业单位
1302	库存物品	行政单位/事业单位	1891	受托代理资产	行政单位/事业单位
1303	加工物品	行政单位/事业单位	1901	长期待摊费用	行政单位/事业单位
1401	待摊费用	行政单位/事业单位	1902	待处理财产损溢	行政单位/事业单位
1501	长期股权投资	事业单位专用			

续表

编号	科目名称	适用范围	编号	科目名称	适用范围
	二、负债类				
2001	短期借款	事业单位专用	2304	应付利息	事业单位专用
2101	应交增值税	行政单位/事业单位	2305	预收账款	事业单位专用
2102	其他应交税费	行政单位/事业单位	2307	其他应付款	行政单位/事业单位
2103	应缴财政款	行政单位/事业单位	2401	预提费用	行政单位/事业单位
2201	应付职工薪酬	行政单位/事业单位	2501	长期借款	事业单位专用
2301	应付票据	事业单位专用	2502	长期应付款	事业单位专用
2302	应付账款	行政单位/事业单位	2601	预计负债	行政单位/事业单位
2303	应付政府补贴款	行政单位专用	2901	受托代理负债	行政单位/事业单位
	三、净资产类				
3001	累计盈余	行政单位/事业单位	3302	本年盈余分配	行政单位/事业单位
3101	专用基金	事业单位专用	3401	无偿调拨净资产	行政单位/事业单位
3201	权益法调整	事业单位专用	3501	以前年度盈余调整	行政单位/事业单位
3301	本期盈余	行政单位/事业单位			
	四、收入类				
4001	财政拨款收入	行政单位/事业单位	4602	投资收益	事业单位专用
4101	事业收入	事业单位专用	4603	捐赠收入	行政单位/事业单位
4201	上级补助收入	事业单位专用	4604	利息收入	行政单位/事业单位
4301	附属单位上缴收入	事业单位专用	4605	租金收入	行政单位/事业单位
4401	经营收入	事业单位专用	4609	其他收入	行政单位/事业单位
4601	非同级财政拨款收入	行政单位/事业单位			
	五、费用类				
5001	业务活动费用	行政单位/事业单位	5401	上缴上级费用	事业单位专用
5101	单位管理费用	事业单位专用	5501	对附属单位补助费用	事业单位专用
5201	经营费用	事业单位专用	5801	所得税费用	事业单位专用
5301	资产处置费用	行政单位/事业单位	5901	其他费用	行政单位/事业单位

续表

预算会计					
编号	科目名称	适用范围	编号	科目名称	适用范围
	(一)预算收入类				
6001	财政拨款预算收入	行政单位/事业单位	6501	债务预算收入	事业单位专用
6101	事业预算收入	事业单位专用	6601	非同级财政拨款预算收入	行政单位/事业单位
6201	上级补助预算收入	事业单位专用	6602	投资预算收益	事业单位专用
6301	附属单位上缴预算收入	事业单位专用	6609	其他预算收入	行政单位/事业单位
6401	经营预算收入	事业单位专用			
	(二)预算支出类				
7101	行政支出	行政单位专用	7501	对附属单位补助支出	事业单位专用
7201	事业支出	事业单位专用	7601	投资支出	事业单位专用
7301	经营支出	事业单位专用	7701	债务还本支出	事业单位专用
7401	上缴上级支出	事业单位专用	7901	其他支出	行政单位/事业单位
	(三)预算结余类				
8001	资金结存	行政单位/事业单位	8301	专用结余	事业单位专用
8101	财政拨款结转	行政单位/事业单位	8401	经营结余	行政单位/事业单位
8102	财政拨款结余	行政单位/事业单位	8501	其他结余	事业单位专用
8201	非财政拨款结转	行政单位/事业单位	8701	非财政拨款结余分配	事业单位专用
8202	非财政拨款结余	事业单位专用			

行政单位应当按照会计制度的规定设置和使用会计科目，因没有相关业务不需要使用的总账科目可以不设；在不影响会计处理和编报财务报表的前提下，行政单位可以根据实际情况自行增设会计制度规定以外的明细科目，或者自行减少、合并会计制度规定的明细科目。会计制度统一规定会计科目的编号，不得随意打乱重编会计制度规定的会计科目编号。有关基建投资的会计核算在执行行政单位会计制度的同时，还应当按照国家有关基本建设会计核算的规定单独建账、单独核算。

三、行政单位会计的核算组织和核算模式

（一）行政单位会计的核算组织

行政单位会计的核算组织，是指行政单位会计的构成及分级情况。根据机构建制和经费领拨关系，行政单位会计分为三级：主管会计单位，二级会计单位、基层会计单位。其中，向财

政部门汇总报送分月用款计划并提出财政直接支付申请的预算单位为主管会计单位,也称一级预算单位。向主管会计单位汇总报送分月用款计划并提出财政直接支付申请且有下属预算单位的预算单位为二级会计单位,也称二级预算单位。只有本单位开支、无下属单位的预算单位,称为基层会计单位,也称基层预算单位。以上三级会计单位实行独立核算,负责组织本部门、本单位的全部会计工作。不具备独立核算条件的行政单位,实行单据报账制度,作为"报销单位"管理。

国库单一账户制度的实行引致主管会计单位、二级会计单位、基层会计单位之间的资金领拨关系发生变化:各单位经费将不再层层转拨,而是分为财政直接支付和财政授权支付两部分,由财政部门核定的预算直接进行安排。

(二)行政单位会计的核算模式

在国库集中支付制度下,行政单位可以选择"集中收支,分散核算""集中收支,集中核算"和"会计集中核算"三种会计核算模式。

1."集中收支,分散核算"模式

在该种模式下,尽管资金由财政部门统一直接支付,但单位依然需要保留会计核算部门,按正常的业务进行核算,编制报表。

2."集中收支,集中核算"模式

在该种模式下,资金由财政部门统一集中支付,单位不再保留会计核算部门,由财政部门或上级设立的"会计核算中心"统一核算。

3."会计集中核算"模式

在该种模式下,是由财政部门或上级单位成立会计核算中心,在资金所有权、使用权、财务自主权不变的前提下,取消各所属行政单位的会计机构以及会计岗位,以会计核算中心为单位,集中办理会计核算事项,实行统一的会计监督。

"集中收支,分散核算"模式适用于一些规模较大的行政单位;"集中收支,集中核算"模式适用于一些数量较多但规模较小的行政单位;"会计集中核算"模式适用于财政部门或上级单位具备条件成立会计核算中心的行政单位。

四、行政单位会计规范

类似财政总预算会计规范的规定,我国行政单位会计规范也包括了会计法律、行政法规和会计制度三个层次。

专栏 3—2

行政单位会计规范

在会计制度层面上,为适应国家公共财政管理改革和行政单位会计改革的需要,进一步规范行政单位会计核算,财政部于 2017 年 10 月印发了《政府会计制度——行政事业单位会计科目和报表》(财会〔2017〕25 号),自 2019 年 1 月 1 日起全面施行。2018 年 2 月 1 日,为了确保新旧制度顺利衔接、平稳过渡，财政部制定了《〈政府会计制度——行政事业单位会计科目和报表〉与〈行政单位会计制度〉有关衔接问题的处理规定》和《〈政府会计制度——行政事业单位会计科目和报表〉与〈事业单位会计制度〉有关衔接问题的处理规定》。从形式来看，行政单位采取的“制度规范”模式，内容上是“准则”和“制度”融合，不但包括会计信息的基本要求，也为行政单位会计核算的操作提供了指引。

为适应新形势的发展，推进财政体制改革，进一步加强和规范行政单位财务管理，提高资金使用效益，财政部于2012年12月颁布了《行政单位财务规则》(财政部令第71号)，自2013年1月1日起施行。①《行政单位财务规则》是规范行政单位财务行为的最高层次法规，为了更好地加强行政单位财务管理和监督，提高资金使用效益，保障行政工作任务的完成。根据《行政单位财务规则》的规定，财政部门对行政单位实行收支统一管理，定额、定项拨款，超支不补结转和结余按规定使用的预算管理办法。较之以往的制度，行政单位新的财务规则强调的行政单位结转和结余资金不再全部留用，应当根据统计财政部门的规定，或者结转下年继续使用，或者用于统筹编制以后年度的预算，或者统一安排调剂使用。②

《政府会计制度——行政事业单位会计科目和报表》与《行政单位财务规则》在适用范围、会计核算基础定位、收入支出科目分类、资产负债确认计量等方面保持了基本一致，二者的协调统一有利于发挥会计基础性作用，在兼顾财务管理需求的同时，体现财政预算管理的信息需求。

资料来源：王晨明、周欣，《政府会计实务及案例解析》，立信会计出版社2018年版。

此外，行政单位会计机构的设置、专业会计人员的配备、会计档案管理以及内部控制等工作，还应当遵循《中华人民共和国会计法》《会计基础工作规范》《会计从业资格管理办法》《会计专业技术资格考试暂行规定》《会计专业技术资格考试实施办法》《会计档案管理办法》和《行政事业单位内部控制规范(试行)》等法规条例的规定执行，规范行政单位的会计工作。

第二节 行政单位会计的账务处理

一、资产

资产，是由行政单位占有和使用的、能以货币计量的经济资源。行政单位的资产按照流动性分为流动资产和非流动资产。流动资产，是指预计在1年以内(含1年)变现或者耗用的资产，包括库存现金、银行存款、零余额账户用款额度、财政应返还额度、应收及预付款项、存货等。非流动资产，是指流动资产以外的资产，包括固定资产、在建工程、无形资产等。③

符合资产定义的前提下，资产的确认还需同时满足两个条件：资产应当在取得对其相关的权利时确认，相关权利包括占用权、使用权，此时与该经济资源有关的经济利益或服务潜力很

① 《行政单位财务规则》包括总则、单位预算管理、收入管理、支出管理、结转和结余管理、资产管理、负债管理、行政单位划转撤并的财务处理、财务报告和财务分析、财务监督、附则共计11章63条。

② 行政单位会计制度研究组：《行政单位会计制度讲解》，东北财经大学出版社2014年版，第5页。

③ 王晨明、周欣：《政府会计实务及案例解析》，立信会计出版社2018年版，第19页。

可能流入行政单位;资产应当在能够可靠计量时确认。

行政单位资产的初始计量和后续计量以历史成本为主。《政府会计制度》(2019)规定,资产应当按照取得时的实际成本计量。资产的后续计量包括无形资产摊销、固定资产与公共基础设施的折旧和应收及预付款项的核销。在资产处置时应当遵循公开、公平和公正的原则,依法进行评估,严格履行相关审批程序。

(一)库存现金

1. 库存现金的定义

库存现金,是指行政单位为保证日常开支需要而存放在行政单位内部的货币资金,包括库存的人民币和外币。它是可以立即投入流通的交换媒介,既可随时用于购买物品、支付费用和偿还债务,也可随时存入银行,是一种流动性最强的资产。

2. 库存现金的核算

为反映现金的收入、支出和结存情况,行政单位会计应设置"库存现金"账户(资产类)。本科目期末借方余额反映行政单位实际持有的库存现金。"库存现金"总分类账户由会计人员根据审核无误的记账凭证进行登记。

业务 1:提取现金

从银行等金融机构提取现金,按照实际提取的金额,借记"库存现金"科目,贷记"银行存款""零余额账户用款额度"等科目。

将现金存入银行等金融机构时,借记"银行存款"科目,贷记"库存现金"科目;将现金退回单位零余额账户时,借记"零余额账户用款额度"科目,贷记"库存现金"科目。

业务 2:借出现金

因支付内部职工出差等原因所借的现金,借记"其他应收款"科目,贷记本科目。

出差人员报销差旅费时,按照应报销的金额,借记有关科目;按照实际借出的现金金额,贷记"其他应收款"科目;按照其差额,借记或贷记"库存现金"科目。

业务 3:现金收支

(1)因开展业务或其他事项收到现金,借记"库存现金"科目,贷记有关科目。

(2)因购买服务、商品或者其他事项支出现金,借记有关科目,贷记"库存现金"科目。

业务 4:受托代理

(1)收到受托代理的现金时,借记"库存现金"科目,贷记"受托代理负债"科目。

(2)支付受托代理的现金时,借记"受托代理负债"科目,贷记"库存现金"科目。

业务 5:现金盘查

行政单位应当设置"现金日记账",由出纳人员根据收付款凭证,按照业务发生顺序逐笔登记。每日终了,应当计算当日的现金收入合计数、现金支出合计数和结余数,并将结余数与实际库存数核对,做到账款相符;核对库存现金时发现有待查明原因的现金短缺或溢余的,应通过"待处理财产损溢"科目核算。

(1)属于现金短缺,应当按照实际短缺的金额,借记"待处理财产损溢"科目,贷记"库存现金"科目。待查明原因后如为现金短缺,属于应由责任人赔偿或向有关人员追回的部分,借记"其他应收款"科目,贷记"待处理财产损溢"科目。

（2）属于现金溢余，应当按照实际溢余的金额，借记"库存现金"科目，贷记"待处理财产损溢"科目。待查明原因后如为现金溢余，属于应支付给有关人员或单位的，借记"待处理财产损溢"科目，贷记"其他应付款"科目。

【例 3—1】 山水市公安局发生如下经济业务：

（1）开出"财政授权支付凭证"，从财政部门为该单位在商业银行开设的零余额账户提取现金 5 000 元备用。

（2）李明出差，经批准借差旅费 1 000 元，以现金支付。

（3）维修复印机支付现金 100 元。

（4）从开户银行提取现金 3 000 元备用。

（5）当日现金盘查发现现金短缺 500 元。

具体账务处理如下：

（1）提取现金时：

借：库存现金	5 000	
贷：零余额账户用款额度		5 000

（2）借出现金时，在财务会计中：

借：其他应收款——李明	1 000	
贷：库存现金		1 000

在预算会计中：

借：行政支出——差旅费	1 000	
贷：行政支出——待处理		1 000

（3）支付维修复印机费用时，在财务会计中：

借：业务活动费用	100	
贷：库存现金		100

在预算会计中：

借：行政支出	100	
贷：资金结存——货币资金		100

（4）提取现金时：

借：库存现金	3 000	
贷：银行存款		3 000

（5）现金盘查发现现金短缺时：

借：待处理财产损溢——现金短缺	500	
贷：库存现金		500

各行政单位除设现金总账外，还应设置现金日记账，对涉及现金收支的原始凭证，应先由出纳人员登记"现金日记账"，每日结计出收入合计数、支出合计数、结余数，将结余数与实际库存数核对相符后，连同原始凭证一并交会计核收记账。有外币现金的行政单位，应分别按人民币、各种外币设置"现金日记账"（见表 3—2）进行明细核算。

表 3—2 现金日记账

年		摘 要	对应科目	过账	借方	贷方	余额
月	日						

（二）银行存款

1. 银行存款的定义

银行存款，是指行政单位存入银行或其他金融机构的各种款项。

对尚未实行国库单一账户制度①的单位，银行存款账户是实存财政资金账户，用于核算预算单位的自筹资金收入、以前年度结余、各项往来款项、不必上缴财政的零星杂项收入、有偿服务收入等。

对实行国库单一账户制度的系统，银行存款账户将逐渐取消，行政单位的一切开支和资金往来都应通过零余额账户办理。对已经纳入财政国库单一账户制度改革的行政单位，经批准不需要上缴财政的小额零星收入、往来款项等可存入银行存款账户。行政单位需要使用资金时，直接通过其开户银行提取现金或转账向收款人支付。

行政单位应当根据规定严格银行存款的开户管理，禁止多头开户。财政预算资金应当由财务部门统一在同级财政部门或上级主管部门指定的国有银行开户，不可以在指定范围外的银行开户。

行政单位使用的银行结算方式主要是预算拨款凭证、支票和汇兑等。预算拨款凭证是财政部门与主管会计单位之间以及主管会计单位与下级会计单位之间办理财政预算资金拨款或转拨时使用的结算凭证；支票结算方式是银行的存款人签发支票给收款人，用来委托开户银行将款项支付给收款人的一种结算方式；汇兑结算方式是银行的存款人委托银行将款项汇给收款人的一种结算方式。

2. 银行存款的核算

为核算银行存款的收付及结算业务，行政单位应设置“银行存款”账户（资产类）。本科目期末借方余额，反映行政单位实际存放在银行或其他金融机构的款项。

行政单位应按开户银行或其他金融机构、存款种类及币种等，分别设置“银行存款日记账”，由出纳人员根据收付款凭证，按照业务的发生顺序逐笔登记，每日终了应结出余额。“银行存款日记账”应定期与银行对账，至少每月核对一次。月份终了，行政单位账面结余与银行对账单余额之间如有差额，应逐笔查明原因并进行处理，按月编制“银行存款余额调节表”，调节相符。

业务 1：银行存款的存入和提取

将款项存入银行或者其他金融机构，借记本科目，贷记“库存现金”“其他收入”等有关科

① 国库单一账户体系是指各级政府将所有的财政性资金（包括预算外资金）集中在国库或国库指定的代理银行开设账户，同时所有的财政支出均通过这一账户直接支付给商品提供者或者劳务提供者。转自王敏：《国库集中收付制度研究》，经济科学出版社 2002 年版。

目；提取和支出存款时，借记有关科目，贷记本科目；收到预算资金时，借记该科目，贷记“财政拨款收入”等科目。

业务 2：存款利息与手续费

收到银行存款利息，借记本科目，贷记“利息收入”等科目；支付银行手续费或银行扣收罚金等时，借记“单位管理费用”等科目，贷记本科目。

业务 3：受托代理业务

收到受托代理的银行存款时，借记本科目，贷记“受托代理负债”科目；支付受托代理的存款时，借记“受托代理负债”科目，贷记本科目。

业务 4：外币业务

行政单位发生外币业务的，应当按照业务发生当日或当期期初的即期汇率，将外币金额折算为人民币金额记账，并登记外币金额和汇率。期末，各种外币账户的期末余额，应当按照期末的即期汇率折算为人民币，作为外币账户期末人民币余额。调整后的各种外币账户人民币余额与原账面余额的差额，作为汇兑损益计入当期费用。

以外币购买物资、劳务等，按照购入当日或当期期初的即期汇率将支付的外币或应支付的外币折算为人民币金额，借记有关科目，贷记“银行存款”“应付账款”等科目的外币账户。

涉及增值税业务的，相关账务处理参照“应交增值税”科目。

以外币收取相关款项等，按照收入确认当日或当期期初的即期汇率将收取的外币或应收取的外币折算为人民币金额，借记“银行存款”“应收账款”等科目的外币账户，贷记有关科目。

期末，根据各外币账户按期末汇率调整后的人民币余额与原账面人民币余额的差额，作为汇兑损益，借记或贷记“银行存款”“应收账款”“应付账款”等科目，贷记或借记“业务活动费用”等科目（“应收账款”“应付账款”等科目涉及外币账户期末汇率调整的业务相关核算同理）。

【例 3－2】 山水市公安局发生如下经济业务：

(1)收到财政部门以实拨资金方式拨来的预算款 65 500 元。

(2)支付本月治安警察大队工资 30 万元。

(3)收到开户银行转来的入账通知单，本月银行存款利息为 300 元。

具体账务处理如下：

(1)收到预算款时，在财务会计中：

借：银行存款	65 500	
贷：财政拨款收入——基本支出拨款		65 500

在预算会计中：

借：资金结存——货币资金	65 500	
贷：财政拨款预算收入		65 500

(2)支付工资时，在财务会计中：

借：业务活动费用	300 000	
贷：应付职工薪酬		300 000
借：应付职工薪酬	300 000	
贷：银行存款——基本支出拨款		300 000

（或贷记“财政拨款收入——基本支出拨款”）

在预算会计中:

借:行政支出 300 000

贷:资金结存——货币资金 300 000

(3)收到银行存款利息时,在财务会计中:

借:银行存款 300

贷:利息收入 300

在预算会计中:

借:资金结存——货币资金 300

贷:利息预算收入 300

(三)零余额账户用款额度

1. 零余额账户用款额度的定义

零余额账户用款额度,是指实行国库集中支付的行政单位根据财政部门批复的用款计划收到和支用的零余额账户用款额度。

在国库集中支付制度[①]下,行政单位经财政部门批准,在国库集中支付代理银行开设单位零余额账户,用于财政授权支付的结算。行政单位的零余额账户是一个过渡账户,不是实存资金账户。在财政部门的授权下,行政单位对代理银行开具支付令,代理银行在零余额账户用款额度内将资金支付给用款单位。财政部门根据预算安排和资金使用计划,定期向行政单位下达财政授权支付额度。行政单位可以在下达额度内,自行签发授权支付指令,通知代理银行办理资金支付业务。行政单位零余额账户代理银行在将行政单位开具的支付令与行政单位的部门预算和用款计划进行核对,并向收款人支付款项后,于业务发生当日通过行政单位零余额账户与财政国库单一账户进行资金清算,清算后,行政单位零余额账户的余额为零。也就是说,零余额账户是行政单位的一个财政授权支付额度,行政单位可以随时开具支付令使用零余额账户中的用款额度实现支付。

2. 零余额账户用款额度的核算

为核算零余额账户用款额度的变化情况,行政单位应设置"零余额账户用款额度"账户(资产类)。本科目期末借方余额,反映行政单位尚未支用的零余额账户用款额度。年度终了注销单位零余额账户用款额度后,本科目应无余额。

业务 1:下达授权支付额度

收到代理银行转来的财政授权支付到账通知书时,借记"零余额账户用款额度"科目,贷记"财政拨款收入"科目。

业务 2:按规定支用额度

支付日常活动费用,按照支付金额,借记"业务活动费用"等科目,贷记本科目。

---

① 国库集中支付是指以国库单一账户体系为基础,以健全的财政支付信息系统和银行间实时清算系统为依托,支付款项时,由预算单位提出申请,经规定审核机构(国库集中支付执行机构或预算单位)审核后,将资金通过单一账户体系支付给收款人的制度。国库单一账户体系包括财政部门在同级人民银行设立的国库单一账户和财政部门在代理银行设立的财政零余额账户、预算单位零余额账户、预算外资金财政专户和特设专户五类。转自王敏:《国库集中收付制度研究》,经济科学出版社 2002 年版。

购买库存物品或购建固定资产，按照实际发生的成本，借记“库存物品”“固定资产”“在建工程”等科目；按实际支付或应付金额，贷记本科目。涉及增值税业务的，相关账务处理参照“应交增值税”科目。

从零余额账户提取现金时，借记“库存现金”科目，贷记本科目。

业务3：购货退回

因购货退回等发生国库授权支付额度退回的，按照退回金额，借记本科目，贷记“库存物品”等科目。

业务4：年终注销与年初恢复

年末，根据代理银行提供的对账单作银行注销额度的相关账务处理，借记“财政应返还额度——财政授权支付”科目，贷记“零余额账户用款额度”科目。如单位本年度财政授权支付预算指标数大于财政授权支付额度下达数，根据两者间的差额，借记“财政应返还额度——财政授权支付”科目，贷记“财政拨款收入”科目。

下年度年初，行政单位根据代理银行提供的额度恢复到账通知书作恢复额度的相关账务处理，借记“零余额账户用款额度”科目，贷记“财政应返还额度——财政授权支付”科目。行政单位收到财政部门批复的上年末下达零余额账户用款额度时，借记“零余额账户用款额度”科目，贷记“财政应返还额度——财政授权支付”科目。

【例3—3】 山水市某行政单位发生如下经济业务：

(1)收到代理银行转来的《财政授权支付额度到账通知书》，列示本月财政授权支付额度为50万元。

(2)开出“财政授权支付凭证”，提取现金5 000元备用。

(3)购买一批办公用品，金额共计12 000元，通过零余额账户授权支付。

(4)年末，根据代理银行提供的对账单作银行注销额度处理。本年度公共财政预算基本经费拨款的财政授权支付额度预算指标为155 000元，根据对账单，已经下达的财政授权支付额度为150 000元，已实际使用授权额度为144 000元，需要注销未实现的授权额度为11 000元；其中，未下达的授权额度为5000元，未使用的授权额度6 000元。[①]

具体账务处理如下：

(1)财政授权支付额度下达，在财务会计中：

借：零余额账户用款额度	500 000	
贷：财政拨款收入——基本支出拨款		500 000

在预算会计中：

借：资金结存——零余额账户用款额度	500 000	
贷：财政拨款预算收入		500 000

(2)提取现金时，在财务会计中：

借：库存现金	5 000	
贷：零余额账户用款额度		5 000

① 对该业务的处理需参照“财政应返还额度”科目下年终注销的业务处理(本节科目五)。

在预算会计中:

借:资金结存——货币资金　5 000

　贷:资金结存——零余额账户用款额度　5 000

(3)按规定支用额度,在财务会计中:

借:业务活动费用　12 000

　贷:零余额账户用款额度　12 000

在预算会计中:

借:行政支出　12 000

　贷:资金结存——零余额账户用款额度　12 000

(4)年终注销时,在财务会计中:

借:财政应返还额度——财政授权支付　11 000

　贷:财政拨款收入——基本支出拨款　5 000

　　零余额账户用款额度　6 000

在预算会计中:

借:资金结存——财政应返还额度(财政授权支付)　11 000

　贷:财政拨款预算收入　5 000

　　资金结存——零余额账户用款额度　6 000

为规范行政、行政单位的经费支出,财政部门要求预算单位的公务支出采用公务卡结算。公务卡是预算单位在零余额账户银行下开设的,便于在公务小额支出中使用非现金支付工具,减少现金使用,利用银行卡支付系统协助财政部门实现对公务小额支付的全程监控,加强对财政支出的管理。在实际支出发生后,经过一定报销程序,通过单位零余额账户以转账支票或授权支付方式将资金划转到工作人员持有的公务卡中。

专栏 3—3

公务卡结算

公务卡,是指财政预算单位工作人员持有的、主要用于日常公务支出和财务报销业务的信用卡。预算单位应当选择办理国库集中支付业务的代理银行,为本单位职工申办公务卡。差旅、会议、购买等公务支出使用公务卡结算的,应在公务卡信用额度内,先通过公务卡结算,并须取得发票等财务报销凭证和有关银行卡消费凭证。持卡人使用公务卡消费结算的各项公务支出,必须在发卡行规定的免息还款期内,到所在单位财务部门报销。单位财务人员经过审核确认后予以报销,签发财政授权支付指令,通知发卡行向指定公务卡还款。代理银行根据预算单位签发的支付令和还款汇总表信息,于收到支付指令的当日,将资金支付到公务卡账户。根据财政部门要求,预算单位工作人员在支付办公费、印刷费、差旅费、维护(修)费、租赁费、会议费、培训费、公务接待费、公务用车运行维护费等费用时,要求采用公务卡支付结算。

示例:山水市检察院实行了公务卡结算制度。为加强公务用车管理,要求单位专车司机小王以公务卡方式先行刷卡支付单位公务用车运行维护费,并在取得发票及刷卡凭证后申请办理报销；本月，财务部门对报销款项审查核实无误后，通过单位零余额账户将报销款750元划入小王的公务卡中予以报销。

应编制会计分录如下：

借：业务活动费用 750

贷：零余额账户用款额度 750

在预算会计中：

借：行政支出 750

贷：资金结存——零余额账户用款额度 750

资料来源：行政单位会计制度研究组：《行政单位会计制度讲解》，东北财经大学出版社2014年版，第72页（示例除外）。

（四）其他货币资金

1. 其他货币资金的定义

其他货币资金，是指行政单位核算的外埠存款、银行本票存款、银行汇票存款、信用卡存款等各种其他货币资金。

2. 其他货币资金的核算

为核算其他货币资金的业务，行政单位应设置"其他货币资金"账户（资产类），其下应设置"外埠存款""银行本票存款""银行汇票存款""信用卡存款"等明细科目，进行明细核算。本科目期末借方余额，反映单位实际持有的其他货币资金。

业务1：形成其他货币资金

设立异地账户或将款项交存银行取得银行本票、银行汇票、信用卡时，借记"其他货币资金——银行本票存款""其他货币资金——银行汇票存款""其他货币资金——信用卡存款"等科目，贷记"银行存款"科目。

业务2：发生支付

使用其他货币资金购物或支付费用时，财务会计中，应借记"库存物品""在途物品"等科目，贷记"其他货币资金——银行本票存款""其他货币资金——银行汇票存款""其他货币资金——信用卡存款"等科目；同时预算会计中，应借记"行政支出"等科目，贷记"资金结余——货币资金"科目。

业务3：余款退回时

按照交存金额，借记"其他货币资金"科目，贷记"银行存款"科目。用信用卡购物或支付有关费用，借记相关科目，贷记"其他货币资金"科目。若发生续存资金的，按照续存金额，借记"其他货币资金"，贷记"银行存款"科目。将多余的外埠存款转回本地银行或银行本票、银行汇票、信用卡的余额退回时，借记"银行存款"科目，贷记"其他货币资金——银行本票存款""其他货币资金——银行汇票存款""其他货币资金——信用卡存款"等科目。

（五）财政应返还额度

1. 财政应返还额度的定义

财政应返还额度，是指实行国库集中支付的单位应收财政返还的资金额度。实行国库集中支付的行政单位,在年度支出预算被批准后,其年度的财政直接支付和财政授权支付的预算指标被确定下来。预算年度内单位对这些财政资金预算指标的使用全部实行用款计划管理,并以财政直接支付和财政授权支付两种方式实现支付。在财政直接支付方式下,财政应返还额度(年末未使用资金额度)是指当年财政直接支付预算指标数与财政直接实际支出数的差额。在财政授权支付方式下,财政应返还额度(年末尚未使用资金额度)包括未下达授权支付额度和未使用授权支付额度两个部分。未下达授权支付额度是当年财政授权支付预算指标数与零余额账户用款额度下达数的差额;未使用授权支付额度是当年零余额账户用款额度下达数与零余额账户用款额度支用数的差额。年度终了时,对于上述的国库集中支付尚未使用资金额度和尚未下达授权支付额度,各单位应先返还财政部门,下年度初再由财政部门予以恢复或下达。

2. 财政应返还额度的核算

为核算财政应返还额度的业务,行政单位应设置"财政应返还额度"账户,其下应设置"财政直接支付""财政授权支付"两个明细科目进行明细核算。本科目期末借方余额,反映行政单位应收财政返还的资金额度。

业务 1:财政直接支付方式的处理

年终,根据行政单位本年度财政直接支付预算指标数与财政直接支付实际支出数的差额,借记"财政应返还额度——财政直接支付"科目,贷记"财政拨款收入"科目。

下年度财政部门恢复财政直接支付用款额度时,收到恢复预算额度通知不冲销"财政应返还额度——财政直接支付",只进行预算记录。待年度预算执行过程中,财政部门使用以前年度的财政直接支付额度发生支出时,再行确认。

行政单位使用以前年度财政直接支付用款额度时,借记"业务活动费用"科目,贷记"财政应返还额度——财政直接支付"科目。

业务 2:财政授权支付方式的处理

年末,对未使用的授权额度,根据代理银行提供的对账单作银行注销额度的相关账务处理,借记"财政应返还额度——财政授权支付"科目,贷记"零余额账户用款额度"科目。对于未下达的授权额度,如行政单位本年度财政授权支付预算指标数大于财政授权支付额度下达数,根据两者间的差额,借记"财政应返还额度——财政授权支付"科目,贷记"财政拨款收入"科目。

下年初恢复额度时,行政单位依据下年度年初代理银行提供的额度恢复到账通知书做相关账务处理,借记"零余额账户用款额度"科目,贷记"财政应返还额度——财政授权支付"科目。

【例 3—4】 山水市检察院发生如下业务:

(1)年底,该单位"财政应返还额度"项目的余额为 300 万元,其中,应返还财政直接支付额度为 80 万元,财政授权支付额度为 220 万元。

(2)下年初,收到"财政直接支付额度恢复通知书",恢复上年底注销的财政直接支付额度 80 万元和财政授权支付额度 220 万元。

(3)该单位使用恢复的上年度用款额度(基本支出拨款)采用财政直接支付方式,支付了一笔差旅费 6 700 元;使用上年度财政授权支付额度(基本支出拨款)通过授权支付方式支付一笔活动经费 5 000 元，款项已通过单位零余额账户支付。

具体账务处理如下：

(1)对财政直接支付额度部分，在财务会计中：

借：财政应返还额度——财政直接支付　800 000

　贷：财政拨款收入　800 000

在预算会计中：

借：资金结存——财政应返还额度(财政直接支付)　800 000

　贷：财政拨款预算收入　800 000

对财政授权支付额度部分，在财务会计中：

借：财政应返还额度——财政授权支付　2 200 000

　贷：零余额账户用款额度　2 200 000

在预算会计中：

借：资金结存——财政应返还额度(财政授权支付)　2 200 000

　贷：财政拨款预算收入　2 200 000

(2)恢复财政直接支付额度不需要做处理，实际使用时才需要做处理。

对财政授权支付下的财政应返还额度，在财务会计中：

借：零余额账户用款额度　2 200 000

　贷：财政应返还额度——财政授权支付　2 200 000

在预算会计中：

借：资金结存——零余额账户用款额度　2 200 000

　贷：资金结存——财政应返还额度(财政授权支付)　2 200 000

(3)支付差旅费及活动经费时：

借：业务活动费用　6 700

　贷：财政应返还额度——财政直接支付　6 700

借：业务活动费用　5 000

　贷：零余额账户用款额度　5 000

在预算会计中：

借：行政支出/事业支出等　6 700

　贷：资金结存——财政应返还额度(财政直接支付)　6 700

借：行政支出　5 000

　贷：资金结存——零余额账户用款额度　5 000

(六)应收账款

1. 应收账款的定义

应收账款，是指行政单位出租资产、出售物资等应当收取的款项。行政单位收到的商业汇票，也通过本科目核算。应收账款应当在资产已出租或物资已出售，且尚未收到款项时确认。

2. 应收账款的核算

为核算应收账款业务，行政单位应设置“应收账款”账户(资产类)，其下应当按照购货、接受服务单位(或个人)或开出、承兑商业汇票的单位等进行明细核算。本科目期末借方余额,反映行政单位尚未收回的应收账款。

业务 1:应收账款收回后不需要上缴财政

发生应收账款时,按照应收未收金额,借记本科目,按照确认的收入金额,贷记“其他收入”等科目。涉及增值税业务的,相关账务处理参照“应交增值税”科目。

收回应收账款时,按照实际收到的金额,借记“银行存款”等科目,贷记本科目。

业务 2:应收账款收回后需要上缴财政

发生应收账款时,按照应收未收金额,借记本科目,按照确认的收入金额,贷记“应缴财政款”等科目。涉及增值税业务的,相关账务处理参照“应交增值税”科目。

收回应收账款时,按照实际收到的金额,借记“银行存款”等科目,贷记本科目。

业务 3:坏账核销

行政单位应于每年年度终了,对收回后应当上缴财政的应收账款进行全面检查。

对于账龄超过规定年限、确认无法收回的应收账款,按照规定报经批准后予以核销。按照核销金额,借记“应缴财政款”科目,贷记“应收账款”科目。核销的应收账款应当在备查簿中保留登记。已核销的应收账款在以后期间收回的,按照实际收回金额,借记“银行存款”等科目,贷记“应缴财政款”等科目。

【例 3—5】 山水市检察院发生如下经济业务:

(1)经批准,将一闲置车库对外出租,按照租赁合同,承租人 A 支付租金每年 36 000 元,按年支付。

(2)年末一次收到车库租金 36 000 元,应交 5%增值税,存入本单位银行账户。

(3)将一批物资对外出售给 B 公司,价款为 25 000 元;后与 B 公司采用商业汇票方式结算,收到一张不带息商业汇票,期限 3 个月,票面金额为 25 000 元,通过“应收账款”账户核算。

(4)年末,对应收账款进行账龄分析,发现逾期 3 年没有收回的应收账款余额为 34 500 元。

具体账务处理如下:

(1)发生应收款项时:

借:应收账款——承租人 A	36 000	
贷:其他应付款——应缴出租收入		36 000

(2)收回应收款项时,在财务会计中:

借:银行存款	36 000	
贷:应收账款——承租人 A		36 000

同时:

借:其他应付款——应缴出租收入	36 000	
贷:应交增值税		1 800
应缴财政款——资产出租收入		34 200

在预算会计中:

借:资金结存——货币资金	36 000	
贷:其他预算收入		36 000

(3)物资出售时,在财务会计中:

借:应收账款——B公司 25 000

贷:待处理财产损溢——处置净收入 25 000

兑现票据时:

借:银行存款 25 000

贷:应收账款——B公司 25 000

在预算会计中:

借:资金结存——货币资金 25 000

贷:其他预算收入 25 000

(4)坏账核销时:

借:待处理财产损溢——处理应收账款 34 500

贷:应收账款 34 500

(七)预付账款

1. 预付账款的定义

预付账款,是指行政单位在业务活动中按照购货、服务合同规定预付给供应单位(或个人)的款项。对预付账款的管理,要做到严格控制,制定相应的审批制度,健全手续,及时清理。

2. 预付账款的核算

为核算预付账款业务,行政单位应设置"预付账款"账户(资产类)。行政单位依据合同规定支付的定金,也通过本科目核算;但行政单位支付可以收回的订金,不通过本科目核算,应当通过"其他应收款"科目核算。本科目应当按照供应单位(或个人)进行明细核算。预付账款应当在已支付款项且尚未收到物资或服务时确认。本账户期末借方余额,反映行政单位实际预付但尚未结算的款项。

行政单位购买货物、服务的预付款项,应当采用"平行记账"的核算方法,在支付款项时不但要确认所形成的预付账款,还要确认发生的经费支出,以满足预算管理的要求。

业务1:发生预付款项

发生预付账款时,财务会计中借记本科目,贷记"财政拨款收入""零余额账户用款额度""银行存款"科目;预算会计中借记"行政支出"等科目,贷记"财政拨款预算收入""资金结存"等科目。

业务2:收到所购物资或服务

收到所购物资或服务时,在财务会计中,按照相应预付账款金额,借记"库存物品""固定资产""无形资产""业务活动费用"科目,贷记本科目;发生补付款项的,按照实际补付的款项,贷记"财政拨款收入""零余额账户用款额度""银行存款"等科目;在预算会计中,借记"行政支出"等补付款项,贷记"财政拨款预算收入""资金结存"等科目。

业务3:预付账款退回

发生预付账款退回的,在财务会计中,借记"财政拨款收入""财政应返还额度""零余额账户用款额度""银行存款"等科目,贷记本科目;在预算会计中,借记"财政拨款预算收入""资金结存"等科目,贷记"行政支出"等科目。

业务4:逾期无法收回的预付账款

行政单位应当于每年年度终了，对预付账款进行检查。如果有确凿证据表明预付账款并不符合预付款项性质，或者因供货单位破产、撤销等原因可能无法收到所购货物、服务的，借记“其他应收款”科目，贷记本科目。

【例3—6】 山水市检察院发生如下经济业务：

(1)为购买办公用品，向A公司预付货款10 000元的50%，尚未收到实物，开出财政授权支付凭证，通知代理银行付款。

(2)月末，签收全部所购办公用品，支付剩余50%的价款。

(3)为租赁一台新型电子监控设备与厂商签订租赁合同，根据合同规定支付定金2 500元；另通过公务卡结算需先支付刷卡订金300元，待结清租赁费后可以收回该笔订金。①

(4)年终，财务部门清理“预付账款”账户，发生本年一笔预付账款退回金额3 650元，又收到上年度预付账款退回合计2 500元；另收回一笔3年前核销的预收账款，金额为6 500元。退回或收回的款项全部进入零余额账户。

具体账务处理如下：

(1)发生预付款项时，在财务会计中：

借：预付账款——向A公司预付货款	5 000	
贷：零余额账户存款额度		5 000

在预算会计中：

借：行政支出	5 000	
贷：资金结余——零余额账户用款额度		5 000

(2)支付剩余货款时，在财务会计中：

借：业务活动费用	10 000	
贷：预付账款		5 000
零余额账户用款额度		5 000

在预算会计中：

借：行政支出	5 000	
贷：资金结余——零余额账户用款额度		5 000

(3)支付定金时，在财务会计中：

借：预付账款	2 500	
贷：零余额账户用款额度		2 500

在预算会计中：

借：行政支出	2 500	
贷：资金结余——零余额账户用款额度		2 500

支付订金时，在财务会计中：

借：其他应收款	300	
贷：零余额账户用款额度		300

① 提示：区分定金和订金。定金是合同规定的，为了租赁签的；而订金是因为刷公务卡结算需要预付的。这里是为了区分可以收回的订金与不可收回的定金。

在预算会计中：

借：行政支出　　300

　　贷：资金结余——零余额账户用款额度　　300

(4)收到本年度退回预付账款时，在财务会计中：

借：零余额账户用款额度　　3 650

　　贷：预付账款　　3 650

在预算会计中：

借：资金结余——零余额账户用款额度　　3 650

　　贷：行政支出　　3 650

收到上年度退回的预付账款时：

借：财政应返还额度　　2 500

　　贷：预付账款　　2 500

收到3年前核销的预收账款时：

借：银行存款　　6 500

　　贷：应缴财政款　　6 500

(八)其他应收款

1. 其他应收款的定义

其他应收款，是指行政单位除应收账款、预付账款以外的其他各项应收及暂付款项，如职工预借的差旅费、拨付给内部有关部门的备用金、应向职工收取的各种垫付款项等。

2. 其他应收款的核算

为核算其他应收款项，行政单位应设置"其他应收款"账户(资产类)，其下应当按照其他应收款的类别以及债务单位(或个人)进行明细核算。本账户的期末借方余额，反映行政单位尚未收回的其他应收款。

业务1:发生其他应收及暂付款项时，借记本科目，贷记"库存现金""零余额账户用款额度""银行存款"等科目。

业务2:收回或转销其他应收或暂付款项时，借记"库存现金""银行存款""零余额账户用款额度"或有关支出等科目，贷记本科目。

业务3:行政单位内部实行备用金制度的，有关部门使用备用金以后应当及时到财务部门报销并补足备用金。财务部门核定并发放备用金时，在财务会计中，借记本科目，贷记"库存现金"等科目。根据报销数用现金补足备用金定额时，借记"业务活动费用"等科目，贷记"库存现金"等科目，报销数和拨补数都不再通过本科目核算；在预算会计中，借记"行政支出"等科目，贷记"资金结存——货币资金"科目。

业务4:坏账核销。

逾期3年或以上、有确凿证据表明确实无法收回的其他应收款，按规定报经批准后予以核销。核销的其他应收款应在备查簿中保留登记。

转入待处理财产损溢时，按照待核销的其他应收款金额，借记"待处理财产损溢"科目，贷记本科目。

已核销的其他应收款在以后期间又收回的,在财务会计中,借记“银行存款”等科目,贷记“其他收入”等科目。在预算会计中,借记“资金结存——货币资金”科目,贷记“其他预算收入”科目。

【例 3—7】 山水市检察院发生如下业务:

(1)工作人员小王因公务出差预借差旅费 4 500 元,通过零余额账户予以支付。

(2)小王出差归来报销差旅费,报销金额为 5 000 元,报销差额 500 元以现金支付。

(3)向下属部门反贪局发放备用金 6 000 元;根据部门实际报销数 7 500 元,用库存现金补足备用金差额 1 500 元。

具体账务处理如下:

(1)使用零余额账户予以支付时,在财务会计中:

借:其他应收款——小王	4 500	
贷:零余额账户用款额度		4 500

在预算会计中:

借:行政支出(待处理)	4 500	
贷:资金结存——零余额账户用款额度		4 500

(2)报销差旅费时,财务会计中:

借:业务活动费用	5 000	
贷:其他应收款——小王		4 500
库存现金		500

在预算会计中:

借:行政支出	5 000	
贷:行政支出(待处理)		4 500
资金结存——货币资金		500

(3)发放备用金时,在财务会计中:

借:其他应收款——备用金——反贪局	6 000	
贷:库存现金		6 000

在预算会计中:

借:行政支出(待处理)	6 000	
贷:资金结存——货币资金		6 000

根据报销数用现金补足备用金时,在财务会计中:

借:业务活动费用	7 500	
贷:库存现金		1 500
其他应收款——备用金——反贪局		6 000

在预算会计中:

借:行政支出	7 500	
贷:资金结存——货币资金		1 500
行政支出(待处理)		6 000

（九）存货

1. 存货的定义

存货，是指行政单位在开展业务活动及其他活动中为耗用而储存的各种物资，包括在途物资，材料、燃料、包装物和低值易耗品及未达到固定资产标准的家具、用具、装具等，以及自制或委托外单位加工的各种物资及未完成测绘、地质勘测、设计成果。行政单位随买随用的零星办公用品等可以在购进时直接列作支出，不通过本科目核算。

2. 存货的核算

为核算存货的增减变化情况及结果，行政单位应设置"在途物资"（资产类）、"库存物品"（资产类）、"加工物品"（资产类）账户。

"在途物资"账户主要用于核算单位采购材料等物资时已付但尚未验收入库的在途物资的采购成本。

"库存物品"账户主要用于核算单位材料、燃料、包装物和低值易耗品及未达到固定资产标准的家具、用具、装具等的实际成本。如备用的修理用材料、取暖材料、大宗办公用品、工具器具等。

"加工物品"账户主要用于核算单位自制或委托外单位加工的各种物资及未完成测绘、地质勘测、设计成果的实际成本。

存货应当在其到达存放地点并验收时确认，按照实际发生成本进行初始计量。

业务 1：存货的取得

行政单位存货的取得方式包括购入、自制、置换换入、接受捐赠、无偿调入、委托加工等。

（1）购入

购入材料已付款但是尚未验收入库时，财务会计中，应当按照采购成本入账，借记"在途物资"科目，贷记"财政拨款收入""零余额账户用款额度""银行存款""应付账款""应付票据"等科目。验收入库后，借记"库存物品"等科目，贷记"在途物资"科目。期末，"在途物资"的借方余额表示的是单位在途物资的实际成本。预算会计中，应借记"行政支出"等科目，贷记"财政拨款预算收入""资金结存"科目。

购入库存物品的成本包括购买价款、相关税费、运输费、装卸费、保险费以及其他使得存货达到目前场所和状态所发生的支出。根据外购的库存物品成本，借记"库存物品"科目，贷记"财政拨款收入""零余额账户用款额度""银行存款""应付账款""应付票据"等科目。

（2）自制

领用材料等时，借记"加工物品（自制物品——直接材料）"科目，贷记"库存物品"科目。

发生直接人工费用、其他直接费用时，分别借记"加工物品（自制物品——直接人工）""加工物品（自制物品——其他直接费用）"科目，分别贷记"应付职工薪酬""财政拨款收入""零余额账户用款额度""银行存款"等科目。

发生的间接费用应根据实际情况选择分配方法，分配方法一经选择，不得随意变更。借记"加工物品（自制物品——间接费用）"科目，贷记"财政拨款收入""零余额账户用款额度""银行存款""固定资产累计折旧""应付职工薪酬"等科目。

自制的库存物品验收入库时，按照实际发生的成本，借记"库存物品"科目，贷记"加工物品——自制物品”科目。自制库存物品实际发生的成本包括耗用的直接材料成本、直接人工费用、按照一定方法分配的相关间接费用等。

(3)置换换入

置换换入的存货验收入库时，成本按照换出资产的评估价值，加上支付的补价或减去收到的补价，加上为换入库存物品支付的其他费用(运输费等)确定。按照确定的成本，借记“库存物品”科目；按照换出资产的账面余额，贷记相关资产科目；按照置换过程中发生的其他相关支出，贷记“银行存款”等科目；按照借贷方差额，借记“资产处置费用”科目或贷记“其他收入”科目。

支付补价换入的库存物品验收入库时，按照确定的成本，借记本科目；按照换出资产的账面余额，贷记相关资产科目；按照支付的补价和置换过程中发生的其他相关支出，贷记“银行存款”等科目；按照借贷方差额，借记“资产处置费用”科目或贷记“其他收入”科目。

收到补价换入的库存物品验收入库时，财务会计中按照确定的成本，借记本科目；按照收到的补价，借记“银行存款”等科目，贷记相关资产科目；按照支付的补价和置换过程中发生的其他相关支出，贷记“银行存款”等科目；按照补价扣减其他相关支出后的净收入，贷记“应缴财政款”科目；按照借贷方差额，借记“资产处置费用”科目或贷记“其他收入”科目。

在预算会计中，应借记“其他支出”等科目，贷记“资金结存”科目。

(4)接受捐赠

接受捐赠的库存物品验收入库时，按照确定的成本，借记“库存物品”科目；按照发生的运输费用、相关税费等，贷记“银行存款”等科目，差额记入“捐赠收入”科目。

接受捐赠的库存物品的成本按照有关凭据注明的金额加上相关税费、运输费等确定；没有相关凭据可供取得，但依法经过资产评估的，其成本应当按照评估价值加上相关税费、运输费等确定；没有相关凭据可供取得、也未经评估的，其成本比照同类或类似存货的市场价格加上相关税费、运输费等确定；没有相关凭据也未经评估，其同类或类似存货的市场价格无法可靠取得的，该存货按照名义金额入账。

接受捐赠的库存物品按照名义金额入账的，财务会计中，借记本科目，贷记“捐赠收入”科目；按照发生的相关税费、运输费等的实际金额，借记“其他费用”等科目，贷记“零余额账户用款额度”“银行存款”等科目。预算会计中应借记“其他支出”等科目，贷记“资金结存”科目。

(5)无偿调入

按照调出方账面价值加上相关税费、运输费等确定库存物品的入账成本。

库存物品验收入库后，财务会计中，根据入账成本，借记“库存物品”科目，按照发生的相关税费、运输费等，贷记“银行存款”等科目，差额记入“其他净资产”科目。

预算会计中应借记“其他支出”等科目，贷记“资金结存”科目。

(6)委托加工

给外单位发出加工材料，财务会计中，借记“加工物品——委托加工物品”科目，贷记“库存物品”科目。

支付运输费、加工费等费用时，借记“加工物品——委托加工物品”科目，贷记“财政拨款收入”“零余额账户用款额度”“银行存款”等科目。

收回委托加工的库存物品时，按照实际发生的成本，借记“库存物品”科目，贷记“加工物品——委托加工物品”科目。

委托加工存货的成本按照未加工存货的成本加上加工费用和往返运输费等确定。

预算会计中，应借记“行政支出”等科目，贷记“资金结存”科目。

业务2：存货的发出

存货发出时，应当根据实际情况采用先进先出法、加权平均法或者个别计价法确定发出存货的实际成本。计价方法一经确定，不得随意变更。

开展业务活动等领用、发出、加工库存物品，按照领用、发出、加工库存物品的实际成本，借记“业务活动费用”“加工物品”科目，贷记“库存物品”科目。

经批准对外捐赠的库存物品，发出时按照库存物品的账面余额和对外捐赠过程中发生的归属于捐出方的相关费用合计数，借记“资产处置费用”科目；按照库存物品账目余额，贷记“库存物品”科目；按照对外捐赠过程中发生的归属于捐出方的相关费用，贷记“银行存款”等科目。

经批准无偿调出的库存物品，发出时按照库存物品的账面余额，借记“无偿调拨净资产”科目，贷记“库存物品”科目；同时，按照无偿调出过程中发生的归属于调出方的相关费用，借记“资产处置费用”科目，贷记“银行存款”等科目。

经批准置换换出的库存物品，应当转入待处理财产损溢，按照相关存货的实际成本，借记“待处理财产损溢”科目，贷记“库存物品”科目。

预算会计中应借记“其他支出”等科目，贷记“资金结存”科目。

业务3：库存物品的报废、损毁

报废、毁损的库存物品，应当转入待处理财产损溢，按照相关库存物品的账面余额，借记“待处理财产损溢”科目，贷记“库存物品”科目。

业务4：库存物品的清查盘点

行政单位的库存物品应当定期进行清查盘点，每年至少盘点一次。对于发生的库存物品盘盈、盘亏，应当及时查明原因，按规定报经批准后进行账务处理。属于正常的溢出或损耗，作为减少或增加当期支出处理。

盘盈时，按照确定的入账价值，借记“库存物品”科目，贷记“待处理财产损溢”科目。

盘亏时，转入待处理财产损溢时，按照其账面余额，借记“待处理财产损溢”科目，贷记“库存物品”科目。

【例3—8】 山水市公安局发生如下经济业务：

(1)取得办公用品，并验收合格入库。开出授权支付凭证，通知代理银行支付5 500元(含税)给供应商，另付运费200元现金给货运公司。

(2)本月，根据“材料出库单”，发生业务活动领用A材料2 400件。本月A材料的购进统计如下：6日购入数量1 500件，单价2元；10日购入数量3 000件，单价2.5元；18日购入数量500件，单价1.8元；A材料期初库存100件，单价2.8元。对A材料实际成本的核算采用先进先出法；另经批准，无偿调出本单位价值较高的B材料一批，采用个别计价法其价值为2 500元，另外支付运费130元；将本月未使用完的剩余A材料与下属单位进行置换。

(3)将不再需要的某物资对外出售，其账面余额为3 500元，按评估价值确定售价为2 000元，实现销售后，将取得的销售价款存入单位银行账户。

(4)年终，库存清查盘点发现甲材料盘盈5件，每件单价100元；乙材料3件受到损坏，已不能使用,每件200元。经查,甲材料盘盈属于漏记账所致,乙材料属于保管不当所致。经批准,甲材料做减少当年支出处理,乙材料做增加当年支出处理。

具体账务处理如下:

(1)物资入库时,在财务会计中:

借:库存物品——办公用品 5 700

　　贷:零余额账户用款额度 5 500

　　　　库存现金 200

在预算会计中:

借:行政支出 5 700

　　贷:资金结存——零余额账户用款额度 5 500

　　　　　　　　——货币资金 200

(2)发出材料时:

①采用先进先出法,确定本月发出A材料的成本为:

(100×2.8+1 500×2+800×2.5)/2 400=2.2(元)

业务活动领用材料成本=2.2×2 400=4 800(元)

在财务会计中:

借:业务活动费用 4 800

　　贷:库存物品——A 4 800

②采用个别计价法,对外无偿调出B材料时:

借:待处理财产损溢 2 500

　　贷:库存物品——B 2 500

借:业务活动费用 130

　　贷:银行存款 130

在预算会计中:

借:行政支出 130

　　贷:资金结存——货币资金 130

③剩余A材料的成本为=2.2×(100+1 500+3 000+500−2 400)=5 940(元)

借:待处理财产损溢 5 940

　　贷:库存物品——A 5 940

(3)出售不再需要的物资时,在财务会计中:

借:待处理财产损溢——待处理财产价值 3 500

　　贷:库存物品——某物资 3 500

实现销售,收到价款时:

借:银行存款 2 000

　　贷:待处理财产损溢——处理净收入 2 000

在预算会计中:

借:资金结存——货币资金 2 000

　　贷:其他预算收入 2 000

（4）清查盘点时，对甲材料的处理：

借：库存物品——甲材料　　500

　　贷：待处理财产损溢——待处理财产价值　　500

批准后：

借：待处理财产损溢——待处理财产价值　　500

　　贷：业务活动费用　　500

对乙材料的处理：

借：待处理财产损溢——待处理财产价值　　600

　　贷：库存物品——乙材料　　600

批准后：

借：业务活动费用　　600

　　贷：待处理财产损溢——待处理财产价值　　600

【例3—9】 山水市某事业单位与其兄弟单位置换一批材料，用本单位的A材料换入兄弟单位的B材料。换入的B材料价值为4 000元，换出的A材料账面余额5 000元，评估价值为3 000元，支付补价1 000元，发生运输费用500元。

具体账务处理如下：

置换换入时，在财务会计中：

借：库存物品——B材料　　4 500

　　资产处置费用　　2 000

　　贷：库存物品——A材料　　5 000

　　　　银行存款　　1 500

在预算会计中：

借：其他支出　　1 500

　　贷：资金结存　　1 500

（十）待摊费用

1. 待摊费用的定义

待摊费用，是指行政单位已经支出，但应当由本期和以后各期分别负担的分摊期在1年以内（含1年）的各项费用，如预付航空保险费、预付租金、预付报刊订阅费等。超过1年以上摊销的租入固定资产发生改良支出，以及摊销期限在1年以上的其他费用，应当在“长期待摊费用”科目核算，不在本科目核算。

2. 待摊费用的核算

为核算摊销费用，行政单位应当设置“摊销费用”账户，按照摊销费用种类设置明细账，进行明细核算。待摊费用应当在其受益期限内分期平均摊销，如预付航空保险费应在保险期的有效期内、预付租金应在租赁期间内、预付报刊订阅费应在订阅期内平均摊销，计入当期费用。本科目期末借方余额，反映行政单位各种已支出但尚未摊销的费用。

业务1：发生待摊费用

财务会计中，按照实际预付的金额，借记“待摊费用”科目，贷记“财政拨款收入”“财政应返还额度”“零余额账户用款额度”“银行存款”等科目。预算会计中,应借记“行政支出”科目,贷记“财政拨款预算收入”“资金结存”科目。

业务2:待摊费用摊销

按照受益期限分期平均摊销时,借记“业务活动费用”等科目,贷记“待摊费用”科目。

如果某项待摊费用已经不能使单位受益,应当将其摊余价值一次全部转入当期费用。

(十一)固定资产

1. 固定资产的定义和分类

固定资产,是指使用期限超过1年(不含1年)、单位价值在规定标准以上,并在使用过程中基本保持原有物质形态的资产。行政单位的固定资产必须同时具备以下两个条件:(1)使用时间在1年以上(不含1年);(2)单位价值在规定限额以上(1 000元以上,其中专用设备单位价值在1 500元以上)。

行政单位的固定资产按照性质进行分类,一般分为6类:

房屋和建筑物,是指单位拥有占有权和使用权的房屋、建筑物及附属设施。其中,房屋包括办公用房、业务用房、库房、职工宿舍、职工食堂、锅炉房等;建筑物包括道路、围墙、水塔等;附属设施包括房屋或建筑物内的电梯、通信线路、水气管道等。

通用设备,是指单位用于公务工作的通用设备,包括办公用的家具、交通工具等。

专用设备,是指单位根据业务工作的实际需要购置的各种具有专门性能和专门用途的设备,如专业仪器、设备等。

图书、档案,是指专业图书馆、文化馆贮藏的书籍,以及行政单位贮藏的统一管理使用的业务用书,如单位图书馆(室)、阅览室的图书等。

其他固定资产,是指以上各类未包含的固定资产,如家具、用具、装具、动植物。

文物和陈列品,是指博物馆、展览馆、纪念馆等馆藏和展览的各种文物和陈列品,如古物、字画、纪念品等。应当通过“文化文物资产”科目核算,不通过本科目核算。

已经入账的固定资产,除发生下列情况外,不得任意变动:根据国家规定,对固定资产的价值重新估价;增加补充设备或改良装置的;将固定资产的一部分拆除的;根据实际价值调整原来暂估价值;发现原来记录固定资产价值有错误的。行政单位应当每年对其占有和使用的固定资产盘点一次,以确保固定资产的安全和完整。对于盘盈和盘亏的固定资产,行政单位应及时查明原因,并做出相应处理。

2. 固定资产的核算

为核算固定资产业务,行政单位应设置“固定资产”账户(资产类),该账户平时借方余额表示行政单位占有或者使用的固定资产入账价值总额,期末借方余额,反映行政单位固定资产的原价。行政单位应当根据固定资产定义、有关主管部门对固定资产的统一分类,结合本单位的具体情况,制定适合本单位的固定资产目录、具体分类方法,作为进行固定资产核算的依据。行政单位应设置“固定资产登记簿”或“固定资产卡片”,并按固定资产类别对固定资产进行明细分类核算。出租、出借的固定资产,不通过本科目核算,应当设置备查簿进行登记。

业务1:购入固定资产

购入的固定资产,其成本包括实际支付的购买价款,相关税费,使固定资产交付使用前所发生的可归属于该项资产的运输费、装卸费、安装费和专业人员服务费等。

以一笔款项购入多项没有单独标价的固定资产，按照各项固定资产同类或类似固定资产市场价格的比例对总成本进行分配，分别确定各项固定资产的入账价值。

购入不需安装的固定资产，按照确定的固定资产成本，借记本科目，贷记“财政拨款收入”“零余额账户用款额度”“应付账款”“银行存款”科目。

购入需要安装的固定资产，先通过“在建工程”科目核算。安装完工交付使用时，借记本科目，贷记“在建工程”科目。

购入固定资产分期付款或扣留质量保证金的，在取得固定资产时，财务会计中按照确定的固定资产成本，借记本科目（不需安装）或“在建工程”科目（需要安装）；按照实际支付的金额，贷记“财政拨款收入”“零余额账户用款额度”“应付账款”“银行存款”等科目；按照扣留的质量保证金等金额，贷记“其他应付款”[扣留期在 1 年以内（含 1 年）]或“长期应付款”[扣留期超过 1 年]科目。在预算会计中，应借记“行政支出”“事业支出”“经营支出”，贷记“财政拨款预算收入”“资金结存”等科目。

业务 2：固定资产的建造

自行建造的固定资产，其成本包括建造该项资产至交付使用前所发生的全部必要费用，先通过“基建工程”或“在建工程”科目核算。

(1)通过基建项目取得的固定资产，应当按照基本建设过程中所发生的实际成本作为入账成本。

基建工程完工交付使用时，对于交付使用的建筑工程，按建筑工程成本和应分摊的待摊投资，借记本科目，贷记“基建工程——建筑安装工程投资——建筑工程”“基建工程——待摊投资”科目；对于交付使用的达到固定资产标准的需安装设备，按设备的采购成本、安装工程成本和应分摊的待摊投资，借记本科目，贷记“基建工程——设备投资——在安装设备”“基建工程——建筑安装工程投资——安装工程”“基建工程——待摊投资”科目。

对于通过基建项目购入的达到固定资产标准的不需安装设备，应当于该固定资产移交使用时，按设备采购成本，借记本科目，贷记“基建工程——设备投资——不需安装设备”科目。

对于通过基建项目直接购入的成品房屋，应当于该房屋移交使用时，按取得成品房屋所发生的实际成本，借记本科目，贷记“基建工程——其他投资”科目。

(2)通过非基建项目取得的固定资产建造完成交付使用时，按自行建造过程中发生的实际成本，借记本科目，贷记“在建工程”科目。已交付使用但尚未办理竣工决算手续的固定资产，按照估计价值入账，待确定实际成本后再进行调整。

业务 3：自行繁育的动植物

自行繁育的动植物，其成本包括在达到可使用状态前所发生的全部必要支出。

购入需要繁育的动植物，按照购入的成本，借记“固定资产——未成熟动植物”科目，贷记“财政拨款收入”“零余额账户用款额度”“应付账款”“银行存款”科目。

发生繁育费用，按照实际支付的金额，借记“固定资产——未成熟动植物”科目，贷记“财政拨款收入”“零余额账户用款额度”“应付账款”“银行存款”科目。

动植物达到可使用状态时，借记“固定资产——成熟动植物”科目，贷记“固定资产——未成熟动植物”科目。

业务 4：固定资产的改扩建

在原有固定资产基础上进行改建、扩建、修缮的固定资产，其成本按照原固定资产的账面价值（“固定资产”科目账面余额减去“累计折旧”科目账面余额后的净值）加上改建、扩建、修缮发生的支出，再扣除固定资产拆除部分账面价值后的金额确定。

将固定资产转入改建、扩建、修缮时，按照固定资产的账面价值，借记“在建工程”“基建工程”科目；按照固定资产已计提折旧，借记“固定资产累计折旧”科目；按照固定资产的账面余额，贷记本科目。

工程完工交付使用时，按照确定的固定资产成本，借记本科目，贷记“在建工程”科目。

业务 5：固定资产的置换

参照“库存物品”科目中置换取得库存物品的相关规定进行账务处理。

业务 6：固定资产的捐赠与无偿调入

接受捐赠、无偿调入的固定资产，其成本按照有关凭据注明的金额加上相关税费、运输费等确定；没有相关凭据可供取得，但依法经过资产评估的，其成本应当按照评估价值加上相关税费、运输费等确定；没有相关凭据可供取得，也未经评估的，其成本比照同类或类似固定资产的市场价格加上相关税费、运输费等确定；没有相关凭据也未经评估，其同类或类似固定资产的市场价格无法可靠取得的，相关税费、运输费等计入当期费用，所取得的固定资产应当按照名义金额入账。

接受捐赠的固定资产，按照确定的固定资产成本，借记本科目（不需安装）或“在建工程”科目（需安装）；按照实际支付的相关税费、运输费等，贷记“应交增值税”“零余额账户用款额度”“银行存款”等科目；按差额贷记“捐赠收入”科目。

无偿调入的固定资产，按照确定的固定资产成本，借记本科目（不需安装）或“在建工程”科目（需安装），按照实际支付的相关费用等，贷记“银行存款”等科目，按差额贷记“其他净资产”科目。

预算会计中应借记“其他支出（支付的相关税费）”科目，贷记“资金结存”科目。

业务 7：融资租赁取得的固定资产

融资租赁取得的固定资产，其成本按照租赁协议或者合同确定的租赁价款、相关税费以及固定资产交付使用前所发生的可归属于该项资产的运输费、途中保险费、安装调试费等确定。

融资租入的固定资产，按照确定的成本，借记本科目（不需安装）或“在建工程”科目（需安装），按照租赁协议或者合同确定的租赁付款额，贷记“长期应付款”科目。

按照支付的运输费、途中保险费、安装调试费等金额，借记本科目（不需安装）或“在建工程”科目（需安装），贷记“财政拨款收入”“零余额账户用款额度”“银行存款”等科目。

按照定期支付的租金，借记“长期应付款”科目，贷记“财政拨款收入”“零余额账户用款额度”“银行存款”等科目。

按规定跨年度分期付款购入固定资产的账务处理，采用类似融资租入固定资产的账务处理。

预算会计中，应借记“行政支出”“事业支出”“经营支出”科目，贷记“财政拨款预算收入”“资金结存”等科目。

业务 8：固定资产的折旧

(1)固定资产累计折旧原则

行政单位对下列固定资产不计提折旧:文物及陈列品;图书、档案;动植物;以名义金额入账的固定资产;境外行政单位持有的能够与房屋及构筑物区分、拥有所有权的土地。

计提累计折旧应注意以下几点:

行政单位对固定资产是否计提折旧,由财政部另行规定。

行政单位一般应当采用年限平均法或工作量法计提固定资产折旧;计提固定资产折旧不考虑预计净残值。

行政单位一般按月计提固定资产折旧。当月增加的固定资产,当月不提折旧,从下月起计提折旧;当月减少的固定资产,当月照提折旧,从下月起不提折旧。

固定资产提足折旧后,无论能否继续使用,均不再提取折旧;提前报废的固定资产,也不再补提折旧。已提足折旧的固定资产,可以继续使用的,应当继续使用,规范管理。

固定资产因改建、扩建或修缮等原因而提高使用效能或延长使用年限的,应当按照重新确定的固定资产成本以及重新确定的折旧年限,重新计算折旧额。

(2)固定资产累计折旧核算

为核算行政单位的固定资产累计折旧,应设置"固定资产累计折旧"科目。其中,公共基础设施资产计提的累计折旧,应当通过"公共基础设施累计折旧"科目核算,不通过本科目核算。

固定资产累计折旧的主要账务处理如下:

①按月计提固定资产时,按照应计提折旧金额,借记"业务活动费用"等科目,贷记"固定资产累计折旧"科目。

②处置固定资产时,按照所处置固定资产的账面价值,借记"待处理财产损溢"等科目(出售、置换换出、报废、毁损、盘亏);按照固定资产已计提折旧,借记"固定资产累计折旧"科目;按照固定资产的账面余额,贷记"固定资产"科目。

业务9:固定资产的后续支出

为增加固定资产使用效能或延长其使用寿命而发生的改建、扩建或修缮等后续支出,应当计入固定资产成本,通过"在建工程"科目核算,完工交付使用时转入本科目。

为维护固定资产正常使用而发生的日常修理等后续支出,应当计入当期支出但不计入固定资产成本,借记"业务活动费用"等科目,贷记"财政拨款收入""零余额账户用款额度""银行存款"等科目。

业务10:固定资产的处置

固定资产的处置,包括出售、置换换出、无偿调出、对外捐赠、报损等。

经批准出售、置换换出、无偿调出、对外捐赠以及对外投资的固定资产转入待处理财产损溢时,按照固定资产的账面价值,借记"待处理财产损溢"科目;按照已计提折旧,借记"固定资产累计折旧"科目;按照固定资产的账面余额,贷记本科目。

报废、毁损的固定资产转入待处理财产损溢时,按照固定资产的账面价值,借记"待处理财产损溢"科目;按照已计提折旧,借记"固定资产累计折旧"科目;按照固定资产的账面余额,贷记本科目。

业务11:固定资产清查盘点

行政单位的固定资产应当定期进行清查盘点,每年至少盘点一次。对于固定资产发生盘盈、盘亏的,应当及时查明原因,按照规定报经批准后进行账务处理。

盘盈的固定资产,应先进行资产评估,评估后,按照评估价值入账;没有进行过资产评估的,按照重置成本入账。盘盈的固定资产,按照确定的入账价值,借记本科目,贷记“待处理财产损溢”科目。

盘亏的固定资产,按照盘亏固定资产的账面价值,借记“待处理财产损溢”科目;按照已计提折旧,借记“固定资产累计折旧”科目;按照固定资产账面余额,贷记本科目。

【例 3—10】 山水市公安局发生如下经济业务:

(1)经批准,通过政府采购购置复印机 6 台。其中 4 台验收后交付使用,货款 36 000 元(含税),运费 200 元;另外两台需安装后使用,入账价值 14 000 元,不考虑其他费用,建造中尚需发生费用 5 000 元,安装完成后转入固定资产。

(2)经批准,与下属部门进行资产置换,用本单位一部传真机换取笔记本电脑一台,传真机原值 3 500 元,已计提折旧 1 000 元;换入笔记本电脑未知账面价值,根据相关规定对换入的固定资产进行资产评估,笔记本电脑价值 6 000 元,协议达成后通过银行转账支付置换补价款项 3 500 元。

(3)接受其他部门捐赠扫描仪一台,有关凭据已缺失,根据资产评估,该设备价值 2 470 元,取得该设备时用现金支付运输费 130 元,所有价款已以现金支付完毕;同月收到上级无偿调入用于资产维护的物资一批,价值 675 元。

(4)经批准,将一台不需使用的旧复印机出售进行资产处置,原价 6 000 元,已计提折旧 3 000 元;出售取得价款 4 800 元,收进现金。

(5)年终进行固定资产清查,盘盈扫描设备一台,其重置市场价格为 1 000 元。

具体账务处理如下:

(1)①购入 4 台不需要安装的复印机时,在财务会计中:

借:固定资产——办公设备	36 200	
贷:银行存款		36 200

在预算会计中:

借:行政支出	36 200	
贷:财政拨款预算收入		36 200

②安装 2 台复印机时,在财务会计中:

借:在建工程	5 000	
贷:银行存款		5 000

在预算会计中:

借:行政支出	5 000	
贷:财政拨款预算收入		5 000

安装完成时:

借:固定资产	19 000	
贷:在建工程		19 000

(2)①冲销置换出的固定资产价值时:

借：待处理财产损溢——待处理财产价值　　2 500
　　固定资产累计折旧　　1 000
　　贷：固定资产——传真机　　3 500

②确认新换入资产及相关费用时：

借：固定资产——笔记本　　6 000
　　待处理财产损溢——处理净收入　　3 500
　　贷：待处理财产损溢——待处理财产价值　　2 500
　　　　银行存款　　3 500
　　　　其他收入　　3 500

在预算会计中：

借：行政支出　　3 500
　　贷：资金结存——货币资金　　3 500

(3)①接受捐赠的扫描仪时：

借：固定资产——扫描仪　　2 600
　　贷：库存现金　　130
　　　　捐赠收入　　2 470

在预算会计中：

借：行政支出　　130
　　贷：资金结存——货币资金　　130

②接受上级无偿调入的物资时：

借：固定资产——物资　　675
　　贷：其他净资产　　675

(4)资产处置时：

借：待处理财产损溢——待处理资产价值　　3 000
　　固定累计折旧　　3 000
　　贷：固定资产——办公设备　　6 000

实现销售时：

借：库存现金　　4 800
　　贷：待处理财产损溢——处理净收入　　4 800

在预算会计中：

借：资金结存——货币资金　　4 800
　　贷：其他预算收入　　4 800

(5)盘盈处理时：

借：固定资产——扫描设备　　1 000
　　贷：待处理财产损溢——待处理资产价值　　1 000

一般行政单位固定资产一般不涉及动植物类科目，“固定资产——未成熟动植物”“固定资产——成熟动植物”主要针对一些特定的农业、城市建设、园林、环境保护等行政单位，拥有自行栽培、营造、繁殖或养殖的生物资产等。

【例 3—11】 山水市林业局下属园林部门发生如下经济业务：

(1)为加强城市绿化需要，林业局购入需要培育的新树苗一批，入账价值 45 000 元，通过零余额账户支付。

(2)新苗培育期间，共发生繁育费用计 3 750 元。

(3)待新苗达到可种植状态时，在城市规划林地区域内完成新苗种植。

具体账务处理如下：

(1)购入时：

借：固定资产——未成熟动植物 45 000

贷：零余额账户用款额度 45 000

在预算会计中：

借：行政支出 45 000

贷：资金结存——零余额账户用款额度 45 000

(2)发生期间费用时：

借：固定资产——未成熟动植物 3 750

贷：银行存款 3 750

在预算会计中：

借：行政支出 3 750

贷：资金结存——货币资金 3 750

(3)达到可种植状态时：

借：固定资产——成熟动植物 48 750

贷：固定资产——未成熟动植物 48 750

【例 3—12】 山水市公安局建立了固定资产折旧制度，发生如下经济业务：

(1)根据“固定资产折旧计算表”，当月应计提固定资产折旧共计 38 000 元。

(2)年终固定资产清查，盘亏税控机一台，其账面余额为 8 000 元，已计提折旧 6 500 元。

具体账务处理如下：

(1)当月计提折旧时：

借：业务活动费用 38 000

贷：固定资产累计折旧 38 000

(2)计提折旧时：

借：待处理财产损溢——待处理资产价值 1 500

固定资产累计折旧 6 500

贷：固定资产——税控机 8 000

(十二)待处理财产损溢

1. 待处理财产损溢的定义

待处理财产损溢，是指行政单位待处理财产的价值及财产处理损溢。行政单位财产的处理包括资产的出售、报废、毁损、盘盈、盘亏，以及货币性资产损失核销等。正确反映资产的处理损溢，合理处理行政单位的各项资产，能够加强国有资产管理，有效防止国有资产流失。

2. 待处理财产损溢的核算

为核算待处理财产损溢业务，行政单位应设置“待处理财产损溢”账户（资产类），该账户应当按照待处理财产项目进行明细核算；对于在财产处理过程中取得收入或发生相关费用的项目，应当设置“待处理财产损溢——待处理财产价值”“待处理财产损溢——处理净收入”明细科目，进行明细核算。该账户期末如为借方余额，反映尚未处理完毕的各种财产的价值及净损失；期末如为贷方余额，反映尚未处理完毕的各种财产净溢余。年度终了，报经批准处理后，本科目一般应无余额。

业务 1：现金短缺或溢余

（1）现金短缺：属于无法查明原因的，报经批准核销的，借记“资产损失”科目，贷记本科目。属于应由责任人赔偿或向有关人员追回的，借记“其他应收款”科目，贷记本科目。

（2）现金溢余：属于无法查明原因的，报经批准后，借记本科目，贷记“其他收入”科目。属于应支付的有关单位或个人的，借记本科目，贷记“其他应付款”科目。

业务 2：无法收回的应收款项、长期股权投资、无形资产

转入待处理财产损溢时，借记“待处理财产损溢——待处理财产价值”科目，贷记“应收账款”“其他应收款”“长期股权投资”“无形资产”科目。无形资产在转入时，还应借记“累计摊销”科目。

报经批准对无法收回的以上无法收回的资产予以核销时，借记“资产损失”科目，贷记“待处理财产损溢——待处理财产价值”科目。

业务 3：出售、置换换出存货、固定资产、无形资产、政府储备物资等

转入待处理财产损溢时，借记“待处理财产损溢——待处理财产价值”科目，贷记“存货”“固定资产”“无形资产”“政府储备物资”等科目。如果出售、置换换出固定资产（或无形资产）的，还应当借记“累计折旧（或累计摊销）”科目。

出售、置换换出资产过程中收到价款、补价等收入，借记“库存现金”“银行存款”等科目，贷记“待处理财产损溢——处理净收入”科目。置换资产过程中支付补价，借记“待处理财产损溢—处理净收入”科目，贷记“库存现金”“银行存款”“财政拨款收入”“零余额账户用款额度”等科目。

出售、置换换出资产过程中发生相关费用，借记“待处理财产损溢——处理净收入”科目，贷记“库存现金”“银行存款”“应交税费”等科目。

出售资产结清价款后，应以出售收入扣除相关税费后的净收入，借记“待处理财产损溢——处理净收入”科目，贷记“应缴财政款”“其他收入”等科目。如果出售收入扣除相关税费后是净支出，借记“其他费用”科目，贷记“待处理财产损溢——处理净收入”科目。同时，按照该资产的账面余额，借记“其他费用”科目，贷记“待处理财产损溢——待处理财产价值”科目。同时，预算会计中，借记“其他支出”科目，借记“资金结存——货币资金”科目。

置换的资产，按照确定的成本，借记换入资产的相关科目，贷记“待处理财产损溢——待处理财产价值”“待处理财产损溢——处理净收入”科目，差额借记“资产损失”或贷记“其他收入”科目。若在置换过程中收到补价，按补价扣除相关费用后的差额，借记“待处理财产损溢——处理净收入”科目，贷记“应缴财政款”科目。

业务 4：对外捐赠、无偿调出存货、固定资产、无形资产、公共基础设施、政府储备物资

转入待处理财产损溢时,借记“待处理财产损溢——待处理财产价值”科目,贷记“存货”“固定资产”“无形资产”“政府储备物资”等科目。如果出售、置换换出固定资产(或无形资产)的,还应当借记“累计折旧(或累计摊销)”科目。

发生的应由捐赠方或调出方承担的费用,借记“待处理财产损溢——处理净收入”科目,贷记“库存现金”“银行存款”“其他应交税费”等科目。

实际捐赠时,按照捐赠资产的账面余额,借记“其他费用”等科目,贷记“待处理财产损溢——待处理财产价值”科目;实际调出时,按照调出资产的账面余额,借记“其他净资产”科目,贷记“待处理财产损溢——待处理财产价值”科目。在捐赠、调出过程中,按照捐赠、调出承担的费用,借记“其他费用”科目,贷记“待处理财产损溢——处理净收入”科目。

业务5:盘亏、毁损、报废各种实物资产

转入待处理财产损溢时,借记“待处理财产损溢——待处理财产价值”科目(处置固定资产、公共基础设施的,还应当借记“累计折旧”等科目),贷记“库存物品”“固定资产”“在建工程”“政府储备物资”“公共基础设施”等科目。

毁损、报废各种实物资产过程中取得的残值变价收入、发生相关费用,以及取得的残值变价收入扣除相关费用后的净收入或净支出的账务处理,参照有关出售、置换资产进行处理。

业务6:盘盈存货、固定资产、政府储备物资等实物资产

转入待处理财产损溢时,借记“库存物品”“固定资产”“政府储备物资”等科目,贷记“待处理财产损溢——待处理财产价值”科目。

报经批准予以处理时,若为存货,借记“待处理财产损溢——待处理财产价值”科目,贷记“业务活动费用”科目;若为固定资产等非流动资产,按照前期差错处理,借记“待处理财产损溢——待处理财产价值”科目,贷记“前期调整”科目。

【例3—13】 山水市公安局年末核销“待处理财产损溢”科目时,发生如下经济业务:

(1)经审查,现金盘查的现金短缺500元,无法查明原因,经批准予以核销。

(2)经审查,没有收回的34 500元应收账款确认无法收回,经批准予以核销。

(3)年末,发现建设中的联网报警中心信息系统中存在部分重复建设,经批准,将账面价值为8 000元的在建工程予以核销。

具体账务处理如下:

(1)核销现金短缺时:

借:资产损失　　500

　　贷:待处理财产损溢——现金短缺　　500

(2)发现无法收回的应收账款时:

借:待处理财产损溢——待处理财产价值　　34 500

　　贷:应收账款　　34 500

报经批准,核销无法收回的应收账款时:

借:资产损失　　34 500

　　贷:待处理财产损溢——待处理财产价值　　34 500

(3)发现部分重复建设的在建工程时:

借:待处理财产损溢——待处理财产价值　8 000

　　贷:在建工程　8 000

报经批准,核销重复建设的在建工程时:

借:资产损失　8 000

　　贷:待处理财产损溢——待处理财产价值　8 000

【例 3—14】 山水市公安局年末盘点库存物品时发生如下经济业务:

(1)盘盈部分库存物品,价值 1 500 元,报经批准处理。

(2)对一台专用设备进行报废处理,价值 20 000 元,已提折旧 16 000 元。报经批准后,将该设备进行变卖,产生相关费用 1 000 元,残值收入 2 000 元。

具体账务处理如下:

(1)盘盈库存物品时:

借:库存物品　1 500

　　贷:待处理财产损溢　1 500

借:待处理财产损溢　1 500

　　贷:以前年度盈余调整　1 500

(2)对设备进行报废处理时:

借:待处理财产损溢——待处理财产价值　4 000

　　固定资产累计折旧　16 000

　　贷:固定资产　20 000

借:资产处置费用　4 000

　　贷:待处理财产损溢——待处理财产价值　4 000

借:银行存款　2 000

　　贷:待处理财产损溢——处理净收入　2 000

借:待处理财产损溢——处理净收入　1 000

　　贷:银行存款　1 000

借:待处理财产损溢——处理净收入　1 000

　　贷:应缴财政款　1 000

在预算会计中:

借:其他支出　1 000

　　贷:资金结存——货币资金　1 000

(十三)在建工程

1. 在建工程的定义

在建工程,是指行政单位核算已经发生必要支出,但尚未完工交付使用的各种建筑(包括新建、改建、扩建、修缮等)、设备安装工程和信息系统建设工程的实际成本。不能够增加固定资产、公共基础设施使用效能或延长其使用寿命的修缮、维护等支出,不通过本科目核算。

2. 在建工程的核算

为核算在建工程业务,行政单位应设置"在建工程"账户(资产类),该账户应当按照"建筑工程”“设备安装”“信息系统建设”“预付工程款”等进行明细核算。需要分摊计入不同工程项目的间接工程成本,应当通过本科目下设置的“待摊投资”明细科目核算。基建工程项目不通过本科目核算,而应通过“基建工程”科目核算。本账户期末借方余额,反映行政单位尚未完工的在建工程的实际成本。

业务 1:建筑工程

(1)建筑工程转入

将固定资产转入改建、扩建或修缮等时,按照固定资产的账面价值,借记“在建工程”科目;按照固定资产已计提折旧,借记“累计折旧”科目;按照固定资产的账面余额,贷记“固定资产”科目。

(2)建筑部分拆除

将改建、扩建或修缮的建筑部分拆除时,按照拆除部分的账面价值(没有固定资产拆除部分的账面价值的,比照同类或类似固定资产的实际成本或市场价格及其拆除部分占全部固定资产价值的比例确定),借记“待处理财产损溢——待处理财产价值”科目,贷记“在建工程——建筑工程”科目。

改建、扩建或修缮的建筑部分拆除获得残值收入时,借记“银行存款”等科目,贷记“待处理财产损溢——待处理财产价值”科目。

(3)工程价款结算

根据工程进度支付工程款时,按照实际支付的金额,借记“在建工程”科目,贷记“财政拨款收入”“零余额账户用款额度”“银行存款”等科目。

根据工程价款结算账单与施工企业结算工程价款时,按照工程价款结算账单上列明的总金额,借记“在建工程——建筑工程”科目;按照预付的工程款,贷记“在建工程——预付工程款”科目;按照扣除预付款后的余额,贷记“应付账款——应付工程款”“银行存款”等科目。

支付工程价款结算账单以外的款项时,其中归属于在建工程的,借记“在建工程”科目,贷记“财政拨款收入”“零余额账户用款额度” “银行存款”等科目。

预算会计中,应借记“行政支出”科目,贷记“财政拨款预算收入”“资金结存”科目。

工程完工及交付的业务包括:

①建筑工程项目完工交付使用时,按照交付使用工程的实际成本,借记“固定资产”“无形资产”(交付使用的工程项目中有能够单独区分成本的无形资产)科目,贷记“在建工程——建筑工程”科目。

②建筑工程项目完工交付使用时扣留质量保证金的,按照扣留的质量保证金金额,借记“在建工程”科目,贷记“长期应付款”“其他应付款”等科目。

③为工程项目配套而建成的、产权不归属本单位的专用设施,将专用设施产权移交其他单位时,按照应当交付专用设施的实际成本,借记“其他净资产”科目,贷记“在建工程——建筑工程”科目。

④工程完工但不能形成资产的项目,应当按照规定报经批准后予以核销。转入待处理财产损溢时,按照不能形成资产的工程项目的实际成本,借记“待处理财产损溢”科目,贷记“在建工程——建筑工程”科目。

业务 2：设备安装

购入需要安装的设备，按照购入的成本，借记“在建工程——设备安装”科目，贷记“财政拨款收入”“零余额账户用款额度”“银行存款”等科目。

发生安装费用时，按照实际支付的金额，借记“在建工程——设备安装”科目，贷记“财政拨款收入”“零余额账户用款额度”“银行存款”等科目。

设备安装完工交付使用时，借记“固定资产”“无形资产”（交付使用的设备中有能够单独区分成本的无形资产）科目，贷记“在建工程——设备安装”科目。

融资租入的需要安装的设备，按照相关税费、运输费等，借记“在建工程——设备安装”；按照租赁协议或合同的租赁款，贷记“长期应付款”科目；按照相关税费、运输费等，贷记“财政拨款收入”“零余额账户用款额度”“银行存款”等科目。

业务 3：信息系统建设

发生各项建设支出时，按照实际支付的金额，借记“在建工程——信息系统建设”科目，贷记“财政拨款收入”“零余额账户用款额度”“银行存款”等科目。

信息系统建设完成交付使用时，按照交付使用信息系统的实际成本，借记“固定资产”“无形资产”科目，贷记“在建工程——信息系统建设”科目。

业务 4：在建工程的毁损

毁损的在建工程成本，应当转入“待处理财产损溢”科目进行处理。转入待处理财产损溢时，借记“待处理财产损溢”科目，贷记“在建工程”科目。

【例 3—15】 山水市公安局发生如下经济业务：

(1)为加强对警用物资的储备管理，本单位发生建筑工程业务如下：

①修缮本单位警用物资储备仓库，仓库账面价值为 150 万元，已计提折旧 90 万元。

②因公用地需要，拆除单位上一年度扩建的部分警用物资储备仓库，拆除的仓库账面价值为 48 万元，占总仓库面积的五分之一；拆除后获得残值收入合计 12 万元。

③按照工程价款结算账单，在修缮物资储备仓库期间共支付工程价款 165 000 元，通过财政授权项目支出拨款支付；工程完成后交付，完成验收。

(2)为提高本单位警用装备水平，发生设备安装业务如下：

①购入一套需要安装、调试的警用设备，设备价值及运费合计 27 000 元，通过单位的零余额账户支付，所用资金为公共财政预算项目经费拨款；实际支付设备安装费 1 500 元。

②设备安装完工交付使用，设备的实际成本为 28 000 元。

③年末，升级建造该警用设备，经验收后交付使用，其建造成本为 45 000 元。

④为提高城市安保水平，进行联网报警中心的信息系统建设，通过财政部门直接支付方式支付包括开发、安装、调试等费用在内的信息系统建设项目专款合计 102 万元。

具体账务处理如下：

(1)①修缮仓库时：

借：在建工程——物资储备仓库(修缮)	1 500 000	
固定资产累计折旧	900 000	
贷：固定资产		2 400 000

②扩建仓库时：

借:待处理财产损溢——待处理财产价值 480 000
　　贷:在建工程——物资储备仓库(拆除) 480 000

取得残值收入时:

借:银行存款 120 000
　　贷:待处理财产损溢——处置净收入 120 000

在预算会计中:

借:资金结存——货币资金 120 000
　　贷:其他支出 120 000

③借:在建工程——物资储备仓库(修缮) 165 000
　　贷:财政拨款收入——项目支出 165 000

在预算会计中:

借:行政支出 165 000
　　贷:财政拨款预算收入 165 000

完工后结转:

借:固定资产—物资储备仓库 165 000
　　贷:在建工程——物资储备仓库(修缮) 165 000

(2)①购入设备时:

借:在建工程——设备安装工程 27 000
　　贷:零余额账户用款额度 27 000

在预算会计中:

借:行政支出 27 000
　　贷:资金结存——零余额账户用款额度 27 000

支付安装费用时:

借:在建工程——设备安装工程 1 500
　　贷:零余额账户用款额度 1 500

在预算会计中:

借:行政支出 1 500
　　贷:资金结存——零余额账户用款额度 1 500

②安装交付使用时:

借:固定资产——专业设备 28 000
　　贷:在建工程——设备安装工程 28 000

③验收交付使用时:

借:资产基金——在建工程 45 000
　　贷:在建工程——警用设备建造工程 45 000

同时:

借:固定资产——警用设备 45 000
　　贷:在建工程——警用设备 45 000

④通过财政部门直接支付信息系统建设项目专款时:

借：在建工程——信息系统建设　　1 020 000
　贷：财政拨款收入——项目支出拨款　　1 020 000

(十四)工程物资

1. 工程物资的定义

工程物资，是指行政单位为在建工程和基建工程准备的各种物资的成本，包括工程材料等。为核算在建工程和基建工程准备的物资，应设置"工程物资"账户(资产类)，该账户应当按照工程物资的类别进行明细核算。

2. 工程物资的核算

业务 1:购入为工程准备的物资

财务会计中，应按照购入工程物资的成本，借记本科目，贷记"零余额账户用款额度""财政拨款收入""银行存款"等科目。预算会计中，应借记"行政支出""事业支出""经营支出"等科目，贷记"财政拨款预算收入""资金结存"科目。

业务 2:领用工程物资

在领用工程物资时，借记"在建工程""基建工程"科目，贷记本科目。工程完工后，若有工程物资剩余，在退库时，借记本科目，贷记"在建工程""基建工程"科目。

业务 3:将工程物资转为存货

在工程完工后，将剩余的工程物资转为本单位存货的，按照物资成本，借记"库存物品"等科目，贷记本科目。涉及增值税业务的，参照"应交增值税"业务进行账务处理。

(十五)无形资产

1. 无形资产的定义

无形资产，是指不具有实物形态而能为行政单位提供某种权利的非货币性资产，包括著作权、土地使用权、专利权、非专利技术等。行政单位购入的不构成相关硬件不可缺少组成部分的软件，应当作为无形资产核算。

2. 无形资产的核算

为核算无形资产业务，行政单位应设置"无形资产"账户(资产类)，并应当按照无形资产的类别、项目等进行明细核算。本账户期末借方余额，反映行政单位无形资产的原价。

业务 1:取得无形资产

购入的无形资产，按照确定的成本，借记本科目，贷记"财政拨款收入""零余额账户用款额度""银行存款"等科目。

购入无形资产尚未付款的，取得无形资产时，按照确定的成本，借记"无形资产"科目，贷记"应付账款"科目。

外购无形资产的成本包括实际支付的购买价款、相关税费以及可归属于该项资产达到预定用途所发生的其他支出。

预算会计中，应借记"行政支出"科目，贷记"财政拨款预算收入""资金结存"科目。

业务 2:委托开发无形资产

委托软件公司开发软件，视同外购无形资产进行处理。

软件开发前按照合同约定预付开发费用时,借记"预付账款"科目,贷记"财政拨款收入""零余额账户用款额度""银行存款"等科目。

软件开发完成交付使用并支付剩余或全部软件开发费用时,按照软件开发费用总额,借记"无形资产"科目;按照实际支付的金额,贷记"财政拨款收入""零余额账户用款额度""银行存款"等科目;按照冲销的预付开发费用,贷记"预付账款"科目。

预算会计中,应借记"行政支出"科目,贷记"财政拨款预算收入""资金结存"科目。

业务 3:自行开发无形资产

行政单位自行开发无形资产,应将其分为研究阶段和开发阶段两个阶段进行明细核算,分别核算相应的各项费用。

(1)自行研究开发项目研究阶段的费用首先在"研发支出"科目归集。按照从事研究及其辅助活动人员计提的薪酬,领用的库存物品,发生的与研究活动相关的管理费、间接费用或其他各项费用,借记"研发支出——研究阶段支出"科目,贷记"应付职工薪酬""库存物品""财政拨款收入""零余额账户用款额度""固定资产累计折旧""银行存款"等科目。

期(月)末,将归集的研究阶段的支出金额转入当期费用,借记"业务活动费用""其他费用"等科目,贷记"研发支出——研究阶段支出"科目。

(2)自行研究开发项目开发阶段的支出,首先在"研发支出"科目归集。按照从事研究及其辅助活动人员计提的薪酬,领用的库存物品,发生的与研究活动相关的管理费、间接费用或其他各项费用,借记"研发支出——开发阶段支出"科目,贷记"应付职工薪酬""库存物品""财政拨款收入""零余额账户用款额度""固定资产累计折旧""银行存款"等科目。

自行开发的无形资产完成时,按照项目进入开发阶段后至达到预定可使用状态前所发生的所有费用,借记"无形资产"科目,贷记"研发支出——开发阶段支出";最终未形成无形资产的,借记"业务活动费用""其他费用"等科目,贷记"研发支出——开发阶段支出"科目。

自行开发并尚未进入开发阶段,或是无法区分研究阶段费用与开发阶段费用,按法律程序申请取得的无形资产,按照依法取得时发生的注册费、聘请律师费等费用确定成本。

预算会计中,应借记"行政支出"科目,贷记"财政拨款预算收入""资金结存"科目。

业务 4:置换换入的无形资产

置换取得无形资产的成本按照换出资产的评估价值加上支付的补价或减去收到的补价,加上为换入无形资产支付的其他费用(登记费等)确定。

支付补价换入无形资产的,按照确定的成本,借记"无形资产"科目;按照换出资产的账面价值、实际支付的补价和相关税费,贷记"待处理财产损溢"科目;按其差额,借记"资产损失"或贷记"其他收入"科目。

收到补价换入无形资产的,按照确定的成本,借记"无形资产"科目;按照换出资产的账面价值、收到补价扣除相关费用之后为净损失,贷记"待处理财产损溢"科目;按其差额,借记"资产损失"或贷记"其他收入"科目。如果收到的补价扣除相关费用之后为净收入,借记"待处理财产损溢——处理净收益"科目,贷记"应缴财政款"等科目。

业务 5:接受捐赠的无形资产

接受捐赠无形资产时,按照确定的无形资产成本,借记"无形资产"科目;按照发生的相关税费,贷记"应交增值税""零余额账户用款额度""银行存款"等科目。

接受捐赠无形资产的成本按照有关凭据注明的金额加上相关税费确定；没有相关凭据可供取得，但依法经过资产评估的，其成本应当按照评估价值加上相关税费确定；没有相关凭据可供取得，也未经评估的，其成本比照同类或类似资产的市场价格加上相关税费确定；没有相关凭据也未经评估，其同类或类似无形资产的市场价格无法可靠取得的，所取得的无形资产应当按照名义金额入账，相关税费计入当期费用。

预算会计中，应借记“其他支出”科目，贷记“资金结存”科目。

业务 6：无偿调入的无形资产

无偿调入的无形资产，财务会计中，按照无形资产的成本，借记“无形资产”科目；按实际发生的相关税费，贷记“应交增值税”“银行存款”等科目；按其差额，贷记“其他净资产”科目。无偿调入的无形资产的成本按照调出方账面价值以及相关税费确定。

预算会计中，应借记“其他支出”科目，贷记“资金结存”科目。

业务 7：无形资产的摊销

(1)累计摊销的定义

摊销，是指在无形资产使用寿命内，按照确定的方法对应摊销金额进行系统分摊。

计提累计摊销需要注意以下几点：

①以名义金额计量的无形资产，不计提摊销。

②行政单位应当采用年限平均法计提无形资产摊销。

③行政单位无形资产的应计摊销额为其成本。

④行政单位应当自无形资产取得当月起，按月计提无形资产摊销；无形资产减少的当月，不再计提摊销。

⑤无形资产提足摊销后，无论能否继续带来服务潜力或经济利益，均不再计提摊销；核销的无形资产，如果未提足摊销，也不再补提摊销。

⑥因发生后续支出而增加无形资产成本的，应当按照重新确定的无形资产成本，重新计算摊销额。

此外，行政单位应当按照以下原则确定无形资产的摊销年限：

①法律规定了有效年限的，按照法律规定的有效年限作为摊销年限。

②法律没有规定有效年限的，按照相关合同或单位申请书中的受益年限作为摊销年限。

③法律没有规定有效年限、相关合同或单位申请书也没有规定受益年限的，按照不少于10 年的期限摊销。

④非大批量购入、单价小于 1 000 元的无形资产，可以于购买的当期，一次将成本全部摊销。

(2)累计摊销的核算

为核算使用年限确定的无形资产的累计摊销，行政单位应设置“累计摊销”账户(资产类)，该账户按照无形资产的类别、项目等进行明细核算。本科目期末贷方余额，反映单位计提的无形资产摊销累计数。

累计摊销的主要账务处理如下：

①按月计提无形资产摊销时，按照应计提摊销金额，借记“业务活动费用”等科目，贷记“累计摊销”科目。

②处置无形资产时,按照所处置无形资产的账面价值,借记“待处理财产损溢”科目(待处理财产损溢——出售/置换换出/核销);按照已计提摊销,借记“累计摊销”科目;按照无形资产的账面余额,贷记“无形资产”科目。

业务 8:无形资产的后续支出

为增加无形资产使用效能而发生的后续支出(如对软件进行升级改造或扩展其功能等所发生的支出),应当计入无形资产的成本,先借记“在建工程”科目,贷记“银行存款”等科目;完工交付无形资产时,借记“无形资产”科目,贷记“在建工程”科目。

为维护无形资产的正常使用而发生的后续支出(如对软件进行的漏洞修补、技术维护等所发生的支出),应当计入当期支出但不计入无形资产的成本,借记“业务活动费用”“在建工程”等科目,贷记“财政拨款收入”“零余额账户用款额度”“银行存款”等科目。

业务 9:无形资产的处置

无形资产预期不能为行政单位带来服务潜力或经济利益的,应当按规定报经批准后将无形资产的账面价值予以核销。

报经批准出售、置换换出无形资产转入待处理财产损溢时,按照待出售、置换换出无形资产的账面价值,借记“待处理财产损溢”科目;按照已计提摊销,借记“累计摊销”科目;按照无形资产的账面余额,贷记本科目。

报经批准无偿调出、对外捐赠无形资产,按照无偿调出、对外捐赠无形资产的账面价值,借记“待处理财产损溢”科目;按照已计提摊销,借记“累计摊销”科目;按照无形资产的账面余额,贷记本科目。

【例 3—16】 山水市公安局发生如下经济业务:

(1)购入一项专利权成本 4 580 元,价款尚未支付。

(2)委托希望软件开发公司开发一款电子警察监控应用软件,开发费用共计 15 万元。根据开发合同,软件开发前,先使用财政拨款资金(项目支出经费)通过零余额账户预支付给开发软件公司开发费 5 万元。

(3)软件开发完成交付使用后,通过零余额财政用款额度支付剩余开发费用 10 万元。

(4)为提高监控能力,第三季度对电子警察监控软件进行升级改造支出 23 000 元;另支付软件技术维护费用支出 1 700 元,对软件的后续支出均通过零余额账户完成付款。

(5)经批准,一年后将该软件无偿调拨给下属交警大队使用,账面余额为 173 000 元,已计提折旧 6 000 元。

具体账务处理如下:

(1)购入无形资产时:

借:无形资产——专利权	4 580	
贷:应付账款		4 580

(2)委托开发无形资产时,在财务会计中:

借:预付账款——软件公司	50 000	
贷:零余额账户用款额度		50 000

在预算会计中:

借：行政支出　　50 000

　　贷：资金结存——零余额账户用款额度　　50 000

(3)支付开发费用时，在财务会计中：

借：无形资产—电子警察监控软件　　150 000

　　贷：预付账款——软件公司　　50 000

　　　　零余额账户用款额度　　100 000

在预算会计中：

借：行政支出　　100 000

　　贷：资金结存——零余额账户用款额度　　100 000

(4)无形资产改造维护时，在财务会计中：

借：在建工程—电子警察监控软件　　150 000

　　贷：无形资产——电子警察监控软件　　150 000

借：在建工程——电子警察监控软件　　23 000

　　贷：零余额账户用款额度　　23 000

在预算会计中：

借：行政支出　　23 000

　　贷：资金结存——零余额账户用款额度　　23 000

完工交付时：

借：无形资产——电子警察监控软件　　173 000

　　贷：在建工程——电子警察监控软件　　173 000

支付技术维护的费用时，在财务会计中：

借：业务活动费用　　1 700

　　贷：零余额账户用款额度　　1 700

在预算会计中：

借：行政支出　　1 700

　　贷：资金结存——零余额账户用款额度　　1 700

(5)无偿调出软件时：

借：待处理财产损溢　　167 000

　　累计摊销　　6 000

　　贷：无形资产——软件　　173 000

【例 3—17】 山水市公安局发生如下经济业务：

(1)按照无形资产购入合同规定的折旧年限计算，本月计提无形资产摊销额 7 600 元。

(2)月末无偿捐赠一项软件技术给其他单位使用。该无形资产的账面余额为 88 000 元，已计提摊销 34 000 元。

具体账务处理如下：

(1)计提无形资产摊销时：

借：业务活动费用　　7 600

　　贷：累计摊销　　7 600

(2)捐赠无形资产时：

借：待处理财产损溢	54 000	
累计摊销	34 000	
贷：无形资产		88 000

(十六)长期待摊费用

1. 长期待摊费用的定义

长期待摊费用，是指行政单位已经发生但应由本期和以后各期负担的分摊期限在 1 年以上(不含 1 年)的各项费用，如以经营租赁方式租入的固定资产发生的改良支出等。

2. 长期待摊费用的核算

为核算长期待摊费用，行政单位应当设置"长期待摊费用"账户(资产类)，该账户按照费用项目进行明细核算。本科目期末借方余额，反映单位尚未摊销完毕的长期待摊费用。

业务 1：发生长期待摊费用时，财务会计中，借记"长期待摊费用"科目，贷记"银行存款"等科目。预算会计中应借记"行政支出"科目，贷记"财政拨款预算收入""资金结存"科目。

业务 2：按期摊销或一次转销长期待摊费用剩余账面余额时，财务会计中，借记"业务活动费用"等科目，贷记"长期待摊费用"科目。预算会计中，应借记"单位管理费用""经营费用"等科目，贷记"长期待摊费用"科目。

(十七)政府储备物资

1. 政府储备物资的定义

政府储备物资，是指行政单位直接储存管理的各项政府应急或救灾储备物资。政府储备物资由拥有储备物资调拨权力的行政单位负责采购，由行政单位直接储存和管理；或由行政单位负责管理，交由其他单位代为储存。政府储备物资包括粮食、帐篷、衣被、矿泉水、药品、医疗器械、电力设备、煤炭、成品油、通信设备、抢险救援物资、防暴类物资、防污染事故类物资、生活物资、军用品类物资等。政府储备物资由各级政府负责监管、生产、储备、调拨和紧急配送。

政府储备物资与存货同为物资，但二者有较大的差别。存货是行政单位为业务活动耗用而储存的物资，用于行政单位自身的各项活动；政府储备物资是行政单位为应对社会突发事件需要而储存的物资，用于社会各方面的需要。政府储备物资不但包括各种材料、用品、器具，还包括各种设备、装备等。

2. 政府储备物资的核算

为核算政府储备物资业务，行政单位应设置"政府储备物资"账户(资产类)，该账户应当按照政府储备物资的种类、品种、存放地点等进行明细核算。期末借方余额，反映行政单位管理的政府储备物资的实际成本。

业务 1：取得政府储备物资

购入的政府储备物资验收入库，按照确定的成本，借记"政府储备物资"科目，贷记"财政拨款收入""零余额账户用款额度""银行存款"等科目。

购入政府储备物资的成本包括购买价款、相关税费、运输费、装卸费、保险费以及其他使政府储备物资达到目前场所和状态所发生的支出；单位支付的政府储备物资保管费、仓库租赁费等日常储备费用，不计入政府储备物资的成本。

接受捐赠的政府储备物资验收入库，按照确定的成本，借记“政府储备物资”科目，贷记“捐赠收入”科目；由行政单位承担运输费用等的，按实际支付的相关税费、运输费等金额，贷记“财政拨款收入”“零余额账户用款额度”“银行存款”等科目。

接受捐赠政府储备物资的成本，应按照有关凭据注明的金额加上相关税费、运输费等确定；没有相关凭据可供取得，但依法经过资产评估的，其成本应当按照评估价值加上相关税费、运输费等确定；没有相关凭据可供取得、也未经评估的，其成本比照同类或类似政府储备物资的市场价格加上相关税费、运输费等确定；没有相关凭据且未经评估、同类或类似资产的市场价格也无法可靠取得的，相关税费直接计入当期费用。

无偿调入的政府储备物资，按照确定的成本，借记本科目，由行政单位承担运输费用等的，按实际支付的相关税费、运输费等金额，贷记“财政拨款收入”“零余额账户用款额度”“银行存款”等科目，差额贷记“其他净资产”科目。

业务 2：发出政府储备物资

政府储备物资发出时，应当根据实际情况采用先进先出法、加权平均法或者个别计价法确定发出政府储备物资的实际成本。计价方法一经确定，不得随意变更。

经批准对外捐赠、无偿调出政府储备物资、文物文化资产时，按照对外捐赠、无偿调出政府储备物资的实际成本，借记“待处理财产损溢”科目，贷记“政府储备物资”科目。

行政单位报经批准将不需储备的物资出售时，应当转入待处理财产损溢，按照相关储备物资的账面余额，借记“待处理财产损溢”科目，贷记本科目。

政府储备物资调用或新旧更替出售时，按照实际成本，借记“业务活动费用”科目，贷记本科目。

业务 3：盘盈、盘亏或报废、毁损政府储备物资

行政单位管理的政府储备物资应当定期进行清查盘点，每年至少盘点一次。对于发生的政府储备物资盘盈、盘亏或者报废、毁损，应当及时查明原因，按规定报经批准后进行账务处理。

盘盈的政府储备物资，按照取得同类或类似政府储备物资的实际成本确定入账价值；没有同类或类似政府储备物资的实际成本，按照同类或类似政府储备物资的市场价格确定入账价值。盘盈的政府储备物资，按照确定的入账价值，借记“政府储备物资”科目，贷记“待处理财产损溢”科目。

盘亏或者报废、毁损的政府储备物资，转入待处理财产损溢时，按照其账面余额，借记“待处理财产损溢”科目，贷记“政府储备物资”科目。

【例 3－18】 山水市下设某应急物资管理部门发生如下经济业务：

(1)根据政府物资储备制度的要求，以财政直接支付方式购入抢险救灾物资一批，价款共计 16 万元；另支付相关税费 3 万元，运输费、装卸费合计 6 800 元，物资已验收入库。

(2)根据应急物资储备预案，发出抗震救灾物资一批，按照采用先进先出法确定其成本为 93 000 元；用银行存款支付运输公司运费 3 400 元。

具体账务处理如下：

(1)取得物资时，在财务会计中：

借:政府储备物资——抢险救灾物资 196 800

贷:财政拨款收入——项目支出拨款 196 800

在预算会计中:

借:行政支出 196 800

贷:财政拨款预算收入 196 800

(2)发出物资时,在财务会计中:

借:业务活动费用 93 000

贷:政府储备物资——抗震救灾物资 93 000

借:业务活动费用 3 400

贷:银行存款 3 400

在预算会计中:

借:行政支出 3 400

贷:资金结存——货币资金 3 400

专栏 3—4

文物文化资产

文物文化资产,是指用于展览、教育或研究等目的的历史文物、艺术品以及其他具有文化或者历史价值并作长期或者永久保存的典藏等。

为核算文物文化资产,行政单位应当设置"文物文化资产"账户(资产类),并设置文物文化资产登记簿和卡片,按照文物文化资产的类别等设置明细账,进行明细核算。

外购的文物文化资产,按照确定的成本,借记"文物文化资产"科目,贷记"财政拨款收入""银行存款"等科目。按照预算会计项目,借记"行政支出""事业支出"等科目,贷记"财政拨款预算收入""资金结存"科目。

接受其他单位无偿调入的文物文化资产,其成本按照该项资产在调出方的账面价值加上归属于调入方的相关费用确定。按照确定的成本,借记"文物文化资产"科目;按照发生的归属于调入方的相关费用,贷记"零余额账户用款额度""银行存款"等科目;按照其差额,贷记"无偿调拨净资产"科目。

接受捐赠的文物文化资产,其成本按照有关凭据注明的金额加上相关税费、运输费等确定;没有相关凭据可供取得,但依法经过资产评估的,其成本应当按照评估价值加上相关税费、运输费等确定;没有相关凭据可供取得、也未经评估的,其成本比照同类或类似政府储备物资的市场价格加上相关税费、运输费等确定。按照确定的成本,借记"文物文化资产"科目;按照发生的相关税费、运输费等金额,贷记"零余额账户用款额度""银行存款"等科目;按照其差额,贷记"捐赠收入"科目。

文物文化资产的处置,报经批准对外捐赠的文物文化资产,按照被处置文物文化资产账面余额和捐赠过程中发生的归属于捐出方的相关费用合计数,借记"资产处置费用"科目;按照被处置文物文化资产账面余额,贷记"文物文化资产"科目;按照捐赠过程中发生的归属于捐出方的相关费用，贷记“银行存款”等科目。按照预算会计项目，借记“其他支出”科目，贷记“资金结存”科目。报经批准无偿调出的文物文化资产，按照被处置文物文化资产账面余额，借记“无偿调拨净资产”科目，贷记“文物文化资产”科目。同时，按照无偿调出过程中发生的归属于调出方的相关费用，借记“资产处置费用”科目，贷记“银行存款”等科目。

资料来源：政府会计制度编审委员会：《政府会计制度详解与实务》，中国工信出版集团、人民邮电出版社2018年版。

（十八）公共基础设施

1. 公共基础设施的定义

公共基础设施，是指由行政单位占有并直接负责维护管理、供社会公众使用的工程性公共基础设施资产，包括城市交通设施、公共照明设施、环保设施、防灾设施、健身设施、广场及公共构筑物等其他公共设施。

2. 公共基础设施的核算

为核算公共基础设施业务，行政单位应设置“公共基础设施”账户（资产类）。该账户期末借方余额，反映行政单位管理的公共基础设施的实际成本。

业务1：取得公共基础设施

行政单位自行建设的公共基础设施，其成本包括建造该公共基础设施至交付使用前所发生的全部必要支出。

公共基础设施的各组成部分需要分别核算的，按照各组成部分公共基础设施造价确定其成本；没有各组成部分公共基础设施造价的，按照各组成部分公共基础设施同类或类似市场造价的比例对总造价进行分配，确定各组成部分公共基础设施的成本。

公共基础设施建设未完工时，实际发生的所有支出，通过“基建工程”“在建工程”核算。完工交付使用时，按照确定的成本，借记本科目，贷记“基建工程”“在建工程”科目。已交付使用但尚未办理竣工决算手续的公共基础设施，按照估计价值入账，待确定实际成本后再进行调整。

接受其他单位移交的公共基础设施，其成本按照公共基础设施的原账面价值确认，财务会计中，借记本科目，贷记“其他净资产”科目。

预算会计中，应借记“其他支出（支付的相关税费）”科目，贷记“资金结存”科目。

业务2：公共基础设施累计折旧

行政单位应当根据公共基础设施的性质和实际使用情况，合理确定其折旧年限。一般应当采用年限平均法或工作量法计提公共基础设施折旧。折旧方法一经确定，不得随意变更。确需采用其他折旧方法的，应按规定报经审批，并在会计报表附注中予以说明。

行政单位公共基础设施的应折旧金额为其成本，计提固定资产、公共基础设施折旧不考虑预计净残值。

行政单位一般按月计提公共基础设施折旧。当月增加的公共基础设施，当月不提折旧，从下月起计提折旧；当月减少的公共基础设施，当月照提折旧，从下月起不提折旧。

公共基础设施提足折旧后，无论能否继续使用，均不再提取折旧；提前报废的公共基础设施，也不再补提折旧。已提足折旧的公共基础设施，可以继续使用的，应当继续使用，规范管理。

公共基础设施因改建、扩建或修缮等原因而提高使用效能或延长使用年限的,应当按照重新确定的公共基础设施成本以及重新确定的折旧年限,重新计算折旧额。

为核算行政单位的公共基础设施累计折旧,设置"公共基础设施累计折旧"账户(资产类),该账户应当按照所对应公共基础设施的类别及项目设置明细账,进行明细核算。

公共基础设施累计折旧的主要账务处理如下:

①按月计提固定资产、公共基础设施折旧时,按照应计提折旧金额,借记"业务活动费用"等科目,贷记"公共基础设施累计折旧"科目。

②处置公共基础设施时,按照所处置公共基础设施的账面价值,借记"待处理财产损溢"等科目(出售、置换换出、报废、毁损、盘亏);按照固定资产、公共基础设施已计提折旧,借记"公共基础设施累计折旧"科目;按照公共基础设施的账面余额,贷记"公共基础设施"科目。

业务 3:公共基础设施的后续支出

为增加公共基础设施使用效能或延长其使用寿命而发生的改建、扩建或大型修缮等后续支出,应当计入公共基础设施成本,通过"在建工程"科目核算,完工交付使用时转入本科目。

为维护公共基础设施的正常使用而发生的日常修理等后续支出,应当计入当期支出,财务会计中,借记有关支出科目,贷记"财政拨款收入""零余额账户用款额度""银行存款"等科目。

预算会计中,应借记"行政支出""事业支出""经营支出"等科目,贷记"资金结存"科目。

业务 4:公共基础设施的处置

行政单位管理的公共基础设施向其他单位无偿调出、毁损、报废时,应当按照规定报经批准后进行账务处理转入待处理财产损溢。

财务会计中,按照待处理公共基础设施的账面价值,借记"待处理财产损溢"科目;按照已计提折旧,借记"公共基础设施累计折旧"科目;按照公共基础设施的账面余额,贷记本科目。

预算会计中,应借记"其他支出(支付的相关税费)",贷记"资金结存"科目。

【例 3-19】 山水市市政管理局发生如下经济业务:

(1)2019 年 12 月 31 日,接管市中心广场,根据评估价值为 245 万元,其账面价值为 250 万元。

(2)2020 年 12 月 31 日,对该广场进行扩建,发生后续支出共计 39 万元。

(3)将南广场内损毁的街灯和护栏等公共设施予以核销,总计账面余额 30 万元,总计折旧 10 万元。

(4)将北广场移交给园林事业部门管理,由园林部门负责进行绿化改造。移交北广场的账面价值为 21 万元,已计提折旧 15 万元。

具体账务处理如下:

(1)接管广场时:

借:公共基础设施——广场	2 500 000	
贷:其他净资产		2 500 000

(2)扩建广场时:

借:在建工程	2 375 000	
公共基础设施累计折旧	125 000	
贷:公共基础设施		2 500 000

借：在建工程——广场　　390 000
　　贷：银行存款　　39 000

扩建完成后：

借：公共基础设施——广场　　2 765 000
　　贷：在建工程——广场　　2 765 000

(3)核销公共设施时：

借：待处理财产损溢　　200 000
　　公共基础设施累计折旧　　100 000
　　贷：公共基础设施　　300 000

(4)移交管理公共设施时：

借：其他净资产　　2 100 000
　　公共基础设施累计折旧　　1 500 000
　　贷：公共基础设施——北广场　　3 600 000

(十九)受托代理资产

1. 受托代理资产的定义

受托代理资产，是指行政单位接受委托方委托管理的各项资产，包括受托指定转赠的物资、受托储存管理的物资、单位管理的罚没物等。行政单位收到受托代理资产为现金和银行存款的，不通过本科目核算，应当通过"库存现金""银行存款"科目进行核算。

2. 受托代理资产的核算

为核算受托代理资产业务，行政单位应设置"受托代理资产"账户(资产类)，该账户应当按照资产的种类和委托人进行明细核算；属于转赠资产的，还应当按照受赠人进行明细核算。本账户期末借方余额，反映单位受托代理资产中实物资产的价值。

业务1：受托转赠物资

接受委托人委托需要转赠给受赠人的物资，其成本按照有关凭据注明的金额确定；没有相关凭据可供取得的，其成本比照同类或类似物资的市场价格确定。接受委托转赠的物资验收入库，按照确定的成本，借记本科目，贷记"受托代理负债"科目；受托协议约定由行政单位承担相关税费、运输费等的，还应当按照实际支付的相关税费、运输费等金额，借记"业务活动费用"科目，贷记"银行存款"等科目。

将受托转赠物资交付受赠人时，按照转赠物资的成本，借记"受托代理负债"科目，贷记"受托代理资产"科目。

转赠物资的委托人取消了对捐赠物资的转赠要求，且不再收回捐赠物资的，应当将转赠物资转为存货或固定资产，按照转赠物资的成本，财务会计中，借记"受托代理负债"科目，贷记本科目；同时，借记"库存物品""固定资产"科目，贷记"其他收入"科目。

预算会计中，应借记"其他支出"科目，贷记"资金结存(相关税费)"科目。

业务2：受托存储管理物资

接受委托人委托储存管理的物资，其成本按照有关凭据注明的金额确定。接受委托储存的物资验收入库，按照确定的成本，借记"受托代理资产"科目，贷记"受托代理负债"科目。

支付由受托单位承担的与受托储存管理的物资相关的运输费、保管费等费用时,按照实际支付的金额,借记“业务活动费用”等科目,贷记“银行存款”等科目。

根据委托人要求交付受托储存管理的物资时,按照储存管理物资的成本,借记“受托代理负债”科目,贷记本科目。

预算会计中,应借记“其他支出”科目,贷记“资金结存(相关税费)”科目。

【例 3—20】 山水市市政部门接受委托发生如下经济业务:

(1)将一套价值 50 000 元的教学设备转赠对口支援小学,用于帮助其改善教学条件。

(2)作为政府储备物资的“代储单位”,收到委托储存的储备物资,发票注明其价值为 29 万元,物资已验收入库,发生运输费共计 2 360 元。

具体账务处理如下:

(1)①收到教学设备时:

借:受托代理资产——教学设备　　50 000

　　贷:受托代理负债　　50 000

②转赠教学设备时:

借:受托代理负债　　50 000

　　贷:受托代理资产——教学设备　　50 000

③若委托人取消了转赠,且不再收回该教学设备时:

借:受托代理负债　　50 000

　　贷:受托代理资产——教学设备　　50 000

同时:

借:固定资产　　50 000

　　贷:其他收入　　50 000

(2)验收入库时,在财务会计中:

借:受托代理资产——政府储备物资　　290 000

　　贷:受托代理负债——政府储备物资　　290 000

借:业务活动费用　　2 360

　　贷:银行存款　　2 360

在预算会计中:

借:行政支出　　2 360

　　贷:资金结存——货币资金　　2 360

当委托人要求交付受托储存管理的物资时:

借:受托代理负债——政府储备物资　　290 000

　　贷:受托代理资产——政府储备物资　　290 000

二、负债

负债,是行政单位承担的能以货币计量、需要以资产偿付的债务。行政单位的负债按照流动性,可分为流动负债和非流动负债。流动负债,是指预计在 1 年内(含 1 年)偿还的负债;非流动负债,是指流动负债以外的负债。流动负债包括应缴财政款、应交增值税、应付职工薪酬、应付账款、应付转拨款、其他应付款等;非流动负债包括长期应付款、预计负债。此外,行政单位负债还包括受托代理负债。

行政单位负债应当按照承担的相关合同金额或实际发生额进行计量。行政单位承担的因签订合同引发的负债,应当按照相关合同的金额进行计量(如购买物资或服务发生的应付账款、分期付款购入固定资产发生的长期应付款、取得受托管理资产形成的受托代理负债等)。对发生的相关事项引发的负债,应当按实际发生额进行计量(如取得的按规定应当上缴财政的应缴财政款,发生纳税义务形成的应交增值税等)。

(一)应缴财政款

1. 应缴财政款的定义

应缴财政款,是指行政单位取得的按规定应当上缴国库的款项,包括罚没收入、行政事业性收费、政府性基金、国有资产处置和出租收入等。行政单位按照国家税法等有关规定应当缴纳的各种税费,通过"其他应交税费""应交增值税"科目核算,不在本科目核算。

2. 应缴财政款的核算

为核算应缴财政款业务,行政单位应设置"应缴财政款"账户(负债类)。本科目下应当按照应缴财政款项的类别进行明细核算。贷方余额反映行政单位应当上缴国库但尚未缴纳的款项。年终清缴后,本科目一般应无余额。

业务1:取得按照规定应当上缴国库的款项时,借记"银行存款"等科目,贷记"应缴财政款"科目。

业务2:处置资产取得应当上缴国库的处置净收入,借记"银行存款"等科目,贷记"待处理财产损溢——处理净收入"科目;其间发生的相关费用,借记"待处理财产损溢——处理净收入"科目,贷记"银行存款"等科目;收到相关款项后,按照处置收入扣除相关税费后的净收入,借记"待处理财产损溢——处理净收入"科目,贷记"应缴财政款"科目。

业务3:上缴应缴国库的款项时,按照实际上缴的金额,借记"应缴财政款"科目,贷记"银行存款"科目。

【例3—21】 山水市工商局发生如下经济业务:

(1)收到工商罚没收入5万元,款项已存入银行。

(2)经批准进行资产置换,置换后取得价款18 235元,扣除期间相关税费235元后,净收入为18 000元。已填列缴款书,将上述款项上缴国库。

具体账务处理如下:

(1)款项存入银行时:

借:银行存款	50 000	
贷:应缴财政款——罚没收入——工商罚没		50 000

(2)资产置换时:

借:银行存款	18 235	
贷:待处理财产损溢——处理净收入		18 235

发生相关费用时:

借:待处理财产损溢——处理净收入　235

　贷:银行存款　235

借:待处理财产损溢——处理净收入　18 000

　贷:应缴财政款——应缴国有资产处置收入　18 000

上缴国库时:

借:应缴财政款　68 000

　贷:银行存款　68 000

(二)应交增值税

1. 应交增值税的定义

应交增值税,是指行政单位按照税法等规定应当缴纳的增值税。

2. 应交增值税的核算

为核算应交增值税业务,行政单位应设置“应交增值税”账户(负债类),该账户应当设置明细科目,包括“进项税额”“待抵扣进项税额”“已交税金”“减免税款”“销项税额”“出口退税”“进项税额转出”“转出未交增值税”“转出多交增值税”“未交税金”等,并且分别根据一般纳税人和小规模纳税人的相关规定进行账务处理。

(1)增值税一般纳税人

业务 1:购入增值税应税项目的资产或服务

按照不含增值税的购入金额,借记“库存物品”“固定资产”等科目;按照增值税专用发票上注明的金额,借记“应交增值税”(进项税额、待抵扣进项税额)科目;按实际应支付的金额,贷记“银行存款”“应付账款”等科目。

购入的资产如果发生退货,应做相反的会计分录。

预算会计中,应借记“事业支出”“经营支出”等科目,贷记“资金结存”科目。

业务 2:购入的资产发生盘亏、毁损、报废等

当购入的资产发生盘亏、毁损、报废等,按照税法规定,其进项不得抵扣,应该予以转出。将购入的资产转入待处理资产损溢,按照资产的账面余额和转出的进项税额的总额,借记“待处理财产损溢”科目;按照资产的账面余额,贷记“固定资产”“库存物品”等科目;按照转出的进项税额,贷记“应交增值税”(进项税额转出)科目。

预算会计中,应借记“事业支出”“经营支出”等科目,贷记“资金结存”科目。

业务 3:销售资产或提供服务

按照实际收到的价款(包含增值税),借记“银行存款”等科目;按不含增值税的价款,贷记“其他收入”科目;按照增值税专用发票上注明的增值税金额,贷记“应交增值税”(销项税额)科目。

销售的资产如果发生退货,应做相反的会计分录。

预算会计中,应借记“资金结存”“经营支出”等科目,贷记“事业预算收入”“经营预算收入”等科目。

业务 4:上缴税款

当月实际缴纳本月的增值税,借记“应交增值税——已交税金”科目,贷记“银行存款”等科目。

当月缴纳上月未交的增值税，借记“应交增值税——未交税金”科目，贷记“银行存款”等科目。

转出本月未交增值税，借记“应交增值税——转出未交增值税”科目，贷记“银行存款”等科目。

转出本月多交的增值税，借记“应交增值税——未交税金”科目，贷记“应交增值税——转出多交增值税”科目。

按规定抵减的增值税应纳税额，借记“应交增值税——减免税款”科目，贷记“业务活动费用”科目。

预算会计中，应借记“事业支出”“经营支出”等科目，贷记“资金结存”科目。

业务5：出口退税

出口的物品等按照规定有涉及退税的，借记“其他应收款”等科目，贷记“应交增值税——出口退税”科目。

(2)小规模纳税人

业务1：购入增值税应税项目的资产或服务

小规模纳税人购入增值税应税项目的资产或服务，取得增值税普通发票，其进项税额不允许抵扣，直接计入购入资产或服务的成本。实际支付的价款(包含增值税)，借记“库存物品”“固定资产”等科目，贷记“银行存款”等科目。

购入的资产如果发生退货，应做相反的会计分录。

在预算会计中，应借记“事业支出”“经营支出”等科目，贷记“资金结存”科目。

业务2：销售资产或提供服务

按照实际收到的价款(包含增值税)，借记“银行存款”等科目；按不含增值税的价款，贷记“其他收入”科目；按照应该缴纳的增值税金额，贷记“应交增值税”科目。

销售的资产如果发生退货，应做相反的会计分录。

在预算会计中，应借记“资金结存”“经营支出”等科目，贷记“事业预算收入”“经营预算收入”等科目。

业务3：上缴增值税

在实际缴纳增值税时，借记“应交增值税”科目，贷记“银行存款”等科目。

预算会计中，应借记“事业支出”“经营支出”等科目，贷记“资金结存”科目。

(三)其他应交税费

1. 其他应交税费的定义

其他应交税费，是指行政单位按照税法等规定除应交增值税以外的应当缴纳的各种税费，包括城市维护建设税、教育费附加、房产税、车船税、城镇土地使用税、企业所得税等，还包括行政单位代扣代缴的个人所得税。

2. 其他应交税费的核算

为核算应交税费业务，行政单位应设置“其他应交税费”账户(负债类)。在该科目下，应当按照应缴纳的税费种类进行明细核算。本账户期末贷方余额，反映行政单位应交未交的税费金额。

业务1:发生房产税、城镇土地使用税、车船税纳税义务的,按照应缴纳的税款金额,财务会计中,借记“待处理财产损溢”等科目,贷记“其他应交税费”科目。同时,预算会计中,应借记“事业支出”“经营支出”等科目,贷记“资金结存”科目。

业务2:代扣代缴个人所得税,按照税法等规定计算的应代扣代缴的个人所得税金额,借记“应付职工薪酬”科目,贷记“其他应交税费”科目。实际缴纳时,借记“其他应交税费”科目,贷记“财政拨款收入”“零余额账户用款额度”“银行存款”等科目。同时,预算会计中,应借记“行政支出”“事业支出”“经营支出”等科目,贷记“资金结存”“财政拨款预算收入”等科目。

业务3:缴纳企业所得税,按照应纳的税款金额,借记“所得税费用”科目,贷记本科目。预算会计中,应借记“非财政拨款结余”科目,贷记“资金结存”科目。

业务4:发生除上述税种外的其他纳税义务时,按照应纳的税款数额,借记“业务活动费用”科目,贷记“其他应交税费”科目。

【例3—22】 山水市共青团团委下属单位发生如下经济业务[①]:

(1)经财政部门批准将一台账面原值为120 000元的不需要使用的设备做对外销售处置,已计提折旧20 000元;出售该设备取得价款为70 000元,发生应缴纳增值税3 500元,应缴纳的城市维护建设税和教育费附加分别为245元和105元。

(2)经财政部门批准,将一闲置办公楼层对外出租,取得租金收入7 000元,已经记入“应缴财政款”科目。按规定出租房屋应缴纳的增值税为350元,城市维护建设税为24.5元,教育费附加为10.5元。

(3)经计算,派遣人员代扣代缴个人所得税为5 600元。

具体账务处理如下:

(1)处置该设备时,在财务会计中:

借:待处理财产损溢(待处理财产价值)	100 000	
固定资产累计折旧	20 000	
贷:固定资产		120 000

取得价款时:

借:银行存款	70 000	
贷:待处理财产损溢——处置资产净收入		70 000

在预算会计中:

借:资金结存——货币资金	70 000	
贷:其他预算收入		70 000

计算税费时:

借:待处理财产损溢——处置资产净收入	3 850	
贷:应交增值税		3 500
其他应交税费——应交城市建设维护税		245
——应交教育费附加		105

① 例题中税率统一为:处置不动产增值税税率5%,房屋租赁增值税税率5%,城市维护建设税税率7%,教育费附加税率3%。

实际缴纳税费时：

借：应交增值税 3 500

其他应交税费——应交城市建设维护税 245

——应交教育费附加 105

贷：银行存款 3 850

在预算会计中：

借：其他预算收入 3 850

贷：资金结存——货币资金 3 850

出售完毕：

借：待处理财产损溢——处置资产净收入 66 150

贷：应缴国库款 66 150

(2)取得租金收入时：

借：应缴财政款——国有资产出租收入 385

贷：应交增值税 350

其他应交税费——应交城市维护建设税 24.5

——应交教育费附加 10.5

缴费时：

借：应交税费——应交增值税 350

其他应交税费——应交城市维护建设税 24.5

——应交教育费附加 10.5

贷：银行存款 385

在预算会计中：

借：其他支出 385

贷：资金结存——货币资金 385

上缴应缴财政款时：

借：应缴财政款 6 615

贷：银行存款 6 615

(3)代扣代缴个人所得税时：

借：应付职工薪酬 5 600

贷：其他应交税费——应交个人所得税 5 600

借：其他应交税费——应交个人所得税 5 600

贷：银行存款 5 600

在预算会计中：

借：行政支出 5 600

贷：资金结存——货币资金 5 600

(四)应付职工薪酬

1. 应付职工薪酬的定义

应付职工薪酬,是指行政单位按照有关规定应付给职工及为职工支付的各种薪酬,包括基本工资、奖金、国家统一规定的津贴补贴、社会保险费、住房公积金等。

2. 应付职工薪酬的核算

为核算应付职工薪酬业务,行政单位应设置"应付职工薪酬"账户(负债类),该账户应当根据国家有关规定按照"工资(离退休费)""地方(部门)津贴补贴""其他个人收入"以及"社会保险费""住房公积金"等进行明细核算。期末贷方余额,反映行政单位应付未付的职工薪酬。

业务1:发生应付职工薪酬时,按照计算出的应付职工薪酬金额,借记"业务活动费用"科目,贷记本科目。

由在建工程和存货所应该负担的应付职工薪酬,应按实际发生的金额,借记"在建工程""加工物品"等科目,贷记本科目。

业务2:向职工支付工资、津贴补贴等薪酬时,按照实际支付的金额,借记本科目,贷记"财政拨款收入""零余额账户用款额度""银行存款"等科目。

从应付职工薪酬中代扣为职工垫付的水电费、房租等费用时,按照实际扣除的金额,借记"应付职工薪酬——工资"科目,贷记"其他应收款"等科目。

从应付职工薪酬中代扣代缴个人所得税时,按照代扣代缴的金额,借记本科目,贷记"其他应交税费——应交个人所得税"科目。

从应付职工薪酬中代扣代缴社会保险费和住房公积金,按照代扣代缴的金额,借记"应付职工薪酬——工资"科目,贷记"应付职工薪酬——社会保险费和住房公积金"科目。实际缴纳时,借记"应付职工薪酬——社会保险费和住房公积金"科目,贷记"财政拨款收入""零余额账户用款额度""银行存款"等科目。

预算会计中,应借记"行政支出""事业支出""经营支出"科目,贷记"财政拨款预算收入""资金结存"等科目。

【例3—23】 山水市共青团团委下属单位发生职工薪酬相关业务如下:

经计算,本月职工薪酬总额为307 000元,其中应付在职职工工资180 000元,应付地方津贴补贴90 000元,单位承担社会保险费12 000元,单位承担住房公积金25 000元。代扣代缴职工社会保险费58 000元,代扣代缴职工住房公积金25 000元,代扣代缴个人所得税20 000元。

具体账务处理如下:

(1)计算本月职工薪酬时:

借:业务活动费用	307 000	
贷:应付职工薪酬		307 000

(2)代扣代缴社会保险费、住房公积金、个人所得税时:

借:应付职工薪酬——工资	103 000	
贷:应付职工薪酬——社会保险费		58 000
——住房公积金		25 000
其他应交税费——应交个人所得税		20 000

(3)由财政直接支付职工工资、津贴补贴及代扣代缴社会保险费、住房公积金、个人所得税时：

借：应付职工薪酬 204 000
　应付职工薪酬——社会保险费 58 000
　　——住房公积金 25 000
　其他应交税费——应交个人所得税 20 000
　贷：财政拨款收入——基本支出拨款 307 000

在预算会计中：

借：行政支出 307 000
　贷：财政拨款预算收入 307 000

(4)用零余额账户缴纳单位为职工承担的社会保险费和住房公积金时：

借：应付职工薪酬——社会保险费 12 000
　——住房公积金 25 000
　贷：零余额账户用款额度 37 000

在预算会计中：

借：行政支出 37 000
　贷：资金结存——零余额账户用款额度 37 000

(五)应付账款

1. 应付账款的定义

应付账款，是指行政单位因购买物资或服务、工程建设等而应付的偿还期限在 1 年以内(含 1 年)的款项。

2. 应付账款的核算

为核算应付账款业务，行政单位应设置“应付账款”账户(负债类)，该账户应当按照债权单位(或个人)进行明细核算；期末贷方余额，反映行政单位尚未支付的应付账款。

业务 1：收到所购物资或服务、完成工程但尚未付款时，按照应付未付款项的金额，借记“库存物品”“固定资产”等科目，贷记本科目。

业务 2：偿付应付账款时，财务会计中，借记本科目，贷记“财政拨款收入”“零余额账户用款额度”“银行存款”等科目。预算会计中，应借记“行政支出”“事业支出”“经营支出”，贷记“财政拨款预算收入”“资金结存”等科目。

业务 3：无法偿付或债权人豁免偿还的应付账款，应当按照规定报经批准后进行账务处理。经批准核销时，借记本科目，贷记“其他收入”科目。核销的应付账款应在备查簿中保留登记。

【例 3－24】 山水市共青团团委下属单位因维修办公楼需要，发生以下经济业务：

(1)购进工程材料一批，计 5 万元，材料已验收入库，款项未付。

(2)10 日后，向代理银行开出财政授权支付凭证，支付上述款项。

(3)因对方建筑工程公司已被注销，尚未对其支付的一笔应付账款 32 000 元，报经批准予以核销。

具体账务处理如下：

(1)购入材料且验收入库时：

借：库存物品　　50 000

　　贷：应付账款　　50 000

(2)支付款项时，财务会计中：

借：应付账款　　50 000

　　贷：零余额账户用款额度　　50 000

在预算会计中：

借：行政支出　　50 000

　　贷：资金结存——零余额账户用款额度　　50 000

(3)核销应付款项时：

借：应付账款——建筑工程公司　　32 000

　　贷：其他收入　　32 000

(六)应付政府补贴款

1. 应付政府补贴款的定义

应付政府补贴款，是指负责发放政府补贴的行政单位，按照有关规定应付给政府补贴接受者的各种政府补贴款。

政府补贴款的接受者包括企业、公益组织和社会居民。行政单位的职责不同，负责发放政府补贴款的内容也不同。比如，政府拨付给企业用于技术改造的专项补贴、开展研发活动的研发经费补贴款、安置职工就业的补贴款、拨付给社会养老福利机构的开办补贴款等。

2. 应付政府补贴款的核算

为核算应付政府补贴款业务，行政单位应当设置"应付政府补贴款"账户(负债类)，该账户应当按照应支付的拨款种类进行明细核算。行政单位还应当按照接受者建立备查簿，进行相应明细核算；期末贷方余额，反映行政单位应付未付的补贴款。

业务 1：发生应付政府补贴款，借记"业务活动费用"科目，贷记本科目。

业务 2：支付应付政府补贴款，借记本科目，贷记"零余额账户用款额度""银行存款"等科目。预算会计中，应借记"行政支出"科目，贷记"资金结存"科目。

(七)其他应付款

1. 其他应付款的定义

其他应付款，是指行政单位除应缴财政款、应交增值税、其他应交税费、应付职工薪酬、应付转拨款、应付账款以外的其他各项偿还期在 1 年以内(含 1 年)的应付及暂存款项。例如，收取的押金、保证金、代扣代缴职工社会保险费和住房公积金等。

2. 其他应付款的核算

为核算各项偿还期限在 1 年以内的其他应付(即暂收款项)业务，行政单位应设置"其他应付款"账户(负债类)。该账户应当按照其他应付款的类别以及债权单位(或个人)进行明细核算；期末贷方余额，反映行政单位尚未支付的其他应付款。

业务 1:发生其他各项应付及暂存款项时,财务会计中,借记“银行存款”等科目,贷记“其他应付款”科目。确认收入时,借记“其他应付款”科目,贷记“其他收入”科目。预算会计中,应借记“资金结存”科目,贷记“其他预算收入”科目。退回暂收款时,借记本科目,贷记“银行存款”科目。

业务 2:发生其他应付款义务时,确认其他应付款项时,财务会计中,借记“业务活动费用”科目,贷记“其他应付款”科目。支付其他应付款项时,借记“其他应付款”科目,贷记“银行存款”等科目。预算会计中,应借记“行政支出”科目,贷记“资金结存”科目。

业务 3:因故无法偿付或债权人豁免偿还的其他应付款项,应当按规定报经批准后进行账务处理。经批准核销时,借记“其他应付款”科目,贷记“其他收入”科目。核销的其他应付款应在备查簿中保留登记。

【例 3—25】 山水市共青团团委下属单位其他应收款项发生如下业务:

(1)为提高职工文化水平,替在职人员代为订阅杂纸报刊,代收订阅费 1 250 元,款项存入单位开户银行。

(2)归还向下属印刷社暂收的业务保证金 8 000 元。

(3)经批准,核销一笔无法支付的代管储备物资押金 400 元。

具体账务处理如下:

(1)预收款项存入银行时,财务会计中:

借:银行存款	1 250	
贷:其他应付款——书报费		1 250

在预算会计中:

借:资金结存——货币资金	1 250	
贷:其他预算收入		1 250

(2)归还业务保证金时,财务会计中:

借:其他应付款——业务保证金	8 000	
贷:银行存款		8 000

在预算会计中:

借:其他预算收入	8 000	
贷:资金结存——货币资金		8 000

(3)核销无法支付的押金时:

借:其他应付款——押金	400	
贷:其他收入		400

(八)长期应付款

1. 长期应付款的定义

长期应付款,是指行政单位发生的偿还期限超过 1 年(不含 1 年)的购买物资、服务等发生的应付款项。如跨年度分期付款购入固定资产的价款等。

2. 长期应付款的核算

为核算各项偿还期限超过 1 年(不含 1 年)的长期应付业务,行政单位应设置“长期应付款”账户(负债类)。该账户应当按照长期应付款的类别以及债权单位(或个人)进行明细核算;期末贷方余额,反映行政单位尚未支付的长期应付款。

业务1:发生长期应付款时,按照应付未付的金额,借记“固定资产”“在建工程”等相关资产类科目,贷记“长期应付款”科目。

业务2:偿付长期应付款时,财务会计中,借记“长期应付款”科目,贷记“财政拨款收入”“零余额账户用款额度”“银行存款”等科目。预算会计中,应借记“行政支出”“事业支出”“经营支出”等科目,贷记“财政拨款预算收入”“资金结存”科目。

业务3:无法偿付或债权人豁免偿还的长期应付款,应当按照规定报经批准后进行账务处理。经批准核销时,借记“长期应付款”科目,贷记“其他收入”科目。核销的长期应付款应在备查簿中保留登记。

【例3-26】 山水市共青团团委下属图书阅览室发生如下经济业务:

(1)购入自助图书借还设备一台,价款38 000元。根据合同,该单位收到设备时,先通过零余额账户支付设备款2 000元,其余部分采用分期付款,在今后两年内按月分期偿付。

(2)月末,通过零余额账户偿付购买自助图书借还设备应付款项1 500元(36 000/24)。

(3)使用一年半后设备出现问题,设备供应商豁免剩余部分的长期应付款作为补偿。

具体账务处理如下:

(1)收到设备时,财务会计中:

借:固定资产——自助借还设备	38 000	
贷:长期应付款——设备供应商		36 000
零余额账户用款额度		2 000

在预算会计中:

借:行政支出	2 000	
贷:资金结存——零余额账户用款额度		2 000

(2)偿还款项时,财务会计中:

借:长期应付款——设备供应商	1 500	
贷:零余额账户用款额度		1 500

在预算会计中:

借:行政支出	1 500	
贷:资金结存——零余额账户用款额度		1 500

(3)豁免部分长期应付款时:

借:长期应付款——设备供应商	9 000	
贷:其他收入		9 000

(九)受托代理负债

1. 受托代理负债的定义

受托代理负债,是指行政单位接受委托,取得受托管理资产时形成的负债。受托代理负债与受托代理资产相对应,行政单位在确认一项受托代理资产时,同时确认所形成的受托代理负债。

2. 受托代理负债的核算

为核算受托代理负债业务，行政单位应设置“受托代理负债”账户（负债类）。该账户应当按照委托人等进行明细核算；属于指定转赠物资和资金的，还应当按照指定受赠人进行明细核算。本账户期末贷方余额，反映行政单位尚未清偿的受托代理负债。

业务1：收到受托代理负债

行政单位接受委托人的委托，收到需要转赠他人的物资、现款或储存管理的物资时，借记“受托代理资产”“银行存款”“库存现金”等科目，贷记“受托代理负债”科目。

业务2：交付受托代理资产

行政单位根据委托人要求交付受托管理的资产时，借记“受托代理负债”科目，贷记“受托代理资产”“银行存款”“库存现金”等科目。

受托代理负债账户是受托代理资产科目的对应账户，具体业务参见受托代理资产部分。

（十）预提费用

1. 预提费用的定义

预提费用，是指行政单位预先提取的已经发生但尚未支付的费用，如预提租金费用等。

2. 预提费用的核算

为核算行政单位预先提取的已经发生但尚未支付的费用，应当设置“预提费用”账户（负债类）。该账户应当按照预提费用种类设置明细账，进行明细核算。本科目期末贷方余额，反映已预提但尚未支付的各项费用。

业务1：提取预提费用

预提租金等费用时，按照应该预提的金额，借记“业务活动费用”等科目，贷记本科目。

业务2：实际支付款项

实际支付时，财务会计中，借记本科目，贷记“银行存款”等科目。预算会计中，应借记“行政支出”“事业支出”“经营支出”等科目，贷记“资金结存”科目。

（十一）预计负债

1. 预计负债的定义

预计负债，指的是行政单位对因或有事项所产生的现时义务而确认的负债，如未决诉讼等确认的负债。

2. 预计负债的核算

为核算行政单位对因或有事项所产生的现时义务而确认的负债，应当设置“预计负债”账户（负债类），该账户应当按照预计负债的项目设置明细账，进行明细核算；期末贷方余额，反映已预计但尚未支付的预计负债。

业务1：确认预计负债

确认预计负债，按照应该确定的金额，借记“业务活动费用”“经营费用”“其他费用”等科目，贷记本科目。

业务2：实际偿付或冲减预计负债

实际偿付或冲减预计负债时，财务会计中，借记本科目，贷记“银行存款”等科目。预算会计中，应借记“行政支出”“事业支出”“经营支出”等科目，贷记“资金结存”科目。

三、净资产

净资产，是指单位所有，并可以自由支配的资产。行政事业单位净资产，是指行政事业单位资产扣除负债后的余额，反映国家和行政事业单位的资产所有权。净资产金额取决于资产和负债的计量。[①]

结转和结余资金（简称“结转（余）”），是指行政单位一定期间收入与支出相抵后的余额滚存资金。行政单位的结转（余）资金包括“财政拨款结转”“财政拨款结余”和“其他资金结转结余”三个科目。结转（余）资金来源于行政单位年度收入与支出相抵后剩余的资金，行政单位的结转（余）资金既包括当年形成的结转（余）资金，也包括以前年度积累的结转（余）资金。

结转是相对的剩余资金，资金对应的工作尚未完成，下一年度还要继续使用，只是年末转账时形成的收支差额；而结余则是绝对的剩余资金，该项资金对应的工作已完成或者不再实施。基于此资金的后续使用要求不同，将结转（余）资金分为结转资金和结余资金。另外，按照资金性质的不同，结转（余）资金分为财政拨款结转结余和其他资金结转结余。财政拨款结转结余，是指行政单位各项财政拨款收入与其相关支出相抵后剩余的滚存资金，包括财政拨款结转和财政拨款结余；其他资金结转结余是指除财政拨款收支以外的各项收支相抵后剩余的滚存资金，包括项目结转和非项目结余。

当行政单位将一项经济资源确认为资产、将一项债务确认为负债的同时也确认了净资产，净资产的确认依赖于资产、负债及其他会计要素的确认。基本关系如下：

期末净资产＝期末资产总额－期末负债总额

＝期末各项结转结余资金余额＋期末资产基金余额－期末待偿债净资产余额

＝期初净资产余额±本期净资产变动额

（一）本期盈余

1. 本期盈余的定义

本期盈余，是指行政单位在本年的各项收入减去费用后的余额。

2. 本期盈余的核算

为核算本期盈余业务，行政单位应设置“本期盈余”账户（净资产类）。在本科目下应当设置“行政事业盈余”明细科目，进行明细核算。年末，本科目如果有贷方余额，则表示该行政单位在当年实现的盈余。年末结账后，本科目无余额。

业务1：年末，将财政拨款收入、捐赠收入、利息收入、其他收入等收入科目在本年的发生额结转至“本期盈余”，借记“财政拨款收入”“捐赠收入”“利息收入”“其他收入”科目，贷记“本年盈余——行政事业盈余”科目。

将业务活动费用、资产损失、其他费用等费用科目在本年的发生额结转至“本期盈余”科目，借记“本年盈余——行政事业盈余”科目，贷记“业务活动费用”“资产损失”“其他费用”科目。

---

① 政府会计制度编审委员会：《政府会计制度详解与实务》，中国工信出版集团、人民邮电出版社2018年版，第200页。

业务2:年末,将本科目的余额结转至“本年盈余分配”科目,借记“本期盈余”科目,贷记“本年盈余分配”科目;或做相反分录。

【例3—27】 山水市共青团团委在2019年发生如下经济业务:

(1)11月30日,财政拨款收入账户余额10 000元,事业收入账户余额4 500元,上级补助收入账户余额4 500元,附属单位上缴收入账户余额10 000元,经营收入账户余额5 000元,投资收益账户余额4 000元,其他收入账户余额5 000元。

(2)11月30日,业务活动费用账户余额5 000元,单位管理费用账户余额1 000元,经营费用账户余额2 500元,资产处置费用账户余额1 000元,所得税费用账户余额4 000元,其他费用账户余额5 000元。

(3)12月31日结转本期盈余账户。

具体账务处理如下:

(1)期末结转收入时:

借:财政拨款收入	10 000	
事业收入	4 500	
上级补助收入	4 500	
附属单位上缴收入	10 000	
投资收益	4 000	
其他收入	5 000	
经营收入	5 000	
贷:本期盈余		43 000

(2)期末结转费用时:

借:本期盈余	18 500	
贷:业务活动费用		5 000
单位管理费用		1 000
经营费用		2 500
资产处置费用		1 000
所得税费用		4 000
其他费用		5 000

(3)结转本期盈余账户时:

借:本期盈余	24 500	
贷:本年盈余分配		24 500

(二)本年盈余分配

1. 本年盈余分配的定义

本年盈余分配,是指行政单位本年度盈余分配的结果和情况。

2. 本年盈余分配的核算

为核算本年盈余分配的业务,行政单位应设置“本年盈余分配”账户(净资产类)。年末结账后,本科目无余额。

业务1:对财政拨款和非财政拨款专项资金各项目执行情况进行分析,将按照预算会计下符合财政拨款结转性质的资金年初年末差额,调增或调减年末财政拨款结转数,借记或贷记本科目,贷记或借记“限定性净资产——财政拨款结转”科目;将按照预算会计下符合非财政拨款结转性质资金年初年末差额,调增或调减年末非财政拨款结转数,借记或贷记“本年盈余分配”科目,贷记或借记“限定性净资产——非财政拨款结转”科目。

业务2:根据规定提取专用基金的,按照预算会计下计算的应提取的金额,财务会计中,借记“本年盈余分配”科目,贷记“限定性资产——专用基金”科目;预算会计中,应借记“非财政拨款结余分配”科目,贷记“专用结余”科目。

业务3:年末,将“本年盈余”科目余额结转至本科目,借记“本年盈余”科目,贷记“本年盈余分配”科目;或做相反分录。年末将本科目余额结转至“其他净资产”科目,借记“本年盈余分配”科目,贷记“其他净资产”科目;或做相反分录。

【例3—28】 山水市检察院2018年12月31日本期盈余科目贷方余额为30 000元,按预算会计下计算提取专用基金6 000元,年末本年盈余分配科目余额50 000元。

具体账务处理如下:

转入本期盈余科目余额时:

借:本期盈余	30 000	
贷:业务活动费用		30 000

提取专用基金时:

借:本年盈余分配	6 000	
贷:业务活动费用		6 000
借:非财政拨款结余分配	6 000	
贷:专用结余		6 000

结转本年盈余分配科目余额时:

借:本年盈余分配	26 000	
贷:业务活动费用		26 000

(三)以前年度盈余调整

1. 以前年度盈余调整的定义

以前年度盈余调整,是指行政单位本年度发生的调整以前年度盈余的事项,包括本年度发生的重要前期差错更正涉及调整以前年度盈余的事项。

2. 以前年度盈余调整的核算

为核算前期调整业务,行政单位应设置“以前年度盈余调整”账户(净资产类)。在本科目下应当根据报表项目进行明细核算。年末结账后,本科目无余额。

业务1:影响以前年度利润

调增以前年度收入,根据确定的数额,财务会计中,借记有关资产或负债科目,贷记本科目;预算会计中,应借记“资金结存”科目,贷记“财政拨款结转”“财政拨款结余”“非财政拨款结转”“非财政拨款结余”等科目。

调减以前年度收入,根据确定的数额,财务会计中,借记本科目,贷记有关资产或负债科目；预算会计中，应借记“财政拨款结转”“财政拨款结余”“非财政拨款结转”“非财政拨款结余”等科目，贷记“资金结存”科目。

业务2：盘盈的非流动实物资产

报经批准后，借记“待处理财产损溢”科目，贷记本科目。

业务3：年末，应将本科目在本年的发生额转入“其他净资产”科目，借记“其他净资产”科目，贷记本科目；或做相反分录。

【例3—29】 山水市图书馆2019年年中收到一笔属于以前年度的收入100 000元，并出现一笔退回以前年度的财政拨款结余收入50 000元的业务。

具体账务处理如下：

（1）收到一笔属于以前年度的收入时：

借：银行存款	100 000	
贷：以前年度盈余调整		100 000

（2）退回以前年度的财政拨款结余收入时：

借：以前年度盈余调整	50 000	
贷：银行存款		50 000

四、收入

为加强行政单位收入的管理，行政单位取得各项收入应当符合国家规定，分项如实核算。

收入，是指行政单位依法取得的非偿还性资金。行政单位的收入包括财政拨款收入、非同级财政拨款收入、捐款收入、利息收入和其他收入。行政单位的收入一般应当在收到款项时予以确认，并按照实际收到的金额进行计量。根据《政府会计制度》的规定，行政单位的收入具有以下特征：

（1）收入是行政单位为开展业务活动及其他活动而取得的。行政单位的业务活动是向社会提供公共产品或公共服务，其资金主要来源于财政拨款，此外还从事一些其他活动以取得其他方面的收入。

（2）收入是行政单位依法取得的。行政单位的财政拨款收入应当符合《预算法》的规定，其他收入也必须符合相关法律法规和规章制度的要求。

（3）收入是行政单位的非偿还性资金。行政单位取得的各项收入不需要在未来偿还，可以按照规定安排用于所开展的业务活动。行政单位的罚没收入、行政事业收费、政府性基金、国有资产处置收入等，因需要上缴财政部门，不属于行政单位的收入。

（一）财政拨款收入

1. 财政拨款收入的定义、分类和拨付方式

（1）财政拨款收入的定义

财政拨款收入，是指行政单位从同级财政部门取得的财政预算资金。财政拨款收入是行政单位按照预算级次从同级财政部门取得的，不包括行政单位从非同级财政部门取得的资金。财政拨款收入是纳入同级财政部门的财政预算管理的资金，也属于单位的预算资金。

(2)财政拨款收入的分类

根据财政部门的要求,行政单位需要对财政拨款收入进行适当分类,以便加强管理与核算。财政拨款收入主要有以下三种分类方式:

其一,按财政拨款种类,财政拨款收入可以分为公共财政预算拨款和其他预算拨款。公共财政预算拨款,是行政单位从同级财政部门取得的公共财政预算资金拨款。其他预算拨款,是行政单位从同级财政部门取得的公共财政预算资金以外的拨款,主要包括政府性基金预算基金、国有资本经营预算资金和社会保险基金预算资金。

其二,按部门预算管理的要求,财政拨款收入分为基本支出拨款和项目支出拨款。基本支出拨款是行政单位用于维持正常运行和完成日常工作任务所需要的经费。基本支出拨款又可进一步分为人员经费和日常公用经费。人员经费是指用于行政单位人员方面开支的经费,日常公用经费是指用于行政单位日常公务活动开支的经费。基本支出拨款由财政部门根据相应的标准核定,实行财政定额拨款。

其三,按政府收支分类科目的要求,财政拨款收入需要进行功能分类。行政单位的财政拨款收入是财政部门年度的预算支出,需要按政府预算支出分类管理的要求进行分类。①

(3)财政拨款收入的拨付方式

财政拨款收入作为行政部门最主要的收入来源,存在三种财政资金的拨付方式:财政直接支付、财政授权支付和财政实拨资金。

在财政直接支付方式下,行政单位根据预算和用款计划,向财政部门提出财政直接支付申请,财政部门审核后通过财政零余额账户将款项直接支付给收款人。行政单位在收到代理银行转来的财政直接支付入账通知书时,确认财政拨款收入,而此时行政单位实际上已经使用了财政预算资金,即财政直接支付方式下,行政单位在实际使用了财政资金的同时确认财政拨款收入。

在财政授权支付方式下,行政单位根据预算和用款计划,按规定时间和程序向财政部门申请财政授权支付用款额度,财政部门审核后将财政授权支付用款额度下达给行政单位的代理银行。在财政授权支付方式下,行政单位收到的是一个用款额度,不是实际的货币资金账户,是一个过渡性的待结算账户。

在财政实拨资金方式下,行政部门根据部门预算和用款计划,按规定的时间和程序向财政部门或上级部门提出资金拨入申请,财政部门或上级单位经审核后,将财政资金拨入行政单位的开户银行。在财政实拨资金方式下,行政部门在确认拨入经费时,实际也已收到货币资金。财政实拨资金主要适用于未实行国库集中支付制度的行政单位,以及一些特殊事项财政拨款的拨付。

2. 财政拨款收入的核算

为核算财政拨款收入业务,行政单位应设置"财政拨款收入"账户(收入类)。该科目平时贷方余额表示财政拨款收入的累计数。年终结账后,本账户无余额。本科目应当设置"基本支出拨款"和"项目支出拨款"两个明细科目,分别核算行政单位取得的用于基本支出和项目支出的财政拨款资金。同时,按照《政府收支分类科目》中"支出功能分类科目"的项级科目进行明

① 详细政府收支分类科目的要求可参见第二章"财政总预算会计"。

细核算;在“基本支出拨款”明细科目下按照“人员经费”和“日常公用经费”进行明细核算,在“项目支出拨款”明细科目下按照具体项目进行明细核算。

如果行政单位的财政拨款收入存在两种或两种以上的性质,则需根据财政拨款种类,设置“公共财政预算拨款”“政府性基金拨款”“国有资本经营预算”“社会保险基金预算”等总账科目,分别核算行政单位取得的不同性质的财政拨款资金。

业务1:财政直接支付方式下,行政单位根据收到的“财政直接支付入账通知书”及相关原始凭证,借记“库存物品”“固定资产”“业务活动费用”等科目,贷记本科目。年末,行政单位根据本年度财政直接支付预算指标数与财政直接支付实际支出数的差额,借记“财政应返还额度——财政直接支付”科目,贷记本科目。

业务2:财政授权支付方式下,行政单位根据收到的“财政授权支付额度到账通知书”,借记“零余额账户用款额度”等科目,贷记本科目。发生拨入经费时,借记“银行存款”“零余额账户用款额度”等科目,贷记本科目。年末,如行政单位本年度财政授权支付预算指标数大于财政授权支付额度下达数,根据两者间的差额,借记“财政应返还额度——财政授权支付”科目,贷记本科目。

业务3:在财政实拨资金方式下,行政单位根据收到开户行转来的“到账通知书”,实际收到财政拨款收入时,借记“银行存款”等科目,贷记本科目。

业务4:因为差错更正或购货退回等发生国库直接支付款项需要退回的,若该款项属于以前年度支付的款项,应该按照退回的金额,财务会计中,借记“财政应返还额度——财政直接支付”科目,贷记“库存物品”“前期调整”等科目。预算会计中,应借记“资金结存”科目,贷记“财政拨款结转”“财政拨款结余”科目。若该款项属于本年支付的款项,应该按照退回的金额,财务会计中,借记本科目,贷记“业务活动费用”“库存物品”等科目。预算会计中,应借记“财政拨款预算收入”科目,贷记“行政支出”“事业支出”等科目。

业务5:年末,将本科目本年发生额转入本年盈余科目,财务会计中,借记本科目,贷记“本年盈余——行政事业盈余”科目。预算会计中,应借记“财政拨款预算收入”科目,贷记“财政拨款结转”科目。

【例3—30】 山水市公安局下属3家实行不同财政拨款方式的行政单位发生如下经济业务:

(1)在实施财政直接支付方式的下属行政单位,为配合人口普查活动,人口管理处收到“财政直接支付入账通知书”,财政为本单位直接支付300万元专项普查经费。该经费应当在“项目支出拨款——一般公共服务——统计信息事务——专项普查活动”科目反映。

(2)在实施财政授权支付方式的下属行政单位,为加大人口普查宣传力度,下属宣传局收到代理银行转来的“财政授权支付到账通知书”,本月财政授权支付额度为45万元。该经费应当在“基本支出拨款——一般公共服务——统计信息事务——行政运行”科目反映。

(3)在财政实拨资金支付方式下,禁毒大队收到代理银行转来的“到账通知书”,收到财政部门拨入收入50万元。该财政拨款收入应当在“基本支出拨款——公共安全——公安——禁毒管理”科目反映。

(4)本单位收到“财政直接支付收回通知”,收回本年度已完成直接支付的一笔资金2 000元,同时收回上年度因差错更正的一笔资金5 000元。

(5)本年度,财政直接支付预算指标数为78万元,财政直接支付实际支出数为63万元;财政授权支付预算指标数为58万元,财政授权支付额度下达数为55万元;年终,注销未使用的财政直接支付额度15万元,未下达的财政授权额度3万元。

具体账务处理如下:

(1)专项普查经费入账时:

借:业务活动费用　　3 000 000

　贷:财政拨款收入　　3 000 000

同时,在财政拨款收入明细账贷方登记如下:

项目支出拨款——一般公共服务——统计信息事务——专项普查活动　　3 000 000

借:行政支出　　3 000 000

　贷:财政拨款预算收入——财政直接支付　　3 000 000

(2)人口普查宣传费入账时:

借:零余额账户用款额度　　450 000

　贷:财政拨款收入　　450 000

同时,在财政拨款收入明细账贷方登记如下:

基本支出拨款——一般公共服务——统计信息事务——行政运行　　450 000

在预算会计中:

借:资金结存——零余额账户用款额度　　450 000

　贷:财政拨款预算收入　　450 000

(3)收到财政部门拨入收入时:

借:银行存款　　500 000

　贷:财政拨款收入　　500 000

同时,在财政拨款收入明细账贷方登记如下:

基本支出拨款——公共安全——公安——禁毒管理　　500 000

借:资金结存——货币资金　　450 000

　贷:财政拨款预算收入　　450 000

(4)收回本年度已完成直接支付的资金时:

借:财政拨款收入——基本支出拨款　　2 000

　贷:业务活动费用　　2 000

借:财政拨款预算收入　　2 000

　贷:行政支出　　2 000

收回上年度因差错更正的资金时:

借:财政应返还额度——财政直接支付　　5 000

　贷:前期调整　　5 000

借:资金结存——财政应返还额度(财政直接支付)　　5 000

　贷:财政拨款结转——年初余额调整　　5 000

(5)年末,注销结转到期财政应返还额度时:

借:财政应返还额度——财政直接支付　　150 000

　贷:财政拨款收入——基本支出拨款　　150 000

在预算会计中:

借:资金结存——财政应返还额度(财政直接支付)　　150 000

　贷:财政拨款预算收入　　150 000

借:财政应返还额度——财政授权支付　　30 000

　贷:财政拨款收入——基本支出拨款　　30 000

在预算会计中:

借:资金结存——财政应返还额度(财政授权支付)　　30 000

　贷:财政拨款预算收入　　30 000

(二)非同级财政拨款收入

1. 非同级财政拨款收入的定义

非同级财政拨款收入,是指行政单位从非同级财政部门取得的各种经费拨款。

2. 非同级财政拨款收入的核算

为核算从非同级财政部门取得的经费拨款收入,行政单位应当设置"非同级财政拨款收入"账户(资产类),该账户应当按照本级横向财政拨款和非本级财政拨款进行明细核算。年末结账后,该科目无余额。

业务 1:收到非同级财政拨款收入,应按照实际收到的金额,财务会计中,借记"银行存款""库存现金"等科目,贷记本科目。预算会计中,应借记"资金结存"科目,贷记"非同级财政拨款预算收入"科目。

业务 2 :年末,应将本科目在本年的发生额结转至"本年盈余"科目,财务会计中,借记本科目,贷记"本年盈余——行政事业盈余"科目。预算会计中,应借记"非同级财政拨款预算收入"科目,贷记"非财政拨款结存""其他结余"科目。

(三)捐赠收入

1. 捐赠收入的定义

捐赠收入,是指行政单位接受其他单位或个人捐赠取得的收入。

2. 捐赠收入的核算

为核算从其他单位或个人取得的经费拨款收入,行政单位应当设置"捐赠收入"账户(收入类),该账户应当按照捐赠资金的用途和捐赠单位等进行明细核算。年末结账后,该科目无余额。

业务 1:接受捐赠

接受货币资金的捐赠,按照实际收到的金额,借记"银行存款"等科目,贷记本科目。

接受存货、固定资产的捐赠,在存货验收入库后,按照实际的成本,借记"库存物品""固定资产"等科目;按照发生的运输费、税费等,贷记"银行存款"等科目,差额贷记本科目。

若实际成本无法可靠获得,应按照名义金额入账,借记"库存物品""固定资产"等科目,贷记本科目;按照发生的运输费、税费等,借记“其他费用”科目,贷记“银行存款”等科目。

预算会计中,应借记“其他支出”科目,贷记“资金结存”科目。

业务2:年末,应将本科目在本年的发生额结转至“本年盈余”科目,财务会计中,借记本科目,贷记“本年盈余——行政事业盈余”科目;预算会计中,应借记“其他预算收入”科目,贷记“非财政拨款结存”“其他结余”科目。

(四)利息收入

1. 利息收入的定义

利息收入,是指行政单位取得的银行存款利息收入。

2. 利息收入的核算

为了核算从银行取得的存款利息收入,行政单位应当设置“利息收入”账户(收入类)。年末结账后,该科目无余额。

业务1:期末确认银行存款利息收入,借记“应收利息”科目,贷记本科目。

业务2:收到银行存款利息,应根据实际收到的金额,借记“银行存款”“库存现金”等科目,贷记本科目。预算会计中,应借记“资金结存”科目,贷记“其他预算收入——利息收入”科目。

业务3:年末,应将本科目在本年的发生额结转至“本年盈余”科目,借记本科目,贷记“本年盈余——行政事业盈余”科目;预算会计中,应借记“其他预算收入——利息收入”科目,贷记“其他结余”科目。

(五)其他收入

1. 其他收入的定义

其他收入,是指行政单位取得的除财政拨款收入、非同级财政拨款收入、捐赠收入、利息收入以外的其他各项收入。

2. 其他收入的核算

为核算其他收入业务,行政单位应设置“其他收入”账户(收入类)。该账户应按照其他收入的类别、来源单位、项目资金和非项目资金进行明细核算。对于项目资金收入,还应当按照具体项目设置明细账核算。年终结账后,本科目应无余额。

业务1:现金盘盈收入

在每日现金账款的核对中,如果发现现金溢余且属于无法查明原因的部分,借记“待处理财产损溢”科目,贷记本科目。

业务2:无形资产处置(科技成果转换)收入

处置无形资产后,行政单位应按照处置收入扣减处置费用后的净收益,借记“待处理财产损溢——处理净收入”科目,贷记本科目。预算会计中,应借记“资金结存”科目,贷记“其他预算收入”科目。

业务3:收回已核销的其他应收款

收回已核销的其他应收款时,按照实际收回的金额,财务会计中,借记“银行存款”等科目,贷记本科目;预算会计中,应借记“资金结存”科目,贷记“其他预算收入”科目。

业务4:无法偿还的应付及预收款项

无法偿还或是债权人豁免偿还的应付账款、预收账款、其他应付款及长期应付款，按照实际的金额，借记“应付账款”“预收账款”“其他应付款”等科目，贷记本科目。

业务5：资产置换中换出资产评估价值增值

资产置换过程中，按照换出资产的评估价值，借记换入资产相关科目，按照换出资产账面价值，贷记“待处理财产损溢”科目，将换出资产评估价值大于其账面价值部分，贷记本科目。

业务6：基建过程中，形成的各项工程建设副产品变价收入、负荷试车和试运行收入，若该项收入属于该单位的，按照实际的金额，借记“银行存款”等科目，贷记本科目。

业务7：年末，将本科目本年发生额转入“本年盈余”时，借记本科目，贷记“本期盈余——行政事业盈余”科目。年末转账后无余额。

【例3—31】 山水市检察院下设行政单位发生如下经济业务：

(1)为完成打击侵犯知识产权违法专项工作，收到省财政部门拨来的补助款项50 000元，专款用于开展该项目。

(2)收到废旧物资变卖收入3 000元现金。

(3)年终结账，本单位“其他收入”总账户贷方余额95 000元，明细科目上级补助收入5 000元，服务收入35 000元，项目专项收入55 000元。

具体账务处理如下：

(1)收到省财政拨来补助款项时，在财务会计中：

借：银行存款	50 000	
贷：其他收入——省财政补助收入——项目资金		50 000

在预算会计中：

借：资金结存——货币资金	50 000	
贷：其他预算收入		50 000

(2)收到废旧物资变卖收入时，在财务会计中：

借：库存现金	3 000	
贷：其他收入——废旧物资变卖收入		3 000

在预算会计中：

借：资金结存——货币资金	3 000	
贷：其他预算收入		3 000

(3)年终结账时：

借：其他收入——上级补助收入	5 000	
——服务收入	35 000	
——项目专项收入	55 000	
贷：本期盈余		95 000

五、费用

费用，是指行政单位为保障机构正常运转和完成工作任务所发生的资金耗费和损失。行政单位的支出包括业务活动费用、资产损失、其他费用。行政单位的费用一般应当在支付款项时予以确认，并按照实际支付金额进行计量。

(一)业务活动费用

1. 业务活动费用的定义

业务活动费用,是行政单位为实现其职能目标,依法履行或开展专业业务活动及辅助活动所发生的各项费用。本科目应当按照项目、服务或者业务类别、支付对象等进行明细核算。

2. 业务活动费用的核算

为核算业务活动费用业务,行政单位应设置"业务活动费用"账户(费用类)。该账户按项目、服务或业务大类设置明细账,也可以根据"人员费用""公用费用""固定资产折旧费"等成本项目设置明细科目,归集能够直接计入活动或采用一定方法计算后计入活动的费用。年终结账后,本账户应无余额。

业务 1:人员工资薪金支出

在职职工薪酬,包括行政单位应按照有关规定支付给本单位职工的基本工资、奖金、国家统一规定的津贴补贴,以及为本单位职工支付的社会保险费、住房公积金等。计提单位职工薪酬时,按照计算出的金额,借记本科目,贷记"应付职工薪酬"科目。

支付外部人员劳务费,是指行政单位按照劳务合同支付给非本单位职工的劳动报酬,如临时聘用人员劳务费等。该科目按照应当支付的金额,借记本科目;按照代扣代缴个人所得税的金额,贷记"应交税费"科目;按照扣税后实际支付的金额,贷记"财政拨款收入(财政直接支付)""零余额账户用款额度(财政授权支付)""银行存款(单位银行账户支付)"等科目。

业务 2:领用库存物品

行政单位为履职或开展业务活动而领用库存物品的,应按照领用的实际成本,借记本科目,贷记"库存物品"等科目。

业务 3:计提折旧与摊销

行政单位为履职或开展业务活动而使用固定资产、无形资产和管理公共基础设施计提的折旧、摊销,借记本科目,贷记"固定资产累计折旧""累计摊销""公共基础设施累计折旧"科目。

业务 4:税费支出和其他各项费用支出

税费支出,是指行政单位为履职或开展业务活动而应负担的税金及附加,如城市维护建设税、教育费附加及地方教育费附加、资源税、土地增值税、房产税、土地使用税、车船税等。预算会计中,应借记"行政支出""事业支出"等科目,贷记"资金结存"科目。

其他各项费用支出,是指行政单位日常发生的各项费用支出,包括办公费、印刷费、咨询费、手续费、水费、电费、邮电费、取暖费、物业管理费、差旅费、因公出国(境)费、维修(护)费、租赁费、会议费、培训费、公务接待费、公务用车运行维护费等。

发生税费支出和其他各项费用支出时,按照应确认的金额,财务会计中,借记本科目,贷记"其他应交税费""财政拨款收入""零余额账户用款额度""银行存款"等科目。

业务 5:提取专用基金

一般按照预算会计下预算收入计算提取金额,借记本科目,贷记"限定性净资产——专用基金"科目。国家另有规定的,从其规定。

业务 6:发生购货退回、存货领用退回

因购货退回、存货领用退回等原因且已计入本年费用的,按照收回或应收的金额,财务会计中,借记“财政拨款收入”“零余额账户用款额度”“银行存款”“其他应收款”“库存物品”等科目,贷记本科目;预算会计中,应借记“财政拨款预算收入”“资金结存”“其他结余”等科目,贷记“行政支出”“事业支出”科目。

业务7:年末,将本科目本年发生额转入“本年盈余”,财务会计中,借记“本年盈余——行政事业盈余”科目,贷记本科目;预算会计中,应借记“财政拨款结转”“非财政拨款结转”“其他结余”等科目,贷记“行政支出”“事业支出”科目。

【例3—32】 山水市检察院发生如下经济业务:

2018年10月1日采购了一批办公用品,预付账款3 000元。

10月5日办公用品入库,补付尾款1 000元,通过财政授权方式支付。

具体账务处理如下:

(1)10月1日预付账款时,财务会计中:

借:预付账款 3 000

  贷:零余额账户用款额度 3 000

在预算会计中:

借:行政支出 3 000

  贷:资金结存——零余额账户用款额度 3 000

(2)10月5日办公用品入库补付尾款时,财务会计中:

借:业务活动费用 4 000

  贷:零余额账户用款额度 1 000

    预付账款 3 000

在预算会计中:

借:行政支出 1 000

  贷:资金结存——零余额账户用款额度 1 000

(二)资产处置费用

1. 资产处置费用的定义

资产处置费用,是指行政单位发生的各项资产损失,包括盘亏、变质、毁损,置换过程中的换出资产评估损失,现金盘亏损失,应收账款和其他应收款计提的坏账准备等。

2. 资产处置费用的核算

为核算资产处置费用业务,行政单位应设置“资产处置费用”账户(费用类),该账户分别按照资产处置的类别进行明细核算。年末结账后,本科目无余额。

业务1:盘亏、变质、毁损的财产物资

若存在保险赔偿和相应责任人的,应按照已收回或应收回的保险赔偿和过失人赔偿等,借记“库存现金”“银行存款”“其他应收款”等科目;按照相关待处理财产的损溢金额,贷记“待处理财产损溢”科目,差额借记本科目。

业务2:现金盘亏损失

在每日现金账款核对中,如果发现现金短缺且属于无法查明原因的部分,报经批准后,借记本科目,贷记“库存现金”科目。

业务3:资产置换过程中的换出资产估值损失

应按照换出资产的评估价值,借记换入资产相关科目;按照换出资产的账面价值,贷记“待处理财产损溢”科目;按照换出资产评估价值小于账面价值的差额,借记本科目。

业务4:其他资产损失

应按照确定的金额,借记本科目,贷记“待处理财产损溢”等科目。

业务5:年末,将本科目本年发生额转入“本年盈余”时,借记“本年盈余——行政事业盈余”科目,贷记本科目。年末转账后无余额。

【例3—33】 山水市警察局发生如下经济业务:

(1)2018年5月处置一台设备,该设备已使用7年,原值10 000元,已计提累计折旧7 000元。

(2)处置过程中发生拆卸费用500元,已用银行存款付清。

(3)在账款核对过程中发现现金短缺200元,无法查明原因,经批准予以核销。

具体账务处理如下:

(1)处置已使用7年的设备时:

借:固定资产累计折旧	7 000	
资产处置费用	3 000	
贷:固定资产		10 000

(2)拆卸该设备时,财务会计中:

借:资产处置费用	500	
贷:银行存款		500

在预算会计中:

借:其他支出	500	
贷:资金结存		500

(3)发现现金短缺时:

借:资产处置费用	200	
贷:待处理财产损溢		200

(三)其他费用

1. 其他费用的定义

其他费用,是指行政单位发生的除业务活动费用、资产损失以外的各项费用,包括对外捐赠的费用、资产处置费用等。

2. 其他费用的核算

为核算其他费用业务,行政单位应设置“其他费用”账户(费用类),该账户按照其他费用的类别进行明细核算。年末结账后,本科目无余额。

业务1:对外捐赠

对外捐赠现金,按照确定的金额,借记本科目,贷记“银行存款”等科目。

对外捐赠非货币资产,如存货、固定资产、无形资产、公共基础设施、政府储备物资等,按照转入待处理资产的价值,财务会计中,借记本科目,贷记“待处理财产损溢——待处理财产价值”科目；预算会计中，应借记“其他支出”科目，贷记“资金结存——货币资金”科目。

业务2：接受捐赠、无偿调入非货币资产

因接受捐赠、无偿调入非货币资产发生以名义金额计量的相关税费、运输费用等，财务会计中，借记本科目，贷记“银行存款”等科目；预算会计中，应借记“其他支出”科目，贷记“资金结存——货币资金”科目。

业务3：非货币资产的处置

处置非货币资产时，按照转入待处理资产的账面余额，借记本科目，贷记“待处理财产损溢——待处理财产价值”科目。完成处置时，若资产处置收入小于因处置产生的相关税费的，按照相关税费扣除处置收入的净支出，借记本科目，贷记“待处理财产损溢——处理净收入”科目。

业务4：冲销待核销基建支出

按照规定冲销发生的待核销基建支出，按照确定的金额，借记本科目，贷记“基建工程——待核销基建支出”科目。

业务5：上缴上级费用

按规定计算应上缴的费用，借记本科目，贷记“其他应付款”等科目。

实际缴纳时，借记“其他应付款”等科目，贷记“银行存款”等科目。

业务6：对附属单位提供补助

对附属单位提供补助的，按照实际提供的补助金额，借记本科目，贷记“银行存款”等科目。

业务7：年末，将本科目本年发生额转入“本年盈余”时，财务会计中，借记“本年盈余——行政事业盈余”科目，贷记本科目。年末转账后无余额。预算会计中，应借记“其他结余”“非财政资金结转”“财政资金结转——本年收支结转”科目，贷记“其他支出”科目。

【例3－34】 山水市警察局用自有资金向贫困地区学校捐款10 000元，用于支持该学校开展教学活动。

向贫困学校捐款时，具体账务处理如下：

借：其他费用　　10 000

　　贷：银行存款　　10 000

在预算会计中：

借：其他支出　　10 000

　　贷：资金结存　　10 000

六、预算收入

专栏3－5

行政单位会计预算会计科目

按照《政府会计制度——行政事业单位会计科目和会计报表》(财会〔2017〕25号)的规定，行政单位会计科目分为财务会计和预算会计两类科目表，共计102个一级会计科目，其中，预算会计下设预算收入、预算支出和预算结余三个要素共28个一级科目。行政单位会计中，预算会计部分的会计科目如表3—3所示。

表3—3 行政单位会计预算会计部分的会计科目

(一)预算收入类		
1	6001	财政拨款预算收入
2	6101	事业预算收入△
3	6201	上级补助预算收入△
4	6301	附属单位上缴预算收入△
5	6401	经营预算收入△
6	6501	债务预算收入△
7	6601	非同级财政拨款预算收入
8	6602	投资预算收益△
9	6603	捐赠预算收入
10	6604	利息预算收入
11	6605	租金预算收入△
12	6606	其他预算收入
(二)预算支出类		
13	7101	行政支出
14	7201	事业支出△
15	7401	经营支出△
16	7501	上缴上级支出△
17	7502	对附属单位补助支出△
18	7601	投资支出△
19	7701	其他支出
(三)预算结余类		
20	8001	资金结存
21	8101	财政拨款结转
22	8102	财政拨款结余
23	8201	非财政拨款结转
24	8202	非财政拨款结余
25	8301	专用基金△
26	8401	其他结余
27	8501	经营结余△
28	8601	非财政拨款结余分配△

注:科目名后标注了“△”符号的,则为事业单位专用科目,故在此章节不做核算说明。

在新制度制定中，从行政事业单位通用性或共性业务会计处理，以及政府财务报告和决算报告的可比性出发，充分考虑了制度的统一性。在会计科目设置及会计报表格式上，一般情况下，不再区分行政和事业单位，也不再区分行业事业单位，在具体表述上统一为“单位”。但是，考虑到行政、事业单位在部分业务内容上的差别，新制度在部分科目说明中也适当区分了行政和事业单位，如专用基金、经营结余、对外投资、投资收益等会计科目仅适用于事业单位。

对于部分典型行业事业单位的特殊业务处理，下一步财政部将视必要性在制度补充规定或新旧衔接规定中予以明确。

（一）财政拨款预算收入

“财政拨款预算收入”账户（预算收入类），该账户主要用于核算单位从同级财政部门取得的各类财政拨款。该账户设置“基本支出”和“项目支出”两个明细科目，同时，按照《政府收支分类科目》中“支出功能分类”的项级科目进行明细核算。在“基本支出”明细科目下按照“人员经费”和“日常公用经费”进行明细核算，在“项目支出”明细科目下按照具体项目进行明细核算。有公共财政预算拨款、政府性基金预算拨款等两种或两种以上财政拨款的单位，还应当按照财政拨款的种类进行明细核算。

业务 1：财政直接支付方式下，各单位根据财政国库支付执行机构委托代理银行转来的“财政直接支付入账通知书”及相关原始凭证，按照通知书中的直接支付入账金额，借记“行政支出”等有关科目，贷记本科目。

财政授权支付方式下，各单位根据代理银行转来的“财政授权支付额度到账通知书”，按照通知书中的授权支付额度，借记“资金结存——零余额账户用款额度”科目，贷记本科目。

其他方式下收到财政拨款预算收入时，按照实际收到的金额，借记“资金结存——货币资金”科目，贷记本科目。

业务 2：年度终了，根据本年度财政直接支付预算指标数与当年财政直接支付实际支出数的差额，借记“资金结存——财政应返还额度（财政直接支付）”科目，贷记本科目。

各单位本年度财政授权支付预算指标数大于零余额账户用款额度下达数的，根据未下达的用款额度，借记“资金结存——财政应返还额度（财政授权支付）”科目，贷记本科目。

业务 3：因差错更正或购货退回等发生国库直接支付款项退回的，属于以前年度支付的款项，通过“财政拨款结转”或“财政拨款结余”科目核算，不通过本科目核算；属于本年度支付的款项，按照退回金额，借记本科目，贷记“行政支出”等有关科目。

业务 4：年末，将本科目本年发生额结转至“财政拨款结转——本年收支结转”科目，借记本科目，贷记“财政拨款结转——本年收支结转”科目。年末结账后，本科目应无余额。

【例 3－35】 山水市法院是有公共财政预算拨款和政府性基金预算拨款的单位，本月发生如下经济业务：

（1）11 月 1 日，收到“财政直接支付入账通知书”，列明当月公共财政预算安排的基本支出拨款 500 000 元，项目支出拨款 200 000 元；政府性基金预算安排的项目支出拨款 200 000 元；收到“财政授权支付额度到账通知书”，列明本月财政授权支付额度 400 000 元，其中，基本支出拨款 200 000 元，项目支出拨款 200 000 元。

（2）12 月 30 日，确认拨款差额。本年度财政直接支付预算指标数比当年财政直接支付实际支付数多 20 000 元，本年度财政授权支付预算指标数大于零余额账户用款额度下达数 10 000 元。

(3)12 月 30 日，结转本年发生额。

具体账务处理如下[①]：

(1)收到"财政直接支付入账通知书"时：

借：行政支出　　900 000

　　贷：财政拨款预算收入——公共财政预算拨款——基本支出拨款　　500 000

　　　　　　　　　　　　　　　　　　　　　　——项目支出拨款　　200 000

　　　　　　　　　　　——政府性基金预算拨款——项目支出拨款　　200 000

收到"财政授权支付额度到账通知书"时：

借：资金结存——零余额账户用款额度　　400 000

　　贷：财政拨款预算收入——基本支出拨款　　200 000

　　　　　　　　　　　　——项目支出拨款　　200 000

(2)确认拨款差额时：

借：资金结存——财政应返还额度——财政直接支付　　20 000

　　　　　　　　　　　　　　　——财政授权支付　　10 000

　　贷：财政拨款预算收入　　30 000

(3)结转本年发生额时：

借：财政拨款预算收入　　30 000

　　贷：财政拨款结转——本年收支结转　　30 000

（二）非同级财政拨款预算收入

"非同级财政拨款预算收入"账户（预算收入类），该账户主要用于核算单位从非同级财政部门取得的经费拨款。本科目应当按照非同级财政拨款预算收入类别进行核算，并且按照《政府收支分类科目》中"支出功能分类"的项级科目等进行明细核算。非同级财政拨款预算收入中如有专项资金收入，还应按具体项目进行明细核算。

业务 1：取得非同级财政拨款预算收入时，按照实际取得的金额，借记"资金结存——货币资金"科目，贷记本科目。涉及增值税业务的，相关账务处理参照"经营预算收入"科目。

业务 2：年末，将本科目本年发生额中的专项资金收入结转入非财政拨款结转，借记本科目下各专项资金收入明细科目，贷记"非财政拨款结转——本年收支结转"科目；将本科目本年发生额中的非专项资金收入结转入其他结余，借记本科目下各非专项资金收入明细科目，贷记"其他结余"科目。年末结账后，本科目应无余额。

【例 3－36】 山水市某行政单位与上级主管部发生如下经济业务：

(1)取得上级财政部门拨付的项目经费 20 000 元，已经存入银行。

(2)年末，对专项用途的 5 000 元余额进行结转。

---

① 秉持"相互衔接"的原则，对纳入部门预算管理的现金收支进行平行记账，即对于纳入部门预算管理的现金收支业务，在进行财务会计核算的同时，也需进行预算会计核算。

具体账务处理如下：

(1)取得项目经费时：

借：资金结存——货币资金　　20 000

　　贷：非同级财政拨款预算收入　　20 000

(2)结转余额时：

借：非同级财政拨款预算收入　　5 000

　　贷：非财政拨款结转——本年收支结转　　5 000

(三)捐赠预算收入

"捐赠预算收入"账户，该账户主要用于核算单位接受其他单位或者个人捐赠现金资产所取得的现金流入。该账户应按照捐赠资金的用途以及《政府收支分类科目》中"支出功能分类"的项级科目等进行明细核算。捐赠预算收入中若涉及专项资金收入，还应按具体项目进行明细核算。

业务1：接受捐赠现金资产，按照实际收到的金额，借记"资金结存——货币资金"等科目，贷记本科目。

业务2：年末，将本科目本年发生额中的专项资金收入结转入非财政拨款结转，借记本科目下各专项资金收入明细科目，贷记"非财政拨款结转——本年收支结转"科目；将本科目本年发生额中的非专项资金收入结转入其他结余，借记本科目下各非专项资金收入明细科目，贷记"其他结余"科目。年末结账后，本科目应无余额。

【例3—37】 山水市某行政单位发生如下经济业务：

(1)收到其他单位捐赠的现金50 000元。

(2)年末，结转至非专项资金。

该行政单位的预算会计应做如下分录：

(1)收到捐赠现金资产时：

借：资金结存——货币资金　　50 000

　　贷：捐赠预算收入　　50 000

(2)结转资金后：

借：捐赠预算收入　　50 000

　　贷：其他结余　　50 000

(四)利息预算收入

"利息预算收入"账户(预算收入类)，该账户主要用于核算单位实际取得的利息收入。该科目应当按照利息类别以及《政府收支分类科目》中"支出功能分类"的项级科目进行明细核算。

业务1：收到银行存款利息时，按照实际收到的金额，借记"资金结存——货币资金"等科目，贷记本科目。

业务2：年末，将本科目本年发生额结转至其他结余科目，借记本科目，贷记"其他结余"科目。年末结账后，本科目应无余额。

【例 3－38】 山水检察院发生如下经济业务:

(1)实际收到银行存款利息 2 000 元。

(2)年末对该笔利息结转。

具体账务处理如下:

(1)收到存款利息时:

借:资金结存——货币资金	2 000	
贷:利息预算收入		2 000

(2)结转本年发生额时:

借:利息预算收入	2 000	
贷:其他结余		2 000

专栏 3－6

其他预算收入

“其他预算收入”账户(预算收入类),用于核算单位除财政拨款预算收入、事业预算收入、上级补助预算收入、附属单位上缴预算收入、经营预算收入、债务预算收入、非同级财政拨款预算收入、投资预算收益、捐赠预算收入、利息预算收入、租金预算收入之外的现金流入,包括现金盘盈收入等。科目按照其他收入类别、《政府收支分类科目》中“支出功能分类”的项级科目等进行明细核算。其他预算收入中若涉及专项资金收入,还应按具体项目进行明细核算。

其他预算收入的主要账务处理如下:

(1)每日现金账款核对中如发现现金溢余,属于无法查明原因的部分,借记“资金结存——货币资金”科目,贷记“其他预算收入”科目。

(2)收到其他预算收入时,按照收到的金额,借记“资金结存——货币资金”科目,贷记“其他预算收入”科目。

(3)年末,将本科目本年发生额中的专项资金收入结转入非财政拨款结转,借记“其他预算收入”,贷记“非财政拨款结转——本年收支结转”科目;将本科目本年发生额中的非专项资金收入结转入其他结余,借记“其他预算收入”下各非专项资金收入明细科目,贷记“其他结余”科目。年末结账后,本科目应无余额。

资料来源:中华人民共和国财政部会计司:《政府会计制度——行政事业单位会计科目和会计报表》(财会〔2017〕25 号)。

七、预算支出

(一)行政支出

“行政支出”账户(预算支出类),该账户主要用于核算行政单位履行其职责实际发生的各项现金流出。账户行政单位按照规定用途转拨给所属单位及其他单位的资金在“应付转拨款”科目核算。该账户应当分别按照“财政拨款支出”和“其他资金支出”“基本支出”和“项目支出”

等分类进行明细核算；并按照《政府收支分类科目》中“支出功能分类”的项级科目进行明细核算；“基本支出”和“项目支出”明细科目下应当按照《政府收支分类科目》中“支出经济分类”的款级科目进行明细核算，并在“项目支出”明细科目下按照具体项目进行明细核算。存在公共财政预算拨款、政府性基金预算拨款等两种或两种以上财政拨款类型的行政单位，还应当按照财政拨款的种类分别进行明细核算。对于预付款项，行政单位在“行政支出”下可设置“待处理”明细科目，待确认具体支出项目后再转入相关明细科目。

业务1：向单位职工支付薪酬，按照实际支付给个人的金额，借记本科目，贷记“财政拨款预算收入”“资金结存”科目；按规定代扣代缴个人所得税或缴纳职工社会保险费、住房公积金时，按照实际缴纳的金额，借记本科目，贷记“财政拨款预算收入”“资金结存”科目。

业务2：支付外部人员劳务费按照实际支付给个人的数额，借记本科目，贷记“财政拨款预算收入”“资金结存”等科目。按规定代扣代缴个人所得税时，按照实际缴纳的金额，借记本科目，贷记“财政拨款预算收入”“资金结存”等科目。

业务3：购买存货、固定资产、无形资产等，以及支付基本建设、在建工程等款项，按照实际支付的金额，借记本科目，贷记“财政拨款预算收入”“资金结存”等科目。

业务4：发生预付款项时，按照实际支付的金额，借记本科目(待处理)，贷记“资金结存”等科目。在确认具体支出项目和金额时，借记本科目(相关明细科目)，贷记本科目(待处理)；按照补付的金额借记本科目(相关明细科目)，贷记“资金结存”等科目。

业务5：发生其他各项支出时，按照实际支付的金额，借记本科目，贷记“财政拨款预算收入”“资金结存”等科目。

业务6：因购货退回等发生款项退回的，或者发生差错更正时，属于当年支出收回的，借记“财政拨款预算收入”“资金结存”等科目，贷记本科目。属于以前年度收回的，通过“财政拨款结转”“财政拨款结余”“非财政拨款结转”“非财政拨款结余”科目核算，不通过本科目核算。

业务7：年末，将本科目本年发生额中的财政拨款支出结转入“财政拨款结转”时，借记“财政拨款结转——本年收支结转”科目，贷记本科目下各财政资金支出明细科目；将本科目本年发生额中的非财政专项资金支出结转入“非财政拨款结转”时，借记“非财政拨款结转——本年收支结转”科目，贷记本科目下各专项资金支出明细科目；将本科目本年发生额中的非财政非专项资金支出结转至“其他资金结余”，借记“其他结余”科目，贷记本科目下各非专项资金支出明细科目。年终结账后，本科目应无余额。

【例3—39】 山水市某行政单位发生如下经济业务：

(1)支付本单位职工薪酬。实际支付给职工薪酬200 000元，代扣个人所得税，实际税款25 000元。

(2)用资金结存款项购买公务车辆一辆，价值10 000元。

(3)当年发现财政拨款差错，退回2 000元。

(4)年末结账，将本年发生额中的财政拨款支出3 000元、非财政专项资金支出2 000元和非财政非专项资金支出1 000元一并结转。

具体账务处理如下：

(1)支付职工薪酬时：

借:行政支出	200 000	
贷:财政拨款预算收入		200 000
借:行政支出	25 000	
贷:资金结存		25 000

(2)购买车辆时:

借:行政支出	10 000	
贷:资金结存		10 000

(3)退回财政拨款时:

借:财政拨款预算收入	2 000	
贷:行政支出		2 000

(4)年末结账时:

借:财政拨款结转——本年收支结转	3 000	
非财政拨款结转——本年收支结转	2 000	
其他结余	1 000	
贷:行政支出		6 000

专栏 3—7

其他支出

“其他支出”账户(预算支出类),用于核算单位除行政支出、事业支出、经营支出、上缴上级支出、对附属单位补助支出、投资支出以外的各项现金流出,包括利息支出、对外捐赠现金支出、现金盘亏损失、接受捐赠(调入)非流动资产发生的税费支出、罚没支出等。该科目应当按照其他支出的类别、《政府收支分类科目》中“支出功能分类”相关科目等进行明细核算。其他支出中若涉及专项资金支出,还应按具体项目进行明细核算。

其他支出的主要账务处理如下:

(1)利息支出。支付银行借款利息时,借记“其他支出”科目,贷记“资金结存”科目。

(2)对外捐赠。现金资产对外捐赠时,借记“其他支出”科目,贷记“资金结存”科目。

(3)现金盘亏损失。每日现金账款核对中如发现现金短缺,属于无法查明原因的部分,报经批准后,借记“其他支出”科目,贷记“资金结存”科目。

(4)接受捐赠(调入)非流动资产发生的税费支出。接受捐赠、无偿调入非流动资产发生的相关税费、运输费等,借记“其他支出”科目,贷记“资金结存”科目。

(5)以固定资产、无形资产取得长期股权投资或长期债券投资,所发生的相关税费,借记“其他支出”科目,贷记“资金结存”科目。

(6)非货币性资产置换过程中,换入资产发生的相关税费,实际支付时,借记“其他支出”科目,贷记“资金结存”科目。

(7)年末,将本科目本年发生额中的专项资金支出结转至“非财政拨款结转”,借记“非财政拨款结转——本年结转”科目,贷记“其他支出”下各专项资金支出明细科目;将“其他支出”本年发生额中的非专项资金支出结转入“其他结余”,借记“其他结余”科目,贷记“其他支出”下各非专项资金支出明细科目。年末结账后,本科目应无余额。

资料来源:中华人民共和国财政部会计司:《政府会计制度——行政事业单位会计科目和会计报表》(财会〔2017〕25号)。

八、结转结余

(一)资金结存

“资金结存”账户(预算结余类),该账户主要用于核算单位纳入部门预算管理的资金的流入、流出、调整和滚存等情况。主要设置下列明细科目:

(1)“零余额账户用款额度”:本明细科目核算实行国库集中支付的行政单位根据财政部门批复的用款计划收到和支用的零余额账户用款额度。年终结账后,本明细科目应无余额。

(2)“货币资金”:本明细科目核算单位取得的以库存现金、银行存款、其他货币资金形态存在的资金。本明细科目年末借方余额,反映尚未使用的货币资金。

(3)“财政应返还额度”:本明细科目核算实行国库集中支付的行政单位应收财政返还的资金额度,可设置“财政直接支付”“财政授权支付”两个明细科目进行明细核算。本明细科目年末借方余额,反映应收财政返还的资金额度。

资金结存的主要账务处理如下:

业务1:财政授权支付方式下,行政单位根据代理银行转来的财政授权支付额度到账通知书,按照通知书中的授权支付额度,根据实际收到的金额,借记本科目(零余额账户用款额度),贷记“财政拨款预算收入”科目。其他支付方式下,实际收到预算收入时,借记本科目(货币资金),贷记“财政拨款预算收入”“捐赠收入”等科目。经批准从零余额账户提取现金时,借记本科目(货币资金),贷记本科目(零余额账户用款额度)。退回现金时,做相反分录。

财政授权支付方式下,行政单位根据实际支付的款项金额,借记“行政支出”等科目,贷记本科目(零余额账户用款额度)。

业务2:购买存货、固定资产、无形资产等,支付基本建设、修缮等工程款项时,行政单位根据实际支付的款项金额,借记“行政支出”等科目,贷记本科目(零余额账户用款额度、货币资金等)。行政单位按规定应当使用财政拨款支付的质量保证金,借记“行政支出”等科目,贷记“财政拨款结转——待付质量保证金”科目。经批准支付质量保证金时,借记“财政拨款结转——待付质量保证金”或“财政拨款结余——待付质量保证金”科目,贷记本科目(财政应返还额度——财政直接支付、零余额账户用款额度、货币资金)。

业务3:发生的预付款项时,按照实际支付的金额,借记“行政支出”等科目,贷记本科目(零余额账户用款额度、货币资金)。

业务4:按规定上缴财政拨款结转资金或注销财政拨款结转额度的,按照实际上缴资金数额或注销的资金额度数额,借记“财政拨款结转——归集上缴”或“财政拨款结余——归集上缴”科目,贷记本科目(财政应返还额度、零余额账户用款额度、货币资金)。按规定缴回非财政拨款结转资金或非财政拨款结余资金的,按照实际上缴资金数额,借记“非财政拨款结转——缴回资金”或“非财政拨款结余——缴回资金”科目,贷记“资金结存”(货币资金)科目。

业务5:年度终了,根据本年度财政直接支付预算指标数与当年财政直接支付实际支出数的差额,借记本科目(财政应返还额度——财政直接支付),贷记“财政拨款预算收入”科目。

【例3—40】 山水市检察院发生如下经济业务:

(1)本年度取得财政授权支付方式下的预算收入为2 000 000元。

(2)本年度使用本年度财政支付额度购买固定资产支出40 000元。

(3)以前年度的财政支付额度发生的管理支出为30 000元。

具体账务处理如下:

(1)取得预算收入时,财务会计中:

借:零余额账户用款额度	2 000 000	
贷:财政拨款收入		2 000 000

在预算会计中:

借:资金结存——零余额账户用款额度	2 000 000	
贷:财政拨款预算收入		2 000 000

(2)购买固定资产时:

借:事业支出	40 000	
贷:资金结存——零余额账户用款额度		40 000
借:固定资产	40 000	
贷:零余额账户用款额度		40 000

(3)发生管理支出时:

借:事业支出	30 000	
贷:资金结存——财政应返还额度		30 000
借:单位管理费用	30 000	
贷:财政应返还额度		30 000

专栏3—8

资金结余中注销额度的处理

年度终了,行政单位依据代理银行提供的对账单做注销额度的相关账务处理,借记“资金结存”(财政应返还额度——财政授权支付)科目,贷记“资金结存”(零余额账户用款额度)科目;本年度财政授权支付预算指标数大于零余额账户用款额度下达数的,根据未下达的用款额度,借记“资金结存”(财政应返还额度——财政直接支付、财政授权支付)科目,贷记“财政拨款预算收入”科目。

下年初,行政单位依据代理银行提供的“额度恢复到账通知书”做恢复额度的相关账务处理,借记“资金结存”(零余额账户用款额度)科目,贷记“资金结存”(财政应返还额度——财政授权支付)科目。单位收到财政部门批复的上年末未下达零余额账户用款额度的,借记“资金结存”(零余额账户用款额度)科目,贷记“资金结存”(财政应返还额度——财政授权支付)科目。

下年度恢复财政直接支付额度后，行政单位以财政直接支付方式发生实际支出时，借记“行政支出”“事业支出”等科目，贷记“资金结存”（财政应返还额度——财政直接支付）科目。本科目年末借方余额，反映单位取得的资金的累计滚存情况。

资料来源：中华人民共和国财政部会计司：《政府会计制度——行政事业单位会计科目和会计报表》（财会〔2017〕25 号）。

（二）财政拨款结转

“财政拨款结转”账户（预算结转类），该账户主要用于核算行政单位取得的同级财政拨款的调整和滚存情况。该账户应设置“基本支出结转”“项目支出结转”两个明细科目，并在“基本支出结转”明细科目下按照“人员经费”“日常公用经费”进行明细核算，在“项目支出结转”明细科目下按照具体项目进行明细核算；同时，“财政拨款结转”还应按照《政府收支分类科目》中“支出功能分类”的相关科目进行明细核算。此外，还应设置下列明细科目：

（1）与购货退回、会计差错相关的明细科目“年初余额调整”：本明细科目核算因发生差错更正及以前年度支出调整等原因，需要调整财政拨款结转的资金。年终结账后，本明细科目应无余额。

（2）与财政拨款调拨业务相关的明细科目：①“归集调入”科目：该明细科目核算按照规定从其他单位调入财政拨款结余资金时，实际调增的额度数额或调入的资金数额。年终结账后，该明细科目应无余额。②“归集上缴”科目：该明细科目核算按照规定上缴财政拨款结转资金时，实际核销的额度数额或上缴的资金数额。年终结账后，该明细科目应无余额。③“本单位内部调剂”科目：该明细科目核算经财政部门批准对财政拨款结余资金改变用途以及调整用于其他未完成项目等的调整金额。年终结账后，该明细科目应无余额。

（3）与待付业务相关的明细科目“待付质量保证金”：该明细科目核算单位购买固定资产、无形资产等和支付基本建设、修缮等工程款项时，应当使用财政资金支付尚未支付的质量保证金。该明细科目年末贷方余额，反映尚未支付的质量保证金。

（4）与年终结转和结存业务相关的明细科目：①“本年收支结转”科目：该明细科目核算单位财政拨款收支相抵后的余额。年终结账后，该明细科目应无余额。②“年末结转”科目：该明细科目核算单位滚存的财政拨款结转资金。该明细科目年末贷方余额，反映单位财政拨款滚存的结转资金数额。

财政拨款结转的主要账务处理如下：

业务 1：与购货退回、会计差错相关的账务处理

因购货退回、发生差错更正等退回以前年度国库授权支付款项的，根据资金拨付年度和资金性质，属于本年度支付的款项，按照退回金额，借记“资金结存——零余额账户用款额度”科目，贷记“行政支出”等有关科目；属于以前年度结转资金的，借记“资金结存——零余额账户用款额度”科目，贷记本科目（年初余额调整）；属于以前年度结余资金的，在“财政拨款结余”科目核算。

已核销的预付款项等以后期间又收回国库授权支付额度的，按照退回金额，借记“资金结存——零余额账户用款额度”科目，贷记本科目（年初余额调整）；属于以前年度结余资金的，在“财政拨款结余”科目核算。

已核销的预付账款或其他应收款等以后期间又收回财政性货币资金的，借记“资金结

存——货币资金”科目，贷记本科目（年初余额调整）；属于以前年度结余资金的，在“财政拨款结余”科目核算。

业务2：与财政拨款结余资金调整业务相关的账务处理

按照规定从其他单位调入财政拨款结余资金时，按照实际调增的额度数额或调入的资金数额，借记“资金结存——零余额账户用款额度、货币资金”科目，贷记本科目（归集调入）。

按规定上缴财政拨款结转资金或注销财政拨款结转额度的，按照实际上缴资金数额或注销的资金额度数额，借记本科目（归集上缴），贷记“资金结存——财政应返还额度、零余额账户用款额度、货币资金”科目。

经财政部门批准对财政拨款结余资金改变用途，调整用于其他未完成项目等，按照调整的金额，借记“财政拨款结余——单位内部调剂”科目，贷记本科目（单位内部调剂）。

业务3：与待付业务相关的账务处理

购买存货、固定资产、无形资产等和支付基本建设、修缮等工程款项时，单位按规定应当使用财政拨款支付的质量保证金，借记“行政支出”等有关科目，贷记本科目（待付质量保证金）。经批准使用财政拨款结转资金支付质量保证金时，借记本科目（待付质量保证金），贷记“资金结存——财政应返还额度（财政直接支付）、零余额账户用款额度、货币资金”科目。

业务4：与年终结转和结余业务相关的账务处理

年末，将财政拨款预算收入本年发生额结转入本科目，借记“财政拨款预算收入”科目，贷记本科目（本年收支结转）；将各项支出中财政拨款支出本年发生额结转入本科目，借记本科目（本年收支结转），贷记各项支出（财政拨款支出）科目。

年末冲销有关明细科目余额。将本科目（本年收支结转、年初余额调整、归集调入、归集上缴、单位内部调剂）结转至本科目（年末结转）。转账后，本科目除“待付质量保证金”和“年末结转”明细科目外，其他明细科目应无余额。

年末完成上述结转后，应当对财政拨款结转各明细项目执行情况进行分析，按照有关规定将符合财政拨款结余性质的项目余额转入财政拨款结余，借记本科目（年末结转），贷记“财政拨款结余——年末结余”科目；按照应转入财政拨款结余的待付质量保证金借记本 科目（待付质量保证金），贷记“财政拨款结余——待付质量保证金” 等科目。

本科目年末贷方余额，反映单位财政拨款结转资金数额。

【例3－41】 山水市检察院本年从其他单位调入财政授权内拨款结转资金20 000元。

调入财政授权内拨款结转资金时，在财务会计中：

借：零余额账户用款额度	20 000	
贷：累计盈余		20 000

在预算会计中：

借：资金结存——零余额账户用款额度	20 000	
贷：财政拨款结转——归集调入		20 000

（三）财政拨款结余

“财政拨款结余”账户（预算结转类），该账户主要用于核算单位同级财政拨款项目支出结余资金的转入、调出和滚存情况。该账户应当按照具体项目，《政府收支分类科目》中“支出功能分类”的相关科目进行明细核算。此外，还应设置如下明细科目：

(1)与购货退回、会计差错相关的明细科目“年初余额调整”：本明细科目核算因发生差错更正、以前年度支出收回等原因，需要调整财政拨款结余的资金年终结账后，本明细科目应无余额。

(2)与财政拨款结余资金调整业务相关的明细科目：①“归集上缴”科目：本明细科目核算按照规定上缴财政拨款结余资金时，实际核销的额度数额或上缴的资金数额。年终结账后，本明细科目应无余额。②“单位内部调剂”科目：本明细科目核算经财政部门批准对财政拨款结余资金改变用途，调整用于其他未完成项目等的调整金额。年终结账后，本明细科目应无余额。

(3)与待付业务相关的明细科目“待付质量保证金”：本明细科目核算单位支付购买存货、固定资产、无形资产、政府储备物资和基本建设、修缮等工程等款项时，应当使用财政资金支付但尚未支付的质量保证金。本明细科目年末贷方余额反映尚未支付的质量保证金。

(4)与年终结转和结存业务相关的明细科目“年末结余”：本明细科目核算单位滚存的财政拨款结余资金。本明细科目年末贷方余额，反映单位财政拨款滚存的结余资金数额。

财政拨款结余的主要账务处理如下：

业务1：与购货退回、会计差错相关的账务处理

因购货退回、发生差错更正等退回以前年度国库授权支付款项的，根据资金拨付年度和资金性质，属于以前年度结余资金的，借记“资金结存——零余额账户用款额度”科目，贷记本科目(年初余额调整)。

因购货退回、发生差错更正等收到以前年度财政货币资金的，按照收到的金额，根据资金拨付年度和资金性质分别处理，属于以前年度结余资金的，借记“资金结存——货币资金”科目，贷记本科目(年初余额调整)。

已核销的预付款项等以后期间又收回国库授权支付额度的，按照收到的金额，借记“资金结存——零余额账户用款额度”科目，贷记本科目(年初余额调整)。

已核销的预付账款或其他应收款等以后期间又收回财政货币资金的，借记“资金结存——货币资金”科目，贷记本科目(年初余额调整)。

业务2：与财政拨款结余资金调整业务相关的账务处理

单位经批准使用结余资金时，借记本科目(年末结余)，贷记“财政拨款结转——年末结转”科目。

单位内部调剂结余资金。经财政部门批准对财政拨款结余资金改变用途，调整用于其他未完成项目等，按照调整的金额，借记本科目(单位内部调剂)科目，贷记“财政拨款结转——单位内部调剂”科目。

按规定上缴财政拨款结余资金或注销财政拨款结余额度的，按照实际上缴资金数额或注销的资金额度数额，借记本科目(归集上缴)，贷记“资金结存——财政应返还额度、零余额账户用款额度、货币资金”科目。

业务3：与待付业务相关的账务处理

经批准支付质量保证金时，借记本科目(待付质量保证金)科目，贷记“资金结存——财政应返还额度(财政直接支付)、零余额账户用款额度、货币资金”科目。

业务4：与年终结转和结存业务相关的账务处理

年末冲销有关明细科目余额。将本科目(年初余额调整、归集上缴、单位内部调剂)结转至

本科目(年末结转)。转账后,本科目除"待付质量保证金"和"年末结余"明细科目外,其他明细科目应无余额。

年末,对财政拨款结转各明细项目执行情况进行分析,按照有关规定将符合财政拨款结余性质的项目余额转入"财政拨款结余",借记"财政拨款结转——年末结转"科目,贷记本科目本科目(年末结余);需要支付质量保证金但资金性质已属于财政结余资金的,还应借记"财政拨款结转——待付质量保证金"科目,贷记本科目(待付质量保证金)。

本科目年末贷方余额,反映单位财政拨款结余资金数额。

【例 3—42】 山水市检察院年终结账前有关财政拨款收支和非财政拨款收支发生额如表 3—4 所示。

表 3—4

收入科目		贷方金额(元)	支出科目		借方金额(元)
财政拨款收入	基本支出	500 000	行政支出	基本支出	480 000
	项目支出	300 000		项目支出	260 000

年终转账时,预算会计的账务处理如下:

借:财政拨款预算收入　　800 000
　贷:财政拨款结转——本年收支结转——基本支出结转　　500 000
　　　　　　　　　　　　　　　——项目支出结转　　300 000
借:财政拨款结转——本年收支结转——基本支出结转　　480 000
　　　　　　　　　　　　　　——项目支出结转　　260 000
　贷:行政支出　　740 000
借:财政拨款结转——年末结转——项目支出结转　　300 000
　贷:财政拨款结余——年末结余——项目支出结转　　300 000

(四)非财政拨款结转

"非财政拨款结转"账户(预算结转类),该账户主要用于核算单位除同级财政拨款、经营收支以外各非财政拨款专项资金的调整和滚存情况。"非财政拨款结转"应当按照非同级财政拨款货币资金的具体项目进行明细核算。本科目还应当按照《政府收支分类科目》中"支出功能分类"的相关科目进行明细核算。此外,还应设置如下明细科目:

(1)"年初余额调整":该明细科目核算因发生差错更正、以前年度支出收回等原因,需要调整非财政拨款结转的资金。年终结账后,该明细科目应无余额。

(2)"缴回资金":该明细科目核算按照规定上缴非财政拨款结转资金时,实际上缴的资金数额。年终结账后,该明细科目应无余额。

(3)"项目间接费用或管理费":该明细科目核算单位取得的科研预算收入中,应按规定计提的项目间接费用及管理费数额。年终结账后,该明细科目应无余额。

(4)"本年收支结转":该明细科目核算单位一定期间非同级财政拨款专项收支相抵后的余额。年终结账后,该明细科目应无余额。

(5)“转入结余”:该明细科目核算按规定留归单位使用,由单位统筹调配,应纳入单位非财政拨款结余的资金。年终结账后,该明细科目应无余额。

(6)“年末结转”:该明细科目核算单位滚存的非财政拨款的专项结转资金。该明细科目年末贷方余额,反映单位非财政拨款滚存的专项结转资金数额。

非财政拨款结转的主要账务处理如下:

业务1:按规定从科研项目预算收入中提取项目管理费或间接费时,借记本科目(项目间接费用或管理费),贷记“非财政拨款结余——项目间接费用或管理费”科目。

业务2:因购货退回等,或因发生差错更正等发生以前年度非财政拨款货币资金收回的,按照收到的金额,借记“资金结存——货币资金”科目,贷记本科目(年初余额调整)。

业务3:按规定缴回非财政拨款结转资金的,按照实际上缴资金数额,借记本科目(缴回资金),贷记本科目(货币资金)。

业务4:年度终了,将非同级财政拨款预算收入、捐赠预算收入、其他预算收入本年发生额中的非财政拨款专项收入结转至本科目,借记“上级补助预算收入”等科目下各非财政拨款专项资金收入明细科目,贷记本科目(本年收支结转);将行政支出、其他支出等本年发生额中的非财政拨款专项资金支出结转至本科目,借记本科目(本年收支结转),贷记“行政支出”等科目下各非财政拨款专项支出明细科目。

业务5:年末结转后,应当对非财政拨款专项结转资金各项目情况进行分析,留归本单位使用的非财政拨款专项(项目已完成)剩余资金,借记本科目(转入结余),贷记“非财政拨款结余——结转转入”科目。

业务6:年末冲销有关明细科目余额。将本科目(年初余额调整、项目间接费用或管理费、缴回资金、转入结余、本年收支结转)结转至本科目(年末结转)。本科目除“年末结转”明细科目外,其他明细科目应无余额。

本科目年末贷方余额,反映单位非财政拨款专项结转资金数额。

【例3—43】 山水市检察院按规定缴回非财政拨款结转资金为20 000元。

缴回非财政拨款结转资金时:

借:累计盈余	20 000	
贷:银行存款		20 000

在预算会计中:

借:非财政拨款结转——缴回资金	20 000	
贷:资金结存——货币资金		20 000

(五)非财政拨款结余

“非财政拨款结余”账户(预算结转类),该账户主要用于核算单位拥有的非限定用途的非财政结余资金,主要为非财政拨款结余扣除结余分配后滚存的金额。该账户还应当按照《政府收支分类科目》中“支出功能分类”的相关科目进行明细核算。此外,还应当设置如下明细科目:

(1)“年初余额调整”:该明细科目核算因发生差错更正、以前年度支出收回等原因,需要调整非财政拨款结余的资金。年终结账后,该明细科目应无余额。

(2)“缴回资金”:该明细科目核算按照规定上缴非财政拨款结余资金时,实际上缴的资金数额。年终结账后,该明细科目应无余额。

(3)“项目间接费用或管理费”:该明细科目核算单位取得的科研预算收入中,应按规定计提的项目间接费用及管理费数额。年终结账后,该明细科目应无余额。

(4)“结转转入”:该明细科目核算按规定留归单位使用,由单位统筹调配,应纳入单位非财政拨款结余的资金。年终结账后,该明细科目应无余额。

(5)“累计结余”:该明细科目核算单位滚存的非财政拨款的非专项结余资金。该明细科目年末贷方余额,反映单位非财政拨款滚存的非专项结余资金数额。

“非财政拨款结余”的主要账务处理如下:

业务1:按规定从科研项目预算收入中提取项目管理费或间接费时,借记“非财政拨款结转——项目间接费用或管理费”科目,贷记本科目(项目间接费用或管理费)。

业务2:因购货退回等,或因发生差错更正等收到以前年度非财政拨款货币资金的,按照收到的金额,借记“资金结存——货币资金”科目,贷记本科目(年初余额调整)。

业务3:按规定缴回非财政拨款结余资金的,按照实际上缴资金数额,借记本科目(缴回资金),贷记“资金结存——货币资金”科目。

业务4:年末,将留归本单位使用的非财政拨款专项(项目已完成)剩余资金转入本科目,借记“非财政拨款结转——转入结余”科目,贷记本科目(结转转入)。

业务5:年末冲销有关明细科目余额。将本科目(年初余额调整、项目管理费及间接费、缴回资金、结转转入)等明细科目结转至本科目(累计结余)。转账后,本科目除“累计结余”明细科目外,其他明细科目应无余额。

业务6:年末,行政单位将“本年其他结余”科目余额转入“非财政拨款结余”。当本年其他结余为借方余额时,借记本科目(累计结余),贷记“本年其他结余”科目;当本年其他结余为贷方余额时,借记“本年其他结余”科目,贷记本科目(累计结余)。

本科目年末贷方余额,反映单位非财政拨款结余资金的累计滚存数额。

【例3-44】 山水市希望大学本年实际缴纳企业所得税为200 000元。

缴纳企业所得税时,在财务会计中:

借:其他应交税费——单位应交所得税 200 000

　　贷:银行存款 200 000

在预算会计中:

借:非财政拨款结转——累计结余 200 000

　　贷:资金结存——货币资金 200 000

专栏3-9

其他结余

“其他结余”账户(预算结转类),主要用于核算单位一定期间除同级财政拨款收支、非财政专项资金收支和经营收支以外各项收支相抵后的余额。

其他结余的主要账务处理如下:

（一）年度终了，将事业预算收入、上级补助预算收入、附属单位上缴预算收入、非同级财政拨款预算收入、投资预算收益、捐赠预算收入、利息预算收入、租金预算收入、其他预算收入本年发生额中的非财政非专项资金收入结转至“其他结余”，借记“事业预算收入”“上级补助预算收入”等科目下各非财政非专项资金收入明细科目，贷记本科目；将行政支出、事业支出、上缴上级支出、对附属单位补助支出、其他支出等各项本年发生额中的非财政非专项资金结转至“其他结余”，借记本科目，贷记“行政支出”“事业支出”“上缴上级支出”等科目下各非财政非专项资金支出明细科目。

（二）年末，完成上述（一）结转后，行政单位将本科目余额转入“非财政拨款结余——累计结余”科目。当本年各项其他资金收入大于支出时，借记“其他结余”科目，贷记“非财政拨款结余——累计结余”或“非财政拨款结余分配”科目；当本年各项其他资金收入小于支出时，借记“非财政拨款结余——累计结余”或“非财政拨款结余分配”科目，贷记“其他结余”科目。年末结账后，本科目应无余额。

资料来源：中华人民共和国财政部会计司：《政府会计制度——行政事业单位会计科目和会计报表》（财会〔2017〕25 号）。

第三节 行政单位财务报告

一、年终清理和年终结账

（一）年终清理

年终清理，是对行政单位全年预算资金收支、其他资金收支进行全面清理、核对、整理和结算的工作。各行政单位应根据财政机关和上级主管部门的要求，认真做好年终清理工作。行政单位的年终清理结算主要包括：

（1）清理核对各项预算收支。各行政单位应认真核对年度预算收支数字，保证上下级之间的年度预算数和领拨经费数一致。为了准确反映各项收支数额，凡属本年度的应拨款项，应当在 12 月 31 日前汇达对方。主管会计单位对所属各单位的预算拨款和预算外资金拨款，截止到 12 月 25 日，逾期一般不再下拨。凡属本年的各项收入，都要及时入账。属于本年的各项支出，要按规定的支出渠道如实列报。年度单位支出决算，一律以基层用款单位截止到 12 月 31 日的本年实际支出数为准，不得将年终前预拨下级单位的下年预算拨款列入本年的支出，也不得以上级会计单位的拨款数代替基层会计单位的实际支出数。

（2）清理结算各项应缴款项。各项应缴预算款和应缴财政专户的预算外资金，需在年终前全部上缴。

（3）清理结算各项往来款项。行政单位的往来款项，年终前应尽量清理完毕。按照有关规定应当转作各项收入或各项支出的往来款项要及时转入各有关账户，编入本年决算。主管单位收到财政专户核算的预算外资金属于应返还所属单位的部分应及时转拨所属单位，不得在“应付账款”挂账。

（4）清查核对各项货币资金。行政单位年终要及时同开户银行对账，银行存款账面余额，要同银行对账单的余额核对相符。现金账面余额,要同库存现金核对相符。有价证券账面数字,要同实存的有价证券实际成本核对相符。

(5)年终前,应对各项财产物资进行清理盘点,发生盘盈、盘亏的,要及时查明原因,按规定做出处理,调整账务,做到账实相符、账账相符。

(二)年终结账

年终清理结算完毕,在账目核对相符的基础上,即可进行年终结账。年终结账工作,一般分为三个步骤:年终转账,结清旧账,记入新账。

(1)年终转账。结算出各账户借方和贷方的12月份合计数和全年累计数,结出12月末的余额。编制结账前的"资产负债表",并试算平衡。将应对冲转结余的各收入支出账户的余额按年终转账办法,填制12月31日的记账凭证办理转账,并记入有关账户。

(2)结清旧账。将转账后无余额的账户结出全年累计数,然后在下面画双红线,表示本账户全部结清。对年终有余额的账户,在"全年累计"下行"摘要"栏内注明"结转下年"字样,再在下面画双红线,表示年终余额转入新账,结束旧账。

(3)记入新账。根据本年度各账户余额,编制年终决算的"资产负债表"和有关明细表,按表列示各账户的年终余额数,不编制记账凭证,直接记入新年度相应的各有关账户,并在"摘要"栏注明"上年结转"字样,以区别新年度发生数。行政单位的决算经财政部门或上级单位审核批复后,需调整决算数字时,应作相应调整。

二、行政单位财务报告体系

(一)财务报告的定义与体系

财务报告是反映行政单位一定时期财务状况的总结性书面文件,由财务会计报表、财务会计报表附注和财务情况说明书构成。

《政府会计制度》(2019)与以前的会计制度相比较,主要的变化是采用了"政府预算会计和财务会计适度分离又相互衔接的核算模式"。目前,行政单位会计制度采用"双报告"模式,即财务会计核算形成财务报告,预算会计核算形成决算报告,两者相互协调,共同反映政府会计主体的财务信息和预算执行信息。

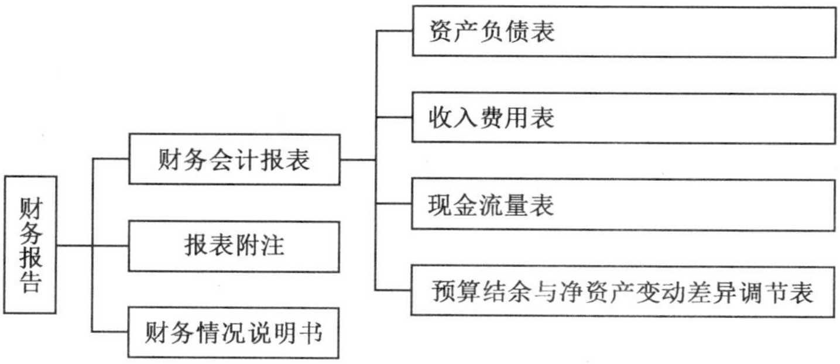

图 3—1 行政单位财务报告体系

行政单位会计报表包括财务会计报表和预算会计报表两部分。财务会计报表包括资产负债表、收入费用表、现金流量表、关于预算结余与净资产变动差异调节表。预算会计报表包括预算收入支出表、预算结转结余表、财政拨款预算收入支出表。

（二）财务报告的编制要求

行政单位应当按财政部门或上级单位的规定报送月度和年度会计报表。月报，是反映行政单位截止报告月度资金活动和经费收支情况的报表。月报要求编报资产负债表、支出明细表。季报，是分析、检查行政单位季度资金活动情况和经费收支情况的报表，应在月报的基础上较详细地反映单位经费收支的全貌。各行政单位的季报，要求在月报的基础上加报基本数字表。年报（年度决算），是全面反映年度资金活动和经费收支执行结果的报表。年度决算报表种类和要求等，按照财政部门和上级单位下达的有关决算编审规定组织执行。

根据《政府会计制度》（2019），行政单位还应当遵循下列规定编制财务报表：

（1）行政单位资产负债表、财政拨款收入支出表和附注应当至少按照年度编制，收入支出表应当按照月度和年度编制。

（2）行政单位应当根据本制度编制并提供真实、完整的财务报表。行政单位不得违反规定，随意改变本制度规定的会计报表格式、编制依据和方法，不得随意改变本制度规定的会计报表有关数据的会计口径。

（3）行政单位的财务报表应当根据登记完整、核对无误的账簿记录和其他有关资料编制，要做到数字真实、计算准确、内容完整、报送及时。

（4）行政单位财务报表应当由单位负责人和主管会计工作的负责人、会计机构负责人（会计主管人员）签名并盖章。

三、财务会计报表

（一）资产负债表

1. 资产负债表项目

资产负债表，是反映行政单位在某一特定日期财务状况的报表。资产负债表的项目应当按会计要素的类别分别列示。行政单位资产负债表应于每月末和每年末编报。行政单位会计各月末不结转各项收支账户的余额，待年终一次将各项收支账户的余额结转至有关的净资产账户。其会计等式为：资产＝负债＋净资产。

资产负债表中“年初余额”栏内各项数字，应当根据上年年末资产负债表“期末余额”栏内数字填列。如果本年度资产负债表规定的各个项目的名称和内容同上年度不相一致，应对上年年末资产负债表各项目的名称和数字按照本年度的规定进行调整，填入本表“年初余额”栏内。

资产负债表的具体格式如表 3－5 所示。

表 3—5　　资产负债表

编制单位:某行政单位　　年　月　日　　金额单位:元

资　产	期末余额	年初余额	负债和净资产	期末余额	年初余额
流动资产:			流动负债:		
货币资金			应缴财政款		
财政应返还额度			应交税费		
应收账款			应付职工薪酬		
预付账款			应付账款		
其他应收款			应付转拨款		
存货			其他应付款		
待摊费用			预提费用		
一年内到期的非流动资产			一年内到期的非流动负债		
其他流动资产			其他流动负债		
流动资产合计			流动负债合计		
非流动资产:					
固定资产					
固定资产原价			非流动负债:		
减:固定资产累计折旧			长期应付款		
在建工程			预计负债		
基建工程			其他非流动负债		
工程物资			非流动负债合计		
无形资产			受托代理负债		
无形资产原价			负债合计		
减:累计摊销					
研发支出					
待处理财产损溢			净资产:		
政府储备物资			限定性净资产		
公共基础设施			1.财政拨款结转		
公共基础设施原价			2.财政拨款结余		
减:公共基础设施累计折旧			3.非财政拨款结转		
文物文化资产			非限定性净资产		
长期待摊费用			其中:无偿调入净资产		
其他非流动资产			其他		
非流动资产合计			净资产合计		
受托代理资产					
资产总计			负债和净资产总计		

下面介绍资产负债表中各项目当年“期末余额”的具体计算和填列方法。

(1)资产类项目

①“货币资金”项目,反映行政单位期末库存现金、银行存款、零余额账户用款额度和其他货币资金的合计金额。

本项目应当根据“库存现金”“银行存款”“零余额账户用款额度”“其他货币资金”科目的期末余额填列;若期末库存现金中有属于受托代理的现金、银行存款的,本项目应当根据“库存现金”“银行存款”科目的期末余额减去其中属于受托代理的现金金额后的余额填列。

②“财政应返还额度”项目,反映行政单位期末财政应返还额度的金额。

本项目应当根据“财政应返还额度”科目的期末余额填列。

③“应收账款”“其他应收款”项目,分别反映行政单位期末尚未收回的应收账款金额和尚未收回的其他应收款余额。

本项目应当根据“应收账款”“其他应收款”科目的期末余额填列。

④“预付账款”项目,反映行政单位预付给物资或者服务提供者款项的金额,该科目应根据所属明细科目的期末借方余额填列。

期末“预付账款”明细科目中有贷方余额的,应在“应付账款”中填列。若期末“应付账款”的明细科目中有借方金额的,则在“预付账款”中填列。

⑤“存货”项目,反映行政单位期末为开展业务活动耗用而储存的存货的实际成本。

本项目应当根据“在途物资”“库存物品”“加工物品”科目合计的期末余额填列。

⑥“待摊费用”项目,反映行政单位已经支出,但应当由本期和以后各期分别负担的分摊期在 1 年以内(含 1 年)的各项费用。

本项目应当根据“待摊费用”科目的期末余额填列。其中,若“预提费用”科目期末有借方余额,也在“待摊费用”中填列。

⑦“一年内到期的非流动资产”项目,反映行政单位本期非流动资产项目中在 1 年内(含 1 年)到期的金额,包括将于 1 年内(含 1 年)到期的长期待摊费用。

本项目应当根据“长期待摊费用”“长期债券投资”等科目的明细科目的期末余额分析填列。

⑧“其他流动资产”项目,反映行政单位除上述各项之外的其他流动资产。

本项目应当根据有关科目的期末余额填列。

⑨“固定资产”项目,反映行政单位期末各项固定资产的账面价值。

本项目应当根据“固定资产”科目的期末余额减去“固定资产累计折旧”科目的期末余额后的金额填列。

“固定资产原价”项目,反映行政单位期末各项固定资产的原价。本项目应当根据“固定资产”科目的期末余额填列。

“固定资产累计折旧”项目,反映行政单位期末各项固定资产的累计折旧金额。本项目应当根据“固定资产累计折旧”科目的期末余额填列。

⑩“在建工程”项目,反映行政单位期末尚未完工交付使用的在建工程的实际成本。

本项目应当根据“在建工程”科目的期末余额填列。

⑪“基建工程”项目,反映行政单位期末尚未完工交付使用的基建工程的实际成本。

本项目应当根据“基建工程”科目的期末余额填列。

⑫“工程物资”项目,反映行政单位期末各项工程尚未使用的工程物资的实际成本。

本项目应当根据“工程物资”科目的期末余额填列。

⑬“无形资产”项目,反映行政单位期末各项无形资产的账面价值。

本项目应当根据“无形资产”科目的期末余额减去“累计摊销”科目的期末余额后的金额填列。

“无形资产原价”项目,反映行政单位期末各项无形资产的原价。本项目应当根据“无形资产”科目的期末余额填列。

“累计摊销”项目,反映行政单位期末各项无形资产的累计摊销金额。本项目应当根据“累计摊销”科目的期末余额填列。

⑭“研发支出”项目,反映行政单位进行研究与开发无形资产过程中发生的各项支出。

本项目应当根据“研发支出”科目期末余额填列。

⑮“待处理财产损溢”项目,反映行政单位期末待处理财产的价值及处理损溢。

本项目应当根据“待处理财产损溢”科目的期末借方余额填列;若“待处理财产损溢”科目期末为贷方余额,则以“—”号填列。(资产项目中,待处理财产损溢科目以“—”号填列。)

⑯“政府储备物资”项目,反映行政单位期末储存管理的各种政府储备物资的实际成本。本项目应当根据“政府储备物资”科目的期末余额填列。

⑰“公共基础设施”项目,反映行政单位期末占有并直接管理的公共基础设施的账面价值。

本项目应当根据“公共基础设施”科目的期末余额减去“公共基础设施累计折旧”科目的期末余额后的金额填列。

“公共基础设施原价”项目,反映行政单位期末占有并直接管理的公共基础设施的原价。本项目应当根据“公共基础设施”科目的期末余额填列。

“公共基础设施累计折旧”项目,反映行政单位期末占有并直接管理的公共基础设施的累计折旧金额。本项目应当根据“公共基础设施累计折旧”科目的期末余额填列。

⑱“文物文化资产”项目,反映行政单位期末控制的各项文物文化资产的原价。

本项目应当根据“文物文化资产”科目的期末余额填列。

⑲“长期待摊费用”项目,反映行政单位已经支出但应由本期和以后各期负担的分摊期限在1年以上(不含1年)的各项费用。

本项目应当根据“长期待摊费用”科目的期末余额减去1年内(含1年)摊销的数额后的金额填列。

⑳“其他非流动资产”项目,反映行政单位除上述各项之外的其他非流动资产。

本项目应当根据有关科目的期末余额填列。

㉑“受托代理资产”项目,反映行政单位期末受托代理资产的价值。

本项目应当根据“受托代理资产”科目的期末余额(扣除其中受托储存管理物资的金额)加上“库存现金”“银行存款”科目中属于受托代理资产的现金余额和银行存款余额的合计数填列。

(2)负债类项目

①“应缴财政款”项目，反映行政单位期末按规定应当上缴国库的款项(应交税费除外)。本项目应当根据“应缴财政款”科目的期末余额填列。

②“应交税费”项目，反映行政单位期末应缴未缴的各种税费。

本项目应当根据“应交增值税”和“其他应交税费”科目的期末贷方余额合计数填列。

③“应付账款”项目，反映行政单位期末尚未支付的偿还期限在 1 年以内(含 1 年)的应付账款的金额，本项目应根据所属明细科目的期末贷方余额填列。

其中，期末“应付账款”的明细科目中有借方金额的，则在“预付账款”中填列。若期末“预付账款”明细科目中有贷方余额的，应在“应付账款”中填列。

④“应付职工薪酬”“应付转拨款”“其他应付款”项目，分别反映行政单位期末尚未支付给职工的各种薪酬、行政单位期末尚未转拨给下级单位或个人的各种款项、行政单位期末尚未支付的其他各项应付及暂收款项的金额，这些科目直接根据科目表中各对应科目的期末余额填列即可。

⑤“预提费用”项目，反映行政单位预先提取的已经发生但尚未支付的各项费用。

本项目应当根据“预提费用”科目的期末贷方余额填列。若“预提费用”科目期末为借方余额，应在“待摊费用”项目中填列，不包括在本项目内。

⑥“一年内到期的非流动负债”项目，反映行政单位期末承担的 1 年以内(含 1 年)到偿还期的非流动负债。

本项目应当根据“长期应付款”等科目的期末余额分析填列。

⑦“其他流动负债”项目，反映行政单位除上述各项之外的其他流动负债。

本项目应当根据有关科目的期末余额填列。

⑧“长期应付款”项目，反映行政单位期末承担的偿还期限超过 1 年的各种应付款项。

本项目应当根据“长期应付款”科目的期末余额减去其中 1 年以内(含 1 年)到偿还期的长期应付款金额后的余额填列。

⑨“预计负债”项目，反映行政单位对因或有事项所产生的现时义务而确认的负债。

本项目应当根据“预计负债”科目的期末余额填列。

⑩“其他非流动负债”项目，反映行政单位除上述各项之外的其他非流动负债。

本项目应当根据有关科目的期末余额填列。

⑪“受托代理负债”项目，反映行政单位期末受托代理负债的金额。

本项目应当根据“受托代理负债”科目的期末余额(扣除其中受托储存管理物资对应的金额)填列。

(3)净资产类项目

①“限定性净资产”项目，反映行政单位期末拥有的具有限定用途的资金。

本项目应当根据“财政拨款结转”“财政拨款结余”“非财政拨款结转”三者期末余额之和填列。

“财政拨款结转”项目，反映行政单位期末滚存的财政拨款结转资金。本项目应当根据“限定性净资产——财政拨款结转资金”明细科目的期末余额填列。

“财政拨款结余”项目，反映行政单位期末滚存的财政拨款项目支出结余资金。本项目应当根据“限定性净资产——财政拨款结余资金”明细科目的期末余额填列。

“非财政拨款结转”项目,反映行政单位期末滚存的非财政拨款专项结转资金。本项目应当根据“限定性净资产——非财政拨款结转资金”明细科目的期末余额填列。

②“非限定性净资产”项目,反映行政单位期末拥有的除限定性净资产以外的净资产。

本项目应当根据“其他净资产”期末余额填列。

③“无偿调入净资产”项目,反映行政单位因取得无偿调入或划拨资产而增加的净资产。

本项目应当根据“其他净资产——无偿调入净资产”明细科目的期末余额填列。

“其他”项目,应当根据“其他净资产”科目期末余额扣除“其他净资产——无偿调入净资产”明细科目的期末余额填列。

专栏 3—10

月度资产负债表

月度资产负债表的填列方法与年度资产负债表的填列方法基本相同,但月度资产负债表应在资产部分“银行存款”项目下增加“零余额账户用款额度”项目。“零余额账户用款额度”项目,反映行政单位期末零余额账户用款额度的金额。本项目应当根据“零余额账户用款额度”科目的期末余额填列。此外,几个特殊的结转结余项目应注意区分:

“财政拨款结转”项目应当根据“财政拨款结转”科目的期末余额,加上“财政拨款收入”科目本年累计发生额,减去“经费支出——财政拨款支出”科目本年累计发生额后的余额填列。

“其他资金结转结余”项目应当根据“其他资金结转结余”科目的期末余额,加上“其他收入”科目本年累计发生额,减去“经费支出——其他资金支出”科目本年累计发生额,再减去“拨出经费”科目本年累计发生额后的余额填列。

“项目结转”项目应当根据“其他资金结转结余”科目中“项目结转”明细科目的期末余额,加上“其他收入”科目中项目收入的本年累计发生额,减去“经费支出——其他资金支出”科目中项目支出本年累计发生额,再减去“拨出经费”科目中项目支出本年累计发生额后的余额填列。

2. 资产负债表编制举例

【例 3—45】 山水市检察院 2019 年 12 月 31 日结账后编制该单位本年末资产负债表。

表 3—6　会计科目余额表

2019 年 12 月 31 日　单位:元

资产类	借方余额	贷方余额	负债与净资产类	借方余额	贷方余额
库存现金	3 500		应缴财政款		0
其中:受托代理资金	0		应交税费		0
银行存款	71 500		应付职工薪酬		0
其中:受托代理存款	0		应付账款		50 500
财政应返还额度	55 000		应付政府补贴款		0
应收账款	3 000		其他应付款		33 000

续表

资产类	借方余额	贷方余额	负债与净资产类	借方余额	贷方余额
预付账款	12 500		长期应付款		28 000
其他应收款	4 500		受托代理负债		157 000
存货	36 000				
固定资产	555 000				
累计折旧		125 000			
其中，固定资产累计折旧		125 000			
公共基础设施累计折旧		2 350			
在建工程	22 500		财政拨款结转		55 500
无形资产	32 000		财政拨款结余		52 000
累计摊销		6 700	其他资金结转结余		23 000
待处理财产损溢	60 000		其中：项目结转		10 000
政府储备物资	165 000		资产基金		696 950
公共基础设施	8 000		待偿债净资产	78 500	
受托代理资产	123 000				
合　计	1 151 500	134 050	合　计	78 500	1 095 950

表 3—7　　　　资产负债表

编制单位：山水市检察院　　　　2019 年 12 月 31 日　　　　金额单位：元

资　产	年初余额	期末余额	负债和净资产	年初余额	期末余额
流动资产：			流动负债：		
库存现金		3 200	应缴财政款		0
银行存款		80 000	应交税费		0
财政应返还额度		75 000	应付职工薪酬		0
应收账款		2 800	应付账款		50 000
预付账款		5 700	应付政府补贴款		0
其他应收款		8 200	其他应付款		35 000
存货		33 500	一年内到期的非流动负债		0
流动资产合计		208 400	流动负债合计		85 000
固定资产		416 000	非流动负债：		
固定资产原价		521 000	长期应付款		45 000
减：固定资产累计折旧		105 000	受托代理负债		134 600
在建工程		26 000	负债合计		264 600
无形资产		27 650			

续表

资　产	年初余额	期末余额	负债和净资产	年初余额	期末余额
无形资产原价		34 600			
减:累计摊销		6 950			
待处理财产损溢		0	财政拨款结转		55 100
政府储备物资		155 000	财政拨款结余		43 500
公共基础设施		4 800	其他资金结转结余		21 000
公共基础设施原价		6 800	其中:项目结转		8 000
减:公共基础设施累计折旧		2 000	资产基金		668 650
公共基础设施在建工程		0	待偿债净资产		−95 000
受托代理资产		120 000	净资产合计		693 250
资产总计		957 850	负债和净资产总计		957 850

根据会计科目余额表的资料,计算资产负债表有关科目如下:

(1)"库存现金""银行存款"项目

"库存现金"项目应根据科目表中"库存现金"科目的期末余额 3 500 元,减去其中属于受托代理的现金 0 元,为 3 500 元。

"银行存款"项目应根据科目表中"银行存款"科目的期末余额 71 500 元,减去其中属于受托代理的存款 0 元,为 71 500 元。

(2)"固定资产""无形资产"项目

"固定资产"项目应根据科目表中"固定资产"科目的期末余额 555 000 元,减去"累计折旧"科目中"固定资产累计折旧"明细科目的期末余额 125 000 元,为 430 000 元。

"无形资产"项目应根据科目表中"无形资产"科目的期末余额 32 000 元,减去"累计摊销"科目的期末余额 6 700 元,为 25 300 元。

(3)"受托代理资产"项目

"受托代理资产"项目应根据科目表中"受托代理资产"科目的期末余额 123 000 元,"库存现金""银行存款"科目中属于受托代理资产的现金余额和银行存款余额为 0 元,减去受托储存管理物资的金额为 0 元,为 123 000 元。

其他各项目可根据各账户的期末余额直接填列。资产总计、负债合计、净资产合计等项目的数字按其内容汇总后填列。编制完成的年度资产负债表如表 3—8 所示。

表 3—8　　资产负债表

编制单位:山水市检察院　　2019 年 12 月 31 日　　金额单位:元

资　产	年初余额	期末余额	负债和净资产	年初余额	期末余额
流动资产:			流动负债:		
库存现金	3 200	3 500	应缴财政款	0	0
银行存款	80 000	71 500	应交税费	0	0

续表

资　产	年初余额	期末余额	负债和净资产	年初余额	期末余额
财政应返还额度	75 000	55 000	应付职工薪酬	0	0
应收账款	2 800	3 000	应付账款	50 000	50 500
预付账款	5 700	12 500	应付政府补贴款	0	0
其他应收款	8 200	4 500	其他应付款	35 000	33 000
存货	33 500	36 000	一年内到期的非流动负债	0	0
流动资产合计	208 400	186 000	流动负债合计	85 000	83 500
固定资产	416 000	430 000	非流动负债：		
固定资产原价	521 000	555 000	长期应付款	45 000	28 000
减：固定资产累计折旧	105 000	125 000	受托代理负债	134 600	157 000
在建工程	26 000	22 500	负债合计	264 600	268 500
无形资产	27 650	25 300			
无形资产原价	34 600	32 000			
减：累计摊销	6 950	6 700			
待处理财产损溢	0	60 000	财政拨款结转	55 100	55 500
政府储备物资	155 000	165 000	财政拨款结余	43 500	52 000
公共基础设施	4 800	5 650	其他资金结转结余	21 000	23 000
公共基础设施原价	6 800	8 000	其中：项目结转	8 000	10 000
减：公共基础设施累计折旧	2 000	2 350	资产基金	668 650	696 950
公共基础设施在建工程	0	0	待偿债净资产	－95 000	－78 500
受托代理资产	120 000	123 000	净资产合计	693 250	748 950
资产总计	957 850	1 017 450	负债和净资产总计	957 850	1 017 450

（二）收入费用表

收入费用表，是反映行政单位在某一会计期间的事业成果及其分配情况的会计报表，反映行政单位在某一会计期间内各项收入、费用和结转结余情况。收入费用表是行政单位会计报表的重要组成部分，可以提供一定时期行政单位收入总额及构成情况、费用总额及构成情况，以及盈余及其分配内容的会计信息。

1. 收入费用表项目

收入费用表“本月数”栏反映各项目的本月实际发生数。“本年累计数”栏反映各项目自年初起至报告期末止的累计实际发生数。

在编制年度收入费用表时，应当将“本月数”改为“本年数”栏，反映本年度各项目的实际发生数。应当将“本年累计数”替换为“上年数”，反映上年度各项目的实际发生数；若本年度收入费用表规定的各个项目的名称和内容同上年度不一致,则应对上年度收入费用表各项目的名称和数字按照本年度的规定进行调整,填入本年度收入费用表的“上年数”栏内。

收入费用表格式如表3—9所示。

表3—9 收入费用表

编制单位: 年 月 单位:元

项 目	本月数	本年累计数
一、本期收入		
(一)财政拨款收入		
其中:政府性基金		
(二)其他类收入		
1. 非同级财政拨款收入		
2. 捐赠收入		
3. 利息收入		
4. 其他收入		
二、本期费用		
(一)业务活动费用		
(二)资产损失		
(三)其他费用		
三、本期盈余		

收入费用表中“本月数”各项目的编制方法如下所示:

(1)本期收入

①“财政拨款收入”项目,反映行政单位从同级财政部门取得的各类财政拨款。

本项目应当根据“财政拨款收入”科目的本期发生额填列。其中,“政府性基金”项目,反映行政单位取得的财政拨款收入中来自政府性基金预算拨款的部分。

本项目应当根据“财政拨款收入”相关明细科目的本期发生额填列。

②“其他类收入”项目,反映行政单位除财政拨款收入之外的其他类收入总额。

本项目应当根据本表中“非同级财政拨款收入”“捐赠收入”“利息收入”和“其他收入”项目金额的合计数填列。

(2)本期费用

①“业务活动费用”项目,反映行政单位本期依法履职或开展专业业务活动及其辅助活动中所发生的各项费用。

本项目应当根据“业务活动费用”科目本期发生额填列。

②“资产损失”项目,反映行政单位本期发生的各项资产损失。

本项目应当根据“资产损失”科目的本期发生额填列。

③“其他费用”项目,反映行政单位本期发生的无法归属到上述费用中的各项费用。

本项目应当根据“其他费用”科目的本期发生额填列。

(3)本期盈余

本项目应当根据本表中“本期收入”项目余额减去“本期费用”项目余额后的金额填列。如为负数,以“－”号填列。

2. 收入费用表编制举例

【例3－46】 2019年年末,山水市司法局期末根据账户余额编制收入支出表。

表3－10　　结转结余类科目余额表

2019年12月31日　　单位:元

会计科目	年初贷方余额	本期借方发生额	本期贷方发生额	年末余额
财政拨款结转	30 000			
收支转账			100 000	
结余转账		3 500		
年初余额调整			20 000	
归集上缴		50 000		
归集调入			80 000	
单位内部调剂			17 500	
剩余结转	30 000		164 000	194 000
财政拨款结余	12 300			
结余转账			32 000	
年初余额调整			6 800	
归集上缴			40 000	
单位内部调剂		13 600		
剩余结转	12 300		65 200	77500
其他资金结转结余	6 500			
收支转账			54 000	
年初余额调整			2000	
结余调剂		47 000		
剩余结转结余	6 500		9 000	15 500

表3－11　　收入、支出类科目发生额表

2019年度　　单位:元

收入类	余　额	支出类	余　额
财政拨款收入		经费支出——财政拨款支出	
基本支出拨款	2500 000	基本支出	1 100 000
项目支出拨款	400 000	项目支出	185 000
其他收入		经费支出——其他资金支出	
项目资金收入	1 200 000	基本支出	1 050 000
非项目资金收入	750 000	项目支出	680 000

收入支出表各项目计算如下:

(1)2019 年初,各项资金结转结余:

年初财政拨款结转结余=财政拨款结转+财政拨款结余

=30 000+12 300 =42 300(元)

年初其他资金结转结余=6 500(元)

年初各项资金结转结余=年初财政拨款结转结余+年初其他资金结转结余

=42 300+6 500=48 800(元)

(2)2019 年,各项资金结转结余调整及变动:

财政拨款结转结余调整及变动=(20 000+80 000-50 000)+(6800+40 000)

=96 800(元)

其他资金结转结余调整及变动=2 000-47 000=-45 000(元)

各项资金结转结余调整及变动=96 800-45 000=51 800(元)

(3)2019 年,收入合计:

财政拨款收入=基本支出拨款+项目支出拨款

=2500 000+400 000=2 900 000(元)

其他资金收入=项目资金收入+非项目资金收入

=1 200 000+750 000=1 950 000(元)

收入合计=2 900 000+1 950 000=4 850 000(元)

(4)2019 年,支出合计:

财政拨款支出=基本支出+项目支出=1 100 000+185 000=1 285 000(元)

其他资金支出=基本支出+项目支出=1 050 000+680 000=1 730 000(元)

支出合计=1 285 000+1 730 000=3 015 000(元)

(5)2019 年,本期收支差额:

财政拨款收支差额=2 900 000-1 285 000=1 615 000(元)

其他资金收支差额=1 950 000-1 730 000=220 000(元)

本期收支差额合计=4 850 000-3 015 000=1 615 000+220 000=1 835 000(元)

(6)2019 年年末,各项资金结转结余:

年末财政拨款结转结余=财政拨款结转+ 财政拨款结余

=194 000+77 500=271 500(元)

年末其他资金结转结余=15 500(元)

年末各项资金结转结余=271 500+15 500=287 000(元)

基于以上数据,编制完成山水市司法局 2019 年度收入支出表,如表 3-11 所示。

表 3－12 收入支出表

编制单位：山水市司法局 2019 年度 单位：元

项　目	上年数(略)	本年数
一、年初各项资金结转结余		48 800
(一)年初财政拨款结转结余		42 300
1. 财政拨款结转		30 000
2. 财政拨款结余		12 300
(二)年初其他资金结转结余		6 500
二、各项资金结转结余调整及变动		51 800
(一)财政拨款结转结余调整及变动		96 800
(二)其他资金结转结余调整及变动		－45 000
三、收入合计		4 850 000
(一)财政拨款收入		2 900 000
1. 基本支出拨款		2 500 000
2. 项目支出拨款		400 000
(二)其他收入		1 950 000
1. 非项目资金收入		750 000
2. 项目资金收入		1 200 000
四、支出合计		3 015 000
(一)财政拨款支出		1 285 000
1. 基本支出		1 100 000
2. 项目支出		185 000
(二)其他资金支出		1 730 000
1. 非项目支出		1 050 000
2. 项目支出		680 000
五、本期收支差额		1 835 000
(一)财政拨款收支差额		1 615 000
(二)其他资金收支差额		220 000
六、年末各项资金结转结余		287 000
(一)年末财政拨款结转结余		271 500
1. 财政拨款结转		194 000
2. 财政拨款结余		77 500
(二)年末其他资金结转结余		15 500

3. 资产负债表和收入费用表编制

“资产负债表”和“收入费用表”采用汇总工作表方式，按照以下步骤编制形成：

(1)按照“被合并主体报表项目与政府综合会计报表项目对照表”将被合并主体报表各项目数据填列到汇总工作表对应栏。

(2)对被合并主体之间发生的经济业务或事项，按照“抵销调整事项清单”编制抵销分录，填入汇总工作表“抵销分录”栏。

①抵销政府部门之间发生的经济业务或事项。

②抵销财政与部门之间发生的经济业务或事项。

③抵销财政内部之间发生的经济业务或事项。

(3)对应按权责发生制调整的事项，按照“抵销调整事项清单”编制调整分录，填入汇总工作表“调整分录”栏。

①调减财政总预算会计报表中的应付代管资金。

②将财政总预算会计报表中“专用基金收入”分析调整至政府综合会计报表的“其他收入”。

③调减国有资本经营预算收入。

④调减预算稳定调节基金相关收支。

⑤调减债务收入、债务转贷收入。

⑥调减债务还本支出、债务转贷支出。

⑦调减财政部门直接发生的资本性支出。

⑧将财政直接支出分析调整填入相应费用栏。

⑨将财政总预算会计报表中“专用基金支出”分析调整至政府综合会计报表相应的费用项目。

⑩调增政府股权投资收益。

⑪根据调整分录中收入调整总额与费用调整总额的差额，调整净资产项目。

(4)将汇总工作表各项目对应的原始数据栏、抵销分录栏、调整分录栏中的数据，分别计算出经过抵销调整后的金额。

(5)试算平衡后，将数据填入政府综合会计报表对应项目，生成政府综合会计报表。

(三)现金流量表

现金流量表，是反映行政单位在某一会计年度内现金流入和流出的信息的报表，它由日常活动产生的现金流量、投资活动产生的现金流量、筹资活动产生的现金流量、汇率变动对现金的影响额和现金净增加额等部分组成。行政单位应当采用直接法编制现金流量表。

1. 现金流量表项目

现金流量表中的现金，是指行政单位的库存现金以及可以随时用于支付的现金等价物，包括库存现金、可以随时用于支付的银行存款、其他货币资金、零余额账户用款额度、财政应返还额度以及通过财政直接支付方式支付的款项。

现金流量表应当按照财政拨款现金流量、非财政拨款现金流量和代管及应缴现金流量分别反映。现金流量，是指现金的流入和流出。现金流量表格式如表3—13所示。

表 3-13

现金流量表

编制单位：　　　　年度　　　　单位：元

项　目	本年金额	上年金额
一、日常活动产生的现金流量		
1.1 财政基本支出拨款收到的现金		
1.2 财政非资本性项目拨款收到的现金		
1.3 事业活动收到的除财政拨款以外的现金		
1.4 收到的其他与日常活动有关的现金		
日常活动的现金流入小计		
1.5 购买商品、接受劳务支付的现金		
1.6 支付给职工以及为职工支付的现金		
1.7 支付的各项税费		
1.8 支付的其他与日常活动有关的现金		
日常活动的现金流出小计		
日常活动产生的现金流量净额		
二、投资活动产生的现金流量		
2.1 收回投资收到的现金		
2.2 取得投资收益收到的现金		
2.3 处置固定资产、无形资产、公共基础设施等收回的现金净额		
2.4 收到的其他与投资活动有关的现金		
投资活动的现金流入小计		
2.5 购建固定资产、无形资产、公共基础设施等支付的现金		
2.6 对外投资支付的现金		
2.7 上缴处置固定资产、无形资产、公共基础设施等净收入支付的现金		
2.8 支付的其他与投资活动有关的现金		
投资活动的现金流出小计		
投资活动产生的现金流量净额		
三、筹资活动产生的现金流量		
3.1 财政资本性项目拨款收到的现金		
3.2 取得借款收到的现金		
3.3 收到的其他与筹资活动有关的现金		
筹资活动的现金流入小计		
3.4 偿还借款支付的现金		

续表

项　目	本年金额	上年金额
3.5 偿还利息支付的现金		
3.6 支付的其他与筹资活动有关的现金		
筹资活动的现金流出小计		
筹资活动产生的现金流量净额		
四、汇率变动对现金的影响额		
五、现金净增加额		

2. 现金流量表的编制

现金流量表中各报表项目编制方法如下：

(1)日常活动产生的现金流量

①“财政基本支出拨款收到的现金”项目，反映行政单位本年接受财政基本支出拨款取得的现金。本项目应当根据“零余额账户用款额度”“财政拨款收入”“银行存款”等科目及其所属明细科目的记录分析填列。

②“财政非资本性项目拨款收到的现金”项目，反映行政单位本年接受除用于购建固定资产、无形资产、公共基础设施等资本性项目以外的财政项目拨款取得的现金。本项目应当根据“零余额账户用款额度”“财政拨款收入”“银行存款”等科目及其所属明细科目的记录分析填列。

③“事业活动收到的除财政拨款以外的现金”项目，反映事业单位本年开展专业业务活动及其辅助活动取得的除财政拨款以外的现金。

④“收到的其他与日常活动有关的现金”项目，反映行政单位本年收到的除以上项目之外的与日常活动有关的现金。本项目应当根据“库存现金”“非同级财政拨款收入”“银行存款”“其他货币资金”“上级补助收入”“附属单位上缴收入”“经营收入”“捐赠收入”“利息收入”“租金收入”“其他收入”等科目及其所属明细科目的记录分析填列。

⑤“日常活动的现金流入小计”项目，反映行政单位本年日常活动产生的现金流入的合计数。本项目应当根据本表中“财政基本支出拨款收到的现金”“财政非资本性项目拨款收到的现金”“事业活动收到的除财政拨款以外的现金”“收到的其他与日常活动有关的现金”项目金额的合计数填列。

⑥“购买商品、接受劳务支付的现金”项目，反映行政单位本年在日常活动中用于购买商品、接受劳务支付的现金。本项目应当根据“库存现金”“财政拨款收入”“银行存款”“零余额账户用款额度”“预付账款”“在途物品”“库存物品”“应付账款”“应付票据”“业务活动费用”“单位管理费用”“经营费用”等科目及其所属明细科目的记录分析填列。

⑦“支付给职工以及为职工支付的现金”项目，反映行政单位本年支付给职工以及为职工支付的现金。本项目应当根据“库存现金”“财政拨款收入”“银行存款”“零余额账户用款额度”“应付职工薪酬”“业务活动费用”“单位管理费用”“经营费用”等科目及其所属明细科目的记录分析填列。

⑧“支付的各项税费”项目，反映行政单位本年用于缴纳日常活动相关税费而支付的现金。本项目应当根据“库存现金”“银行存款”“零余额账户用款额度”“应交增值税”“其他应交税费”“业务活动费用”“单位管理费用”“经营费用”“所得税费用”等科目及其所属明细科目的记录分析填列。

⑨“支付的其他与日常活动有关的现金”项目，反映行政单位本年支付的除上述项目之外的与日常活动有关的现金。本项目应当根据“库存现金”“财政拨款收入”“银行存款”“零余额账户用款额度”“财政拨款收入”“其他应付款”“业务活动费用”“单位管理费用”“经营费用”“其他费用”等科目及其所属明细科目的记录分析填列。

⑩“日常活动的现金流出小计”项目，反映行政单位本年日常活动产生的现金流出的合计数。本项目应当根据本表中“购买商品、接受劳务支付的现金”“支付给职工以及为职工支付的现金”“支付的各项税费”“支付的其他与日常活动有关的现金”项目金额的合计数填列。

⑪“日常活动产生的现金流量净额”项目，应当根据本表中“日常活动的现金流入小计”项目金额减去“日常活动的现金流出小计”项目金额后的金额填列；如为负数，以“－”号填列。

(2)投资活动产生的现金流量

①“收回投资收到的现金”项目，反映行政单位本年出售、转让或者收回投资收到的现金。本项目应当根据“库存现金”“银行存款”“短期投资”“长期股权投资”“长期债券投资”等科目及其所属明细科目的记录分析填列。

②“取得投资收益收到的现金”项目，反映行政单位本年因对外投资而收到被投资单位分配的股利或利润，以及收到投资利息而取得的现金。本项目应当根据“库存现金”“银行存款”“应收股利”“应收利息”“投资收益”等科目及其所属明细科目的记录分析填列。

③“处置固定资产、无形资产、公共基础设施等收回的现金净额”项目，反映行政单位本年处置固定资产、无形资产、公共基础设施等非流动资产所取得的现金，减去为处置这些资产而支付的有关费用之后的净额。本项目应当根据“库存现金”“银行存款”“待处理财产损溢”等科目及其所属明细科目的记录分析填列。

④“收到的其他与投资活动有关的现金”项目，反映行政单位本年收到的除上述项目之外的与投资活动有关的现金。本项目应当根据“库存现金”“银行存款”等科目及其所属明细科目的记录分析填列。

⑤“投资活动的现金流入小计”项目，反映行政单位本年投资活动产生的现金流入的合计数。本项目应当根据本表中“收回投资收到的现金”“取得投资收益收到的现金”“处置固定资产、无形资产、公共基础设施等收回的现金净额”“收到的其他与投资活动有关的现金”项目金额的合计数填列。

⑥“购建固定资产、无形资产、公共基础设施等支付的现金”项目，反映行政单位本年购买固定资产、无形资产、公共基础设施等非流动资产所支付的现金。本项目应当根据“库存现金”“银行存款”“固定资产”“工程物资”“在建工程”“无形资产”“研发支出”“公共基础设施”“保障性住房”等科目及其所属明细科目的记录分析填列。

⑦“对外投资支付的现金”项目，反映行政单位本年为取得短期投资、长期股权投资、长期债券投资而支付的现金。本项目应当根据“库存现金”“银行存款”“短期投资”“长期股权投资”“长期债券投资”等科目及其所属明细科目的记录分析填列。

⑧“上缴处置固定资产、无形资产、公共基础设施等净收入支付的现金”项目,反映行政单位本年将处置固定资产、无形资产、公共基础设施等非流动资产所收回的现金净额上缴财政所支付的现金。本项目应当根据“库存现金”“银行存款”“应缴财政款”等科目及其所属明细科目的记录分析填列。

⑨“支付的其他与投资活动有关的现金”项目,反映行政单位本年支付的除上述项目之外的与投资活动有关的现金。本项目应当根据“库存现金”“银行存款”等科目及其所属明细科目的记录分析填列。

⑩“投资活动的现金流出小计”项目,反映行政单位本年投资活动产生的现金流出的合计数。本项目应当根据“购建固定资产、无形资产、公共基础设施等支付的现金”“对外投资支付的现金”“上缴处置固定资产、无形资产、公共基础设施等净收入支付的现金”“支付的其他与投资活动有关的现金”项目金额的合计数填列。

⑪“投资活动产生的现金流量净额”项目,应当按照本表中“投资活动的现金流入小计”项目金额减去“投资活动的现金流出小计”项目金额后的金额填列;如为负数,以“－”号填列。

(3)筹资活动产生的现金流量

①“财政资本性项目拨款收到的现金”项目,反映行政单位本年接受用于购建固定资产、无形资产、公共基础设施等资本性项目的财政项目拨款取得的现金。本项目应当根据“财政拨款收入”“零余额账户用款额度”“银行存款”等科目及其所属明细科目的记录分析填列。

②“取得借款收到的现金”项目,反映事业单位本年举借短期、长期借款所收到的现金。

③“收到的其他与筹资活动有关的现金”项目,反映行政单本年收到的除上述项目之外的与筹资活动有关的现金。本项目应当根据“库存现金”“银行存款”等科目及其所属明细科目的记录分析填列。

④“筹资活动的现金流入小计”项目,反映行政单位本年筹资活动产生的现金流入的合计数。本项目应当根据本表中“财政资本性项目拨款收到的现金”“取得借款收到的现金”“收到的其他与筹资活动有关的现金”项目金额的合计数填列。

⑤“偿还借款支付的现金”项目,反映事业单位本年偿还借款本金所支付的现金。

⑥“偿还利息支付的现金”项目,反映事业单位本年支付的借款利息等。

⑦“支付的其他与筹资活动有关的现金”项目,反映行政单位本年支付的除上述项目之外的与筹资活动有关的现金。本项目应当根据“库存现金”“银行存款”“长期应付款”等科目及其所属明细科目的记录分析填列。

⑧“筹资活动的现金流出小计”项目,反映行政单位本年筹资活动产生的现金流出的合计数。本项目应当根据本表中“偿还借款支付的现金”“偿还利息支付的现金”“支付的其他与筹资活动有关的现金”项目金额的合计数填列。

⑨“筹资活动产生的现金流量净额”项目,应当按照本表中“筹资活动的现金流入小计”项目金额减去“筹资活动的现金流出小计”项目金额后的金额填列;如为负数,以“－”号填列。

(4)汇率变动对现金的影响额

“汇率变动对现金的影响额”项目,反映行政单位外币现金流量折算为人民币时,所采用的现金流量发生日的汇率或期初汇率折算的人民币金额与现金流量表“现金净增加额”中外币现金净增加额按期末汇率折算的人民币金额之间的差额。

(5)现金净增加额

“现金净增加额”项目,反映行政单位本年度现金变动的金额。

本项目应当根据本表“财政拨款现金流量净额”“非财政拨款现金流量净额”“代管及应缴现金流量净额”和“汇率变动对现金的影响额”项目的金额合计填列。

四、预算会计报表

(一)预算结转结余变动表项目

预算结转结余变动表中“上年数”栏内各项数字,反映各项目的上年实际发生数,应当根据上年度预算结转结余变动表中“本年数”栏内所列数字填列。如果本年度预算结转结余变动表规定的各个项目的名称和内容同上年度不相一致,应对上年年末预算结转结余变动表各项目的名称和数字按照本年度的规定进行调整,填入本表“上年数”栏内。

预算结转结余变动表格式如表3－14所示。

表3－14　　预算结转结余变动表

编制单位:　　年　　单位:元

项　目	本年数	上年数
一、年初预算结转结余		
(一)财政拨款结转结余		
(二)其他资金结转结余		
二、年初余额调整(减少以“－”号填列)		
(一)财政拨款结转结余		
(二)其他资金结转结余		
三、本年变动金额(减少以“－”号填列)		
(一)财政拨款结转结余		
1.本年收支差额		
2.归集调入		
3.归集上缴或调出		
(二)其他资金结转结余		
1.本年收支差额		
2.缴回资金		
3.使用专用结余		
4.支付所得税		
四、年末预算结转结余		
(一)财政拨款结转结余		
1.财政拨款结转		

续表

项　目	本年数	上年数
2.财政拨款结余		
（二）其他资金结转结余		
1.非财政拨款结转		
2.非财政拨款结余		
3.专用结余		
4.经营结余（如有余额，以“－”号填列）		

预算结转结余变动表“本年数”各项目的编制方法如下所示：

（1）“年初预算结转结余”项目，反映行政单位当期预算结转结余的年初余额。本项目数额应当根据本项目下“财政拨款结转结余”“其他资金结转结余”项目金额的合计数填列。

①“财政拨款结转结余”项目，反映行政单位本期财政拨款结转结余资金的年初余额。本项目应当根据“财政拨款结转”“财政拨款结余”科目的数额合计填列。

②“其他资金结转结余”项目，反映行政单位本期其他资金结转结余的年初余额。本项目应当根据“非财政拨款结转”“非财政拨款结余”“专业结余”“经营结余”科目的数额合计填列。

（2）“年初余额调整”项目，反映行政单位本期预算结转结余资金的年初余额调整的金额。本项目应当根据“财政拨款结转结余”“其他资金结转结余”科目的数额合计填列。

①“财政拨款结转结余”项目，反映行政单位本期财政拨款结转结余资金的年初余额调整金额。本项目应当根据“财政拨款结转”“财政拨款结余”科目下的“年初余额调整”明细科目的本年发生额的合计数填列，如调整减少年初财政拨款结转结余，以“－”号填列。

②“其他资金结转结余”项目，反映行政单位其他资金结转结余资金的年初余额调整金额。本项目应当根据“非财政拨款结转”“非财政拨款结余”科目下的“年初余额调整”明细科目的本年发生额的合计数填列，如调整减少年初非财政拨款结转结余，以“－”号填列。

（3）“本年变动金额”项目，反映行政单位本期预算结转结余变动数额。本项目应当根据“财政拨款结转结余”“其他资金结转结余”科目的数额合计填列。

①“财政拨款结转结余”项目，反映行政单位本期财政拨款结转结余资金的变动。本项目应当根据“本年收支差额”“归集调入”“归集上缴或调出”项目金额的合计数填列。

②“其他资金结转结余”项目，反映行政单位本年其他资金结转结余资金的变动。本项目应当根据“本年收支差额”“缴回资金”“使用专用结余”“支付所得税”项目金额的合计数填列。

（4）“年末预算结转结余”项目，反映行政单位本期预算结转结余资金的年末余额。本项目应当根据“财政拨款结转结余”“其他资金结转结余”科目的数额合计填列。

①“财政拨款结转结余”项目，反映行政单位本期财政拨款结转结余资金的年末余额。本项目应当根据“财政拨款结转”“财政拨款结余”项目金额的合计数填列。本项目下“财政拨款结转”“财政拨款结余”项目，应当分别根据 “财政拨款结转”“财政拨款结余”科目的本年年末余额填列。

②“其他资金结转结余”项目，反映行政单位其他资金结转结余资金的年末余额。本项目

应当根据“非财政拨款结转”“非财政拨款结余”“专用结余”“经营结余”项目金额的合计数填列。本项目下“非财政拨款结转”“非财政拨款结余”“专用结余”“经营结余”项目，应当分别根据“非财政拨款结转”“非财政拨款结余”“专用结余”“经营结余”科目的本年年末余额填列。

（二）行政单位会计预算会计部分的会计报表

政府会计制度（2019）主要规范了 4 张财务报表的格式和 3 张决算报表（预算会计报表）的格式。预算会计报表包括预算收入支出表、预算结转结余变动表、财政拨款预算收入支出表。

预算收入支出表反映单位在某一会计年度内各项预算收入、预算支出和预算结转结余情况，以及年末非财政拨款结余的分配情况。

预算结转结余变动表反映单位在某一会计年度内预算结转结余的变动情况，以及与资金结存的勾稽关系。

财政拨款预算收入支出表反映单位在某一会计年度内各项财政拨款预算收入、预算支出和预算结转结余情况。

表 3－15　　**决算报表（预算会计报表）**

编　号	报表名称	编制期
会政决 01 表	预算收入支出表	月度、年度
会政决 01 表附表	预算结转结余变动表	年度
会政决 02 表	财政拨款预算收入支出表	年度

表 3－16　　**预算收入支出表**　　会政决 01 表

编制单位：　　____年____月　　单位：元

项　目	本月数	本年累计数
一、本期预算收入		
（一）财政拨款预算收入		
其中：政府性基金		
（二）事业预算收入		
（三）上级补助预算收入		
（四）附属单位上缴预算收入		
（五）经营预算收入		
（六）债务预算收入		
（七）其他类预算收入		
1. 非同级财政拨款预算收入		
2. 捐赠预算收入		
3. 投资预算收益		
4. 利息预算收入		

续表

项　目	本月数	本年累计数
5. 租金预算收入		
6. 其他预算收入		
二、本期预算支出		
(一)行政支出		
(二)事业支出		
(六)经营支出		
(四)上缴上级支出		
(五)对附属单位补助支出		
(六)投资支出		
(七)其他支出		
三、本期预算结转结余		
(一)财政拨款结转结余		
(二)非财政拨款结转		
(三)经营结余		
(四)其他资金结余		
四、弥补以前年度经营亏损后的经营结余		
五、非财政拨款结余分配		
减:企业所得税		
减:提取专用基金		
六、转入非财政拨款结余		

表 3—17 **预算结转结余变动表** 会政决 01 表附表

编制单位: 年 单位:元

项　目	本年数	上年数
一、预算结转结余年初数		
1. 财政拨款结转		
2. 财政拨款结余		
3. 非财政拨款结转		
4. 非财政拨款结余		
5. 专用基金		
二、本年变化数		
1. 财政拨款结转		
2. 财政拨款结余		

续表

项　目	本年数	上年数
3.非财政拨款结转		
4.非财政拨款结余		
5.专用基金		
三、累计预算结转结余		
1.财政拨款结转		
2.财政拨款结余		
3.非财政拨款结转		
4.非财政拨款结余		
5.专用基金		
四、资金结存(与“三、累计预算结转结余”相等)		

表 3—18　　**财政拨款预算收入支出表**　　会政决 02 表

编制单位：　　年度　　单位：元

项　目	一、年初财政拨款结转结余		二、调整年初财政拨款结转结余	三、本年归集调入或上缴	四、单位内部调剂		五、本年财政拨款收入	六、本年财政拨款支出	七、年末财政拨款结转结余	
	结转	结余			结转	结余			结转	结余
一、公共财政预算资金										
(一)基本支出										
1.人员经费										
2.日常公用经费										
(二)项目支出										
1.××项目										
2.××项目										
……										
(三)项目支出										
二、政府性基金预算资金										
(一)基本支出										
1.人员经费										
2.日常公用经费										
(二)项目支出										
1.××项目										
2.××项目										
……										
总　计										

五、附注

附注,是指对在会计报表中列示项目的文字描述或明细资料,以及对未能在会计报表中列示项目的说明等。行政单位在报送月报、季报、年报时应同时报送附注,即报表编制技术说明和报表分析说明。

行政单位报表附注应当至少披露下列内容:

(1)编报单位整体财务状况、预算执行情况的说明;

(2)会计报表中列示的重要项目的进一步说明,包括其主要构成、增减变动情况等;

(3)有助于理解和分析单位情况的其他附表;

(4)重要资产处置、资产重大损失情况的说明;

(5)以名义金额计量的资产名称、数量等情况,以及以名义金额计量理由的说明;

(6)或有负债情况的说明、1 年以上到期负债预计偿还时间和数量的说明;

(7)以前年度结转结余调整情况的说明;

(8)政府会计具体准则中有关披露的其他要求;

(9)有助于理解和分析会计报表的其他需要说明的事项。

专栏 3—11

行政单位财务分析指标

在《行政单位财务规则》(2013)中,要求各行政单位依据会计核算资料和其他有关信息资料,对编报单位财务活动过程及其结果进行研究、分析和评价;运用所提供财务分析指标认真进行财务分析,根据部门业务特点,增加财务分析指标,并按照规定报送财政部门、主管预算单位和其他有关部门。

表 3—19　　行政单位财务分析指标

指标名称	指标分析	计算公式
支出增长率	衡量行政单位支出的增长水平	支出增长率=(本期支出总额÷上期支出总额—1)×100%
当年预算支出完成率	衡量行政单位当年支出总预算及分项预算完成的程度	当年预算支出完成率=年终执行数÷(年初预算数±年中预算调整数)×100%
人均开支	衡量行政单位人均年消耗经费水平	人均开支=本期支出数÷本期平均在职人员数×100%
项目支出占总支出的比例	衡量行政单位的支出结构	项目支出比例=本期项目支出数÷本期支出总数×100%
人员支出占总支出的比例	衡量行政单位的支出结构	人员支出比例=本期人员支出数÷本期支出总数×100%
公用支出占总支出的比例		公用支出比例=本期公用支出数÷本期支出总数×100%

续表

指标名称	指标分析	计算公式
人均办公使用面积	衡量行政单位办公用房配备情况	人均办公使用面积＝本期末单位办公用房使用面积÷本期末在职人员数
人车比率	衡量行政单位公务用车配备情况	人车比率＝本期末在职人员数÷本期末公务用车实有数

资料来源:《行政单位财务规则》(财政部令第71号)。

本章小结

行政单位会计,是行政单位核算、反映和监督行政单位财务状况、预算执行过程及其结果的专业会计。行政单位的会计组织系统,是指行政单位会计的构成及分级情况。根据机构建制和经费领拨关系,行政单位会计分为3级:主管会计单位,二级会计单位,基层会计单位。行政单位的会计规范包括《行政单位会计制度》《行政单位财务规则》等。

行政单位的财务会计要素有资产、负债、净资产、收入和支出5项。资产是指行政单位占有或者使用的、能以货币计量的经济资源,划分为流动资产如货币资金、零余额账户用款额度、财政应返还额度等;非流动资产如固定资产、在建工程、无形资产等;以及公共服务和受托资产包括政府储备物资、公共基础设施和受托代理资产。负债是指行政单位所承担的能以货币计量、需要以资产等偿还的债务,划分为流动负债和非流动负债,流动负债如应缴财政款、应缴税费、应付职工薪酬等,非流动负债包括长期应付款;另外,行政单位负债还包括受托代理负债。净资产,是指行政单位资产减负债和收入减支出的差额,包括资产基金、财政拨款结转、财政拨款结余和其他资金结转结余等。收入,是指行政单位依法取得的非偿还性资金,包括财政拨款收入以及其他收入。支出是指行政单位为保障机构正常运转和完成工作任务所发生的资金耗费和损失,包括经费支出和拨出经费。

行政单位的预算会计要素有预算收入、预算支出和预算结余。预算收入是指主体在预算年度内依法取得并纳入预算管理的现金流入。预算支出是指主体在预算年度内依法发生并纳入预算管理的现金流出。预算结余是指主体在预算年度内预算收入扣除预算支出后的资金余额,以及历年滚存的资金余额。

财务报表是反映行政单位财务状况和预算执行结果等的书面文件,由会计报表及其附注构成。会计报表包括资产负债表、收入支出表、财政拨款收入支出表等。

关键词

行政单位会计　零余额账户　用款额度　财政应返还额度　国库单一账户制度
财政直接支付　财政授权支付　财政拨款收入　其他收入　经费支出　拨出经费　资产基金

思考题

1. 什么是行政单位会计?行政单位会计如何分级?
2. 行政单位固定资产购置和处理与企业会计有何区别?
3. 请简述财政直接支付和财政授权支付的区别。
4. 结合年度《政府收支分类表》,确定相应项目“类”“款”“项”“目”的变化。
5. 简述行政单位财务报告体系。
6. 思考行政单位会计采用平行记账的意义。

美国篇

第四章　基金会计

学习目标

1. 了解政府等公共部门主要使用的基金种类；
2. 区分并阐述基金会计中使用的会计要素；
3. 阐述基金会计体系中使用的各类基金与会计账户的关系；
4. 阐述基金会计体系中反映各类基金和会计账户内容的财务报表。

第一节　基金的基本概念

一、基金的定义及政府基金会计

根据美国政府会计理事会(National Council of Governmental Accounting,NCGA)第1号公告对基金的定义,基金应是指"按照特定法规、限制或限定,为完成特定活动或达到特定目的,设立一套自求平衡的科目,列记现金、其他财务资源、所有相关负债及剩余权益或余额的一个财务会计主体"。

按照NCGA的定义,基金是一组具有特定用途,要求专款专用、专项核算和报告的财务资源。基金可以按不同的目的、活动或项目设立,如为了特定用途管理和运用的财务资源,政府为了筹集各项公务活动所必需的资金等。

在政府会计的范畴中,基金又被解释为会计主体,即政府等公共部门为了达成特定目的或从事特定活动而按照法律法规及其他限定分开设立、自求平衡的一种财务资源及其相关的负债和剩余权益或余额。

政府等公共部门设置基金并采用基金会计不但为财务管理和会计核算提供了一个独特的模式,同时还有如下优点:第一,可以更好地贯彻专款专用原则,使各种具有专门用途的预算资金的界限更加清楚,便于加强政府和非营利组织的财务管理;第二,便于落实政府和非营利组织管理当局的受托业绩和受托责任。

按照公共财政和复式预算的要求,从加强财务资源管理和规范政府财务行为的需要出发,我国早在1986年就对基础性研究项目设立了国家自然科学基金,随后又设立了社会科学基金,并将基金制拨款和基金管理模式推广到其他领域。在我国对政府预算的分类中,一般预算资金、政府性基金、专业基金等,都是实行基金管理的范例,其中一般预算资金实际上就是未受特别限定的基金,而政府性基金、专业基金等实际上属于指定用途的基金。非营利事业单位由于资金的来源渠道比较多,多种不同渠道来源的资金在使用上分别施以不同的限定,事实上,这些限定用途的资金都是采用基金会计模式进行会计处理的。但这些基金分类不够细化,也不够规范,还需要按照公共财政和复式预算要求设立相应的基金。

二、政府基金的分类

(一)政府基金理论上的分类

政府等公共部门会计所设立的基金实际上可以有多种分类,但在理论上最常见也最简单的分类就是将基金分为支出型基金(Expendable Funds)和权益型基金(Nonexpendable Funds 或 Proprietary Funds)。

支出型基金一般用来核算有特定用途并在当前用于支出的资金(可动用的财务资源)。这类基金在会计核算上,不是强调收入与支出的配比,而是强调特定期间内该基金实际收入支出的变化情况。

权益型基金同支出型基金恰恰相反,该类基金所强调的就是收入与支出的配比,其会计核算与企业会计颇有类似,所以权益型基金一般用于政府所设立的在管理模式和业务上都类似于企业的基金。

此外,还有一类被称为预算型基金(Budgetary Funds),这类基金要求在会计期间期初就编制预算分录,并将预算分录作为正式的会计记录包含在基金会计中,会计期间结束时要将实际资源变动与预算对比,以确保对政府资金的有效使用。

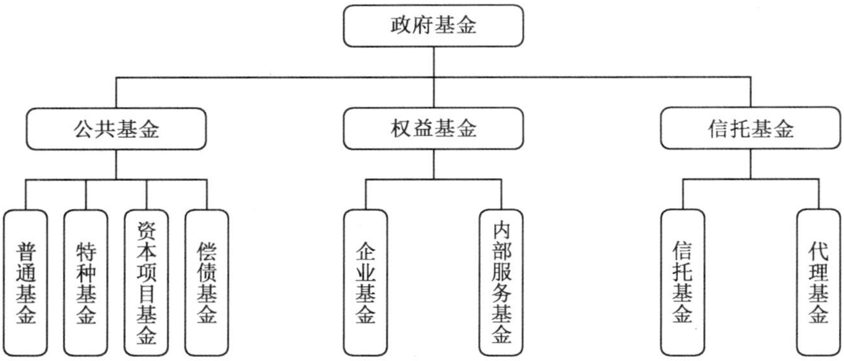

图 4—1 政府基金的分类

(二)政府基金实务上的分类

在美国政府会计的实务操作中,一般是根据不同政府部门所设立基金的特定用途来将政府基金进行分类的。美国政府的基金会计具体可分为以下三大类:

1. 公共基金(Public Funds)

公共基金主要用于核算政府从特定来源获得,并指定用途资金的基金主体。这一类基金的支出基本上属于消耗性支出,其资金主要用于安排当年的各项支出,由政府行政部门编制预算,经立法机关批准后,作为政府行政部门安排经费和控制支出的依据,如专用于政府部门日常运作等。按照资金来源不同和用途不同，公共基金又可以分为以下四类：

(1)普通基金(General Funds)

普通基金是政府依据法律规定，以纳税人缴纳的税金建立的，主要用于政府公共行政或一般行政业务活动开支的基金。其范围较广，通常除了由于受到法律、契约或管理方面限制而需要在其他特定基金中核算外，一般的政府行政业务活动都必须纳入普通基金中核算。

(2)特种基金(Special Revenue Funds)

特种基金是政府依据特别法律规定，通过征收特别税或从其他基金转入设立，具有特定用途的基金。一般来说，为了对特别来源的收入及其使用加强管理(如城市建设基金的收入和使用)，往往将其从政府普通基金中分离出来，而设立一项特种基金。这类基金的会计处理与普通基金的会计处理几乎完全相同，唯一差别就是所针对的政府业务范围的不同。

(3)资本项目基金(Capital Projects Funds)

资本项目基金是特种基金的一种，专用于核算与大型设施的建造或购置相关的资金收支活动(对应建造或购置的大型设施应记录在一般固定资产会计账户中)。通常情况下，小型的长期资产购置或建造可以直接进入普通基金或是特种基金，但大型的设施，特别是有法律规定或者使用了债券发行收入、政府间业务转移及财政补贴等限制性资金时，就必须使用资本项目基金做会计核算。

(4)偿债基金(Debt Service Funds)

偿债基金也是特种基金的一种，通常用于核算为偿还普通责任长期负债的本金和利息所积累的资金状况，这种类型的基金也可用于核算偿还除债券之外的长期负债。政府可以只建立一只偿债基金来核算所有的普通责任长期负债。但通常情况下，每发生一种长期债务就应建立一只相应的偿债基金。

上述四种公共基金都是支出型基金，一般只核算政府部门在财政年度内可支用的资金的流入及流出。这就使得各基金会计主体不会记录当期不可支用的财务资源，如一些长期资产及长期负债。为了核算政府一般行政活动中所形成的长期资产及长期负债，政府还应设立专门的普通固定资产账户组和普通长期负债账户组。这两个账户组与上述四种基金的不同之处在于，会计账户组不是一个独立的财政主体，所以会计账户组也并不是公共基金，而只能是一个用于专门记录的账户组。

(5)普通固定资产账户组(General Fixed Assets Account Groups)

该账户组一般用来管理政府所拥有的土地、房屋以及其他由政府单位使用却又没有放入权益型基金和信托基金中记录的设备类资产。

(6)普通长期负债账户组(General Long-term Liabilities Account Groups)

该账户组用来记录由政府一般性资金和偿债基金进行偿付的长期负债，但与普通固定资产账户组一样，放入权益型基金和信托基金中进行偿付的长期负债需排除在外。另外，一些日常发生的负债，只要不属于短期应付范畴，都应放入普通长期负债账户组。

一个政府或政府单位可以根据实务设立上述各类基金，也可以只设立其中的几种，但必须根据法律规定、合同协议或财务管理的需要设立和保持这些基金，以加强对财务资源的有效控制和强化受托责任。究竟一个政府或政府单位应设立多少基金，应根据法律规定、业务运营的需要加以设置，过多的基金不仅会引起混乱，还会使会计核算及财务管理过于复杂，导致基金管理的低效甚至无效。

2. 权益基金(Proprietary Funds)

权益基金主要用于核算在管理模式和业务上类似企业的基金主体。与支出型基金相反,这类基金主体通常要涉及收入与费用的精确计量,其提供服务所耗费的资源要向服务对象收取一定的服务补偿费,虽然这类基金也不以营利为目的,但却要求能够自我维持。政府单位从事企业或类似企业活动的原因是多方面的:

第一,市场本身的缺陷。为消除市场失效对经济的影响,政府除了利用税收、利率等经济杠杆予以调节外,还可以通过直接投资创办公营企业,参与提供竞争性产品,以抑制市场垄断,优化经济资源,提高经济效率。

第二,体现政府的公共政策。社会公众日常生活的许多消费品,如公共交通、邮政、自来水、供电、供气等生活必需品,以及道路、机场、码头等都是投资额大、回收期长的微利品。如果由厂商提供这些物品,会提高产品价格造成物价上涨,使居民生活支出提高或生活水平下降,从而损害公众的利益,难以体现政府的公共政策。

第三,降低行政管理成本,减少政府财政开支,提高财政资金的使用效益。在任何国家,政府都是市场最重要的消费者,由政府各部门各单位自行采购物品或服务,也会由于支出控制不严密,造成各种贪污、腐败现象的泛滥,所以各国政府普遍设立政府内部服务机构。

无论是国有企业还是政府内部服务机构,其所从事的活动与政府的行政活动都有本质的区别,其提供的物品或服务不属于公共物品的范畴,消费者(不论是社会公众还是政府部门或单位)消费国有企业或政府内部服务机构(主要是政府部门或单位)提供的物品或服务时必须付费(即有偿消费)。这些机构提供的物品或服务价格主要以成本补偿为基础。这就决定了政府从事的业务类型活动的财务收支与行政类型活动的财务收支必须严格区分开,并设立权益基金进行会计确认、计量、记录和报告。

通常,这类基金主要用于处理政府延伸的活动。按照具体服务对象不同,政府所设立的权益基金可以进一步分为企业基金和内部服务基金。

(1)企业基金(Enterprise Funds)

企业基金是政府为实现特定的公共政策,出资创办的公立企业,向社会公众提供类似于企业组织提供的产品或服务而设立的基金。企业基金所提供产品或服务的成本主要是通过使用者付费来补偿的(包括各种费用和折旧),在会计制度记账基础选择上,同企业组织基本一致,使用权责发生制为其会计基础。

(2)内部服务基金(Internal Service Funds)

内部服务基金的会计核算和处理同企业基金几乎完全一致,唯一的差别是企业基金是核算为社会公众提供产品和服务的基金会计主体,而内部服务基金是为政府内其他部门或者单位提供货物或服务而设置的基金。这类基金一般也在政府部门中设置,并按照权责发生制原则核算支出和收入。

3. 信托基金(Fiduciary Funds)

政府受托基金是用于处理政府机构以信托人或代理人的身份接受个人、私人机构、其他政府单位或其他政府基金资产的保管或监管而设置的基金,包括信托基金和代理基金。政府受托基金一般具有代理或者信托特征,政府作为受托人在信托资产管理中主要承担在特定期间按照委托人的指示合理有效地使用信托资产，并在会计期末保全信托资产的受托责任。

信托基金的会计核算侧重于政府资金的开支或是资本保全业务，信托基金会计系统应该是能够提供充分反映基金管理职能状况的信息和报告的体系。美国政府会计理事会(NCGA)将信托基金分为以下四类：

(1)养老信托基金(Pension Trust Funds)

养老信托基金是美国政府用来核算政府部门公务员退休保障系统(Public Employee Retirement Systems)的资金的基金，是美国使用范围最广泛的信托基金。政府养老金计划大体分为固定收益养老计划(defined benefit plan)和固定缴款额养老计划(defined contribution plan)。其中，固定收益养老计划应用较为普遍，该计划明确地规定了雇员退休时将获得的收益额，政府将承担除拨款和监督以外更多的责任；而固定缴款额养老计划中，缴款的水平是确定的，没有担保具体的福利水平。

(2)备用信托基金(Expendable Trust Funds)

备用信托基金用来核算政府部门在信托协议的约束下对资金的使用情况。备用信托基金进行核算的资金包括允许政府单位消耗的信托本金及所有由本金带来的收入的信托基金；备用信托基金的业务应遵循州和地方政府信托法的规定，每一个单独的信托项目应建立一只独立的基金。若合法的信托协议未生效，法律协议未形成，应使用普通基金或特种收入基金进行核算。该信托基金属于本金和本金收益均可支出的项目。

(3)不动本信托基金(Nonexpendable Trust Funds)

不动本信托基金用来核算政府单位持有的，并以受托人身份控制的资金。这些资金通常作为此类基金的本金，必须保持总额不动(即不可用于支付)。对所有信托基金运作的控制都是通过各州法律和信托协议的规定进行的。不动本信托基金应遵循完全的权责发生制记账基础。

(4)代理基金(Agency Funds)

代理基金，也称为代管基金，是根据委托—代理关系设立的，以政府为代理人，代表委托人持有并按委托协议规定或委托人的指令处置资源的基金。当一个政府单位作为属于某一其他组织的基金的代理人时，或当一只基金被用来执行政府单位的其他基金资金的集中收集和发放功能时，应使用代理基金。代理基金没有权利也不能控制这些基金，所以该类基金没有基金余额，即代理基金所持有的所有资金都应与需经这些资金偿还的负债相等。

政府基金通常只核算政府部门在财政年度内可支用的财务资源，其计量重点是当期财务资源的流入和流出。这就要求政府基金类型的各基金会计主体只记录当期可支用的财务资源，而不记录当期不可支用的财务资源，如长期资产及发行债券形成的长期负债。

一个政府或单位根据法律规定、合同协议或财务管理的需要设立和保持这些基金，以加强财务资源的有效控制和强化受托责任，但并不是所有的政府或政府单位都必须或只能设立这些基金。

第二节 基金会计的基本原理

按照标准的定义，会计是指以货币为主要计量单位，采用一系列专门的方法和程序，对经济交易或事项进行连续、系统、综合的核算和监督,提供经济信息、参与预测决策的一种管理活动。企业会计有多种分类,如财务会计、税务会计、成本会计、管理会计等。企业会计进行核算的四个前提是会计主体、会计分期、持续经营以及货币计量。其中,确定会计主体是企业会计执行监督核算功能的首要前提条件。

政府等公共部门使用的基金会计,其原理基本与企业会计相同,主要区别是因会计主体不同进而导致的一系列会计核算方法的不同。基金会计的会计主体是必须按照限定用途使用的政府及非营利组织的财务资源,而企业会计主体则是以营利为目的、以实现利润最大化为目标的企业的经济活动。

基金主体的意义就在于对每一类受到限制的财务资源进行单独核算。这样的单独核算不但能保证经济主体与其他实体的严格分开,也能保证在一个经济主体中受不同限制的资产严格分开。正是基于这样的理论,政府会计建立了与企业会计不同的会计恒等式、会计要素确认和计量的核算方法。

一、基金会计恒等式

会计恒等式是会计要素之间的基本数量关系,是会计核算的基础理论,也是设置会计账户、进行复式记账和编制会计报表的理论依据。运用会计恒等式可以检查会计记录是否正确,是正确编制会计报表的前提。

一个单位所拥有的资产、负债与所有者权益,表现为同一资金的两个方面,即有一定数额的资产,就必然有一定数额的负债和所有者权益。在企业会计中,将这种资产、负债与所有者权益之间的这种恒等关系用公式来表示就是会计恒等式。

企业会计恒等式为:

资产=负债+所有者权益

自从会计引入复式记账法以来,任何一笔经济业务都必须在两个或两个以上的会计账户中反映。基金会计属于会计的一种,自然也要符合复式记账的原则。但政府设立的基金有其特殊的限制性及非营利性,所以基金会计中没有所有者权益这一项。为核算该部分限制性资产,须引入"基金余额"这一概念,相应地,基金会计恒等式就变为:

资产=负债+基金余额 (Ⅰ)

在持续的会计期间里,资产、负债、基金余额都是处于不断变动中的,同企业会计中的所有者权益一样,基金余额也会因为当年基金收入与支出的不等而出现变化,如下:

基金余额=收入-支出+期初基金余额 (Ⅱ)

所以(Ⅱ)式基金会计恒等式就变为:

资产=负债+(收入-支出+期初基金余额) (Ⅲ)

这就是基金会计的恒等式。

二、基金会计要素及其确认

会计要素是会计核算系统的核心,贯穿于整个会计理论框架。企业会计要素一般包括资产、负债、所有者权益、收入、支出、利润等。按照 NCGA 的规定,政府基金会计要素,应与会计报表上的要素保持一致,包括资产负债表要素和基金收支情况表要素。资产负债表要素又包括基金资产、基金负债和基金余额;基金收支情况表包括基金收入和基金支出。[①]

对会计要素的确认需要根据一定的基础进行。企业会计中,会计确认、核算、报告的基础都是权责发生制,也即必须将当期的费用和当期的收入进行配比,而不考虑这笔费用或是收入是否有真实的资金流入或流出。

在政府会计制度中,会计记账基础应当包括实收实付制或称现金制(Cash Basis)、权责发生制或称应计制(Accrual Basis)。在美国政府基金会计实务中,主要采用修正的现金制(Modified Cash Basis)或修正的应计制(Modified Accrual Basis)。国际会计师联合会认为,修正的应计制是从财务报表中去掉长期性项目,使财务报表主要报告货币性资产和货币性负债,以反映主体未来对基金的需求;而修正的现金制是在财务报表中包括有关主体在会计年度结束后的短时期内会导致现金收入或现金付出的交易或事项的信息,使财务报表主要报告主体在报告期内流动的或短期的财务资源及其变动情况。一般地说,基金会计,特别是政府类型的基金会计普遍采用修正的应计制和修正的现金制。

(一)基金资产(Fund Assets)及其确认

在企业会计中,资产的标准定义是:企业过去交易事项形成的、由企业拥有或控制的、预期会给企业带来经济利益流入的资源。企业资产一般包括流动资产和非流动资产两大类。

基金资产的定义与企业资产基本相同。但政府的基金类型不同,就资产来说,政府类型中支出性质的基金都受到法律、合同协议或捐赠人的约束,其资产必须是财政年度内可支用的财务资源,政府拥有的财政年度内不可支用的财务资源(如非流动资产)是不能再用该要素来核算的。因此,按照基金会计原理,上述长期资产必须另外在单独的"普通固定资产账户组"中核算。

值得注意的是,政府基金中权益型基金或者不受预算或合同协议约束的信托基金,其流动资产或者非流动资产都应当在该类基金中核算,而不应归到"普通固定资产账户组"中。

确认一项基金资产,同确认一项企业资产一样,不但需要符合资产的定义,还应满足以下条件:与该资源有关的经济利益很可能流入企业,而且该资源的成本或者价值能够可靠地计量。其中,如何确认经济利益流入还应对其确定性程度进行判断,对是否能够可靠计量也需视实际情况而定。

(二)基金负债(Fund Liabilities)及其确认

在企业会计中,负债的标准定义是:企业过去交易事项形成的、预期会导致经济利益流出企业的现时义务。企业负债一般也会包括流动负债和非流动负债两大类。

基金负债的定义与企业负债的定义基本相同。但类似于基金资产,基金负债也不包含不需动用该基金当期财务资源偿付的长期负债。其发生的长期负债也需另外在单独的"普通长期负债账户组"中核算。同样,政府基金中权益型基金或者不受预算或合同协议约束的信托基金,其流动负债或者长期负债都应当在该类基金中核算,而不应归到"普通长期负债账户组"中。

---

① 对于非营利组织基金会计,美国财务会计准则委员会(GASB)认定企业财务报表十种要素中的七种要素同时适用于非营利组织,包括资产、负债、业主权益、业务收入、费用、利得和损失。

确认一项义务为基金负债，与确认一项企业负债类似，必须同时满足以下两个条件：

(1)与该义务相关的经济利益很有可能流出企业；

(2)未来流出的经济利益的金额能可靠计量。

(三)基金余额(Net Fund Assets)及其确认

基金余额是基金资产减去基金负债后剩下的金额，如同企业会计中所定义的所有者权益或者净资产。但由于政府等公共部门资金来源和使用限制的特殊性，基金余额与企业的所有者权益相比，还有以下自身的特点：

(1)基金余额仅表示基金资产与基金负债的差额，没有所有权归属的特定含义，故不需像企业所有者权益一样，必须区分投入资本和留存收益。

(2)基金余额主要来源于：①按照预算、合同协议规定设立的留本基金或受预算、合同限定未支用的财务资源；②政府等公共部门通过预算安排用当期财务资源购置或接受捐赠的长期资产对应形成的基金；③历年运营收支结余的积累。

(3)基金余额的分配：年度收支结余的基金余额不能分配给资源提供者，只能用于向社会公众、服务对象提供持续的服务或活动。

(4)政府等公共部门清算时，无须向资源提供者分派基金余额。

我国颁布的《财政总预算会计制度》《政府会计制度——行政事业单位会计科目与报表》中都使用“净资产”概念。

企业会计中，当期所有者权益的增减变动可能是由于所有者追加或抽回投资产生的，也可能是由于当期经营收益或亏损引起的，故必须通过投入资本及留存收益两部分把所有者权益构成及变动情况严格区分开，以便考核管理当局的经营业绩。政府等公共部门不需要做这种区分。因为当期基金收支结余并不反映政府当局的业绩，财务信息使用者主要也不是从这方面来考核；另外，不论是期初基金余额还是当期基金收支结余，所代表的都是对一组特定用途资产的限制，无须做严格区分。

(四)收入(Income)及其确认

政府等公共部门的收入与企业收入有本质差别：不以营利为目的。虽然有些活动也向服务对象收费，但这些活动本身不能或基本不能为其提供足于补偿开展活动所耗费的资源。所以，向服务对象收费并不是政府及非营利组织的主要收入。政府收入主要来源于各种税收；非营利组织等公共部门的收入则主要来自政府的拨款，或社会的捐赠。无偿性、非交换性是政府及非营利组织收入的主要特征。

值得注意的是，债务形成的财务资源流入属于偿还性基金，不能确认收入；从其他基金转入的财务资源也不能重复确认收入。这两类被称为“其他资金来源”。

(五)支出(Expenditure)及其确认

基金会计中不使用与企业会计中对应收入的“费用”，而是使用“支出”。

“支出”与企业中“费用”的区别：费用是与企业取得收入活动相关的一种资产耗费或承担负债，不包括购置资产和偿还长期负债发生的现金流出。政府等公共部门的支出是在财政年度内，由于运营活动产生的资产耗费或损失，或由于法律规章规定流出的财务资源，包括对其他组织的补助、购置长期资产及偿还长期负债而动用的当期财务资源等。

另外，转入其他基金的财务资源归入“其他资金运用”。

三、基金会计要素的计量

会计计量是为了将符合确认条件的会计要素登记入账并列报于财务报表而确定其金额的过程。对会计要素进行计量，需要按照一定的计量属性进行。从会计角度看，计量属性是会计要素的金额的确定基础。

在企业会计中，会计计量属性有历史成本属性、重置成本属性、可变现净值属性、现值属性、公允价值属性等(具体内容可参考企业会计)。

政府等公共部门的会计计量不像企业那么复杂，其会计记录是主要用于反映当期财务资源的收支，即反映当期实际收到和付出的财务资源数额。所以，一般政府等公共部门的基金会计采用历史成本计量。

但随着会计计量的理论的发展和经济环境的复杂，包括国际会计师联合会、美国政府会计准则委员会和财务会计准则委员会等，都提出了历史成本以外的计量属性，如现行成本、现行市价、公允价值等计量属性。

我国政府等公共部门会计制度也提出其他的计量属性，除了按历史成本计价外，还可以采用重置成本、现行市价等方法计价。如盘盈的固定资产可采用重置成本计量，接受捐赠的资产没有发票可据以入账时可采用同类资产的现行市价计量，或国家规定对行政事业单位进行清产核资而对其资产进行评估时，也允许采用其他计量属性。

第三节 基金会计的财务报告原理

不论是企业会计，还是政府等公共部门会计，财务报告都是会计核算工作对外提供的最终成果。企业会计的财务报告是反映企业某一特定日期的财务状况和某一会计期间的经营成果、现金流量等会计信息的文件。作为政府等公共部门会计的主要部分，基金会计的财务报告同样是用于反映某一特定日期的资产负债状况及收入支出、现金流量等情况。基金会计的财务报告特殊处在于：为反映各个基金和账户组的财务活动情况及结果，明确各自的受托责任，每一个基金和账户组都必须单独编制和报送财务报表。

一、基金会计财务报告的构成

在美国，州和地方政府年度财务报告包含的内容非常广泛。按照美国政府会计准则委员会(NCGA)的规定，一份政府主体的综合年度财务报告需要包括以下内容：

(一)概况

概况部分包括目录表、咨询资料以及从管理角度考虑认为宜列入的其他资料。

(二)财务部分

1. 审计报告

2. 通用财务报表(合并报表——概览)

(1)合并资产负债表——所有基金、账群以及单独列示的组成单位。

(2)合并收入、支出与基金余额变动表——所有政府基金以及单独列示的组成单位。

(3)合并收入、支出与基金余额变动表——预算与实际比较——普通基金和特种收入基金(以及与公共基金类似的采用法定年度预算的基金)。

(4)合并收入、费用与留存收益(或权益)变动表——所有权益基金以及单独列示的组成单位。

(5)合并现金流量表——所有权益基金以及单独列示的组成单位。

(6)上述财务报表的注释。

3. 要求的补充信息

4. 联合基金、单个基金以及账户组报表及附表

(1)联合报表。

按基金类型编制——当某一基本政府(包括与其混合编制财务报告的组成单位)的某一特定基金具有一个以上的基金时,可以这样编制。

按单独列示的组成单位编制——当某一报告主体具有一个以上组成单位时,可以这样编制。如果有关基金的信息在某个组成单位单独编制的财务报表中不能取得,则要求对各组成单位按某个类型编制联合报表。

(2)单个基金和账群报表。

如果某一基本政府(包括与其混合编制财务报告的组成单位)在某一基金类型中只有一个基金和账户组,或者如果有必要列示以前年度相应的信息以及需要与预算进行比较的话,可以编制单个基金和账户组的报表。

(3)附表。

(三)统计表部分

除非在有关的环境中明显不适用,下列统计表应当包括在综合年度财务报告中:

(1)按职能分类的一般政府支出——包括过去十个财政年度。

(2)按来源分类的一般收入——包括过去十个财政年度。

(3)其他。

政府等公共部门出于承担的行政管理或业务活动不同,预算对财务资源的限定存在差异。因此,需要设置多种类型的基金并为每一类基金及账户组编制一套财务报表。有时,某类基金的财务资源由于所承担的项目不同、活动不同,还需要分设若干个子基金或分基金,如特种基金有用于社区下水道设施的,也有用于路灯照明的,还可能有用于其他用途的。由于各种不同用途的财务资源都要求专款专用,也必须分别设立基金,分别进行会计核算,并要求分别编制财务报表。为了分别反映单个基金、某种基金、某类基金直至政府、政府单位或非营利组织整

体履行受托责任的情况，在基金会计模式下，基金财务报表必须遵循“单个基金——某种基金——某类基金”的顺序编制、汇总，最终形成以政府、政府单位或非营利组织为报告主体的财务报告。

本章将重点介绍财务报告体系中的资产负债表、收入支出与基金余额变动表的编制，另附带介绍现金流量表及附注的编制。

二、基金会计财务报告的编制

（一）资产负债表的编制

按照美国政府会计准则委员会（NCGA）对基金会计资产负债表的定义：“资产负债表是一张展示财务状况即资产、负债和基金余额或其他权益的财务报表。资产负债表可以展示政府主体单个基金或单独列示的组成单位在某一特定时日的财务状况，也可以展示政府主体多个基金或单独列示的组成单位在某一特定时日的财务状况，还可以展示政府主体所有基金、账群以及单独列示的组成单位在某一特定时日的财务状况。”

从 NCGA 的定义可以看出，资产负债表按所包含基金种类进行编制，有多种样式，即：

（1）单个基金或单独列示的组成单位。

（2）多个基金或单独列示的组成单位。

（3）所有基金、账户组及单独列示的组成单位。

这里以所有基金、账户组及单独列示的组成单位的资产负债表来加以说明（如表 4—1 所示）。

表 4—1 合并资产负债表

——所有基金类型、账户组和单独列示的组成单位

种 类	公共基金				权益基金		信托基金		账户组		组成单位	合计
项 目	普通基金	特种收入基金	偿债基金	资本项目基金	企业基金	内部服务基金	信托基金	代理基金	普通固定资产	普通长期负债		报告主体
资产：												
流动资产												
现金												
投资												
应收款												
……												
流动资产合计												
限定用途资产：												
现金												
投资												
……												
限定用途资产合计												
固定资产												

续表

种 类	公共基金				权益基金		信托基金		账户组		组成单位	合计
项 目	普通基金	特种收入基金	偿债基金	资本项目基金	企业基金	内部服务基金	信托基金	代理基金	普通固定资产	普通长期负债		报告主体
土地												
建筑物												
设备												
固定资产合计												
减去：累计折旧												
固定资产净额												
资产总计												
负债和基金余额：												
负债：												
流动负债												
应付账款												
……												
流动负债合计（受限）												
长期负债												
应付债券												
应付资产租赁费												
……												
长期负债合计												
负债合计												
基金权益												
固定资产投资												
投入资本												
……												
保留盈余												
偿债准备												
风险管理准备												
基金余额												
存货准备												
……												
基金余额合计												
基金权益合计												
……												
负债与基金权益总计												

政府会计准则委员会在列示合并资产负债表时，还做了如下说明：

(1)应收款项的“坏账准备”和“累计折旧”可以在“资产”部分列示，或者用括号或插入句的形式揭示，或者在财务报表注释中提示。应收款项按照扣除了坏账准备后的净值反映，并在财务报表注释中揭示。

(2)政府基金“存货”的会计处理方法可以采用“消耗法”或“购买法”。在消耗法下：①存货取得时在存货账户中记录，在使用时转作费用；②除非必须保持最少数量的存货，否则，不必为存货建立权益保留。在购买法下：①存货在取得时记作支出；②年末大量存货应当在资产负债表的资产部分反映，并且在权益部分作全额保留。

(3)政府基金“预付费用(支出)”的列示，是一种可供选择的处理方法。

(4)基金权益中的“保留数”是指基金权益的一部分不可使用或在法律上被独立起来。基金权益中的“指定数”是指对财务资源在未来的使用做了趋势性的安排。

(5)在普通固定资产账户组中列示累计折旧是一种可供选择的方法。

(6)在普通长期负债账户组中反映的例子，除了政府以某种方式承担责任的应付普通责任债券、特种税捐债务以及政府应付组成单位租赁款三个之外，任何其他普通长期负债，如付款保证和票据等，也应当在普通长期负债账户组中反映。

(7)政府对特种税捐债务负有责任。为此，特种税捐的交易应当在资本项目基金和偿债基金类中进行报告。

(二)收入、支出与基金余额变动表的编制

收入、支出与基金余额变动表针对的是政府基金中支出型基金，具体包括公共基金中的普通基金、特种基金、偿债基金、资本项目基金以及信托基金中的可动本信托基金。其他属于权益型的基金主体，并不编制本表。

美国政府会计准则委员会(NCGA)在规范收入、支出与基金余额变动表时指出，合并收入、支出与基金余额变动表应当包括按主要收入来源分类的收入数据、按职能或计划分类的支出数据以及基金间转账的类型或其他基金余额变动数据。如同合并资产负债表单独列示的组成单位一样，在合并收入、支出与基金余额变动表中，基本政府(包括与其混合编制财务报告的组成单位)各个基金类型的数据应当单独以一系列的“专栏”列示。“专栏”之后还应当包括“合计栏”。各基金间或者类似的业务，可以抵消，也可以不抵消。该表应当包括一个或多个专栏，用以列示采用政府基金会计的单独列示的组成单位的收入、支出与基金余额变动表。

此外，美国政府会计准则委员会(NCGA)还对合并收入、支出与基金余额变动表的具体内容做了补充规定。美国政府会计准则委员会(NCGA)认为，“收入、支出与基金余额变动表”应当列示本财政期间内使得基金余额或留存收益发生变动的所有事项，而不必将某些基金余额或其他权益的变动直接在权益变动表中报告，与此同时将其他有关变动在业务活动情况表中报告。

收入、支出与基金余额变动表的基本格式如表 4－2 所示。

表 4－2 **合并收入、支出与基金余额变动表**

——所有公共基金及可动本信托基金、组成单位

	公共基金				信托基金		组成单位	合计
	普通基金	特种收入基金	偿债基金	资本项目基金	可动本信托基金			报告主体
收入：								
税收收入								
特种税捐收入								
……								
收入合计								
支出：								
当期支出								
普通政务支出								
公共安全支出								
……								
资本支出								
债务支出								
……								
支出合计								
收入与支出差额								
其他财务来源：								
普通责任债券收入								
特种税捐债券收入								
……								
其他财务来源合计								
其他财务运用：								
其他财务运用合计								
收入和其他来源与支出和其他运用差额								
期初基金权益								
期末基金权益								

按照美国政府会计准则委员会（NCGA）的要求，基金会计在编制了收入、支出与基金余额变动表之后，还需要编制一张实际与预算相比较的收入、支出与基金余额变动表，以通过比较找出差异，加强政府基金的管理和使用。合并收入、支出与基金余额变动表（预算与实际）的基本格式如表 4－3 所示。

表 4－3　合并收入、支出与基金余额变动表(预算与实际)

——所有公共基金及可动本信托基金、组成单位

种类	公共基金								信托基金		组成单位……	合计
	普通基金			特种收入基金			偿债基金……	资本项目基金……	可动本信托基金……			报告主体
项目	预算	实际	差额	预算	实际	差额						
收入：												
税收收入												
特种税捐收入												
……												
收入合计												
支出：												
当期支出												
普通政务支出												
公共安全支出												
……												
资本支出												
债务支出												
……												
支出合计												
收入与支出差额												
其他财务来源：												
普通责任债券收入												
特种税捐债券收入												
……												
其他财务来源合计												
其他财务运用：												
其他财务运用合计												
收入和其他来源与支出和其他运用差额												
期初基金权益												
期末基金权益												

(三)现金流量表的编制

现金流量表是反映政府会计所预算管理的财务资源的现金流动情况。现金流量表的格式如表 4－4 所示。

表 4—4 合并现金流量表

——所有权益基金及不动本信托基金、组成单位

种　类	权益类基金		信托基金	组成单位	合计
项　目	企业基金	内部服务基金	不动本信托基金		报告主体
现金增加(减少)					
营业活动现金流量					
收到客户款					
支付供应商款					
支付雇员款					
……					
营业活动现金流量净额					
非资本活动现金流量					
营运转入					
营运转出					
来自债券发行及贷款金额					
支付债券发行成本					
……					
非资本活动现金流量净额					
来自投资活动的现金流量					
投资付款					
投资进款					
……					
来自投资活动的现金流量净额					
现金增加(减少)净额					
年初现金存量					
年末现金存量					

(四)财务报告附注

NCGA 对财务报告附注非常重视,对政府等公共部门会计的财务报告附注作了详尽的规定。根据 NCGA 的规定,为公允反映所必须要做的“报告附注”主要包括:

1. 重要的会计政策汇总

(1)财务报告主体的组成单位及其与基本政府的关系的简要描述。在描述中,应当包括在财务报告主体中纳入组成单位的标准的讨论,以及组成单位是如何在财务报告主体中进行报告的说明。在描述中,还应当包括本财务报告主体是如何取得各组成单位单独发布的财务报

表的说明。

(2)收入确认政策。

(3)报告方法。

(4)报告基础设施资产的政策。

(5)利息费用资本化的政策。

(6)在现金流量表中使用的现金和现金等价物的定义。

(7)权益性活动中财务会计准则委员会公告的政策。

2. 其他

(1)在金融机构中的现金存款。

(2)投资。

(3)重要的或有负债。

(4)期末未清的保留数。

(5)将要发生事项的重要影响。

(6)每年养老基金成本和净养老金责任。

(7)重大的对财务法规和合同条款的损害。

(8)偿债基金能否偿还到期债务的情况。

(9)非资本性经营租赁的责任。

(10)建设以及其他重要的责任。

(11)普通固定资产的变动。

(12)普通长期负债的变动。

(13)单只基金中支出超过拨款的数字。

(14)单只基金的基金余额或留存收益赤字情况。

(15)基金间应收和应付款项。

……

美国政府会计准则委员会(NCGA)认为,如果需要,财务报告附注还应当列示更多的内容,以对主要财务报告和该基金主体做全面的说明。

专栏 4—1

美国政府会计发展新趋势及特殊问题

1. 过去十年里,美国政府每年购买军用武器的费用在900亿美元左右,这些诸如航空母舰、战斗机之类的巨额军用不动产是否需要确认为资产?

当前的做法:上述项目没有被资本化,其价值和耗费没有在资产负债表和损益表中反映。

原因:国防用项目不能也不用于出售,无法确定使用年限,不能创造任何收益。

后果:价值数十亿美元的军用物资账外使用,政府资产负债表中资产与负债明显失衡。

趋势:联邦会计准则顾问委员会(FASAB)考虑出台会计规定,很可能对军事不动产进行资本化核算。

美国GAO首席会计师菲利普·凯特先生认为,资本化处理不合适,因为军用不动产与其他资产不同,它们不能转换为现金,难以用来偿还债务。建议实行充分披露。

2. 美国政府要为雇员支付其工资7%的社会保障金和工资1.5%的医疗保险金,这些未来巨额的支付是否需要确认为负债?

当前的做法:上述项目没有被列示在报表中,但已经在财务报表附注中进行了相应的披露。

原因:未来负担的折现需要精算计算,而且精算结果存在极大不确定,未来负担政府不一定如实履行。

后果:数以万亿美元的潜在负债没有进入资产负债表,明显低估了政府的负债水平。

趋势:联邦会计准则顾问委员会(FASAB)没有明确的计划,争论和研究仍在继续。

3. 美国个人所得税的征收,实行定期发放工资时先代扣代缴,年终按照税表汇算清缴,导致差异产生,这部分个人所得税应当何时确认?

可选的方案:

(1)纳税人赋税时予以确认。

(2)在政府与纳税人就应纳税额达成协议时确认。

(3)法院对应纳税额做出裁决时确认。

4. 政府预算采用收付实现制,而政府会计制度采用权责发生制,两者为什么需要割裂?

收付实现制的优点是进行短期计划和控制的良好手段,便于理解和实时调整;缺点是难以反映潜在的事项,难以对政府长期财务状况进行真实反映。收付实现制会计基础在证明现金支出符合性控制合规方面具有独特的功效。采用收付实现制,会计确认数是实际入库的预算资金,便于安排预算拨款和预算支出的进度,并如实反映预算收支结果。在评价政府对经济的影响时,相当便利的现金指标既能提供现实的信息,又使控制具有明确针对性。此外,收付实现制操作简单,需要的会计技术较少,易于被使用者理解,数据处理成本比较低廉。

政府会计制度采用权责发生制可以正确反映各个会计期间所实现的收入和为实现收入所应负担的费用,从而可以把各期的收入与其相关的费用、成本相配合,加以比较,正确确定各期的收益。会计工作中对每项业务都需按权责发生制来记录,不仅平时对一些交易也按现金收支活动发生按照权责发生制的要求记录,而且还需要在期末根据账簿记录进行账项调整,即将本期应收未收的收入和应付未付的费用记入账簿;同时,将本期已收取现金的预收收入和已付出现金的预付费用在本期与以后各期之间进行分摊并转账。

本章小结

政府所掌握的资金来源于税收或私人的捐赠,这些资金必须按照法律规章、行政命令、合同规定等,用于特定的活动或项目。在美国等西方国家,政府等公共部门一般将用作特定用途的资金设为相应的政府基金,对其进行专项的财务管理和会计核算。实行基金式管理,就要求以该特定基金为会计主体,分别设置账户,对基金资产、基金负债、基金收入、基金支出和基金余额等进行确认、计量、记录和报告。基金会计是政府等公共部门普遍采用的一种会计模式,使用基金会计能更有效地核算政府等公共部门财务资源的使用。美国政府等公共部门使用的基金类型主要有公共基金、权益基金和信托基金。基金会计的会计要素包括资产、负债、基金余额、收入、支出等。基金会计的核算基础包括现金制、应计制、修正的现金制和修正的应计制。基于政府等公共部门不以营利为目的,同时由于财务资源使用的限制性,故而基金会计财务报告体系包括资产负债表,收入、支出与基金余额变动表,现金流量表以及会计报告附注。

关键词

基金会计 公共基金 权益基金 受托基金 基金资产 基金负债 基金余额
政府财务报告 "3E"评价 债务风险分析 资产负债表 现金流量表

思考题

1. 简述政府等公共部门基金会计的定义、种类及其区别。
2. 为什么存在修正的现金制和修正的应计制?
3. 基金会计的会计要素有哪些? 如何确认?
4. 基金会计财务报告体系的内容包括什么? 各有什么用途?

第五章 美国公共型基金会计

学习目标

1. 了解美国公共型基金会计的概念和特点；
2. 了解普通固定资产和普通长期负债账户的定义和作用；
3. 掌握普通基金和特种收入基金、资本项目基金和偿债基金以及普通固定资产和普通长期负债账户主要业务的账务处理；
4. 熟悉各类基金的确认、计量和报告的基础；
5. 熟悉各类基金的会计报表体系和编制方法；
6. 了解普通固定资产和普通长期负债账户与其他基金会计的联系和区别；
7. 了解政府财务报告的构成和分析指标体系。

第一节 普通基金和特种收入基金会计

一、普通基金和特种收入基金会计的概念

在政府基金管理中，针对不同的管理目的和管理要求可设置若干基金，如政府基金、权益基金、信托投资基金等。在各类基金中，又分别设置了若干具体的基金项目，如在政府基金中设置了普通基金、特种收入基金、资本项目基金、偿债基金等。由于美国的政府会计制度比较有代表性，因此，本书以美国政府会计为主介绍国外政府会计制度。

（一）普通基金和特种收入基金的定义及其比较

美国政府部门使用基金会计时，最常使用的基金就是普通基金和特种收入基金。这两种基金主要用于包括治安、消防、中心管理、街道维护一般等在内的政务活动。

1. 普通基金和特种收入基金的定义

普通基金，是指用于核算各级政府的一般行政管理活动和向公众提供的一般传统服务的财务资源及其融资。普通基金一般反映了政府部门的综合政务活动的情况。

特种收入基金，是指在特定的法律、规章或协议的规定下，用于核算那些具有特定的收入来源并指定用于特殊目的开支项目的普通政府财务资源。特种收入基金反映了某些专项政务活动的情况，例如，燃油税收入一般只能用于地方政府单位用于街道、公路和桥梁的建设与维修等方面的支出。

2. 普通基金与特种收入基金的联系和区别

（1）普通基金与特种收入基金的联系

①一般情况下，两种基金的大多数资金每年使用完，按年重新补充。

②两种基金都服务于政府的普通政务活动。

③两者的资金来源主要花费在当期发生的业务活动支出上，而不是用于资本支出或偿还长期债务。

正是因为有了以上的共性，在国外政府普通基金通常将特种收入基金包含在内。

(2)普通基金与特种收入基金的区别

①筹资来源方面，普通基金的财务资金来源主要是政府日常税收和经常性收费；特种收入基金的财务资金来源是特种税收与收费。

②使用去向方面，普通基金用于政府日常政务活动；特种收入基金用于政府指定的专项政务活动。

③存在前提方面，普通基金是在政府开始时设立的，政府存续期内一直存在；而特种收入基金只在政府有指定专项用途的资源时才存在。

④基金数量方面，每一个政府单位必须设立一只普通基金，并且每一政府单位只可以设立一只普通基金①，它通常用来核算所有未能在其他基金中进行核算的政府政务活动；而政府部门因特定用途可同时拥有几只特种收入基金，如汽油税基金、旅馆税基金及社区发展基金等。

值得注意的是，普通基金和特种收入基金通常是用于当期业务活动所需的公务人员工资、办公用品等政府普通政务活动方面，同时并不排除将这些基金的财务资源用于资本支出或偿还债务。若使用这些基金的财务资源用于资本支出或偿还债务时，通常需先转入基建项目基金和偿债基金后再从中支出。

根据美国政府会计准则委员会规定，普通基金和特种收入基金在筹集和使用中应该遵循如下原则②：

①只要满足适用的法律要求，用于普通基金支出目的的资源可以通过普通基金核算。

②除非法律规定，否则不要求使用特种收入基金。因此，一些限定用途的资源可以通过普通基金核算，而不用特种收入基金。

由此可见，特种收入基金会计与普通基金会计非常相似，一些西方国家在简化基金数量时，也会将特种收入基金并入普通基金会计中。

(二)政府基金的资金来源和基金支出

本章介绍的基金收入和基金支出适用于政府基金中的各项基金。政府基金收入可以按照不同分类标准分类。按照收入性质划分，分为税收收入和非税收收入；按收入所属的基金主体不同，分为普通基金收入、特种收入基金收入和其他政府基金收入。

---

① [美]约瑟夫·R. 拉扎克等著，张志超、蔡方、郭玲等译：《政府与非营利组织会计导论》，北京：机械工业出版社 2003 年版，第 18 页。

② [美]罗伯特·J. 弗里曼、克雷格·D. 肖尔德斯著，王建英等译：《政府与非营利组织会计理论与事务》，北京：清华大学出版社 1999 年版，第 71 页。

1. 普通基金的资金来源

普通基金收入按来源不同，可分为税收收入、执照和特许收入、政府间收入、服务费收入、罚没款收入和其他收入等。

税收收入，是指政府依法向纳税人强制征收税款而取得的一种收入，是一种非交换性交易的收入，即政府与纳税人之间不存在直接的利益交换关系。从管理角度来看，税收收入可分为自估税收收入和额定税收收入两大类。自估税收收入是由纳税人根据其纳税行为自行计算并申报税额的一种税收收入，如所得税收入、一般纳税收入、对销售烟草和酒类等征收税收收入等。额定税收收入主要是指财产税收入，是市、县、镇等地方政府最重要的额定税收收入。从管辖权的角度来看，税收收入可分为联邦税和地方税，州和地方政府的税收收入包括财产税、所得税、拖欠税款的罚款和利息等。

执照和特许收入，是指政府给予公司、个人和其他组织的各种权利或优惠，表示政府允许其发生相应的行为或开展相应的活动，按法定程序向其征收的一种收入。如会计人员的从业资格证书、企业的营业执照的取得都属于该政务活动控制和管理的对象。

政府间收入，是指政府间根据财权和事权划分的原则以及财政体制规定的上下级政府之间的补助、权利、共享收入及中央（联邦）或上级政府征用土地支付的场地税费的总称。政府间收入一般可以分为补助收入、津贴收入、共享收入等类别。

服务费收入，是指政务活动部门在开展政务活动的过程中，因向社会公众、其他政府部门或其他政府单位提供服务或提供物品，而向其收取的、用以补偿有关服务费用或部分物品成本的收入。如司法费用、街道清洁费用、公共图书馆使用费等。

罚没款收入，是指政府执法部门对违反法律法规的行为处以罚款和没收而取得的一种收入。如由法院判决而处以的罚没收入、警察和其他执法人员对有关违法进行处罚而形成的罚没收入等，但不包括由于违反税法而收取的税收罚金和利息等。

其他收入，是指除以上几项收入以外的、不经常发生、数额不确定的收入，主要包括投资收益、无主之物收入、政府公共企业非转移支付收入、民间捐赠收入、固定资产销售收入等具体种类。①

2. 特种收入基金的资金来源

特种收入基金按来源不同，可分为各种税收、租金、专利使用费以及政府间项目（财政补贴、共享收入等）。一般来说，地方各级政府都可以按照法定程序开征用于法律限定用途的财产税，而且可以根据不同用途对同一财产开征若干税率不同的财产税，再通过基金间转账等方式分配给若干只法定的基金。

除普通基金收入和特种收入基金收入外的其他类型政府基金，如资本项目基金和偿债基金也可能形成收入。由于这两只基金主要的财务资源是从普通基金或特种收入基金转入或通过发行债券取得的，因此其收入主要是利用这些基金财务资源投资所取得的投资收益或利息收入等。具体分类如表 5－1 所示。

---

① 赵建勇主编：《政府与非营利组织会计》，复旦大学出版社 2005 年版。

表 5－1 基金收入分类表

<table>
<tr><td rowspan="15">基金收入</td><td>分类标准</td><td colspan="4">分类内容</td><td>例 子</td></tr>
<tr><td rowspan="2">收入性质</td><td colspan="4">税收收入</td><td>财产税、销售税、所得税等</td></tr>
<tr><td colspan="4">非税收收入</td><td>执照和许可证收入等</td></tr>
<tr><td rowspan="12">收入所属的基金主体</td><td rowspan="11">普通基金收入</td><td rowspan="4">税收收入</td><td rowspan="2">按管理角度</td><td>自估税收收入</td><td>所得税收入、一般纳税收入、对销售烟草和酒类等征收税收收入等</td></tr>
<tr><td>额定税收收入</td><td>财产税收入</td></tr>
<tr><td rowspan="2">按管辖权</td><td>联邦税</td><td>—</td></tr>
<tr><td>地方税</td><td>财产税、所得税、拖欠税款的罚款和利息等</td></tr>
<tr><td colspan="3">执照和特许收入</td><td>会计人员的从业资格证书、企业的营业执照收入</td></tr>
<tr><td colspan="2" rowspan="3">政府间收入</td><td>补助收入</td><td>资本补助、运营补助</td></tr>
<tr><td>津贴收入</td><td>—</td></tr>
<tr><td>共享收入</td><td>销售税、烟酒税</td></tr>
<tr><td colspan="3">服务费收入</td><td>司法费用、街道清洁费用、公共图书馆使用费等</td></tr>
<tr><td colspan="3">罚没款收入</td><td>由法院判决而处以的罚没收入、警察和其他执法人员对有关违法进行处罚而形成的罚没收入等</td></tr>
<tr><td colspan="3">其他收入</td><td>投资收益、无主之物收入、政府公共企业非转移支付收入、民间捐赠收入、固定资产销售收入</td></tr>
<tr><td>特种基金收入</td><td colspan="3">各种税收、租金、专利使用费以及政府间项目（财政补贴、共享收入等）</td><td>财产税及其他特定税费收入</td></tr>
</table>

3. 基金支出

基金支出，是指由本期运营、资本支出或偿债（除运营和剩余权益向其他基金转账之外）所引起基金财务资源的减少。由于政府基金的主要计量核心是财务状况及其变动，通过这些基金筹措资金而从事的活动通常以支出的形式计划、批准、控制和评估，故支出是政府基金会计中主要的“流出”计量方式。

值得注意的是，支出是与费用不同的计量概念，前者衡量某一期间因运营、购建长期资产和偿债而发生的基金负债（或使用的基金资金）；而后者则衡量某一期间到期或消耗的成本。美国《政府会计准则委员会准则汇编》指出，政府基金会计的计量核心不是费用，而是支出——净财务资源的减少。

国外政府基金支出主要包括如下分类[①]：

（1）按功能或项目分类，可分为一般行政、公共安全、公共设施、公共卫生与福利、教育文化、资源保护、城市建设、经济发展与援助、偿债、政府间、其他等支出。

（2）按组织单位分类，可分为法院、警察、监狱、其他政府组织等。

---

① 李定清、张国康、章新蓉：《中西政府与非营利组织会计比较研究》，重庆出版社 2001 年版，第 175～190 页。

(3)按性质分类，可分为本期营运支出、资本支出、偿债支出、政府间支出等。

此外，还可按业务分类和按支出项目分类：按业务分类是在组织单位基础上，对具体某一业务组织进行的具体分类；按支出项目分类是在按性质分类的基础之上进行的进一步具体分类。具体如表5－2所示。

表5－2　　基金支出分类表

	分类标志	分类内容	例　子
基金支出	功能或项目	一般行政支出	立法、行政、司法、选举、财政管理等方面的支出
		公共安全支出	警察行政、犯罪控制与调查、交通控制等方面的支出
		公共设施支出	卫生设施支出
		公共卫生与福利支出	公共卫生、福利支出
		教育文化支出	图书馆购书支出
		资源保护支出	保护公园、水资源等支出
		城市建设支出	休闲广场建设支出等
		经济发展与援助支出	—
		偿债支出	本金、利息和支付代理人费用等
		政府间支出	—
		其他支出	—
	组织单位	法院	—
		警察	—
		监狱	—
		其他政府组织	—
	业务	是在组织单位基础上，对具体某一业务组织进行的具体分类	警察保护职能可分为警察管理、犯罪控制与调查、交通控制、警察培训、支持性服务等
	性质	本期营运支出	人员支出、物品支出等
		资本支出	土地支出、建筑物支出、设备支出等
		偿债支出	本金支出、利息支出和偿债相关费用支出
		政府间支出	—
	支出项目	是在按性质分类的基础之上进行的进一步具体分类	资本支出可分为土地支出、建筑物支出、设备支出等
	用途	对运营支出的进一步分类	人事服务支出、物料支出和其他支出等

(三)普通基金和特种收入基金的经济业务

1. 普通基金和特种收入基金的主要业务

(1)预算分录业务。普通基金和特种收入基金是以立法预算为基础，每年都必须根据法律、法规的规定，提出年度财务收支预算，经立法机关批准后执行。在预算采用以后，也会对其作适当修订。

(2)收入业务。在普通基金中，税收收入业务主要包括预收税款、当期税款、延期税款征收的核算等；执照和特许收入业务主要包括公司、公用事业、专业和职业执照等商业类执照，也包括一些汽车、驾驶员、结婚等非商业类执照收入的核算等；政府间收入业务包括补助(中央政府对地方政府的补助)、津贴、共享的收入和收自其他政府部门代替税款的支付款的核算等；服务费收入业务主要包括提前收到款项、提前提供服务等的核算；罚没款收入和其他收入业务包括因违反相关法律法规所收取罚金的核算等。在特种收入基金中，主要包括道路维护基金、图书馆基金、上级政府限制性补助收入基金核算等业务。

（3）支出业务。按用途划分，支出业务主要包括人员支出、物料支出、资本支出、偿债支出、政府间支出和其他运营支出等业务。

（4）保留支出业务。在未支用的经费拨款中，政府根据普通基金或特种收入基金拨款中包含的授权可以签署订购物品及劳务，在未来时期对方如期履行合同时负债和支出必然发生。为此，应对经费拨款做出必要的预先保留，以保证在对方履行合同时能有足够的经费拨款予以支付。对于预先保留的部分，要使用预算分录进行记录；在合同实现时再以相反分录注销，并以实际发生情况登记入支出账户。

（5）年末调整和结账业务。普通基金或特种收入基金采用的记账基础是修正的权责发生制，故在编制基金报表之前，需进行年末调整和结账。

（6）特别业务。普通基金和特种基金会计的特别业务主要包括基金间的贷款、准外部交易、剩余权益转移、常规性资金转移、购置长期资产等业务。

2. 普通基金和特种收入基金与其他基金和账户组的关系

普通基金和特种基金的财务资源主要来源于政府依法向纳税人课征的税收，并主要用于政府当期运营活动，而不是用于资本项目支出或偿还债务。如果立法机构通过预算安排将普通基金或特种收入基金的财务资源用于资本项目支出或偿还债务，此时须将其财务资源转入资本项目基金或偿债基金，并通过资本项目基金或偿债基金办理支出。日常零星的、经常性的资本支出（如购置设备或办公家具）以及偿还因政府基金周转等原因借入的短期负债（如资产或设备的租赁等），由于不属于严格意义上的资本项目支出或偿还普通长期负债，其支出则直接通过普通基金或特种基金办理。通过普通基金或特种基金拨款支用购建的普通固定资产，取得资产的成本记入普通固定资产账户组中。

（四）普通基金和特种收入基金的会计确认与计量

在会计处理上，普通基金和特种收入基金都属于政府型基金，计量时都是以当期可支用财务资源满足当期政府运营活动支出的需要为计量要点，并采用修正的权责发生制为记账基础，即只有当收入是可计量的和可利用的时候，收入才被登记入账，而对支出的登记入账则要在该支出发生时进行。

普通基金和特种收入基金的基本会计等式为："基金资产－基金负债＝基金余额"。由于普通基金和特种收入基金所涉及的资产和负债实际上就是流动资产和流动负债的概念，因此，该等式相当于"流动资产－流动负债＝基金余额"。据此，政府动用这些基金财务资源购置固定资产，在基金主体内不予资本化，而是在普通固定资产账户组中记录；同样，政府普通长期负债需在普通长期负债账户组中记录。

值得注意的是，在实务中对财产税通常按应计制基础确认，其他收入按现金制基础确认；基金支出采用应计制基础，即当须用基金资产抵付的负债发生时确认。在核算普通基金和特种收入基金时，通常不包括那些在当期不能被"耗用"的资产（如固定资产）以及偿还期限超过一年的负债项目（长期负债）。

此外，普通基金和特种收入基金同属预算型基金，其业务活动要受到预算的直接控制，也就是说,这两种基金的会计周期要从预算开始,预算要在会计账户中予以正式记录。①

(五)普通基金和特种收入基金会计的预算分录

1. 预算和预算账户

普通基金和特种收入基金的设置是为了加强日常政务的财务资源管理,通过普通基金和特种收入基金的预算、核算,使政府普通政务活动的财务资源按照预算管理要求,以低付出、高效益来满足政府日常活动的需要,最终对政府财务资源实现分析与控制。世界各国法律一般都要求各级政府单位要按照指定程序形成某些基金的预算。在美国,为了突出预算的重要性,政府会计准则中特别指明,"收入、支出与基金余额变动表——预算与实际的对比"是政府单位必须编报的报表之一。通过预算收支与实际收支情况的比较,分析预算执行过程中存在的问题、预算与实际差异的原因,加强对预算执行过程的控制。

预算账户是用来把正式批复的年度预算登记到一般分类账的账户,期末所有的预算账户须结平转出。为了便于预算和预算比较报表的编制,要求编制预算的各基金会计系统设置"预计收入""(经费)拨款"及"其他融资来源(使用)"等预算账户的总分类账户和相应的一系列补充性明细分类账户。

(1)"预计收入"(Estimated Revenues)是已经或预期拥有该组织利用的资金,包括各种税收收入、罚没收入和使用者付费,如特许权使用费、分享收入以及投资的利息收入。

(2)"拨款"(Appropriations)是为推动组织业务活动(建议性支出)而进行的资金分配,意味着按照批准的预算去组织开支活动的权限。预算拨款实际上就是立法机关对政府管理当局在一定时期内,以法律或其他规章确定的金额发生有关支出和债务的一种法律性授权。即便并未实际支付,但只要债务真正形成,拨款也就被使用了。也就是说,拨款最终必然要转化为支出。因此,预算拨款便经常被人们称为预计支出(Estimated Expenditures),拨款预算也就被称为支出预算(Expenditure Budget)。

(3)"其他融资来源"(Other Financing Sources),是指非收入性资金的获得,如信托基金的资金转移到图书馆(特种收入)基金;"其他融资使用"(Other Financing Uses),是指不作为开支用途的资金的拨付,如在债务清偿时,特种收入基金对偿债基金所做的支付等。

2. 预算分录的编制

(1)初始预算分录

预算分录,是指在财政年度之初,批准的预算要在账户中予以登记的会计记录,其所记录的货币价值应与对应的各预算项目保持一致。反映预算和非预算的会计分录通常应分别记录。使用独立预算账户,要求同时使用两种基金余额账户:"预算基金余额"账户,反映预计收入和拨款的差额,属于"过渡性"账户,期末须结平转出;"基金余额"账户,反映会计主体资产与负债之间的差额,是结余账户,属于"永久性"账户②,该账户通常被称为"非专用基金余额账户",意味着这部分基金余额不被留存或储备用于特别目的。典型预算分录为:

---

① 郭磊、郭玲编著:《政府会计》,南开大学出版社 2005 年版。

② [美]约瑟夫·R. 拉扎克等著,张志超、蔡方、郭玲等译:《政府与非营利组织会计导论》,机械工业出版社 2003 年版,第 85 页。

借：预计收入

　　贷：拨款

　　　　预算基金余额

下面以普通基金为例说明预算账户的使用和预算分录的编制。

【例 5—1】 华纳市在财政年度之初，议会批准了该市的预算，具体数据如表 5—3 所示。

表 5—3

华纳市

普通基金预算

截至 2020 年 12 月 31 日财政年度　　单位：美元

预计收入		
财产税	4 500 000	
许可证收费	300 000	
服务收费	150 000	
其他	50 000	5 000 000
拨款		
薪金	4 000 000	
物品支出	660 000	
其他	40 000	4 900 000
预计基金余额增加		100 000

要求：根据议会批复的预算编制预算分录。

预算分录如下所示：

借：预计收入——财产税	4 500 000	
——许可证收费	300 000	
——服务收费	150 000	
——其他	50 000	
贷：拨款——薪金		4 000 000
——物品支出		660 000
——其他		240 000
预算基金余额		100 000

预算账户不影响总分类账实际的资产、负债、收入或支出账户。无论在何种情况下，预计收入和拨款账户以及预算分录，都不会永久地影响非专用基金余额账户。在年末预算控制已经完成时，需在结账时冲回预算分录。

(2)结账预算分录

在期末(通常是年末)须结平预算账户，使之余额为零。结账预算分录是通过编制其初始预算分录相反的会计分录来完成的。

【例 5—2】 续前例资料，假设预算收入和拨款如数实现，要求编制结账预算分录。

借:拨款——薪金 4 000 000
　　——物品支出 660 000
　　——其他 240 000
　预算基金余额 100 000
　贷:预计收入——财产税 4 500 000
　　　——许可证收费 300 000
　　　——服务收费 150 000
　　　——其他 50 000

3. 预算修正的账务处理

在预算正式采用以前,最初的估计常常要进行修正;在预算采用以后,也会对其作适当修正。

(1)预计收入的修正

记录批准增加收入预计数的分录,与初始预算分录相似:

借:预计收入
　贷:预算基金余额

记录正式批准减少预计收入的分录,与上面的相反。

(2)拨款的修正

拨款修正会因多种原因而引起,如基础建设成本的增加、不可抗力引起的市政设施毁损等,因此,需要不断地比较预算收入与实际收入、拨款与支出,并随环境变化而在需要时修正预算。典型的拨款修正分录如下所示:

拨款增加时的会计分录为:

借:预算基金余额
　贷:拨款

估计收入和拨款同时减少时的会计分录为:

借:拨款
　贷:预计收入

拨款在各部门间划转时的会计分录为:

借:拨款——部门 1
　贷:拨款——部门 2

如果预算的预计收入和拨款同时发生修正,则可参照初始预算分录进行处理。

【例 5—3】 承例 5—1,在 2020 财政年度中,经议会批准,华纳市预计收入增加 40 万美元,预计支出增加 34 万美元。其中,增加的预计收入为政府间收入;增加的支出为安全反恐支出 35 万美元,其他支出则减少 1 万美元。

要求:编制修正的预算分录。

借:预计收入 400 000
　拨款——其他支出 10 000
　贷:拨款——公共安全 350 000
　　预算基金余额 60 000

二、普通基金会计的账务处理和报表编制

（一）基金收入的账务处理

收入是除基金间转账和形成负债之外的基金财务资源的增加。国外政府会计的普通基金收入主要包括税收、执照与许可收费、政府间收入、服务收费、罚没款收入、其他收入等。如前所述，根据美国政府会计准则委员会和美国注册会计师协会的意见，普通基金会计中对收入应按修订的权责发生制予以确认。

政府普通基金的收入核算，是通过“收入”账户进行的，与其密切相关联的另一账户是“预计收入”账户，两者应按可比或相同的方式设立明细分类账户。在各明细分类账户中，收入的实际数与预算数可以随时进行比较。在此后的整个会计期间内，实际收入应该及时确认并记入政府基金的总分类账和明细分类账中去。

1. 税收收入的核算

在税收收入中，财产税是地方政府的一项重要的收入，只要估定财产价值和财产税率，就可以在征收之前确定预算年度纳税人应缴税额，一般采用应计制记账基础。关于税收收入入账时间的确认，通常认为税款的征收应该以纳税人自行缴税款为主，如果款项的收回拖延到正常收款时间之后，则尚未记录的重大收入应计提坏账准备；对应收税款中产生的备抵坏账和备抵税款折扣应冲抵收入。

【例 5—4】 华纳市 2020 年经批准应征财产税 450 万美元，估计不能收到的款项为 9 万美元。

借：应收税款——本期财产税	4 500 000	
贷：本期税款坏账准备——财产税		90 000
收入——财产税		4 410 000

收到上述财产税时：

借：现金	4 410 000	
本期税款坏账准备——财产税	90 000	
贷：应收税款——本期财产税		4 500 000

【例 5—5】 华纳市税务署 2020 年收到某社区文化交流中心预交下一年度的财产税 5 万美元。

一些管辖区的某些税种的申报表是在某一特定时间报送的（如所得税），而税款是分期支付的。在这种情况下，税款数额已知，只要申报表报送就应确认收入。对提前征收的或者征收后不能在当期支用的税款，需设置“递延收入”予以核算，即如果实际收入在正常收款日之前收到，就应记作“递延收入”。

借：现金（或者应收税款）	50 000	
贷：递延收入		50 000

在下一期期初，转入“收入”账户中：

借：递延收入	50 000	
贷：收入		50 000

对于拖欠税款后强制征收的税款,将其罚金和罚息一并纳入收入中。预收税款时也可以设置"预收税款"账户核算。

2. 执照和特许收入的核算

执照和特许证明既包括公司、公用事业、专业和职业执照等商业类执照,也包括一些汽车、驾驶员、结婚等非商业类执照。政府依法向个人或企业组织发放执照和特许证明,可以按照有关法律法规规定的收费标准收费,用以弥补各类业务活动的支出。一般来讲,只有当发放执照和许可证时才能收到现金,因此在对其进行核算时应采用现金制记账基础,即在收到现金时确认。

【例 5—6】 收到某商户缴纳的营业执照款等收入 3 000 美元。

借:现金	3 000	
贷:收入——执照和特许收入		3 000

3. 政府间收入的核算

政府间收入包括补助(中央政府对地方政府的补助)、津贴、共享的收入和收自其他政府部门代替税款的支付款。如果收到的各项收入没有限定特定的目的或活动,应该在普通基金中记录;反之,应根据限定的用途分别在有关基金中登记。如中央政府的补助款项限定用于基础设施的建设,应在资本项目基金中记录;如果限定用于偿还长期负债本息,则在偿债基金中记录。

对政府间收入的确认,美国《政府会计准则委员会准则汇编》规定,记入政府基金的补助、津贴或共享收入,当其可应计时,即可计量、可动用时(修正的权责发生制)应在会计期间内确认为收入。非限定性补助、津贴和共享收入,若可应计就应确认为政府基金的收入;而限定性补助必须按规定用途支配才被认为是"赚取"的,即补助收入的确认取决于补助相关支出是否发生,当支出已发生时才确认收入。如果限定性拨款已拨给了政府单位,但该政府单位还未收到或者并未被政府单位"赚取"以支付限定的支出,那么此项拨款只能在财务报表附注中加以揭示。

【例 5—7】 收到上级政府预付给华纳市的自然灾害专项补助款 50 万美元。

该业务在自然灾害确定发生前收到,不能确定自然灾害支出的具体补助数额,不符合应计制标准,故不能记录为当期收入。

借:现金	500 000	
贷:递延收入		500 000

当补助、津贴或共享收入的限定性条件得以满足时,递延收入就可确认为收入:

借:递延收入	500 000	
贷:收入		500 000

待实际情况发生后,根据相关规定确定上级政府对华纳市的具体补助额后,再将递延收入转为收入。

【例 5—8】 华纳市市政府在上级政府批准的补助项下,在未取得款项前就发生了某项受助活动的支出 6 万美元。

该业务根据"补助收入的确认取决于补助相关支出是否发生"原则,在进行处理时应同时确认支出和收入。

A. 支出发生：

借：支出——其他支出	60 000	
贷：应付凭单		60 000

B. 收入确认：

借：应收补助款——上级政府	60 000	
贷：收入——补助收入		60 000

“会计凭单”就是会计凭证，代表一种证明某项交易过程或结果的书面文件。在基金会计中使用的“应付凭单”账户与企业会计中的“应付账款”账户是一致的，表示要记录的负债，凭单还能起到划分支出的作用。

值得注意的是，如果受款方政府不是真正的受助方政府，那么就不能确认为收入，因为此时受款方政府没有对所收款项的支配权；同样，当受款方政府将款项交给受助方政府时也不能确认为支出。

4. 服务费收入

大多数服务项目收入应在提供商品或劳务时确认并记录为收入。如果已提供服务，款项尚未收回，则应作为应计项目记录；如果在提供服务前收到款项，则应记录为递延收入。

【例 5—9】 在本财政年度，华纳市的卫生部门应向居民收取街道清洁费用 7.7 万美元。

借：应收账款（或者其他政府单位欠款）	77 000	
贷：收入——服务费		77 000

【例 5—10】 华纳市司法部门收到相关企业交来的司法费用 54 万美元。

借：现金	540 000	
贷：收入——服务费		540 000

【例 5—11】 华纳市土地部门本期应收公共图书馆场地使用费 4 万美元。

借：应收账款——公共图书馆场地使用费	40 000	
贷：递延收入		40 000

年度内该笔款项到账后，编制如下会计分录：

借：递延收入	40 000	
贷：收入		40 000

5. 罚没款收入和其他收入的核算

罚没款收入和其他收入发生频率和数额不固定，不属于政府经常性收入，一般采用现金制基础确认，即在收到现金时确认收入。

【例 5—12】 华纳市执法部门对某企业的违法情况进行了处罚，收取了 3.2 万美元的罚款。

借：现金	32 000	
贷：收入——罚没款收入		32 000

【例 5—13】 华纳市财产管理部门收取政府所有房屋租金 0.4 万美元。

借：现金	4 000	
贷：收入——其他收入		4 000

一般来说，在整个年度内各收入项目上的预计数一直大于实际数；相应地，余额栏就体现

为借方余额,通常被称为“尚未实现的预计收入”。

(二)基金支出的账务处理

支出属于除基金间转账外的各种基金财务资源的减少。政府基金的主要计量核心是财务状况及其变动,通过这些基金筹措资金而从事的活动通常以“支出”的形式计划、批准、控制和评估,因此,支出是政府基金会计中主要的“流出”计量方式。

1. 支出的会计分类

对政府基金进行具体的核算与管理,主要根据政府基金的性质与支出项目分类来展开。具体包括:

(1)资本支出,是指用普通基金和特种收入基金购建固定资产的支出,包括土地、建筑物、机器与设备、交通工具以及用融资租赁取得固定资产等。一般政府主要的资本支出项目是从普通基金和特种收入基金中安排,将资金转入资本项目基金,同时在资本项目资金中确认资本支出。但日常购置的固定资产则直接在普通基金和特种收入基金中确认和记录。

(2)偿债支出,是指普通长期债务的本金、利息支出以及手续费等支出。偿债支出通常从普通基金和特种收入基金中安排,将资金转入偿债基金,同时在偿债基金中确认偿债支出。需要说明的是,偿债支出不包括短期债务支出,短期债务是政府运营过程中产生的临时性债务。

(3)政府间支出,往往与政府间收入配比,在州政府与所辖市、县、校区或其他地方政府分享收入或给其补助和财政援助时,州政府通常会发生政府间支出。

(4)本期运营支出,是指除资本支出、普通长期债务偿债支出和政府间支出以外的所有政府基金支出。该项支出是用于薪金、相关的人工成本、物料消耗等方面的支出。

2. 支出的核算

以美国为代表的西方政府会计对普通基金支出的核算主要以本期营运支出为核算重点。在本期营运支出中,又以人员支出和物料支出为主要内容。

(1)人员支出

人员支出是指政府应支付给公务员的薪金和各种形式的报酬,如工资、保险、养老金以及带薪假期等福利,一般采用修正的应计制基础记录。

【例 5—14】 经过核算,应付华纳市市政府的公务人员薪金为 320 万美元。

借:支出——一般行政支出	3 200 000	
贷:应付凭单		3 200 000

如果有预扣的薪酬税,可以按收税机关(如应付州政府或县政府)分别记录在“应付税金”账户及其明细账账户的贷方。

美国政府会计理事会(NCGA)规定,政府在计算养老金时应将按照某种可接受的保险估算方法计算出的应缴款额作为支出或费用报告,而不管是否真正缴纳了该笔数额。

【例 5—15】 假如在华纳市市政府有 60 万美元精算法计算的养老金计划中,尚有 35 万美元的款项尚未缴纳。

借:支出——公共卫生	600 000	
贷:现金		250 000
应付养老金信托基金款		350 000

同时，应在养老金信托基金中确认和记录这笔收入。

(2)物料支出

对物料支出的会计核算主要包括物料的采购和领用。美国《政府会计准则委员会准则汇编》中，允许使用消耗法和采购法两种确认支出方法。其中，消耗法是根据原材料及物料用品的消耗额记录"支出"账户；采购法，即根据原材料及物料用品的采购额记录"支出"账户。在物料支出确认基础上应当保持前后期一致，一旦选用某种基础就必须保持相对的稳定。在确定确认基础后，还涉及对实际消耗数量的确认制度(即永续盘存制和实地盘存制)。

【例5－16】 华纳市政府的物料支出采用"消耗法"，购置价值9.8万美元的办公用品(实地盘存制)，款未付。年终实地盘点剩余的办公用品价值为4.4万美元。

采购时：

借：支出——一般行政	98 000	
贷：应付凭单		98 000

领用时：不做记录。

年终，通过实地盘点取得年终结存数量，确定年终的存货成本，冲减已记录的支出。

(3)其他业务活动支出

【例5－17】 华纳市市政府在本财政年度账目中发现，已经在普通基金中记录的一般行政支出2万美元，属于特种收入基金的支出。

借：应收特种收入基金款	20 000	
贷：支出——一般行政		20 000

这是一笔基金间偿还业务，特种基金中的等式中(流动资产－流动负债＝基金余额)流动资产和基金余额各减少2万美元。

【例5－18】 华纳市市政府的普通基金耗用企业基金物资计4.3万美元。

普通基金中的账务处理：

借：支出——转至企业基金	43 000	
贷：应付企业基金款		43 000

企业基金中的账务处理：

借：应收普通基金款	43 000	
贷：收入		43 000

【例5－19】 华纳市市政府普通基金收回上个财政年度图书馆基金耗用普通基金物资计4.4万美元。

借：现金	44 000	
贷：支出		44 000

3. 保留支出的核算

当预算由立法机关通过之后，拨款实际上就是按照根据法律规定授权行政当局代表政府在一定的期间内以法律或其他章程确定的金额发生一项债务。在未支用的经费拨款中，政府根据普通基金拨款中包含的授权可以签署订购物品及劳务，在未来时期对方如期履行合同时负债和支出必然发生。为此，应对经费拨款做出必要的预先保留，以保证在对方履行合同时能有足够的经费拨款予以支付。对于预先保留的部分，要使用预算分录进行记录，需开设"支出备付金”账户以及相对应的“支出备付金基金余额准备”账户。“支出备付金基金余额准备”账户是对预算基金余额中部分待用金额的一种保留,其性质是基金余额的储备,主要表明该笔款项已经指定用途但尚未使用。也就是说,扣除已经保留数额后的预算基金余额才能算作是政府真正能够使用的资金来源。

就程序而言,在政府部门购买物料用品或服务前,首先应递交正式的申请,在申请批复后,采购意向就传达给供应方;同时,政府部门应在合理的期限内组织款项以支付该笔或有负债。

政府部门根据普通基金拨款中包含的授权签署了订购合同时:

借:支出备付金

　　贷:支出备付金基金余额准备

在合同实现时再以相反分录注销,并以实际发生情况记入支出账户。

【例 5—20】 2020 年 6 月,华纳市市政府根据权力部门对采购物资申请的批复,制定了一份价值为 35 万美元的政府采购清单,该笔清单已经转发给供应商。8 月收到该批采购物资。

订购时:

借:支出备付金——物资	350 000	
贷:支出备付金基金余额准备		350 000

收到物资时,注销支出准备金:

借:支出备付金基金余额准备	350 000	
贷:支出备付金		350 000

同时,记录支出:

借:支出——物资	350 000	
贷:应付凭单		350 000

支出备付金与实际的支出数额有可能相符,也有可能不相符。如果在订单签订到收到订购物资到货的期间里价格发生变化,则实际采购成本和采购订单金额不同。值得注意的是,在注销的支出备付金分录中的金额仍然是采购订单上的金额。

【例 5—21】 承例 5—20 的资料,如果实际发生的采购成本为 35.5 万美元,收到物资时,注销支出准备金:

借:支出备付金基金余额准备	350 000	
贷:支出备付金		350 000

同时,记录支出:

借:支出——物资	355 000	
贷:应付凭单		355 000

如前所述,政府的行政管理当局需要借助于会计系统在年度内的任何时间里提供关于各项目的拨款预算数、未清偿保留支出数和累积支出数,它们之间的净额实际上应被称为“未支用的且未形成负债的拨款”(即“尚可支用的拨款”或“尚可支用的余额”)。为了保证必要的可比性,拨款、支出、支出备付金之间的类别划分应该一致。为适应科学的财务管理的需要,许多州往往采取一种较之法律要求的分类更为详细和具体的分类方式,具体明细账格式如表 5—4 所示。

表 5—4

（政府部门名称）

普通基金拨款、支出与保留支出明细账

年度： 项目：

日期	摘 要	支出备付金			支 出		拨 款	
		借方	贷方	未清	借方	贷方	贷方	可用余额

在实际情况中，所有订购的商品和服务在既定的时间按既定价格收到的情况很少出现，有时供应商在财政年度末交货，有时要在下一财政年度交货，因此需要在财政年度末处理那些未清的支出备付金。最常用的是做法是使拨款失效。即使年末剩余有拨款且政府也承诺最终接受已经订购的商品和服务，所有的未支出的拨款也应失效并记入下一年的拨款账户，与其对应的未清的备付金要结平。

【例 5—22】 假设华纳市市政府在其财政年度末尚有 8 万美元的未清的备付金，需编制如下会计分录：

结平当年未清的支出备付金时：

借：支出备付金基金余额准备 80 000

贷：支出备付金 80 000

同时，记录未清支出备付金的基金余额储备时：

借：非专用基金余额 80 000

贷：支出备付金基金余额准备 80 000

在下一个财政年度之初，对以上分录做反转分录，然后重新建立支出备付金会计：

借：支出备付金基金余额准备 80 000

贷：非专用基金余额 80 000

借：支出备付金 80 000

贷：支出备付金基金余额准备 80 000

（三）普通基金财务报表的编制

1. 年末调整和结账

普通基金采用的记账基础是修正的权责发生制，在编制基金报表之前，需进行年末调整和结账。

(1)年末调整

在收入方面，应对政府基金的投资收益和利息收入以及各种应收款进行调整。

【例 5—23】 华纳市政府在对外投资中，年末应计利息收入为 1.5 万美元。

借：应收利息 15 000

贷：收入——其他收入 15 000

在支出方面,应对短期借款利息、应计薪酬以及相关的保留支出金额进行调整。

【例 5—24】 本会计期末华纳市政府应付零星用品货款为 2.8 万美元。

借:支出——其他支出　　28 000

　贷:应付凭单　　28 000

(2)年末结账

经过年末调整后,还需通过编制试算平衡表检查日常记账的准确性,并在试算平衡的基础上,办理年末结账手续。进行结账程序时,需要结平预算账户(见第四章第一节)和收入、支出账户。在营利组织中,收入和费用应该相互配比,并且二者之差记入所有者权益中;在非营利组织中也需将收入和支出账户进行配比,但二者之差需记入非专用基金余额中。

【例 5—25】 华纳市政府结平本财政年度收入支出账户。

借:收入　　5 191 000

　贷:支出　　4 315 000

　　非专用基金余额　　876 000

2. 资产负债表

美国政府会计准则委员会认为,资产负债表是一张展示财务状况即资产、负债和基金余额或其他权益的财务报表。资产负债表可以展示政府主体单只基金或单独列示的组成单位在某一特定时日的财务状况,也可以展示政府主体多只基金或单独列示的组成单位在某一特定时日的财务状况,也可以展示政府主体或单独列示的组成单位在某一特定时日的财务状况,还可以展示政府主体所有基金、账户组以及单独列示的组成单位在某一特定时日的财务状况。

普通基金作为政府的基本基金会随政府一直存在,但普通基金的运营是以各个财政年度为基础的。在每一个财政年度末,政府需根据政府会计准则委员会的要求编制资产负债表,并且还需接受审计。

根据华纳市市政府本财政年度发生的业务,编制普通基金"资产负债表",如表 5—5 所示。

表 5—5

华纳市普通基金

资产负债表

2020 年 12 月 31 日

资产:		
现金		923 000
应收税款	4 500 000	
减:本期税款坏账准备	90 000	4 410 000
应收账款		117 000
应收补助款		60 000
应收利息		15 000
应收特种基金款		20 000
资产总计		5 545 000

续表

负债及基金余额：		
应付凭单		3 736 000
应付企业基金款		43 000
应付养老金信托基金款		350 000
非专用基金余额		1 416 000
负债及基金余额总计		5 545 000

3. 收入、支出与基金余额变动表

"收入、支出与基金余额变动表"反映本财政年度内普通基金的收入、支出与基金余额的变动情况。普通基金"收入、支出与基金余额变动表"能够帮助政府根据现有的财务资源以及新财政年度内的收入和其他财务来源，来安排新的财政年度的核定支出。

"收入、支出与基金余额变动表"应当包含所有能够影响基金余额变动的业务，具体的编制原理如下所示：

收入－支出＝收入超过或低于支出的数额

收入超过或低于支出的数额±其他财务来源＝基金余额净变动

基金余额净变动＋期初基金余额＝期末基金余额

根据华纳市市政府本财政年度发生的业务，编制普通基金"收入、支出与基金余额变动表"，如表 5－6 所示。

表 5－6

华纳市普通基金

收入、支出与基金余额变动表

2020 年财政年度

收入：	
税收收入	4 460 000
执照和许可证费收入	3 000
政府间收入	500 000
服务费收入	617 000
补助收入	60 000
罚款和没收收入	32 000
其他收入	59 000
收入合计	5 731 000
支出：	
一般行政	3 584 000
公共安全	—
公共卫生和福利	600 000
其他支出	88 000
支出合计	4 272 000

续表

收入超过支出的数额	1 459 000
其他财务来源：	
转出至企业基金	43 000
基金余额变动	1 416 000
期初基金余额	—
期末基金余额	1 416 000

此外，普通基金和某些采用预算的特种收入基金要求提供第三张报表或附表来比较预算的及实际的运营成果。“收入、支出与基金余额变动表——预算数与实际数”以预算基础编制，并结合政府自身的预算方法以证明预算会计责任。该表的格式如表5—7所示。

表5—7 普通基金

收入、支出与基金余额变动表——预算与实际

项　目	调整后预算数	实际执行数	差异(有利/不利)
收入：			
税收			
执照和许可证			
政府间补助			
服务费			
其他			
收入总计			
支出：			
当期运营			
一般行政			
公共安全			
公共卫生和福利			
文化教育			
其他			
当期运营支出合计			
资本支出			
偿债支出			
支出总计			

续表

项　目	调整后预算数	实际执行数	差异(有利/不利)
收入超过支出			
其他资金来源或运用			
……			
收入和其他资金来源超过支出及其他资金运用			
期初基金余额			
期末基金余额			

三、特种收入基金会计的账务处理和报表编制

(一)特种收入基金的账务处理

1. 特种收入基金的主要业务

特种收入基金主要包括道路维护基金、图书馆基金、上级政府限制性补助收入基金等。其中：

“道路维护基金核算”专门用于道路和桥梁维护的当期财务资源，政府征收的汽车燃油税收入是其主要的收入来源。

“图书馆运营基金核算”专门用于维护图书馆正常运行的当期财务资源，其收入来源包括专门的税款、服务费收入、上级政府补助收入、社会捐赠收入、其他基金转账收入等。

“上级政府限制性补助收入基金”专门用于核算上级政府附有限制条件的补助收入，如下级政府从上级政府收到的应当用于支持某项大型文化活动的补助收入。[①]

特种收入基金会计的会计核算与普通基金会计核算类似。这里主要介绍上级政府限制性收入的账务处理。

2. 特种收入基金的会计实务

地方政府单位从州和联邦政府取得的拨款或者是州政府从联邦政府取得的拨款通常只能被用于指定的特定目的。这些拨款的收入一般均应通过一种特种收入基金会计系统予以处理。相当一部分拨款都是由拨款人以补偿作为基础向受款人拨付的。在这种情况下，政府会计准则委员会的准则要求，拨款只能在支出发生后才能确认为收入(原因在于，只有按照拨款条件发生支出即条件实现时才可以将拨款看作是“取得”了的收入)。

【例 5－26】 华纳市在立法机构决议通过后设立开设博览会的特种收入基金。在本财政年度一季度，州政府拨付一项指定用于博览会活动的款项 50 万美元。华纳市收到了州政府明确拨付的有关凭证时，应编制如下会计分录：

借：应收州政府拨款　　500 000

① 赵建勇主编:《政府与非营利组织会计》(第二版),复旦大学出版社 2008 年版,第 228 页。

贷:递延收入 500 000

在例5—26中,递延收入是一个负债账户,它所反映的是尚未确认为收入的州政府拨款。当拨款指定目的的支出发生之后,会计上就可以按照实际发生的支出确认收入。

【例5—27】 华纳市在本财政年度二季度使用了10万美元用于博览会活动的支出时,应编制如下会计分录:

借:支出 100 000

贷:应付凭单(或现金) 100 000

借:递延收入 100 000

贷:收入 100 000

(二)特别业务的账务处理

普通基金和特种基金会计主要包括基金间的贷款、准外部交易、剩余权益转移、常规性资金转移、购置长期资产等业务。

1. 基金间的贷款

当基金之间发生借款或预付款业务时,收款方基金记为负债,而付款方基金记为债权。核算期限在一年内的借贷业务时,账户为"应收××基金款"和"应付××基金款";超过一年的借贷业务,账户为"预收××基金款"和"预付××基金款"。

在借出基金的账务处理中,编制如下会计分录:

借:应收××基金款

贷:现金

在借入基金的账务处理中,编制如下会计分录:

借:现金

贷:应付××基金款

【例5—28】 华纳市公园特种基金向普通基金借款6.6万美元。

在普通基金的账务处理中,应编制如下会计分录:

借:应收特种收入基金款 66 000

贷:现金 66 000

在特种收入基金的账务处理中,应编制如下会计分录:

借:现金 66 000

贷:应付普通基金款 66 000

为反映当期财务资金上不能用于支出的信息,还需建立基金余额储备,即限制基金余额的使用。在借出基金的账务处理中,编制如下会计分录:

借:非专用基金年余额

贷:对××基金预付款的储备

2. 准外部交易

准外部交易,是指在基金之间发生的收入和支出(或费用)的交易。之所以称之为"准外部交易",是因为这些交易仅对政府部门内(或政府部门间)的各只基金产生收入和支出(或费用)的影响,而不涉及政府部门以外的任何组织。

【例 5—29】　华纳市的公交基金(企业基金)向政府提供通勤服务。公交基金就其提供的服务向普通基金开出要求支付的通知单共计 34.5 万美元,双方应编制如下会计分录:

在企业基金账户中,编制如下会计分录:

借:应收普通基金款　　345 000

　　贷:提供公交基金服务的收入　　345 000

在普通基金账户中,编制如下的会计分录:

借:支出——公交服务　　345 000

　　贷:应付公交基金款　　345 000

3. 剩余权益转移

转移(Transfers),通常是指"除了贷款和预付款、准外部性交易和偿付性交易之外的所有基金间的交易……"剩余权益转移(Residual Equity Transfers)则可进一步定义为"基金间非经常性的或者非常规的权益转移"。① 主要包括:自普通基金向企业基金无偿提供的资金;在项目完成后,资本项目基金的剩余基金余额对偿债基金的转移;在支付了本金和利息之后,偿债基金的剩余基金余额对普通基金的转移。

【例 5—30】　华纳市汽油税特种收入基金在提供了公路养护服务后,将其剩余基金余额 2 万美元对普通基金进行剩余权益转移,编制如下会计分录:

在特种收入基金账户中,编制如下会计分录:

借:对普通基金的剩余权益转移　　20 000

　　贷:现金　　20 000

在普通基金账户中,编制如下会计分录:

借:现金　　20 000

　　贷:从特种收入基金获得的剩余权益转移　　20 000

值得注意的是,剩余权益的转移不是收入或支出,其性质是政府型基金或权益型基金增加或减少。

4. 业务转移

所有不属于剩余权益转移的其他基金间转移(即常规性资金转移)都被称为业务转移(Operating Transfers)②,主要包括普通基金对偿债基金所做的年度债务偿还、普通基金给企业基金提供的业务补贴、由普通基金对其应该承担的那部分建筑成本的支付等。

【例 5—31】　华纳市议会要求从公园特种基金中转出 2.6 万美元到普通基金。

在普通基金账户中,编制如下会计分录:

借:现金　　26 000

　　贷:特种基金向普通基金转款　　26 000

在特种收入基金账户中,编制如下会计分录:

借:特种基金向普通基金转款　　26 000

　　贷:现金　　26 000

---

① 引自约瑟夫·R. 拉扎克等著,张志超等译:《政府与非营利组织会计导论》,机械工业出版社 2003 年版。

② 引自约瑟夫·R. 拉扎克等著,张志超等译:《政府与非营利组织会计导论》,机械工业出版社 2003 年版。

5. 购置长期资产

长期资产一般是指具有一年以上使用寿命的资产。政府会计中将长期资产的购置作为支出处理,同时大多数政府部门的固定资产都记录在固定资产账户组中。取得资产时,通常要借记资产类账户(如设备账户),同时贷记为取得这些资产的资金来源账户,但这些资产不体现在政府型基金的资产负债表上,而是列示在这些政府的普通固定资产一览表上。

【例 5-32】 华纳市政府运用特种收入基金购买了价值 40 万美元专用设备。

在特种收入基金账户中,编制如下会计分录:

借:支出——设备	400 000	
贷:应付凭单		400 000

在普通固定资产账户组中,编制如下会计分录:

借:设备	400 000	
贷:特种基金对一般固定资产的投资		400 000

(三)特种收入基金的财务报表

特种收入基金的会计处理同普通基金是基本一致的。特种收入基金的总额将连同普通基金一起被并入"合并资产负债表""合并收入、支出与基金余额变动表"(含各种政府基金)、"合并收入、支出与基金余额变动——预算与实际表"。此外,当政府单位存在多种特种收入基金时,年终对外编报的综合年度财务报告中要求有包含特种收入基金的综合资产负债表、综合营运情况报表和综合预算与实际报表。

第二节 资本项目基金会计

一、资本项目基金的基本概念

在政府会计中,各种政府基金所使用的长期固定资产可以通过两种途径获得:一是通过普通基金和特种收入基金,二是通过资本项目基金。

(一)资本项目基金的定义

资本项目基金的设置可以确保政府将相应的财务资源用于资本资产的购建。购置一项小型的资本资产时(如一件家具或一辆汽车),通常直接由支持此购置业务的基金——普通基金或特种收入基金提供资金。资本项目基金用来记录政府组织的大型基础设施的购置和建设情况,如建设一座新的市政大楼或一条新的高速公路。资本项目基金也能用于核算资产的购置,但一般情况下该基金主要用于核算大型建设项目。判断一项资本支出是否主要或重要,往往需要取决于所处的具体环境。同一项资本支出,是设立资本项目基金还是置于其他某种基金,是要取决于政府单位的行政与经济规模的。如一项耗资 500 万美元的桥梁修缮工程,对于一个规模较小的市镇来讲当然是很重要的资本支出,需设立资本项目基金反映。但对于州政府公路管理局来讲,它只属于一般性的甚至常规的业务活动,因而通常会放在特种收入基金甚至普通基金中反映。

政府可以为不同的工程项目和设施分别设立资本项目基金,并以单只资本项目基金作为会计报告主体。一般来讲,资本项目基金的数量主要根据政府的法律规定设置。但在下列两种情况下,可以设置一只资本项目基金:(1)各个项目的资金由同一债券发行所筹集,(2)若干资本项目密切相关不宜分开。

资本项目基金的存续时间是与项目购建周期相一致的,当资本项目购建完成时,资本项目基金使命终止。这是普通基金和特种收入基金与资本项目基金最根本的区别:前两者都是以年为单位的,而后者则存在于资本项目的整个形成时期——开设于资本项目得到授权之时,结束于资本项目完成之日,时间跨度往往超过一个年度。从目的上看,设立资本项目基金和特种收入基金都是通过一种正式的机制,来促使政府单位能保证某一特定用途的财务资源加以合理使用,并向财务会计报告使用者提供相关信息的政府型基金。但资本项目基金有别于特种收入基金主要表现在:资本项目基金的收入是用于整个资本项目购建而并不仅是当年经费使用;资本项目基金的收入主要来自发行债券收入,其会计核算的重点主要受到债券契约条款或其他条件的约束。

资本项目基金会计,是指用于核算政府建造或以其他方式取得的固定资产筹集和支用的财务资源,以保证法律限定用于此类资本项目的资金来源得以专款专用,同时为资本项目成本核算和成本控制提供方法。

(二)资本项目基金的资金来源

支持资本项目基金的资金通常来自普通责任债务、法律上有偿还义务的税赋、政府给予的补助或分享收入、其他基金的业务转移、工程项目暂时未用资金的投资收益或私人捐赠等。资本项目基金中的收入应当与其他资金来源有所区别,并且资本项目基金日常处理及财务报告中应分别按这些来源渠道予以反映。

1. 收入

资本项目基金的财务资源一般有专项税收收入、签发票据收入、政府间补助收入、社会捐助收入、投资收益等。其中:

专项税收收入,是向特定财产或纳税人征收特别税的形式取得的收入。

政府间补助收入,是指政府之间提供的资本资产购建资金补助。政府的资本项目是作为国家或地区社会公共设施的组成部分,通常是上级政府给予补助以用于指定工程项目建设。政府间的补助可以是固定数额也可以是比例数额。

社会捐助收入,是指私营企业或个人以获得荣誉、作为宣传、实现个人或企业意愿以及相互合作等为主观目的而向资本项目基金提供的捐赠。

投资收益,是指资本项目基金利用暂时未用的资金进行对外投资而取得的收益。有些资本项目在工程开工之前就能筹集到资金,或者在工程项目开工时暂时不需用的资金,为了提高资金的使用效益,政府单位往往会将这部分资金用于一些风险低、收益高的投资项目,以获取投资收益,而这些投资收益会成为资本项目基金的主要的资金来源之一。

2. 其他资金来源

其他资金来源,是指除了收入以外的其他可以用于资本资产购建的资金来源,主要来自债券的发行收入和基金间的转账收入。①

债券发行收入,是指专门为资本资产项目通过发行债券的方式取得的收入。债券的发行收入是资本项目基金的主要来源,但并不是发行的所有长期债券都在资本项目基金中处理。用于取得资本资产而发行的债券通过资本项目基金处理;再融资而发行的债券应在偿债基金中处理;为企业基金或内部服务基金而发行的债券应分别在这些基金中处理。债券发行形成的债务需要在未来财政年度予以清偿。如果资本项目基金年取得投资收益按照规定转出至偿债基金用于偿付相关的债务,那么资本项目基金收到的投资收益就不能按照收入处理,而应作为应付其他基金款处理。

基金间转账收入,是指由其他基金转入资本项目基金的资金来源。资本项目基金中,基金转账收入主要来自普通基金或是特种基金,以支持资本项目的购建。

从会计的角度看,资本项目基金来自基金间转账收入在资本项目基金中形成可用财务资源的增加,但此类收入不增加政府整体的财务资源,只是政府整体财务资源在内部不同基金间的转移,故该来源不能作为收入处理。如在普通基金中征收的税款转出至资本项目基金就应该作为其他资金来源处理。

基金间转账和发行债券的收入应该在资本项目基金的"收入、支出与基金余额变动表"中的"其他资金来源"部分报告。

(三)资本项目基金的经济业务

1. 主要业务

资本项目基金业务的账务处理由于地方法令、预算程序、项目规模和融资类型等因素存在着很大的差异。资本项目通常始于政府单位的资本预算,在预算通过后,才能安排融资,签订合同。资本项目基金包括以下主要业务:

(1)资本项目基金的资金来源。该类基金的资金来源来自发行普通责任债券、联邦或州政府的拨款以及其他基金的转入。发行取得授权的债券之前,可以先发行债券期票为资本项目基金提供临时资金。发行债券期票的原因主要有两个:①虽然债券已被批准,但债券发行过程(包括法定程序、债券评级等)却可能需要几个星期或几个月,而又急需现金;②如果预计几个月后长期债券利率将会下降,可能会特意将债券发行拖延,以利于获得较低的长期利率。无论在哪种情况下,债券期票都应该由债券发行收入偿还。

(2)资本项目基金的资金运用。资本项目基金中,财务资源主要用于支付工程成本。工程成本包括土地、建筑材料、人工费等直接成本,还包括其他相关支出,如建筑设计费和管理费以及利息等支出。资本项目基金临时性短期票据的利息支出通常由基金支付,并作为项目成本核算。为资本项目融资的债券和其他长期债务的利息支出通常在偿债基金中支付并核算,即不在资本项目基金中作为项目成本核算。

(3)资本项目基金的投资收益。当发行普通责任债券、联邦或州政府的拨款以及其他基金的转入不是在收到后就立即被使用时,政府单位可以进行一些投资活动以增加投资收益。资本项目基金投资所得的利息应确认为资本项目基金收入。不过,把发行债券的收入进行投资,

---

① 赵建勇主编:《政府与非营利组织会计》(第二版),复旦大学出版社 2008 年版,第 269 页。

取得的利息可能要转入相应的偿债基金中，以用于支付相关的债券利息支出。

一般来说，对于资本项目的必要支出和其他财务资源是经过认真计划和控制的，但实施过程中存在的各种因素导致在资本项目结束时资本项目的资金来源和资金运用不可能完全相等。通常是两种情况：资金结余和资金短缺。

法律或合同会决定资本项目基金完成其使命后资金结余的处理。其中，自有资金部分通常转入为该项目融资形成的负债的偿债基金中。资本项目基金中，任何满足法律规定或债券契约要求的债券溢价通常在该资本项目基金结束时转到偿债基金中去。如果出现资金结余而没有要求转入偿债基金的规定时，可按比例返还给为该项目提供资金的补助者，即上级政府提供的资金可以归还给政府，特种收入基金转来的可以转回给特种收入基金等，如果没有任何归属的资金一般可以转到普通基金中。

如果根据的详细计划并实施了严格的成本支出，仍然出现了资金短缺的情况，则需要视具体情形做出不同的处理：如果资金短缺金额不大，政府单位可以报经立法机构批准从其他基金转入；如果资金短缺较大，而且不能从其他基金转入时，政府单位应从其他政府单位寻求拨款或分成收入来弥补资本项目基金的资金短缺。

资本项目基金基本业务循环包括：①收到所有财务资源、贷记收入或其他资金来源；②记录支付支出；③收入、支出和其他暂时性的基金余额账户都结转到未保留基金余额账户；④当资产转入另一基金，或用法律或合同要求的其他方法处理掉资产时，结转所有剩余的财务资源和基金余额。

2. 与其他基金和账户组的关系

资本项目基金主要核算通过取得(发行)债务、资本支出拨款或其他限定用于固定资产购建的资金来源所购建的普通固定资产。资本项目基金资金来源可通过普通基金和/或特种基金取得；资产的成本记入普通固定资产账户组中。长期负债在普通长期负债账户组中反映，并最终由财产税或其他特种税偿付。

资本项目基金的资金来源、资金运用以及与其他基金和账户组的关系如图5—1所示。

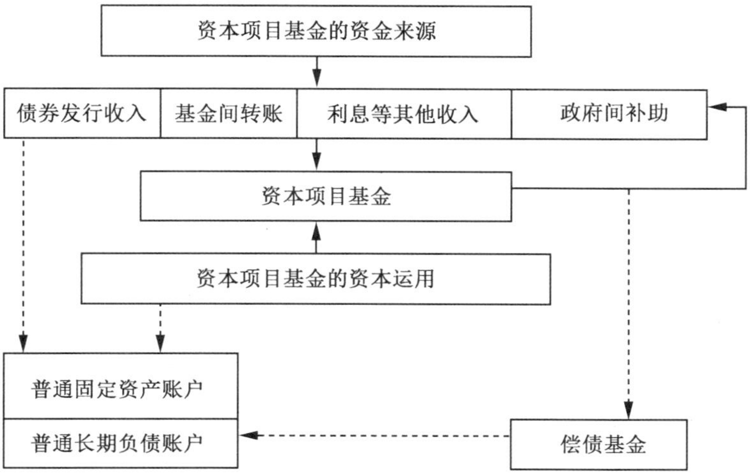

图5—1 资本项目基金的资金来源、资金运用以及与其他基金和账户组的关系

（四）资本项目基金的会计确认与计量

资本项目基金的会计核算采用修正的权责发生制。其计量要点是可用于开支的资金，即资本项目基金对近期可利用的资产以及对应于这些资产的到期债务的确认和计量只遵循是否“可利用于开支”的标准。这意味着资本项目基金收入可以合理地估计或可为当期资本项目基金支出提供资金来源时才能加以确认；类似地，资本项目基金支出是在相关负债发生时确认。如发行长期债券可以在收到资金时记录，而负债本身由于不需动用资本项目资金来源进行偿还，故只需在普通长期负债账户中记录；同理，资本资产建设期间在资本项目基金处理，由于不是当期可支用的财务资源，因此记录在普通固定资产账户中。

二、资本项目基金的账务处理和报表编制

（一）预算控制

在资本项目基金中筹资的项目，通常会列入政府的长期资本预算计划，并分别按项目拨款，即拨款在每个会计年度末并不失效。预算控制在以下几种情况下非常重要：几个项目通过一项资本项目基金核算，政府对资本项目基金进行详细预算，政府使用自己的雇员建造一项主要的资本项目，以及资本项目基金每年都要重新预算时。

在有些情况下，没有预算过程和拨款，政府也能提供充分的控制。主要原因是：(1)一只基金只为一个项目提供资金；(2)约定说明书、投标、检验等已经为项目成本提供了充分的控制；(3)资本项目基金的业务活动通常是通过债券契约的规定条款和财政补贴拨款协议的限制条款等进行控制的。资本项目基金不需要对其进行预算分录的编制，因为法律程序已经通过的对某一(些)资本支出项目购建的授权本身就意味着确立了项目购建的可支用额度(拨款)。

本章后面的例子假设资本项目按项目接受拨款，并且需要充分的预算控制。

由于资本项目总会涉及合同和购买订单，出于对支出进行控制的考虑，资本项目基金通常使用支出备付金会计。因此，指定的会计系统要用来提供关于资金的收到和支出的信息，而相关的长期资产和长期债务的信息并不在资本项目基金账户中披露，这些信息要记录在普通固定资产账户组和普通长期负债账户组中。

（二）主要业务的账务处理

对于通过资本项目基金融资的工程，需在政府的长期资本预算中做出计划，以工程项目为基础进行审批。资本项目基金通常是根据资本项目计划总投资额分年编制预算。

【例 5－33】 华纳市决定建造公路隧道并将该项目包括在 2020 年的资本预算中，预计建造成本为 2 100 万美元。立法机构通过了该公路隧道的资金筹资计划：对该项目的融资包括 800 万美元的新发行的普通责任债券，州政府给予的 700 万美元财政补贴，普通基金转入 500 万美元以及投资收益 100 万美元。

对于资本项目基金而言，州政府的补贴属于资本项目基金的收入，而来自债券发行的收入则属于“其他融资来源”。

预算会计分录如下：

借：预计收入——补助收入　　7 000 000

——投资收益　　1 000 000

预计其他融资来源——发行债券　　8 000 000

——普通基金转入　　5 000 000

贷：拨款　　21 000 000

【例 5－34】 根据立法机构批准的筹资计划，华纳市市政府成功面值发行了分期还本的债券 800 万美元。

发行债券是政府建造资本项目最常见的筹资方式。债券的发行可以根据票面利率和市场利率的情况采取面值发行、溢价发行和折价发行(即当票面利率低于市场利率时，折价发行；当票面利率高于利率时，则反之)。发行债券通常应该确认为资本项目基金的其他资金来源；因为发行债券产生的债务记录在普通长期负债账户中，可设置“应备偿债的基金用款”和“应付分期还本债券”账户：“应备偿债的基金用款”反映准备用以清偿债务的资金，“应付分期还本债券”用来反映应该偿还但尚未偿还的债券债务。

资本项目基金的会计分录如下：

借：现金　　8 000 000

贷：其他资金来源——发行债券收入　　8 000 000

未把债券本金记录为一项负债，这是因为：

(1)资本项目基金遵循支出计量要点，所以它们主要用于记录当期项目；

(2)资本项目基金只用于记录购置或建设活动；

(3)偿债基金用于记录债务清偿活动(本金和利息的支付)。

普通长期负债账户的会计分录如下：

借：应备偿债的基金用款　　8 000 000

贷：应付分期还本债券　　8 000 000

值得注意的是，由于债券的发行要伴随着对预算的记录(见本章第三节)，因此为公路隧道融资的债券发行要求在两只基金和一个会计账户中编制分录：资本项目基金、偿债基金和普通长期负债账户。即当出售债券时，债券发行应记录在资本项目基金和普通长期负债账户中，但记录偿债基金和资本项目基金预算的会计分录应在年初编制。

【例 5－35】 根据立法机构批准的筹资计划，本财政年度从普通基金转入 500 万美元用于公路隧道的工程建设。

资本项目基金的会计分录如下：

借：现金　　5 000 000

贷：其他基金来源——由普通基金转入　　5 000 000

普通基金的会计分录如下：

借：其他资金运用——转至资本项目基金　　5 000 000

贷：现金　　5 000 000

【例 5－36】 华纳市收到上级政府拨来的公路隧道建设补助款 700 万美元。

通常受助项目可能预先收到补助拨款，也有可能在发生支出时收到。对大多数给予建设性项目的财政补助而言,只有被实际用于支出,才可以认为这些财政补贴符合了"可计量的"和"可利用的"标准,并能进行收入确认。

借:现金　7 000 000

　贷:递延收入——建设性财政补助　7 000 000

当州政府财政补贴的资金被用于提供支出费用时,按照实际支出的金额进行收入确认,同时等额地冲减递延收入账户。

【例 5-37】 华纳市将上级政府的补助款 700 万美元和债券发行收入 800 万美元共计 1 500 万美元进行投资,购买了期限为半年的短期债券,利率为 10%;债券到期后收回本息。

购买短期债券时,编制如下会计分录:

借:投资——短期债券　15 000 000

　贷:现金　15 000 000

债券到期收回本息时,编制如下会计分录:

借:现金　15 750 000

　贷:投资　15 000 000

　　收入——投资利息　750 000

【例 5-38】 在完成公路隧道融资之后,华纳市将体育馆项目的设计工作经过招标,由建筑师马丁负责,工程设计费 60 万美元。

政府根据与建筑师马丁订立的合同设立了支出备付金账户,并编制分录如下:

借:支出备付金　600 000

　贷:支出备付金基金余额储备　600 000

【例 5-39】 根据合同,华纳市市政府在建筑设计完成后向建筑师马丁支付 90% 的费用 54 万美元,余下的费用将在项目完工时支付。

支付给建筑师 90% 的费用时,编制如下分录:

借:支出备付金基金余额储备　600 000

　贷:支出备付金　600 000

资本项目基金的会计分录如下:

借:支出——建筑师费用　540 000

　贷:应付凭单　540 000

借:应付凭单　540 000

　贷:现金　540 000

【例 5-40】 华纳市在对项目建设进行公开招标后,接受了约翰建筑公司出价为 1 850 万美元的投标。

在签订合同时,编制如下分录:

借:支出备付金——资本项目　18 500 000

　贷:支出备付金基金余额储备　18 500 000

【例 5-41】 年底,建筑承包公司要求为该项目支付 8 500 000 美元的工程款。政府批准了这项支付,但扣除了通常情况下为 10% 的留存比例 85 万美元。

编制如下会计分录：

借：支出备付金基金余额储备　　8 500 000

　　贷：支出备付金　　8 500 000

资本项目基金的会计分录如下：

借：支出——建设成本　　8 500 000

　　贷：建筑合同留存比例　　850 000

　　　　应付建筑合同款　　7 650 000

借：应付建筑合同款　　7 650 000

　　贷：现金　　7 650 000

【例 5—42】 承例 5—36，对已用于公路隧道建设项目的财政补贴进款 700 万美元建设费用进行收入确认。

编制如下会计分录：

借：递延收入——建设性财政补贴　　7 000 000

　　贷：收入——建设性财政补贴　　7 000 000

【例 5—43】 在普通固定资产账户记录正在建设中的公路隧道项目。

在本财政年度中，所有与公路隧道建设相关的成本都被借记在支出项下。在年末，“支出——建设成本”账户将在资本项目基金中结清。因此，在资本项目基金账簿中将不存在对购置或建设的资产的永久性记录。为了保持对该基金购置或建设的资产的永久性记录，需在普通固定资产账户中编制如下会计分录：

借：在建工程　　9 040 000

　　贷：州政府财政补贴资助的普通固定资产投资　　7 000 000

　　　　发行债券的收入对普通固定资产的投资　　2 040 000

华纳市市政府谨慎的管理者将现金账户余额中的 1 000 万美元进行投资。

记录该项投资的会计分录为：

借：投资　　10 000 000

　　贷：现金　　10 000 000

【例 5—44】 年末，华纳市市政府收到被投资方的股利发放通知，投资增值 25 万美元。

编制如下会计分录：

借：投资　　250 000

　　贷：收入——按照公允市价计算的投资价值净增加　　250 000

（三）会计报表

1. 年度结账

资本项目往往建设周期超过一个财政年度，存在跨年度核算的问题。在政府实务中，可以结账也可以不结账；如果年末不结账，可以编制结账分录工作底稿（见表 5—8），以检查日常会计处理是否正确；如果年末结账，则需编制结账会计分录，并需记录在日记账和分类账中。

表 5—8

资本项目基金(公路隧道项目)

试算表

××年××月××日

单位:美元

账户	结账前		结账分录		结账后	
	借方	贷方	借方	贷方	借方	贷方
现金						
投资						
应收利息						
应付偿债基金款						
应付利息						
预计收入——补助收入						
预计其他资金来源——发行债券						
预计其他资金来源——普通基金转入						
拨款						
收入——补助收入						
收入——投资收益						
其他资金来源——发行债券						
其他资金来源——普通基金转入						
支出——建筑设计费						
支出——工程支出						
支出备付金						
支出备付金基金余额储备						
非专用基金余额						
……						

2. 会计报表

资本项目基金作为独立的基金财务报告主体,在财政年度结束时应当按照会计准则编制财务报表。公认会计原则规定,跨年度的工程应当编制年度财务报表,披露本年度的运营情况,以满足财务会计报告使用者的需要。资本项目基金的财务报表包括“收入、支出与基金余额变动表”以及“资产负债表”。“收入、支出与基金余额变动表”要求按收入和其他来源反映资本项目基金的收支情况;“资产负债表”反映当期可支用的流动资产和流动负债以及基金余额,基金余额又分为已储备和未储备两部分。

资本项目基金报表的编制按照完工与否,包括未完工项目报表编制和完工项目报表编制。未完工项目编制的财务报表实质上是一种中期报表,但是根据有关会计准则需要编制相应的年度财务报表，即“资产负债表(见表5—9)”和“收入、支出与基金余额变动表”(见表5—10)。

(1)资产负债表

资本项目基金未完工项目的资产负债表除了“基金余额”部分以外，报表其他部分基本与完工的资本项目基金资产负债表相同。值得注意的是，基金余额项目主要分为已授权部分和未授权部分，支出备付金应在“基金余额”项目下面的未授权部分“支出备付金基金余额储备”列示。

表5—9 资本项目基金(公路隧道项目)

资产负债表

××年×月×日 单位：美元

项目	借方金额	贷方金额
资产：		
现金		
投资		
应收利息		
……		
资产总计		
负债：		
应付偿债基金款		
应付利息		
……		
负债合计		
基金余额：		
支出备付金基金余额储备		
非专用基金余额		
负债及基金余额总计		

未完工项目的“收入、支出与基金余额变动表”作为一张中期财务报表反映的仅仅是从项目开始到当年编制报表为止的财务收支情况，有可能出现“收不抵支”的情况。原因是发行债务是资本项目主要的资金来源之一，如前所述，发行债务是资本项目基金的“其他资金来源”而非“收入”，因此在中期的财务报表中会经常出现“收不抵支”的现象。这是资本项目基金有别于其他政府型基金的特征之一。

(2)收入、支出与基金余额变动表

表 5－10　　资本项目基金(公路隧道项目)

收入、支出与基金余额变动表

××年　　单位：美元

项　目	发生额	合　计
收入：		
补助收入		
投资收益		
支出：		
建筑设计费		
工程支出		
……		
收入与支出的差额		
其他资金来源(运用)：		
发行债券		
普通基金转入		
转至偿债基金		
……		
收入及其他资金来源与支出及其他资金运用的差额		
基金余额——年初		
基金余额——年末		

当资本项目完工时，该资本项目基金的任务随即结束。如果该资本项目基金还有结余，应将其转至普通基金或其他规定的基金中。资本项目基金在项目完工后应该进行结账的会计处理，主要包括预算账户和实际账户的结清。

(3)收入、支出与基金余额变动表——预算与实际表

政府单位应当在资本项目基金完工并办理决算时编制“收入、支出与基金余额变动表——预算与实际”(见表 5－11)。

表 5－11　　收入、支出与基金余额变动表——预算与实际

年　　单位：美元

项　目	预算	实际	差异
收入：			
补助收入			
投资收益			
支出：			
建筑设计费			

续表

项　目	预算	实际	差异
工程支出			
……			
收入与支出的差额			
其他资金来源(运用):			
发行债券			
普通基金转入			
转至偿债基金			
……			
收入和其他资金来源与支出和其他资金运用的差额			
基金余额——年初			
基金余额——年末			

在以单个资本项目作为会计报告主体时，政府单位在财政年度使用两个或两个以上的资本项目基金的，应编制合并基金报表以反映其财务状况。

3. 实例

结合前述公路隧道资本项目资料，具体的结账分录如下例所示。

【例 5—45】 在财政年度结束时即 2020 年 12 月 31 日，需编制如下结账分录：

借：拨款　21 000 000
　贷：预计收入——补助收入　7 000 000
　　　　　　——投资收益　1 000 000
　　预计其他融资来源——发行债券　8 000 000
　　　　　　　　　——普通基金转入　5 000 000

其次，结清实际账户。

借：收入——州政府建设性财政补贴　7 000 000
　　——投资　750 000
　　——按照公允市价计算的投资价值净增加　250 000
　　——债券发行收入　8 000 000
　贷：支出——建筑师费用　540 000
　　　　——建设成本　7 650 000
　　非专用基金余额　12 810 000

结清该年度未清的支出备付金时，编制如下会计分录：

借：支出备付金基金余额储备　10 000 000
　贷：支出备付金　10 000 000
借：非专用基金余额　10 000 000
　贷：支出备付金基金余额储备　10 000 000

华纳市"收入、支出与基金余额变动表"和"资产负债表"如表5—12和表5—13所示。

表5—12

华纳市公路隧道项目

收入、支出与基金余额变动表

2020年财政年度

单位:美元

项目	金额
收入:	
州政府建设性财政补贴	7 000 000
投资(利息)	750 000
按照公允市价计算的投资价值净增加	250 000
收入合计	8 000 000
支出:	
建设成本	8 500 000
建筑师费用	540 000
支出合计	9 040 000
收入对支出的余额	—1 040 000
其他融资来源:	
债券发行入款	8 000 000
普通基金转入	5 000 000
收入和其他融资来源减去支出后的余额	11 960 000
年初基金余额	0
年末基金余额	11 960 000

表5—13

华纳市公路隧道项目

资产负债表

2020年12月31日

单位:美元

项目	金额
资产:	
现金	2 560 000
投资	10 000 000
应收股利	250 000
资产总计	12 810 000
负债:	
建筑合同留存比例	850 000
负债合计	850 000
基金余额:	11 960 000
非专用基金余额加上提存支出备付金的基金余额	11 960 000
总负债和基金余额总计	12 810 000

第三节　偿债基金会计

一、偿债基金的基本概念

大多数政府都通过发行普通责任债券(general obligation debt)来筹集资金。为了核算那些将用于偿付普通责任长期债务的本金和利息的资金的积累情况,需设立偿债基金。

(一)偿债基金的定义

“偿债基金”是核算政务活动中长期债务偿还活动的一只政务基金,被用来积累将用于偿付普通责任长期负债的本金和利息的资金。偿债基金预算的编制期间与财政年度是一致的。

一般情况下,分期偿还的债务(如分期还本形式发行的债券)可以直接用普通基金清偿。当法律要求设立独立的偿债基金的话,那么必须单独设置。偿债基金的设置可以确保政府将相应的资源用于偿债目的,并且可以解除相应财务受托责任。

偿债基金的数量因法律的规定有所区别。任何形式的长期责任,都可能要求设立一只偿债基金,如可以设置用来记录普通责任债务的普通债券偿付基金,也可以设置用来记录未清偿债务和支付相关费用而留出若干比例的所得税款的特别所得税基金;还可以设置用来记录为清偿某些债券发行留出收入的娱乐设施偿债基金,这些债券是为了购置和/或改善城市高尔夫球场和其他娱乐设施而发行的。政府也可以只设置一只偿债基金来核算所有的长期债务清偿业务,在这种情况下,每种长期债务的偿还情况等需通过明细分类账户来进行反映。

(二)偿债基金的资金来源

1. 偿债基金的收入

偿债基金中的收入主要包括专项税收收入、投资收益等。其中,专项税收收入,是指专门为偿债基金征收的税款,如按规定征收的财产税等;投资收益,是指偿债基金利用多余的财务资源进行对外投资而取得的收益。

2. 偿债基金的其他资金来源

偿债基金中的其他资金来源,是指除了收入以外的其他可以用于偿还债务本息的资金来源,主要包括基金间的转账收入、债券的发行溢价等。其中,基金间转账收入,是指由其他基金转入财务资源而形成的可用财务资源的增加。例如,有关税款在普通基金中征收,然后再转入偿债基金以此偿还债务,就形成了偿债基金的其他资金来源。

(三)偿债基金的主要业务

1. 主要业务

偿债基金的具体业务根据债券契约或授权债券发行的法令的特殊要求有所区别。一般来讲,偿债基金经常发生以下主要业务:

(1)偿债基金的资金募集。偿债基金收到资金时需记录为收入或从其他基金转入(如从普通基金转入)。

(2)偿债基金的投资收益。如果资金的运用和本息的偿付之间存在时间差,政府可以将资金或资产进行投资以获取收益,投资的目的是可以积累能够用以进行债务清偿的资金。

(3)偿债基金本息的清偿。当偿债基金本金和利息到期时,应该以之前积累的资金进行足额偿付。

(4)偿债基金业务的手续费。在偿债基金运作过程中,往往会聘请一些财务代理人处理偿债基金的本金和利息的偿还业务,聘请财务代理人支付的代理手续费需要在当期进行相应的会计处理。

2. 与其他基金和账户组的关系

如前所述,偿债基金中的其他资金来源可能会来自普通基金的转入。除此之外,长期负债应在普通长期负债账户组中反映,并最终由财产税或其他特种捐税偿付;发行债务取得的资产在普通长期固定资产中反映。

(四)偿债基金的会计确认与计量

公认会计准则要求所有的偿债基金的被计量对象应该是"可用于开支的资金",这个概念决定了各项收入和支出应该在何时进行会计确认。偿债基金和其他政府性基金相同,使用的是修正的权责发生制记账基础。

一般来说,运用修正的权责发生制会计会要求在收入确认方面使用权责发生制记账程序,而支出通常在权责发生制会计基准上确认。收入项目在其成为可计量和可利用时进行会计记录。收入的可计量表示可以用货币量化收入数额;收入的可利用意味着该收入能够及时收取并用于偿付当期债务。如对于财产税收入,一般认为"可利用"意味着可在当期收到或者该收入能够及时收到并可做支出安排,销售及所得税收入则只能在可计量和可利用时加以确认,罚款等其他收入则根据收付实现制予以确认。支出项目在修正的权责发生制的会计基础上,需在其到期和应付时进行会计记录。

值得注意的是,在修正的权责发生制这种记账基础上,长期固定资产和长期负债不会在偿债基金账户中存在,近期可利用的资产和对应于这些资产的到期债务只遵循是否"可用于开支"标准。

在偿债基金及相关基金和账户组的具体业务中也存在一些例外情况,如长期负债的利息,通常是在法律上成为会计期间内的应付账款时确认,而不是在发生权责时确认;再如预付费用中的保险费项目,在发生时就被确认为支出。

概括来讲,偿债基金收入在其可计量和可获得时被记录在偿债基金中,而偿债基金的支出根据权责发生制进行记录,但存在一些例外的情况和业务。

二、偿债基金的账务处理和报表编制

(一)业务控制

由于偿债基金的运作一般是通过债券契约和预算授权的条款进行控制的,许多政府单位实际上并不为偿债基金编制预算记录。不过,本章偿债基金的业务核算依然假定需要借助预算记录达到有效控制，并进行预算记录的编制。如果存在法定的年度预算要求，政府单位还需要报告偿债基金的预算与实际数据的比较结果。值得注意的是，由于没有采购订单、合同支付等情况，支出备付金会计很少用于偿债基金中。

（二）主要业务的账务处理

【例5—46】 纽约市为了建设一个综合性体育馆，在2019年1月1日发行了800万美元的分期还本债券。该债券每半年支付一次5%的利息（折合年利率为10%）。于2021年1月1日开始偿付其中100万美元的本金。在此后的每年1月1日偿付同样数量的本金，直到债券到期日2027年1月1日（8年以后）为止。这些债券在每年的1月1日和7月1日支付利息。

该市通过了一项以清偿债券为目的的特殊的地方附加财产税。该项税收在2019年将提供120万美元的收入。财政代理人将负责记录债券的发行，并承担每半年一次的利息支付及债券到期日偿付本金的任务（如当地的银行或其他金融机构）；财政代理费为6 000美元。

此外，市议会同意在2019年7月1日从普通基金向偿债基金转入20万美元。

记录该基金法定预算的会计分录如下：

借：预计收入	1 200 000	
预计的其他融资来源	200 000	
贷：拨款		406 000
预算基金余额		994 000

“预计的其他融资来源”（Estimated Other Financing Sources）账户是一个预算账户，用来记录来自普通基金的预计的业务转移。

该年度偿债基金的拨款包括将在2019年7月1日支付的400 000美元利息和支付给财政代理人的6 000美元费用。

【例5—47】 根据坏账损失比例，估计会有5 000美元的税款将是无法收回的。所以，政府提取了5 000美元的欠征财产税准备，开出1 205 000美元的课税通知单以获取所需要的120万美元收入。

借：应收财产税——当期	1 205 000	
贷：欠征财产税准备——当期		5 000
收入——财产税		1 200 000

【例5—48】 承例5—47，随后政府收回115万美元的税款，应编制的会计分录与普通基金和特种收入基金中所使用的会计分录相同：

借：现金	1 150 000	
贷：应收财产税——当期		1 150 000

【例5—49】 承例5—47，确认有2 500美元的税款无法收回：

借：欠征财产税准备——当期	2 500	
贷：应收财产税——当期		2 500

【例5—50】 为了进一步增加可用于偿债的资产，将所收税款中的100万美元投资于证券：

借：投资 1 000 000

贷：现金 1 000 000

【例 5—51】 承例 5—50，出售了 35 万美元的投资时，获得投资收益 5 万美元，已收到现金：

借：现金 400 000

贷：投资 350 000

收入——投资收益 50 000

【例 5—52】 债券利息到期时：

借：支出——利息 400 000

贷：应付到期利息 400 000

【例 5—53】 承例 5—52，在 7 月 1 日支付利息，把现金转给财政代理人：

借：委托代理现金 400 000

贷：现金 400 000

【例 5—54】 承例 5—52，财政代理人定期向该市报告有关本金和利息的具体支付情况，并已将利息支付给债权人时：

借：应付到期利息 500 000

贷：委托代理现金 500 000

【例 5—55】 收到普通基金转入的 200 000 美元，划归为业务转移：

普通基金账户中：

借：对偿债基金的业务转出 200 000

贷：现金 200 000

偿债基金账户中：

借：现金 200 000

贷：来自普通基金的业务转入 200 000

【例 5—56】 当财政代理人为所从事的债务清偿工作向基金提交 6 000 美元的账单时：

借：支出——财政代理费 6 000

贷：现金 6 000

【例 5—57】 对于尚未收到的、作为投资收益的利息 20 000 美元，须在年末进行记录：

借：应收投资利息 20 000

贷：收入——投资收益 20 000

假设以前购买的并持有的原价值为 650 000 美元的有价证券，在 2019 年 12 月 31 日，其市场价值变为 675 000 美元，则要记录投资价值的增加：

借：投资 25 000

贷：收入——按照公允市价计算的投资价值净增加 25 000

（三）结账和会计报表

1. 结账分录

【例 5—58】 承例 5—57，在 2019 年 12 月 31 日会计期间结束时：

首先，结清偿债基金的预算分录如下：

借：拨款 406 000
　　预算基金余额 994 000
　　贷：预计收入 1 200 000
　　　　预计其他融资来源 200 000

其次，对偿债基金编制如下结账分录：

借：收入——财产税 1 200 000
　　　　——投资出售 50 000
　　　　——按照公允市价计算资价值净增加 25 000
　　　　——投资收益 20 000
　　来自普通基金的业务转入 200 000
　　贷：支出——利息 400 000
　　　　　　——财政代理费 6 000
　　　　非专用基金余额 1 089 000

"非专用基金余额"1 089 000 美元中留下 1 000 000 美元用于支付利息，剩余 89 000 美元 2020 年用于偿付本金。本金的偿还部分需在一般长期负债的账户中作如下会计分录：

借：划拨偿债基金的用款 89 000
　　贷：应备偿债的基金用款 89 000

2. 会计报表

偿债基金的财务报表包括"收入、支出与基金余额变动表"和"资产负债表"(见表 5—14 和表 5—15)。

表 5—14 收入、支出与基金余额变动表

2019 年　　单位：美元

项　目	金　额
收入	
财产税	1 200 000
投资收益	70 000
按照公允市价计算的投资价值净增加	25 000
总收入	1 295 000
支出	
利息	400 000
财政代理费	6 000
总支出	406 000
收入对支出的余额	889 000
其他融资来源	
业务转入	200 000
收入和其他融资来源减去支出后的余额	1 089 000
年初基金余额	0
年末基金余额	1 089 000

表 5－15 资产负债表

2019 年 12 月 31 日

单位：美元

项　目	金　额
资产：	
现金	344 000
应收财产税——当期（扣除 2 500 美元的欠征财产税准备）	50 000
应收利息	20 000
投资	675 000
资产合计	1 089 000
基金余额：	
基金余额	1 089 000

第四节　普通固定资产与普通长期负债账户会计

一、普通固定资产账户和普通长期负债账户的基本概念

（一）普通固定资产账户

1. 普通固定资产账户的定义

通过本章第二节和第三节内容可知，购置的固定资产如土地、建筑物、设备等，在购置时就被记录为支出。这样处理是因为政府型基金都是以支出为会计计量要点，也就是强调核算那些当前可供使用的资产。但为了进行有效的控制和管理，还必须保持对这些资产的充分记录，需要设置普通固定资产账户。普通固定资产账户组（General Fixed Assets Account Group），是用于记录由普通基金、特种收入基金、资本项目基金和某些信托基金购置的固定资产的账户。

值得注意的是，普通固定资产账户并未记录由权益型基金或那些使用固定资产获取收入的信托基金所购置的固定资产。原因是这些基金是以资本保全为计量要点，且采用权责发生制进行核算，故不会产生类似的问题。

2. 资金来源

普通固定资产的资金来源包括各类政府型基金，如普通基金、资本项目基金和某些信托基金，不包括由权益型基金或那些使用固定资产创造收入的信托基金所购置的资产。

3. 主要业务

（1）普通固定资产账户的主要业务

在普通固定资产账户中要记录所购置的资产及其出售、交换或报废的情况。

①固定资产的购置。当购置固定资产时，需记录一个适当命名的资产账户，并注明作为该笔投资资金来源的基金名称。

②固定资产的清理。从出售资产或以其他方式处置资产过程中收到的资金，应记录在法

律规定的基金账户中。如果没有相关的法律规定，通常情况下由普通基金记录这些资金。

③固定资产的捐赠。在资产是被捐赠给政府的情况下，需按照估计的公允市价入账。

值得注意的是，通常政府部门对这些普通固定资产都不计提折旧。

(2)普通固定资产账户与其他基金的关系

普通固定资产取得会涉及若干个基金和账户组。表 5—16 简要列示了各基金和账户组与普通固定资产的购建业务账务处理有关问题的做法。

表 5—16　　各基金与账户组关于普通固定资产的处理及内在联系

基金或账户组	核算内容与联系
普通基金或特种收入基金	核算通过拨款支用购建的普通固定资产。取得资产的成本记入普通固定资产账户组中。
资本项目基金	核算通过取得(发行)债务、资本支出拨款或其他限定用于固定资产购建的资金来源所购建的普通固定资产。取得资产的成本记入普通固定资产账户组中。长期负债在普通长期负债账户组中反映，并最终由财产税或其他特种捐税偿付。
偿债基金	核算除由企业基金收入偿还的债务以外的债务的累积、债务本金与利息的清偿，发行长期债券的应计利息和溢价也包括在内。
普通固定资产账户组	核算由普通基金、特种收入基金和资本项目基金的支用所取得的普通固定资产的成本，通过资本租赁或接受捐赠取得的普通固定资产也包括在内。
普通长期负债账户组	核算除由企业基金收入偿还的债务以外的其他所有未到期的长期负债。资本租赁的租赁费现值也包括在内。

资料来源：孟凡利：《当代西方政府和非营利组织会计》，东北财经大学出版社 1997 年版，第 101 页。

从表 5—16 中可以看出，普通基金、特种收入基金和资本项目基金的支用可以取得普通固定资产；普通固定资产的取得成本及其后续价值是反映在普通固定资产账户组中的；取得普通固定资产发生的长期负债被记入普通长期负债账户之中；偿债基金则用于反映到期普通长期债务的本金与利息的偿付。①

4. 普通固定资产账户的会计确认与计量

普通固定资产账户不是一只基金，故不存在计量要点和会计基础的概念。但在对这些资产进行账务处理时，需符合购置和使用这些资产的基金本身所使用的会计核算规则。

(二)普通长期负债账户

1. 普通长期负债账户的定义

政府型基金在其资产负债表中并不报告长期债务，发行债务的收入在“收入、支出与基金余额变动表”中主要反映在“其他融资来源”中，原因是政府型基金的计量要点侧重于基金的支出、流动资产和流动负债等方面。

为全面反映政府型基金的长期负债，需要设置“普通长期负债账户组”(General Long-term Debt Account Group)，即“普通长期负债”账户是用以记录所有的由政府普通基金和其

① 孟凡利：《当代西方政府和非营利组织会计》，东北财经大学出版社 1997 年版，第 101 页。

他用于清偿债务的资金进行偿付的长期负债(主要是普通责任债务)。

需要注意的是,普通长期负债账户只用来报告债务的本金额,利息并不在这些账户中记录,尚未支付的到期利息在提供债务清偿的基金中进行记录。

2. 普通长期负债账户偿还的资金来源

任何在将来需要支付的普通责任债务都可能记录在普通长期负债账户,但前提是该债务需用一般政府资金清偿。如果普通责任债务是由企业基金、权益型基金等其他基金积累的基金进行清偿,则该债务不包含在普通长期负债账户内。

3. 普通长期负债账户的经济业务

(1)普通长期负债账户的主要业务

①长期负债的发生。长期负债在发生时(如发行债券时)就应该加以记录,该项债务一般被保留在普通长期负债账户中,直到成为一只具体基金对应的应付负债。

②长期负债的清偿。当债务到期并成为清偿债务基金的一项支出时,相应的负债和债务应从普通长期负债账户中冲销。

(2)普通长期负债账户与其他基金的关系

普通长期负债账户主要与偿债基金联系紧密。大多数情况下,当发生长期债务时(如发行债券时或以分期付款的形式采购时),需在普通长期负债账户中记录负债;偿债基金被用来记录长期债务本金和利息的支付。而当清偿债务时,清偿债务的基金将记录支出,同时应从普通长期负债账户中撤销相应的负债。

4. 普通长期负债账户的会计确认与计量

普通长期负债不是基金,也没有类似基金的业务活动,故不存在计量要点或会计基础的概念。

二、普通固定资产账户的账务处理

(一)业务控制

建立普通固定资产账户是对实物资产本身进行会计控制,对普通固定资产账户并没有业务预算,这些资产的购置和处理需通过基金的营运预算和资本预算来进行控制。

(二)主要业务的账务处理

在普通固定资产账户中主要业务如下:

(1)当购置固定资产时,需借记一个适当命名的资产账户,同时贷记“一般固定资产投资”账户,并注明作为该笔投资资金来源的基金名称。

(2)当对资产进行清理时,需对前面的会计分录编制反转分录。从出售资产或以其他方式处置资产过程中收到的资金,应记录在法律规定的基金账户中。如果没有相关的法律规定,通常情况下由普通基金接收这些资金。

(3)固定资产需按照购置成本记账。

(4)在资产是被捐赠给政府的情况下,需按照估计的公允市价来进行会计记录。

【例 5-59】 华纳市购置了一辆新的巡逻车,成本为 250 000 美元。

普通基金账户中的会计分录如下：

借：支出——资本设备　250 000

　贷：应付凭单　250 000

普通固定资产账户中的会计分录如下：

借：设备　250 000

　贷：来自普通基金的一般固定资产投资　250 000

【例 5—60】 当巡逻车报废时，将其进行处理后得到 10 000 美元。

普通基金账户中的会计分录如下：

借：现金　10 000

　贷：收入——出售一般固定资产　10 000

普通固定资产账户中的会计分录如下：

借：来自普通基金的一般固定资产投资　250 000

　贷：设备　250 000

(5)如果由一个外部承包商来修建资产，项目的成本将由合同价格加上其他成本决定。

(6)如果政府部门使用自己的人员、材料等来建造这项资产，记录的成本将是材料、劳务和发生的管理费用的总和。

【例 5—61】 前面讨论的公路隧道的建设涉及资产建设项目发生的成本。这些成本记录在资本项目基金和普通固定资产账户中。

记录对建筑设计师费用的负债时，华纳市资本项目基金记录的会计分录如下：

借：支出——建筑设计师费用　540 000

　贷：应付凭单　540 000

【例 5—62】 记录承包商按进度开出的账单：

借：支出——建设成本　8 500 000

　贷：建筑合同留存比例　850 000

　　应付建筑合同款　7 650 000

【例 5—63】 记录一年中发生在公路隧道建设上的成本：

在当年“支出”账户共借记了 9 040 000 美元，即总建设成本为 9 040 000 元。在普通固定资产账户中记录资产的会计分录为：

借：在建工程　9 040 000

　贷：来自州政府财政补贴的一般固定资产投资　8 500 000

　　来自债券发行的一般固定资产投资　540 000

（三）结账和会计报表

普通固定资产账户具有连续性，因此在会计处理上没有必要编制年度结账分录。

对于普通固定资产账户，需要编制普通固定资产一览表。一般来讲，政府单位可以分别编制以下报表：按购置资产资金来源划分的普通固定资产一览表（见表 5—17）；按功能和业务划分的普通固定资产变动表（见表 5—18）。

表 5－17　　按华纳市资产类别和来源划分的普通固定资产一览表

20××年 12 月 31 日　　单位:千美元

项　目	金　额
普通固定资产:	
土地	
建筑物及改造	
设备	
在建工程	
普通固定资产合计	
普通固定资产投资来源:	
特种收入基金	
资本项目基金:	
普通责任债券	
联邦财政补贴	
州政府财政补贴	
其他资本基金	
捐赠	
其他收入	
普通基金收入	
普通固定资产来源合计	

资料来源:根据约瑟夫著作图表整理编辑而成([美]约瑟夫 · R. 拉扎克等著,张志超、蔡方、郭玲等译:《政府与非营利组织会计导论》,机械工业出版社 2003 年版,第 186 页)。

表 5－18　　按华纳市功能和业务划分的普通固定资产一览表

20××年 12 月 31 日　　单位:千美元

项目功能和业务	土地	建筑物及其改良	设备	总额
政府日常支出:				
议会				
市政府				
法律部门				
法院和教区				
财政部门				
日常服务				
政府日常支出合计				
公共安全:				
警察部门				

续表

项目功能和业务	土地	建筑物及其改良	设备	总额
消防部门				
安全和许可部门				
公共安全合计				
公共工程：				
公共工程部门				
卫生部门				
财产管理部门				
公共事业部门				
公共工程合计				
卫生和人事部门：				
卫生部门				
人事服务部门				
卫生和人事部门合计				
文化和娱乐：				
公共图书馆				
文化委员会				
娱乐服务部门				
文化和娱乐合计				
城市发展和房屋建设				
经济发展和援助				
按功能划分的普通固定资产合计				
在建工程				
普通固定资产合计				

资料来源：根据约瑟夫著作图表整理编辑而成([美]约瑟夫·R. 拉扎克等著，张志超、蔡方、郭玲等译：《政府与非营利组织会计导论》，机械工业出版社 2003 年版，第 187 页)。

在这些报表上要列出目前所拥有的普通固定资产的清单及其资金来源清单。

同时，比照“按功能和业务划分的普通固定资产一览表”的格式和上个财政年度的数据，还可以编制“按功能和业务划分的普通固定资产变动一览表”(此处略)。

三、普通长期负债账户的账务处理

(一)普通长期负债账户的业务控制

普通长期负债账户只用来记录尚未清偿普通责任债务的本金。新的普通责任债务的发生和尚未清偿普通责任的本金偿还主要是通过政府性基金的资本预算账户进行控制的,对这些负债的记录是由各政府型基金的会计规则所决定的。

(二)主要业务的账务处理

1. 会计核算的特点

普通长期负债账户的基本业务记录中,分析会计分录应注意以下几点:

(1)在普通长期负债账户中只记录债务的本金;

(2)偿还负债时,该负债必须从普通长期债务账户账簿中予以撤销,并转到偿债基金;

(3)通常只有特定类型的债务记录在普通长期负债账户中,如分期还本债务、定期债券等。

相关业务参见例 5—59、例 5—60。

2. 主要业务的会计核算

对普通责任债务的记录分两步进行:

(1)当债务发生时,需在普通长期负债账户中贷记(增加)负债,同时借记"应备偿债的基金用款"账户(或任何其他可提供清偿债务用款的基金账户)。

(2)当清偿债务时,需在"应备偿债的基金用款"账户上登记余额减少(贷记),同时借记一个"划拨偿债基金用款"账户(或任何为清偿债务划拨款项的基金账户)。当债务被记录为偿债基金的一项负债时,该债务便从普通长期负债账户的记录中撤销了。

【例 5—64】 承本章第四节例题,资本项目基金账户中的会计分录如下:

借:现金 10 000 000

　　贷:来自债券发行的收入 10 000 000

【例 5—65】 编制普通长期负债账户中的会计分录,记录普通责任分期还本债券的发行。

借:应备偿债的基金用款 10 000 000

　　贷:应付分期还本债券 10 000 000

【例 5—66】 在年末,如果偿债基金中积累的 89 000 美元将被用于债券的本金清偿,则编制如下普通长期负债账户中的会计分录,记录偿债基金可利用资金的增加:

借:划拨偿债基金的用款 89 000

　　贷:应备偿债的基金用款 89 000

【例 5—67】 承例 5—66,当对债务本金进行清偿时,债务的本金必须从普通长期负债账户中撤销,并转到偿债基金中。假设 2021 年清偿本金 1 000 000 美元。

普通长期负债账户中记录到期的债券本金的会计分录如下:

借:应付分期还本债券 1 000 000

　　贷:划拨偿债基金的用款 1 000 000

偿债基金账户中记录到期应付的债务本金的分录如下:

借:支出——债券本金 1 000 000

　　贷:应付到期的分期还本债券 1 000 000

【例 5—68】 记录向财政代理人转移的现金:

借:委托代理现金 1 000 000

　　贷:现金 1 000 000

【例 5—69】 记录到期本金的偿付：

借：应付到期的分期还本债券　1 000 000

　贷：委托代理现金　1 000 000

（三）结账和会计报表

普通长期负债账户也具有连续性，会计处理上不需要编制年度结账分录。

普通长期负债一览表主要包括：债券交易汇总表（见表 5—19）；每只尚未清偿债券的列表和说明（见表 5—20）；以后年度对清偿未付本金的现金流量要求（见表 5—21）；其他普通长期负债一览表。

表 5—19

华纳市

普通长期负债一览表

长期负债——债券交易

截至 12 月 31 日的 20××年度的债券交易汇总　单位：千美元

时　间	普通责任
在 20××年 1 月 1 日应付的债券	
20××发行的债券	
已清偿的债券	
在 20××年 12 月 31 日应付的债券	
备注说明：	

资料来源：同前。

表 5—20

华纳市

尚未清偿的普通长期负债的汇总表

在 20××年 12 月 31 日应付的组成部分

说　明	原始发行（千美元）	平均利率范围	尚未清偿款额（千美元）
普通责任债券：			
××年～××年的公共改良债券			
××年发行的普通责任偿债债券			
……			
普通责任债券合计			

资料来源：同上。

表 5—20 包括尚未清偿的长期债务、已积累的将用于清偿发行债务的资金的清单。此外，还需编制一张现金流量要求表。

表 5－21

华纳市

现金流量要求——本金和利息

对分期偿还××年 12 月 31 日尚未清偿的所有债券的要求

年 份	金 额
20××年	
……	
合 计	

资料来源:同上。

本章小结

美国政府部门使用基金会计时,最常使用的基金就是普通基金和特种收入基金。普通基金,是指用于核算各级政府的一般行政管理活动和向公众提供的一般传统服务的财务资源及其融资。特种收入基金,是指在特定的法律、规章或协议的规定下,用于核算那些具有特定的收入来源并指定用于特殊目的开支项目的普通政府财务资源。政府基金收入可以按照不同标准分类。按照收入性质划分,分为税收收入和非税收收入;按收入所属的基金主体不同,分为普通基金收入、特种收入基金收入和其他政府基金收入。基金支出,是指由本期运营、资本支出或偿债(除运营和剩余权益向其他基金转账之外)所引起基金财务资源的减少。

普通基金和特种收入基金的财务资源主要来源于政府依法向纳税人课征的税收,并主要用于政府当期运营活动(而不是用于资本项目支出或偿还债务)。普通基金和特种收入基金的基本会计等式为:"基金资产－基金负债＝基金余额"。预算账户是用来把正式批复的年度预算登记到一般分类账的账户,期末所有的预算账户须结平转出。预算账户不影响总分类账实际的资产、负债、收入或支出账户。无论在何种情况下,预计收入和拨款账户以及预算分录,都不会永久地影响非专用基金余额账户。

资本项目基金会计,是指用于核算政府建造或以其他方式取得的固定资产筹集和支用的财务资源,以保证法律限定用于此类资本项目的资金来源得以专款专用,同时为资本项目成本核算和成本控制提供方法。支持资本项目基金的资金通常来自普通责任债务、法律上有偿还义务的税赋、政府给予的补助或分享收入、其他基金的业务转移、工程项目暂时未用资金的投资收益或私人捐赠等。

偿债基金是核算政务活动中长期债务偿还活动的政务基金,用以积累偿付普通责任长期负债的本金和利息的资金。偿债基金预算的编制期间与财政年度是一致的。偿债基金中的收入的种类主要有专项税收收入、投资收益等。偿债基金中的其他资金来源,是指除了收入以外的其他可以用于偿还债务本息的资金来源,主要包括基金间的转账收入、债券的发行溢价等。

普通固定资产账户组(General Fixed Assets Account Group),是用以记录由普通基金、特种收入基金、资本项目基金和某些信托基金购置的固定资产的账户。普通固定资产的资金来源包括各类政府型基金,如普通基金、资本项目基金和某些信托基金,不包括由权益型基金或那些使用固定资产创造收入的信托基金所购置的资产。普通长期负债账户组是用以记录所有的由政府普通基金和其他用于清偿债务的资金进行偿付的长期负债(主要是普通责任债务)。

关键词

普通基金　特种基金　收入、支出与基金余额变动表——预算与实际　专项税收收入　签发票据收入　政府间补助收入　社会捐助收入　修正的权责发生制　其他融资来源　偿债基金　对偿债基金的业务转出　来自普通基金的业务转入　普通固定资产账户组　普通长期负债账户组　普通固定资产一览表

思考题

1. 简述普通基金和特种收入基金的异同。
2. 设立普通固定资产账户和普通长期负债账户的目的是什么？
3. 什么是基金间交易？
4. 举例说明资本项目基金核算的主要业务。
5. 偿债基金的债务本金和利息的偿还如何进行核算？
6. 简述账户组和基金的联系和区别。
7. 简述普通长期负债账户的会计业务的处理。

第六章 美国政府权益基金和受托基金会计

学习目标

1. 了解政府权益基金和政府受托基金的基本概念、特点和设置原因；
2. 熟悉政府权益基金的类型和业务活动范围；
3. 掌握政府权益基金、信托基金和代理基金会计主要业务的账务处理；
4. 熟悉内部服务基金、企业基金以及信托基金和代理基金的会计报表体系和编制方法。

第一节 政府权益基金会计

一、政府权益基金的基本概念

（一）定义

政府的活动从性质上可以分为两大类型：一类是行政活动或行政类型的活动（Governmental-type Activities），即政府从事行政和社会公共事务管理方面的活动；另一类是业务类型的活动（Business-type Activities），是指政府从事的行政和社会公共事务管理活动以外的各种类似于企业组织的活动，即企业或类似企业的活动，是政府活动的延伸。

权益型基金（Proprietary-type Funds）就是在政府部门管理类似于商业企业所从事的经济业务活动时使用的基金类型。根据所提供对象的不同，权益基金主要分为内部服务基金和企业基金。

政府单位从事企业或类似企业活动的原因是多方面的：

第一，市场本身的缺陷。为消除市场失效对经济的影响，政府除了利用税收、利率等经济杠杆予以调节外，还可以通过直接投资创办公营企业，参与提供竞争性产品，以抑制市场垄断，优化经济资源，提高经济效率。

第二，体现政府的公共政策。社会公众日常生活的许多消费品，如公共交通、邮政、自来水、供电、供气等生活必需品，以及道路、机场、码头等都是投资额大、回收期长的微利品，如果由厂商提供这些物品，会提高产品价格导致物价上涨，使居民生活支出提高或生活水平下降，从而损害公众的利益，难以体现政府的公共政策。

第三，降低行政管理成本，减少政府财政开支，提高财政资金的使用效益。在任何国家，政府都是市场最重要的消费者，由政府各部门各单位自行采购物品或服务，也会由于支出控制不严密，造成各种贪污、腐败现象的泛滥，因此，各国政府普遍设立政府内部服务机构。

无论是公营企业还是政府内部服务机构，其所从事的活动与政府的行政活动都有本质的区别，其提供的物品或服务不属于公共物品的范畴，消费者(不论是社会公众还是政府部门或单位)消费公营企业和政府内部服务机构(主要是政府部门或单位)提供的物品或服务时必须付费(即有偿消费)。这些机构提供的物品或服务价格主要以成本补偿为基础。这就决定了政府从事的业务类型活动的财务收支与行政类型活动的财务收支必须严格区分开，并设立权益基金进行会计确认、计量、记录和报告。

(二)账务处理特点

为正确反映运营成果和财务状况，权益基金与其他政府部门之间的交易应作为“准外部”交易处理，即权益基金向政府部门提供的物品或服务应预先确定收费率，按规定收费；政府部门为权益基金提供的物品或服务也应按照其向其他使用者提供的相同价格收取服务费。

政府权益基金与政府型基金的业务处理有很大的差别。具体表现在：

(1)用权益基金购置的固定资产应直接记入权益基金主体(不通过普通固定资产账户组处理)，并计提折旧，折旧费用从运营收入中得到补偿。

(2)长期负债直接在权益基金中记录，并用该基金财务资源偿付(不通过普通长期负债账户组处理)。

(3)租赁和要求权、法院判决负债以及雇员的缺勤补偿等事项的处理方法与企业会计相同。

(4)政府权益基金采用应计制基础确认、计量和记录业务运营活动的收支，并计算业务运营活动的净收益。权益基金会计的计量要点强调资本保全，把发生的各项与业务运营活动相关的费用全部由消费者或其他政府基金负担，然后才能再用收回的资源继续提供新的物品或服务。这为政府单位提供了精确计量收入和费用的方法，既有助于政府确定相关业务的收费，也有助于政府确定支持业务活动需要的补贴。

(三)会计报表

政府权益基金编制的报表包括“资产负债表”，“收入、费用和基金权益(或留存收益)变动表”和“现金流量表”，以反映其财务状况、经营成果及现金流量等情况。

与政府基金类型的“资产负债表”相比，政府权益基金的“资产负债表”，除了需提供流动资产、流动负债和净权益外，还应提供固定资产、无形资产等长期资产和长期负债等信息。“现金流量表”主要反映政府权益基金在报告期内现金流入流出的基本情况，按照交易或事项产生现金流量的类别分别列示。如果政府报告主体设置若干类似性质的权益基金，则需编制合并的权益基金报表，将每一只基金在合并报表中设专栏予以详细反映。

二、内部服务基金

(一)基本概念

1. 定义

内部服务基金，是政府为了向各部门各单位或其他政府提供物品或服务而设立的基金。

作为独立的会计与财务报告主体,内部服务基金的日常业务运营收入主要来源于向消费该基金物品或服务的政府部门或其他政府机构收取的服务费,其支出具有垫支性,是一种自我补偿的基金。与具有营利性质的企业基金也不同,内部服务基金主要的服务对象是政府内部的各部门或其他政府机构,其物品或服务提供的价格通常只以成本加共同费用的分摊额确定,一般不具有营利性质。

2. 业务范围和分类

内部服务基金的运营业务涉及政府运营活动的各个方面,主要包括生产业务、物资采购业务和提供各种服务或劳务。其中,生产业务,包括为政府部门提供大量消耗性货物的制造、加工业务,如印刷厂、沥青加工厂等;物料采购业务,包括政府部门耗费的各种办公设备、办公用品及零星物料的采购等;各种服务或劳务,包括复印,政府机关用设备、车辆、房屋修理和维护,汽车运营,通信数据处理,代办保险,洗涤、保洁服务等。此外,若某些政府基金出现赤字,内部服务基金还为这些政府基金提供低息贷款或优先取得发行债券或补助等服务,或为资本工程提供中期融资的便利。

3. 资金来源和预算控制

内部服务基金通常是按照其组成、特征或依法律程序设立的,也可以根据政府组织内部运营管理的需要设立。内部服务基金设立的资金来源主要取决于该基金是否用于运营新的业务。概括来说,内部服务基金主要有以下几个来源渠道:

(1)通过普通基金直接拨款资助或动用基金余额设立;

(2)发行公债或其他债券筹集的资金设立;

(3)由其他政府基金先垫款作为基金的周转金,用将来收回的款项或获得的收益分期偿还;

(4)其他政府支付的预付款,将来用物品或服务偿付。

如前所述,内部服务基金可通过其他政府基金拨款或发行公债等方式,取得能够供其长期使用的周转金。如果增加新的运营业务,通常要向其他政府基金借款或由其他政府提供预付款项。从上述各渠道获得资金后,内部服务基金就要运用这些资金采购政府运营必需的物品,以便为政府部门或其他政府提供服务。

内部服务基金活动的水平主要取决于使用部门或政府对其服务的需求情况,其业务运营活动不直接使用经费拨款,很少直接采用正式的预算控制账户。但使用其服务的各政府部门或其他政府机构支付的服务费来源于经费拨款,构成了内部服务基金运行活动的间接预算。在大型的内部服务基金中,管理当局为了加强计划控制也编制适合其运营活动特点的预算,与政府基金预算不同,内部服务基金主要采用弹性预算,即其收支预算是根据经费拨款的间接预算和运营活动的业务量编制的,且通过自求平衡的预算账户控制。这与企业经营预算相类似。内部服务基金的预算一般不考虑费用因素,不需要获得正式批准,其发生的偿付义务或从内部服务基金中偿付现金也不需要经费授权或批准。内部服务基金预算与企业经营预算的区别在于,它不仅要记录影响基金运营和实际财务状况的交易(影响实际收入、费用、资产、负债和资本的交易),如果其维持日常正常经费开支是通过经费拨款取得的,还要记录相应的经费、支出及保留数等。

【例 6—1】 华纳政府拟建立设备维修中心,准备从以下渠道取得设立该内部服务基金的资本金及运营资金。

(1)收到政府从普通基金余额转入现金 250 000 元,划拨车房及办公楼一栋 2 750 000 元,作为对汽车服务中心的投资。其会计分录为:

借:现金	250 000	
房屋	2 750 000	
贷:缴入资本——普通基金		3 000 000

普通基金中的会计分录:

借:基金余额转出——转至内部服务基金	250 000	
贷:现金		250 000

普通固定资产账户组的会计分录:

借:固定资产投资	2 750 000	
贷:固定资产——建筑物及改良		2 750 000

(2)为筹集购置设备及运营的资金,按面值发行一般责任债券 200 000 元。其会计分录为:

借:现金	200 000	
贷:应付债券		200 000

内部服务基金发行的债券将来必须用该基金的财务资源予以偿还。

(3)预收普通基金转来的设备保养和维修款 100 000 元。其会计分录为:

借:现金	100 000	
贷:预收普通基金款		100 000

普通基金的会计分录:

借:预付内部服务基金款	100 000	
贷:现金		100 000

4. 内部服务基金的撤销

政府设置的某些内部服务基金只是为了提供暂时性的服务,在具有提供物品或服务更佳方式的情况下,原来所设置的内部服务基金应予撤销。内部服务基金撤销时,如下事项需要进行相应处理:

(1)内部服务基金资产进行处置的原则是将该基金净资产转移给原来出资的基金。

(2)若该内部服务基金的资本是通过发行公债或其他债券获得的,则其净流动资产应转移给偿还该债务的基金。

(3)内部服务固定资产对外出售,其所得款额应采用与净流动资产相同的方法处置;否则通常应转移给原出资的基金,或者转移给可使固定资产得到最佳使用的部门,并在接受部门的普通固定资产账户组中记录;但如果是转移给企业基金或其他内部服务基金,则应作为权益基金的组成部分。

(二)主要业务的账务处理

1. 记账基础

内部服务基金应采用应计制基础确认、计量和记录物品或服务提供活动的收支,并计算运营净收益。采用应计制进行具体账务处理时,需注意:(1)固定资产用内部服务基金的资源购置,并计提折旧费用;(2)长期负债直接在内部服务基金中记录,并用该基金的财务资源偿还(而不通过普通长期负债账户组处理);(3)服务价格以成本补偿为基础确定,需提供成本方面的信息,以便相关各方做出各种经济决策;(4)为便于运营业务的管理控制,需要采用成本会计制度,依据作业程序,分别进行分批、分步或标准成本计算。

2. 内部服务价格的确定

内部服务基金提供物品或服务的价格主要取决于以下两方面:(1)资本提供的方式;(2)是否需要为政府基金提供"收益"。

通常内部服务基金为政府部门或其他政府机构提供物品或服务的价格应以成本补偿为基础,即不能具有营利性质。如果内部服务基金设立的资本要求由该基金本身提供,或政府基金由于为它提供资本(从普通基金余额转入)而要求内部服务基金必须为它提供现金"股利"分配,形成普通基金收入,那么其服务价格应确定在某一个能够产生利润的水平上,即必须以超过服务成本的价格向消费其物品或服务的政府部门或其他政府收取。

内部服务基金提供的物品或服务的价格,通常是根据估计成本总额和物品或服务的总消费额两方面估计的比率构建其价格形成机制的。

(1)物品或服务总成本一般要包括物料采购成本、必要的加工制造费用(包括折旧费用)、人工费用和内部服务基金运营的管理费用等。由于总成本和总消费额都是估计的,所以实际的价格要在每个月末、季末或年末再根据实际成本进行调整和结算。

(2)内部服务基金的服务价格虽然主要以成本补偿为基础确定,但其服务成本核算也是服务定价的主要依据。服务成本的范围因内部服务基金业务的类型不同而存在差异。有的内部服务基金业务范围较小,基本上不使用全职人员,或不发生其他重要成本,如电台设施的租金等。但在多数情况下,内部服务基金业务要使用大量人员、设备、物料,并发生其他间接费用,所有这些费用都应通过向使用部门收费来弥补,而非仅弥补所提供商品和服务的直接成本。

3. 运营盈余和亏损

(1)运营盈余

在美国注册会计师协会审计指南《州及地方政府单位审计》中规定:收费率不应高至将指定用于其他用途的资产吸收过来。同样,收费率也不应过低以致产生重大损失,导致保留盈余形成赤字……由于这些基金的目的是方便成本分摊,因而长期的资源积累或赤字都是不恰当的。

依据内部服务基金的目的,除了以保险内部服务基金为未来灾害损失提取的准备,内部服务基金不应有重大的保留盈余。但在实务中,许多政府的各类传统内部服务基金都有大量的保留盈余余额:一方面,这些余额可能来自向所提供商品和服务的使用方多收费,以使基金能以较高的重置成本重置基金固定资产。但超额收费是不恰当的,尤其是如果将这些收费转嫁给联邦或州资助项目,则是不合法的或不被许可的;另一方面,这些余额也可能来自普通基金或其他基金的例行运营转账,以资助重置基金固定资产或持续扩大运营规模的额外需求。在这种情况下,即使基金是以成本分摊为核心,这些保留盈余也是完全恰当的。

(2)运营亏损

若出现年度运营亏损,通常可采用下列方法之一处置:①按照各部门年度使用物品或服务的比例另行收取或事先对基金运营及收费率作适当的调整;②转入留存收益账户,通过调整下年度的收费率以消除这个亏损额;③不调整下年度的收费率,而是暂时留在留存收益账户中,待以后年度用净收益弥补;④按照立法程序或经行政管理当局核准,从普通基金转入适当的数额冲销,或直接转给普通基金。

4. 会计核算

华纳政府建立了一个汽车设备集中服务基金,开始运营前的内部服务基金资产负债表如表6—1所示。

表6—1

华纳政府

汽车设备集中服务基金(内部服务基金)

期初资产负债表

2019年1月1日　　单位:美元

资　产		
流动资产:		
现金		75000
固定资产:		
土地	10 000	
建筑物	40 000	
机器及设备	10 000	60 000
投入资本	135 000	
投入资本——政府单位		135 000

该基金资源将用于购买汽车、卡车等。每种设备的使用和运营成本将以每公里或每小时为基础进行估计并记录实际成本,以便与估计数作比较为来年的估计所使用。

汽车设备集中服务基金(内部服务基金)发生了以下经济业务:

【例6—2】 10月1日,支付现金25 000美元并发行2年期、利率6%的票据15 000美元用于购买设备。其会计分录为:

借:设备	40 000	
贷:应付票据		15 000
现金		25 000

【例6—3】 以赊购方式购买价值10 000美元的物料用品。其会计分录为:

借:材料物资	10 000	
贷:应付账单		10 000

【例6—4】 支付工资及薪金19 000美元,其中,技师工资9 000美元,间接人工工资3 000美元,负责人薪金3 500美元,办公室文员薪金19 000美元。其会计分录为:

借:费用——技师工资	9 000	
——间接人工	3 000	
——负责人薪金	3 500	
——办公室文员薪金	3 500	
贷:现金		19 000

【例 6—5】 支付暖气、照明及电力费 2 000 美元。其会计分录为：

借:费用——暖气、照明及电力　　2 000

　贷:现金　　2 000

【例 6—6】 提取建筑物、机器等设备的折旧，其中，建筑物 2 400 美元，机器及设备 9 200 美元。其会计分录为：

借:费用——折旧——建筑物　　2 400

　　　　　　　——机器及设备　　9 200

　贷:累计折旧——建筑物　　2 400

　　　　　　——机器及设备　　9 200

【例 6—7】 向接受服务的单位开出单据共计 42 800 美元。其中，应从普通基金收取 30 000 美元，应从企业基金收取 12 800 美元。其会计分录为：

借:应收普通基金款　　30 000

　应收企业基金款　　12 800

　贷:收入　　42 800

普通基金借记支出账户，企业基金借记费用账户，贷记"应付内部服务基金款——汽车设备集中服务"账户。

政府内部服务基金对使用方部门收费时常用"对各部门的已开单据"收入账户，这是因为该用语更具描述性；在该分录中，也可贷记"销售"或"销售收入"账户。

【例 6—8】 支付应付账单 7 500 美元。其会计分录为：

借:应付账单　　7 500

　贷:现金　　7 500

【例 6—9】 从普通基金收回现金 29 000 美元，从企业基金收回现金 10 000 美元。其会计分录为：

借:现金　　39 000

　贷:应收普通基金款　　29 000

　　应收企业基金款　　10 000

【例 6—10】 办公室维修费支出 200 美元。其会计分录为：

借:费用——办公室维修　　200

　贷:现金　　200

【例 6—11】 发出材料及物料用品 7 000 美元。其会计分录为：

借:费用——已用材料物资成本　　7 000

　贷:材料物资　　7 000

【例 6—12】 应计工资及薪金 1 000 美元。其中，技师工资 500 美元，间接人工工资 150 美元，负责人薪金 175 美元，办公室文员薪金 175 美元；应付票据应计应付利息 400 美元。其会计分录为：

借:费用——利息　　400

　　　——技师工资　　500

　　　——间接人工　　150

——负责人薪金　175

——办公室薪金　175

贷：应付利息　400

应付薪酬　1 000

5. 试算平衡表

上述分录过账后，"内部服务基金试算平衡表"如表 6—2 所示。

表 6—2

华纳政府

汽车设备集中服务基金（内部服务基金）

结账前试算平衡表

单位：美元

项　目	借方	贷方
现金	60 300	
应收普通基金款	1 000	
应收企业基金款	2 800	
材料物资	3 000	
土地	10 000	
建筑物	40 000	
累计折旧——建筑物		2 400
机器设备	50 000	
累计折旧		9 200
应付账单		2 500
应付薪酬		1 000
应付利息		400
应付票据		15 000
投入资本——政府单位		135 000
收入——对各部门的已开账单		42 800
费用——已用材料物资	7 000	
费用——技师工资	9 500	
费用——间接人工工资	3 150	
费用——负责人薪金	3 675	
费用——折旧费——建筑物	2 400	
费用——折旧费——机器设备	9 200	
费用——折旧费——暖气、照明和电力	2 000	
费用——折旧费——办公室文员薪金	3 675	
费用——折旧费——办公室维修	200	
费用——利息	400	
总　计	208 300	208 300

(三)结账和会计报表

1. 结账分录

【例 6－13】 结清华纳政府汽车设备集中服务基金(内部服务基金)的收入和费用账户,并确定结余(即对各部门的已开账单净额超过成本数)。

编制结账分录如下:

借:收入——对各部门的已开账单	42 800	
贷:费用——已用材料及物料用品成本		7 000
——技师工资		9 500
——间接人工工资		3 150
——负责人薪金		3 675
——折旧——建筑物		2 400
——折旧——机器及设备		9 200
——暖气、照明及电力		2 000
——办公室文员薪金		3 675
——办公室维修		200
——利息		400
对各部门的已开账单净额超过成本数		1 600

【例 6－14】 将该期净收入结清,转入保留盈余。

借:对各部门的已开账单金额超过成本数	1 600	
贷:保留盈余		1 600

2. 会计报表

内部服务基金财务报表包括“资产负债表”,“收入、费用及基金权益(或留存收益)变动表”等。其中,“资产负债表”与政府型基金的资产负债表相比,除了要提供流动资产、流动负债和净权益方面的信息外,还应提供固定资产、无形资产、长期负债等信息。

(1)资产负债表

资产负债表的格式如表 6－3 所示。

表 6－3 资产负债表

2019 年 12 月 31 日 单位:美元

资 产	金 额	负债及基金权益	金 额
流动资产		流动负债	
现金		应付账单	
应收普通基金款项		应付票据	
应收账款		应付利息	
材料物资		流动负债合计	
流动资产合计		长期负债	

续表

资　产	金　额	负债及基金权益	金　额
固定资产		应付债券	
房屋		负债合计	
机器设备		基金权益	
固定资产合计		缴入资本	
		留存收益	
		基金权益合计	
资产总额		负债及基金权益总额	

结合以上例题资料，编制“华纳政府内部服务基金——汽车设备集中服务基金”资产负债表（见表6—4）。

表6—4

华纳政府

汽车设备集中服务基金（内部服务基金）

期末资产负债表

2019年12月31日　　　　单位：美元

	借方	贷方
资　产		
流动资产：		
现金	60 300	
应收普通基金款	1 000	
应收企业基金款	2 800	
材料物资	3 000	
流动资产合计	67 100	
固定资产：		
土地	10 000	
建筑物	40 000	
减：累计折旧	2 400	37 600
机器设备	50 000	
减：累计折旧	9 200	40 800
固定资产合计	88 400	
资产总计	155 500	
负债及基金权益		
流动负债：		
应付账单		2 500

续表

	借方	贷方
应付薪酬		1 000
应付利息		400
流动负债合计		3 900
长期负债:		
应付票据		15 000
负债合计		18 900
基金权益:		
投入资本——政府单位		135 000
保留盈余		1 600
基金权益合计		136 600
负债及基金权益总计		155 500

(2)收入、费用和留存收益变动表

内部服务基金“收入、费用和留存收益变动表”的具体格式如表6—5所示。

表6—5 **收入、费用和留存收益变动表**

××年度

项　目	金　额
营业收入	
营业费用	
薪金费	
水电费	
保险费	
办公费	
排污费	
物料消耗	
折旧费	
利息费用	
营业费用总额	
营业收益	
基金权益——期初	
基金权益——期末	

（3）现金流量表

在内部服务基金现金流量表中，政府会计准则委员会要求将现金流量分为以下四类：

①经营活动产生的现金流量。应分别列示提供物品或服务收取的现金、为提供服务或制造货物出售而支付的现金、物料消耗支付的现金、准外部交易收取或支付的现金、从其他基金收取运营交易的现金、支付税收的现金、为特定活动的补助而收取或支付的现金等。

②资本及相关筹资活动产生的现金流量。应分别列示用于发行债券或偿还借款而收取或支付的现金、支付这些借款利息的现金、运营补助收取或支付的现金、运营或留存收益转出及基金间偿付而支付的现金等。

③与资本无关的筹资活动产生的现金流量。应分别列示用于非资本资产发行债券或偿还借款而收取或支付的现金、支付这些借款利息的现金、资本补助收取的现金、取得或处理固定资产而收取或支付的现金、从其他基金权益或基金余额筹集资本资产购置资金而收取的现金、从特别赋税或税收筹集资本资产购置资金而收取的现金等。

④投资活动产生的现金流量。应分别列示为取得（或处置）债券或权益证券投资而收取（或支付）的现金、发放及收回贷款而收取或支付的现金、收取利息或股息的现金等。

内部服务基金的“现金流量表”编制格式如表 6—6 所示。

表 6—6

政府单位内部服务基金

现金流量表

××年度

项　目	金　额
经营活动产生的现金流量	
从使用方部门收到的现金	
支付给产品和服务供应商的现金	
支付给雇员的现金	
投资活动产生的现金净流量	
资金及相关筹资活动产生的现金流量	
购买设备	
现金净减少	
年初现金及现金等价物	
年末现金及现金等价物	
营业利润到经营活动产生的现金净流量的调整：	
营业利润	
将营业利润调整为经营活动产生的现金净流量	
折旧	
应付账单增加	
应付工资及薪金增加	

续表

项　目	金　额
应收票据增加	
存货增加	
调整合计	
经营活动产生的现金净流量	

三、企业基金会计

(一)基本概念

1. 定义

企业基金,是指由政府创办公营企业,向社会公众提供类似于企业组织提供的物品或服务而设立的基金。企业基金用于处理与企业相类似的财务及其他活动,这类活动由经营管理机构按照持续经营的原则,将为社会公众提供物品或服务的成本(包括各项费用和折旧等)通过向消费者或服务对象收费的方式收回,以保全政府投入的资本,使公共政策、管理控制、受托责任或其他目标得以落实。

从经营活动方面看,虽然公营企业的经营活动应体现政府的公共政策,但它同样要以营利为目的(至少必须做到收支平衡、略有盈利),为政府增加财政收入。为了使企业基金能够持续地向社会公众提供物品或服务,其发生的成本耗费必须向使用者收费以得到补偿,并以企业和政府公认会计原则的双重规范,确认、计量、记录和报告其经营收支活动,正确计算收支,确定盈亏情况,保全投入资本。

企业基金作为一种政府的权益基金,也称营业基金,其资金筹集和经营活动与企业组织相同。从资金来源方面看,其资本主要由政府通过立法预算予以提供,也可以通过发行债券或向商业银行贷款的形式取得运营资金。

2. 基本类型与特征

由于市场经济自身的缺陷或市场失效,为了保证国民经济的有效运行,便利民众生活,政府必须借助公共财政建立一些公营企业,从事一些与私人企业相同或相似的商业活动,为社会提供物品或服务,以弥补市场本身的缺陷。政府创办公营企业所经营的行业因各国社会制度不同而存在一些差异,存在有三种类型:

(1)公用事业,主要包括电力、自来水、邮政、通信、公共交通、公共市场、天然气供应系统等。

(2)私人企业力不能及或不愿经营的行业,包括各种投资额大、回收期长、投资报酬率低的行业,如机场、铁路、码头、船坞、桥梁、道路、隧道、公共房屋、环境卫生服务、公共娱乐等。

(3)限制私人企业经营的业务,如部分农业生产资料、盐业、烟酒等必须由政府专营的行业。

3. 经营预算

企业基金通常是以其经营活动取得的收入弥补经营活动的资源耗费,不需要动用政府基金财务资源，一般不需要采用正式的预算账户。企业基金经营活动的水平和财务收支情况要受社会公众的消费需求和政府企业基金活动所能提供的物品或服务数量的影响。为了加强对经营活动的计划和控制，需要根据其经营活动的特点编制具有弹性的经营预算，作为其经营活动管理和成本控制的依据。这种预算通常不需要经立法机构或行政部门批准，也不采用正式的预算程序和预算账户进行记录。

公营企业收益（或亏损补贴）在许多国家是政府收入的一个主要来源渠道，在市场经济发达程度较高的西方国家，通常也把公营企业收益作为政府预算的一个组成部分。在这种情况下，政府预算对公营企业经营管理当局来说也具有一定的约束力，其经营预算也需要由政府财政部门予以审核。

4. 记账基础

企业基金作为一种不可支用的权益基金，与政府基金的会计原则存在显著的区别，这主要体现在以下的几个方面：

（1）采用应计制基础确认收入、费用、利得和损失，与企业活动相关的固定资产应计提折旧，预付费用应按受益情况进行摊销。

（2）企业基金必须严格区分缴入资本和收入的界限，不仅要求将缴入资本变动与收入、费用、利得和损失严格分开，而且缴入资本与留存收益、经营活动和非经营活动的收入和费用等也必须严格分开。

（3）每一个公营企业都必须单独设立基金，将与特定经营活动的全部相关交易或事项分别在适当的企业基金主体中记录，包括固定资产和长期负债都应当在相关的企业基金主体中处理，以全面反映各基金主体的财务状况。

（4）企业基金与其他政府部门之间的交易都应当作为“外部”交易处理。

（5）使用限定性账户。企业基金主体使用限定性账户主要是因为下列活动要求对其财务资源或收支活动设立专门的“基金”：

①公用事业通常要求消费者提供以该基金为信托人或代理人的存款信托或代理基金。

②取得或购置大型的资本工程需发行债券等融资，某些债券合同或类似的协议要求用企业基金财务资源设立偿债基金，以该基金资产作为偿还债务本身的保证。

③有些公用事业特定的收入应确认为企业基金主体的储备，而不能确认为经营收入。如供电事业中的电力基金收支通常要作为该基金主体的储备，在会计期末直接结转到适当的储备账户或先转入留存收益后再调整到适当的储备账户。

所有这些被限定用途的财务资源要求直接在企业基金主体中处理，而不是通过独立的存款基金或偿债基金处理，因此，通常将其称为企业基金中的“基金”。其处理方法是，在企业基金主体中通过设置注明特定标题的限定性资产、负债及权益储备账户与正常的经营活动账户分开处理，并设置相应的明细账户组提供这类基金的明细记录。

5. 基本特点

政府企业活动组织的形式可以是政府单位下设的一个专门部门，也可以是在政府管制下的专门委员会或其他办事机构，还可以是一个独立的特别组织。无论采取何种形式，企业基金会计都应具有如下基本特点：

（1）企业基金核算内容宽泛。企业基金会计中既要核算流动资产、流动负债，也要反映与企业活动相关的固定资产和长期负债,还要反映权益变动情况。

(2)企业基金核算基本采用企业会计准则。在美国,许多地方政府企业基金都广泛应用由财务会计准则委员会制定和颁布的适用于私营企业的会计准则,除非政府会计准则委员会另有规定。若当地法律或政府要求一种不同于公认会计原则的财务报告,企业基金会计也有可能同时出具两套报告。

(3)企业基金中存在内部基金(即"基金中的基金")。企业的运营中会发生许多需要使用一种相互独立和区别开来的资源的业务,在该基金内部往往会形成几种不同的主体,从而导致"基金中的基金"的存在。如事业服务需要客户存入一笔款项,形成"信托基金";需要购建主要的资本设施,形成"资本项目基金";相应会发生一系列债务清偿事务,形成"偿债基金"等。企业基金中这些使用受限的资源需要分别组织核算,并在报告中分别予以列示。

(4)企业基金预算的特殊性。基于内部管理的要求,企业基金往往需要编制弹性预算。在特殊情况下,立法机构也可能会为其建立固定预算。

(5)企业基金与政府之间的密切联系,外部投资形成的资产价值将优先按照摊余成本计算,只有在符合公允价值要求的交易中,这部分资产价值才使用公允价值计算。①

(二)主要业务的账务处理

下面以华纳市政府公交事业基金为例,说明企业基金的账务处理。

1. 公交事业基金的设立

【例 6－15】 华纳市政府 2019 年 7 月筹建公交事业基金,进行公交系统运营。其发生的有关业务如下:

(1)政府从普通基金余额中投入 8 000 000 美元建立公交事业基金。

(2)从约翰汽车公司购入汽车设备及物料用品。其中,机器设备价值 3 000 000 美元,物料用品 100 000 美元。

(3)开出支票,结清约翰汽车公司账款。

要求:请对上述业务进行相应的账务处理。

编制会计分录如下:

(1)借:现金	8 000 000	
贷:缴入资本——普通基金		8 000 000
普通基金中的会计分录如下:		
借:转出至企业基金	8 000 000	
贷:现金		8 000 000
(2)借:设备	3 000 000	
存货	100 000	
贷:应付账款		3 100 000
(3)借:应付账款	3 100 000	
贷:现金		3 100 000

① Implementation Guide No. 2016－1,Implementation Guidance Update—2016,GASB,2016. 3.

2. 公交事业基金运营活动

【例6－16】 华纳市公交系统从2019年底起正式运营，该年度发生的业务如下：

(1)实现营业收入3 000 000美元，其中500 000美元尚未收到。

(2)出租公交车，取得租金收入150 000美元。

(3)应支付内部服务基金提供的劳务费50 000美元。

(4)开出支票支付下列费用：薪金800 000美元，话务费及水电费50 000美元，设施使用费60 000美元。

(5)接受某机械厂捐赠5辆拖车，价值600 000美元。

(6)为补助普通基金的运转，转给现金300 000美元。

(7)向银行借入3年期的长期借款1 200 000美元。

(8)支付年度借款利息80 000美元。

要求：请对上述经济业务进行相应的账务处理。

编制会计分录如下：

(1)借：现金	2 500 000	
应收账款	500 000	
贷：营业收入		3 000 000
(2)借：现金	150 000	
贷：非营业收入		150 000
(3)借：营业费用	50 000	
贷：应付内部服务基金款		50 000
(4)借：营业费用	910 000	
贷：现金		910 000
(5)借：设备	600 000	
贷：缴入资本——捐赠		600 000
(6)借：运营转出——转至普通基金	300 000	
贷：现金		300 000
(7)借：现金	1 200 000	
贷：长期借款		1 200 000
(8)借：利息费用	80 000	
贷：现金		80 000

3. 公交事业基金的限定性资源

如前所述，企业基金中有一些受限资源，这些财务资源并非在企业基金之外另设独立的基金主体，而是通过冠以受限资产、负债和权益储备的名称形成一些专门账户，在企业基金内建立“基金”的做法组织会计核算。这些基金又称为企业基金中的二级账户。举例如下：

(1)客户存款

在公交事业基金运营活动中，为防止收入流失，经常会要求客户存入一定的保证金，形成公交事业基金的一个信托基金。客户存入保证金的应付利息及保证金投资产生的收益，都应在公交事业基金中的“非营业费用”和“非营业收入”记录。

【例 6—17】 华纳市交通系统发生以下客户存款业务:

(1)收到客户存入保证金 120 000 美元。

(2)将客户存款 10 000 美元用于对外投资。

(3)应收对外投资利息 20 000 美元。

(4)应付客户存款利息 10 000 美元。

(5)年末,为客户存款账户建立筹备账户,并作账项调整,使该账户的记录等于客户存款账户中的净资产价值

要求:对上述业务进行相应的账务处理。

编制会计分录如下:

(1)借:客户存款——现金	120 000	
贷:客户存款——应付存款		120 000
(2)借:客户存款——投资	10 000	
贷:客户存款——现金		10 000
(3)借:客户存款——应收利息	20 000	
贷:非营业收入		20 000
(4)借:非营业收入	10 000	
贷:客户存款——应付利息		10 000
(5)借:留存收益	10 000	
贷:客户存款收益储备		10 000

(2)资本项目基金(次级基金)

此处资本项目基金属于次级基金,即"基金中的基金",主要是用于从事工程建设的基金,且如果通过发行债券等长期债务形式筹集资金,将出现债务及清偿问题,那么就需要设立偿债次级基金。

【例 6—18】 华纳市公交事业基金拟发行债券筹集调度系统建设资金,发生以下业务活动:

(1)公交调度系统建设项目获得批准,发行面值 3 000 000 美元、溢价 30 000 美元的债权。

(2)该工程承包给某建设公司,根据竣工决算书,该工程总共耗资 2 950 000 美元,开出支票付款。

(3)将剩余资金转入偿债账户组。

要求:对上述业务进行相应的账务处理。

编制会计分录如下:

(1)借:资本项目——现金	3000 000	
偿债——现金	30 000	
贷:未摊销债券溢价		30 000
应付债券		3 000 000
(2)借:调度系统	2 950 000	
贷:资本项目——现金		2 950 000
(3)借:偿债——现金	50 000	
贷:资本项目——现金		50 000

(3)偿债及有关账户组(次级基金)

为保证偿还债务、维护公用事业单位的信誉,应按债权发行协议规定设立偿债基金。其偿债基金一般应设立:①定期债券偿债基金;②分期债券偿债基金;③本息储蓄基金,专门为向债券持有者提供本金和利息偿还保证而建立的一只次级基金,以便在偿债基金无法满足需要时予以补足;④应急基金,它是为应付未来紧急情况或意外事故,确保债务本息清偿而设立的基金。

【例 6-19】 华纳市企业基金——公交事业基金建立"债权""本息储备"和"应急"3 个次级基金。发生以下业务活动:

(1)从非限定性公交事业基金中转出现金 900 000 美元,设立偿债基金,其中 600 000 美元用于偿债,150 000 美元用于设立本息储备,150 000 美元用于设立应急基金。

(2)支付到期债权利息 180 000 美元。

(3)用本息储备基金 100 000 美元对外投资。

(4)对外投资收益 20 000 美元,其中 5 000 美元未收到。

(5)发生一项未预计的赔偿 100 000 美元。

(6)年末,将应付债券利息 90 000 美元预计入账,同时摊销溢价 5 000 美元。

(7)年末,为各个账户组建立储备,并作账户调整,使该账户的记录等于各个账户组中的净资产价值。

要求:对上述业务进行相应的账务处理。

编制会计分录如下:

(1)借:偿债——现金	600 000	
本息储备——现金	150 000	
应急——现金	150 000	
贷:现金		900 000
(2)借:非营业费用	180 000	
贷:偿债——现金		180 000
(3)借:本息储备——投资	100 000	
贷:本息储备——现金		100 000
(4)借:本息储备——现金	15 000	
本息储备——应收利息	5 000	
贷:非营业收入		20 000
(5)借:非营业费用	100 000	
贷:应急——应付凭单		100 000
(6)借:非营业费用	85 000	
未摊销债券溢价	5 000	
贷:偿债——应付利息		90 000
(7)借:留存收益	640 000	
贷:偿债储备		420 000
本息储备		170 000
应急储备		50 000

(三)结账和会计报表

1. 年末调整和年末结账

(1)年末调整

为使财务报表正确、完整地反映企业基金的财务状况和运营结果,年末应按照应计制基础对有关账户进行必要的调整。期末账项调整的项目包括各种应计收入和应计费用,如应计折旧费用、应计工薪、应计利息等。

【例 6—20】 华纳市企业基金—公交事业基金期末调整账项有以下几项:

(1)应计票务收入 300 000 美元;应计租金收入 50 000 美元。

(2)应计坏账 20 000 美元,应计提折旧 260 000 美元(其中,设备折旧 200 000 美元,调度系统折旧 60 000 美元),应付薪金 100 000 美元,应付使用内部服务基金设施费 50 000 美元。

要求:根据以上资料,进行相应的账务处理。

编制会计分录如下:

(1)借:应计营业收入	300 000	
应计租金收入	50 000	
贷:营业收入		300 000
非营业收入		50 000
(2)借:营业费用	430 000	
贷:累计折旧——机器设备		200 000
——调度系统		60 000
备抵坏账		20 000
应付薪金		100 000
应付内部服务基金款		50 000

(2)年末结账

在编制财务报表之前,应进行试算平衡并结账,以结清暂记性权益账户,将收入和费用账户结转到留存收益账户中去。

【例 6—21】 华纳市企业基金——公交事业基金根据上述业务进行结账的账务处理。

编制会计分录如下:

借:营业收入	3 300 000	
非营业收入	240 000	
贷:营业费用		1 940 000
非营业费用		275 000
运营转出		300 000
利息费用		80 000
留存收益		945 000

2. 会计报表

为全面、系统反映企业基金主体的经营成果和财务状况,企业基金的财务报表编制有比较严格的要求,除了编制和提供基本财务报表外,企业基金主体还应编制和提供补充报表。

企业基金主体的基本财务报表有“资产负债表”“收入、费用和基金权益(留存收益)变动表”和“现金流量表”等。补充报表通常是根据法律规定和使用者的需要提供的,如反映经营预算执行情况的“经营费用表——预算与实际”、反映固定资产及其变动情况的“固定资产与折旧表”和反映基金内部限定性明细账户组情况的补充报表等。有时,法律也要求企业基金主体应提供基金内部限定性资产账户组的现金及投资账户变动情况的补充报表。

企业基金的财务报表应包含在政府报告主体的通用财务报表和综合年度财务报告中。

(1)资产负债表

与政府基金类型相比,企业基金的“资产负债表”除了列示“固定资产”“无形资产”和“长期负债等”项目以外,还区分“限定性资产”“负债及权益储备”,并且与“非限定性资产”“负债及权益”分开列示。

【例 6—22】 根据上述资料,编制 2019 年度华纳市企业基金——公交事业基金的资产负债表,如表 6—7 所示。

表 6—7

华纳市

企业基金——公交事业基金

资产负债表

2019 年 12 月 31 日　　　　单位:美元

资　产	金　额	负债及基金权益	金　额
流动资产:		流动负债:	
现金	6 560 000	应付内部服务基金款	550 000
应收账款	480 000	应付薪金	100 000
应计营业收入	300 000		
应计租金收入	50 000		
材料用品存款	100 000		
流动资产小计	7 490 000	流动负债小计	650 000
限定性资产:		限定性负债:	
客户存款:		客户存款	
现金	20 000	应付存款	120 000
投资	100 000	应付利息	10 000
应收利息	20 000		
偿债:		偿债:	
现金	500 000	应付债券利息	90 000
本息储备:			
现金	65 000		
投资	100 000		

续表

资　产	金　额	负债及基金权益	金　额
应收利息	5 000		
应急:		应急:	
现金	150 000	应付凭单	100 000
限定性资产小计	960 000	限定性负债小计	320 000
财产及设备:		长期负债:	
设备(减累计折旧 200000)	3 400 000	应付债券	3 000 000
调度系统(减累计折旧 60 000)	2 890 000	未摊销债券溢价	25 000
财产及设备小计	6 290 000	长期借款	1 200 000
		长期负债小计	4 225 000
		基金权益:	
		缴入资本	8 600 000
		留存收益	
		储备:	
		客户存款收益储备	10 000
		偿债储备	420 000
		本息储备	170 000
		应急储备	50 000
		未储备	295 000
		基金权益合计	9 545 000
资产总计	14 740 000	负债及基金权益总计	14 740 000

(2)收入、费用和基金权益(留存收益)变动表

“收入、费用和基金权益(留存收益)变动表”要求将营业收入与非营业收入、营业费用与非营业费用分开列示。其中,营业费用通常只编制总括的报表,并编制“营业费用明细表”予以补充;若经营收入项目较多,也可以只编制总括的报表,并编制明细表予以补充。基金权益包括所有的企业基金剩余权益转入和转出业务,但缴入资本变动(包括资本补助和剩余权益转入)均不在此表中反映(应反映在资产负债表中)。

“收入、费用和基金权益(留存收益)变动表”按会计年度编制,必要时应编制中期报表。

【例 6—23】 根据上述资料,编制 2019 年度华纳市企业基金——公交事业基金“收入、费用与基金权益变动表”。

华纳市企业基金——公交事业基金“收入、费用与基金权益变动表”的编制如表 6—8 所示。

表 6—8

华纳市
企业基金——公交事业基金
收入、费用与基金权益变动表
2019 年度

单位：美元

项　目	金　额
营业收入	3 300 000
减：营业费用	1 940 000
营业收益	1 360 000
非营业收入	240 000
减：非营业费用	275 000
利息费用	80 000
非营业净收入：	(115 000)
运营转入前净收益：	1 245 000
减：运营转出(对普通基金)	300 000
净收益：	945 000
年初基金权益	8 000 000
加：本年增加缴入资本	600 000
期末基金权益	9 545 000

在表 6—8 中，收入和费用分为“营业”和“非营业”部分，对普通基金的运营转出作为“净收益”的减少列示，基金权益变动则按“净收益”和“缴入资本”两个来源列示。若存在上年错账调整导致留存收益变动，则应予以单独列示。

(3)现金流量表

近年来，西方国家(特别是美国)中越来越多的政府单位在权益基金(包括企业基金)对外报送的财务报表中，编制了现金流量表。如美国政府会计准则委员会(GASB)的要求，权益基金的现金流量表应列示出由运营活动产生的现金流量、非资本筹资活动产生的现金流量、资本及相关筹资活动产生的现金流量和投资活动产生的现金流量四类现金流量。

【例 6—24】 根据上述资料，编制 2019 年度“华纳市企业基金——公交事业基金的现金流量表”。

“华纳市企业基金——公交事业基金的现金流量表”的编制如表 6—9 所示。

表 6—9

华纳市
企业基金——公交事业基金
现金流量表
2019 年

单位：美元

现金流量类别	金　额
营业现金流量	
从客户收进的现金	2 770 000
向供应商支付的现金	(50 000)
向员工支付的现金	(800 000)

续表

现金流量类别	金 额
使用设施支付的现金	(60 000)
归还客户现金	0
营业活动产生的现金净流量	1 860 000
非资本筹资活动现金流量	
运营转账支付现金	(300 000)
对客户存款利息支付现金	0
非资本筹资活动产生的现金流量	(300 000)
资本及相关筹资活动产生的现金流量	
发行债券收进现金	3 030 000
长期借款收进现金	1 200 000
偿还部分债券支付现金	0
对投资者利息支付现金	(260 000)
购建固定资产支付现金	(2 950 000)
资本及相关筹资活动产生的现金流量	1 020 000
投资现金流量	
投资支付现金	(200 000)
投资收益收进现金	15 000
投资活动产生的现金净流量	(185 000)
现金净增加(减少)	2 395 000
年初结存现金	4 900 000
年末结存现金	7 295 000

国外政府企业基金会计与我国国有企业会计相类似。我国各级政府都拥有大量国有企事业单位及产权属于国家的集体企业，这些国有企事业单位目前分别纳入企业会计或事业会计。事业单位会计作为政府会计制度的组成部分，从某种意义上来看属于公共部门会计，但国有企业会计特别是国有企业权益会计未纳入政府会计制度的范畴，使政府对这些企业拥有巨额的权益未能在政府会计与财务报告中体现。今后应转变国有资产的管理模式，加强对国有资产权益会计的管理，强化国有资产的管理机制，以确保国有资产保值增值。

第二节 政府受托基金会计

一、政府受托基金的基本概念

（一）定义和分类

1. 定义

政府受托基金，是指用于处理政府机构以信托人或代理人的身份接受个人、私人机构、其他政府单位或其他政府基金资产的保管或监管而设置的基金，包括信托基金和代理基金。政府受托基金一般具有代理或者信托关系，政府作为受托人对信托资产管理中主要承担在特定期间按照委托人的指示合理有效地使用信托资产，并在会计期末保全信托资产的受托责任。

政府受托基金的会计核算或是侧重于开支业务，或是侧重于会计主体的资本保全业务，具体情况取决于所涉及的活动性质。如用于核算信托收入使用的基金，就是一种以核算开支业务为主的信托基金；而用于核算雇员退休养老金业务的基金，则是一种以核算资本保全业务为主的信托基金。政府受托基金可分为养老信托基金、不动本信托基金、备用信托基金、投资信托基金和代理基金等种类。

在我国，虽然政府受托基金的发展起步落后，但目前已初具规模，各项规定细则也在实践中渐渐加以完善。

2. 分类

在政府受托基金中，按照政府介入方式的不同，可分为信托基金和代理基金。

(1)信托基金

信托基金是以政府作为财产受托人或管理人，其所管理的资产通常属于另一个机构或个人，并根据委托人的指令进行管理的资金。作为一种“利益共担，风险共担”的集合投资方式，信托基金主要包括养老信托基金、不动本信托基金、备用信托基金。“养老信托基金”是用来核算政府单位使用的公务员退休体系的资产、负债和权益，使用范围最为广泛。“不动本信托基金”是资本必须保全的信托基金，政府单位被允许按照某些具体的方式来使用资本本金所取得的收益时，本金就构成了一种不动本信托基金，而本金收益通过备用信托基金来支出。备用信托基金是用来核算政府单位在信托协议的约束下对一些特定来源资金的使用情况。

(2)代理基金

代管基金是用来核算政府单位所监护管理的资金。这部分资金实际上属于政府的其他基金或者其他组织所有，政府单位只是作为代理人存在。为对政府单位的其他基金的资金发挥主要收支管理职能而建立起来的单只基金，也属于代管基金。政府单位在这类资产中并没有权益利益，也不存在基金余额。

(二)养老信托基金、备用信托基金、不动本信托基金和代理基金

养老信托基金、备用信托基金、不动本信托基金(前三种属于信托基金)和代理基金这几种政府受托基金之间既存在差异，又具有共同特征。

1. 养老信托基金(Pension Trust Funds)

养老信托基金是用于核算政府单位管理的公务员退休养老金的基金。该类信托基金属于最为广泛的政府性基金之一，对保障社会福利、维护社会安定起到了非常大的作用。养老信托基金会计的主要内容在于：(1)对基金累积资金的会计核算；(2)对雇员退休福利支付的会计核算。其常规业务主要包括：政府单位对该基金直接划拨款项的累存业务；从在职雇员工资中预扣养老基金储蓄的业务。

养老信托基金的财务报表包括“计划的净资产报表”“计划的净资产变动表”和两个附加的一览表——“集资进展一览表”和“雇主捐款一览表”(向财务报表的使用者提供有关额外资金注入的信息)。这些财务报表均采用完全的权责发生制会计基础，但退休福利保障计划中的负

债项目除外。这种负债要按照相关条款的规定,在到期且应付退休福利和补充资金时进行会计确认。

美国养老金计划通常包括“固定收益养老金计划”和“固定供款养老金计划”。“固定收益养老金计划”当雇员退休后可以保障其确定收益;而“固定供款养老金计划”是一种不保证确定收益的退休计划,当政府雇员退休时,其所获得收益额由该计划累积的养老基金额决定。在该类计划中,雇员收益不固定,相应政府对该养老计划所需要负的责任也少。通常,政府雇员可以任选参与何种养老金计划,也可以任意组合同时参加两种类型的养老金计划。

2. 备用信托基金(Expendable Trust Funds)

备用信托基金是用来核算政府单位在信托协议的约束下对一些特定来源资金的使用情况。这些资金的来源通常为允许政府单位消耗的信托本金和所有由本金带来收入的信托基金,或是由信托基金产生的收入,而该信托基金的本金保持不动。

信托资产只能按照信托协议的规定使用,因此,每一个单独的信托项目都应建立一只独立的基金。当基金从捐赠者(基金的建立者)或是不动本信托基金(下文会论及)中获取时,应遵守信托协议条款的规定。确定哪些业务活动可以通过积累的信托财产来提供资金支持,是信托基金的主要业务内容。备用信托基金的业务可以独立开展,也可以与不动本信托基金联合开展。

3. 不动本信托基金(Nonexpendable Trust Funds)

不动本信托基金是用来核算政府单位所持有的,并以受托人身份控制的资金。信托基金的可支出部分和不可支出部分都要遵循相同的法律规定。它与备用信托基金的重要差别在于:备用信托基金一般用来核算政府单位可开支的信托基金的本金和收入,而不动本信托基金则用以核算不可开支的部分。

捐赠者捐赠的本金给政府单位提供了必要的资金(现金或投资),一般区分以下两种情况进行核算:(1)如果资金不是以投资形式收到的,那么应根据信托协议的规定将这些款项进行投资,记入不动本信托基金;(2)如果政府有权使用它,则这笔收益将就要转移到一只备用信托基金。

不动本信托基金中的其他类型的业务活动就是买卖投资,以实现本金增值。不动本信托基金一般采用完全的权责发生制记账基础,且与备用信托基金相结合的应用非常广泛。

4. 代理基金(Agency Fund)

代理基金,又称为代管基金,是核算当某一政府单位代为管理其他组织基金时,或者代为收集或发放属于政府其他基金的某项资金时的一种基金。在代理基金中,政府没有权力拥有也不能控制这些资金。这类基金一般不存在基金余额,即该类型基金所持有的全部资产应与对应这些资产所要偿付的负债保持平衡。由于不存在使用权,代理基金的业务只包括资金的收集和分配。如果一时无法分配该代管基金,政府单位可以将这些资金用于投资,以期保值。这些投资活动或基金业务所产生的任何收入或支出通常都要记录在代管人的普通基金中。

对代理基金实行控制的主要依据是政府单位与基金合法所有者之间的协议,因此通常不需要法律审定的预算,也不需要使用支出备付金会计。只有在确认交易记录的时间时要求使用修正的权责发生制记账基础。

代理基金一个很典型的用途是记录财产税的征收。财产税在中心地区收缴后将被用来分配给合法授权的接受者,税收分配给接受者之前,政府就处在一种代管人的身份,应以代理基金处理。代理基金还可以用来记录其他向合法接受者赋予的税款、与政府单位有商业关系的承包人的存款，以及由政府单位持有的无人认领的资金等。无论何种形式，确定是否使用代管基金的关键因素在于：政府单位是否有权使用该项财产。

二、信托基金会计的账务处理和报表编制

（一）养老信托基金

1. 定义

养老信托基金是用于核算雇员退休养老金业务的基金，是一种以核算资本保全业务为主的信托基金。养老信托基金主要核算对象是公务员退休保障体系①中的资金积累、投资及支付等业务。

在美国，政府养老金计划大体分为固定收益养老计划(Defined Benefit Plan)和固定供款养老计划(Defined Contribution Plan)。其中，固定收益养老金计划应用较为普遍，该计划明确地规定了雇员退休时将获得的收益额，政府将承担除拨款和监督以外更多的责任；而固定供款养老计划中，缴款的水平是确定的，没有担保具体的福利水平。

2. 主要业务的账务处理

(1)公务员退休保障体系的业务

养老基金的业务活动需按照养老金协议及地方、州和联邦政府不同的法律规定进行。公务员退休保障体系的常规业务主要包括：

①政府部门给养老金计划直接拨款的累存业务；

②在职雇员工资中用于养老金储蓄的预扣业务；

③养老金资产的投资活动，以利息或股利形式获得的回报；

④退休雇员养老金的定期支付业务。

(2)养老信托基金的账务处理

表 6—10 为华纳市 2019 年 12 月 31 日公务员退休保障计划试算平衡表。

表 6—10

华纳市

养老信托基金

公务员退休保障计划——试算平衡表

2019 年 12 月 31 日 单位：美元

项　目	借　方	贷　方
现金	115 000	
应收利息	55 000	
投资	5 067 000	
建筑物	400 000	
累计折旧——建筑物		100 000

① 美国政府通过其管理的公务员退休保障体系(Public Employee Retirement System，PERS)来为其雇员提供退休福利。州政府和地方政府可以有各自的退休计划，按服务对象可分为单一雇主退休计划和多雇主退休计划。

续表

项　目	借　方	贷　方
设备	60 000	
累计折旧——设备		10 000
应付账款		75 000
用以支付养老金的净信托资产		5 512 000
合　计	5 697 000	5 697 000

在2019年期间,华纳市发生了以下与养老信托基金有关的业务:

①投资及投资收入的会计分录。

与投资相关的主要业务有以现金收到投资利息收入、应收利息、出售投资、投资损失、收到投资红利等。

【例6-25】 华纳市养老信托基金本年度以现金形式收到了20万美元的投资利息收入,包括去年的应计利息5.5万美元。

借:现金　200 000
　贷:应收利息　55 000
　　增加——投资的利息收入　145 000

【例6-26】 华纳市养老信托基金年末赚取5万美元投资利息收入,款项尚未到账。

借:应收利息　50 000
　贷:增加——投资的利息收入　50 000

【例6-27】 华纳市养老信托基金当年收到投资红利1.2万美元。

借:现金　12 000
　贷:增加——股利　12 000

【例6-28】 华纳市养老信托基金出售投资,收回现金50 000美元,其中投资盈利(资本增益)为10 000美元。

借:现金　50 000
　贷:投资　40 000
　　增加——以公允市价计算的投资净增值　10 000

【例6-29】 剩余投资组合的价值增加了25 000美元。

借:投资　25 000
　贷:增加——以公允市价计算的投资净增值　25 000

②养老金支出的会计分录。

【例6-30】 华纳市本年度有23万美元的养老金福利到期已支付。

借:减少——支付养老金福利　230 000
　贷:现金　230 000

【例6-31】 养老信托基金偿还欠款7.5万美元。

借:应付账款　75 000
　贷:现金　75 000

③支付成本的会计分录。

养老信托基金需要支付其财务和投资管理成本，其他成本一般由普通基金来承担。

【例 6—32】 华纳市养老信托基金本年度财务成本为 2.3 万美元，投资管理成本为 0.7 万美元。

养老信托基金的会计分录如下：

借：减少——财务成本　23 000

　　——投资管理成本　7 000

　贷：应付普通基金　30 000

普通基金的会计分录如下：

借：应收养老金计划　30 000

　贷：支出——业务成本　30 000

④设备折旧及成本。

养老信托基金用于维修建筑物、购置设备等产生折旧费用和行政管理等各类成本。

【例 6—33】 华纳市养老信托基金用于维修办公楼，产生维修成本，共计 0.7 万美元。此外，该基金还购买了新计算机，成本为 3 万美元。所有设备折旧为 0.1 万美元，建筑物折旧为 1 万美元。

借：减少——建筑物维修成本　7 000

　贷：现金　7 000

借：设备　30 000

　贷：现金　30 000

借：减少——设备折旧　1 000

　　——建筑物折旧　10 000

　贷：累计折旧——设备　1 000

　　——建筑物　10 000

【例 6—34】 华纳市养老信托基金发生行政管理成本为 15 000 美元，准备在下年支付。

借：减少——行政管理成本　15 000

　贷：应付账款　15 000

⑤与普通基金相关的会计分录。

养老信托基金收到雇员或政府投入的资金时，应记入“应收账款”科目中。假定普通基金为唯一记录雇员参与养老金计划的基金。

【例 6—35】 2019 年 3 月份，华纳市要求雇员和政府为养老金计划各投入等额的资金 20 万美元。

借：应收普通基金　400 000

　贷：增加——养老金投款——雇员　200 000

　　——雇主　200 000

【例 6—36】 2019 年 5 月份，华纳市养老信托基金从普通基金处收到 40 万美元的现金。

养老信托基金的会计分录如下：

借:现金　　400 000

　　贷:应收普通基金　　400 000

普通基金的会计分录如下:

借:支出——退休福利　　200 000

　　贷:应付养老金计划　　200 000

借:应付养老金计划　　200 000

　　贷:现金　　200 000

3. 结账和会计报表

(1)结账分录

在会计期末,根据当年所有养老金信托基金的交易项目,将临时性账户,即“增加”和“减少”,结清并结转到净资产账户。

【例 6—37】 期末,华纳市养老金信托基金应编制结账分录如下:

借:增加——投资的利息收入　　295 000

　　——以公允市价计算的投资净增值　　35 000

　　——红利　　12 000

　　——养老金投款——雇主　　200 000

　　——养老金投款——雇员　　200 000

　　贷:减少——养老金福利　　230 000

　　　　——行政管理成本　　38 000

　　　　——投资管理成本　　7 000

　　　　——建筑物维修成本　　7 000

　　　　——设备折旧　　1 000

　　　　——建筑物折旧　　10 000

　　　用于支付养老金的净信托资产　　449 000

(2)“净资产表”和“净资产变动表”

养老信托基金的财务报表均采用完全的权责发生制记账基础。主要编制的报表包括养老金计划的“净资产表”和“净资产变动表”,不需要编制现金流量表。

在美国应用较为普遍的固定收益养老金计划能保证雇员退休时能获得固定的养老金收益,但收益额的计算相当复杂,必须把预期工资增长、死亡率、计划融资、投资收益及损失、管理成本及其他相关因素都考虑进去,按此计划政府需承担更多责任。根据 GASB 规定,政府部门还必须为固定收益养老金计划编制两个额外报表:“集资进展一览表”“雇主捐款一览表”。这两个一览表向财务报表的使用者提供了有关资金注入的信息。通过财务报表信息帮助财务报表使用者判断养老信托基金的财务状况在一定时期内是否得到改善。报表所披露的退休保障计划的负债项目包括流动负债和非流动负债。

在固定供款养老金计划下,政府部门并不承诺支付既定的养老金补贴,而仅仅用为雇员累积的资金向雇员付款或依据雇员的投资分配总资金额,政府部门没有明确的负债。固定供款养老金计划下的财务报告也较为简单。GASB 要求要在财务报表的注释中披露的内容包括：对该养老金计划的综述；重要会计政策汇总；对在某些组织中集中投资的说明。[①]

关于财务报表编制，政府会计准则委员会提出了以下一些主要的核算和报告要求：

①养老金计划的资产和负债（主要是短期负债）在养老金计划净资产报表中列示。

②养老金计划净资产的增加和减少在养老金计划净资产变动表中列示。

③养老金计划净资产变动表将变动分为“增加”和“减少”，而不是收入、费用、利得或损失。

④按公允价值报告投资（保险合同除外）；不对固定收益证券进行摊销。

⑤用历史成本报告在计划运营过程中使用的资本资产，并对其计提折旧。

⑥精算方面的信息不在基本财务报表或财务报表附注中报告。这些数据主要是作为必要的补充信息报告。

⑦精算所需的参数是既定的。

⑧不要求对养老金的福利支出采用标准化的计量方法，且可接受精算成本法。[②]

⑨延期的固定收益计划现金流入及流出应当在当期披露。[③]

以华纳市为例，编制 2019 年 12 月 31 日的“净资产变动表”和“净资产表”（见表 6－11 和表 6－12）。

表 6－11

华纳市

养老信托基金公务员退休保障计划

净资产变动表

2019 年

单位：美元

项　目	借　方	贷　方
增加：		
供款：		
雇主		200 000
雇员		200 000
总供款合计		400 000
投资收入：		
利息收入	295 000	
以公允市价计算的投资净增值	35 000	
股利	12 000	
投资收入合计	342 000	
减：投资费用	(7 000)	
净投资收入		335 000
增加合计		735 000

① 盖地：《政府会计》，立信会计出版社 2001 年版。

② 《政府会计准则委员会第 25 号公告》。

③ Implementation Guide No. 2016－1，Implementation Guidance Update—2016，GASB，2016. 3.

续表

项　目	借　方	贷　方
减少：		
养老金福利	230 000	
行政管理成本	38 000	
建筑物维修成本	7 000	
设备折旧	1 000	
建筑物折旧	10 000	
减少合计		286 000
净增加		449 000
用于支付养老金的净信托资产		
年初净值	—	5 512 000
年末净值	—	—
用于支付养老金的净信托资产结余	5 961 000	5 961 000

表 6－12

华纳市

养老信托基金公务员退休保障计划

净资产表

2019 年

单位：美元

项　目	金　额	合　计
资产		
现金	35 000	
应收利息	50 000	
投资	5 652 000	
建筑物	390 000	
减：累计折旧 110 000 美元		
设备	69 000	
减：累计折旧 110 000 美元		
资产合计		6 196 000
负债		
应付普通基金	20 000	
应付账款	5 000	
负债合计		25 000
用于支付养老金的净信托资产净值		6 171 000

（二）备用信托基金

1. 定义

备用信托基金，用来核算政府部门在信托协议的约束下对资金的使用情况。备用信托基金核算的资金包括：(1)允许政府单位消耗的信托本金及所有由本金带来的收入的信托基金；(2)不动本信托基金产生的收入，该信托基金的本金必须保持不动。备用信托基金的业务应遵循州和地方政府信托法的规定，每一个单独的信托项目应建立一只独立的基金。若合法的信托协议未生效、法律协议尚未形成，则应使用普通基金或特种收入基金进行核算。

2. 主要业务的账务处理

备用信托基金主要核算捐款收入、利息收入、投资收入、业务支出等业务。对于收入和支出的确认采用修正的权责发生制的记账基础。

举例：2019 年，华纳市政府官员收到捐赠者的捐款 600 万美元，建立教育信托基金。按信托协议这笔钱必须用于投资，且每年需用本金和投资收入作为政府官员的奖学金。

【例 6－38】 2019 年，教育信托基金收到 600 万美元捐款。保留 10％的流动资产，剩余捐款作为投资。

借：现金	6 000 000	
贷：收入——捐赠		6 000 000
借：投资	5 400 000	
贷：现金		5 400 000

【例 6－39】 教育信托基金投资获得利息收入 3 万美元。

借：现金	30 000	
贷：收入——投资		30 000

【例 6－40】 教育信托基金该年支付政府官员奖学金共 50 万美元。

借：支出——奖学金	500 000	
贷：现金		500 000

【例 6－41】 教育信托基金支付 600 美元业务费。

备用信托基金的会计分录如下：

借：支出——业务支出	600	
贷：现金		600

普通基金的会计分录如下：

借：现金	600	
贷：支出——工资		600

【例 6－42】 年末教育信托基金投资挣得应计收入为 1 万美元。

借：应收投资收入	10 000	
贷：收入——投资		10 000

3. 结账和会计报表

(1)结账分录

【例 6－43】 2019 年 12 月 31 日会计期间结束时，编制结账分录。

借:收入——捐款　　6 000 000

　　——投资　　60 000

　贷:支出——奖学金　　500 000

　　　——业务支出　　600

　　基金余额　　5 559 400

(2)"资产负债表"与"收入、支出与基金余额变动表"

备用信托基金一般需编制的报表包括"资产负债表"以及"收入、支出与基金余额变动表"。

表 6－13

华纳市

备用信托基金——雇员教育信托基金

资产负债表

2019 年 12 月 31 日　　单位:美元

项　目	金　额
资产:	
现金	149 400
投资	5 400 000
应收投资收入	10 000
资产合计	5 559 400
基金余额	5 559 400

表 6－14

华纳市

备用信托基金——雇员教育信托基金

收入、支出与基金余额变动表

2019 年 12 月 31 日　　单位:美元

项　目	金　额	余　额
收入:		
捐款	6 000 000	
投资收入	60 000	
收入合计		6 060 000
支出:		
奖学金	500 000	
业务支出	600	
支出合计		500 600
收入对支出差额		5 559 400
年初基金余额		0
年末基金余额		5 559 400

（三）不动本信托基金

1. 定义

不动本信托基金，用来核算政府单位持有的，并以受托人身份控制的资金。这些资金通常作为此类基金的本金，必须保持总额不动（即不可用于支付）。

对所有信托基金运作的控制都是通过各州法律和信托协议的规定进行的。因此，信托基金会计系统应提供充分反映基金管理职能状况的信息和报告。不动本信托基金应遵循完全的权责发生制记账基础。

2. 主要业务的账务处理

适用于信托基金可开支部分的法律规定同样也适用于信托基金中不可开支部分，故需遵循信托协议的特殊规定以及地方政府法律。对于不动本信托基金的核算主要集中在不可开支的部分。

捐赠者捐赠的本金为政府单位提供了必要的资金（现金或投资）。如果资金不是以投资形式收到的，那么应根据信托协议的规定将这些款项进行投资。在取得投资收入时，记入不动本信托基金。如果政府有权使用它，则这笔收益就要转移到一只备用信托基金。不动本信托基金的其他类型的业务活动就是买卖投资以及实现本金增值。是否将投资损益作为部分信托收入或部分信托本金处理取决于信托协议。如果协议中没有界定如何确认收入，则应遵守相关的地方和州的法律。有些情况下，不动本信托基金会以捐赠的形式收到可用于租赁的财产或商业性财产。对这类财产运营活动的会计核算，通常采取与商业性营运相同的方法。

下面以不动本信托基金（留本型教育信托基金）业务以及相关的备用信托基金（收益型教育信托基金）的业务解释不动本信托基金的会计程序。

【例 6－44】 某捐赠者为政府雇员建立了一项教育信托基金，并按照信托协议提供了 600 万美元初始捐款。该笔资金已经进行了投资，投资收入用来给雇员提供低息贷款，但该笔资金的本金不可用于支出。信托协议规定拿到了大学文凭的人可以免还 50％的贷款本金。

分析：该笔资金的投资收入用来给雇员提供低息贷款，在此种情况下，收入将被转移到备用信托基金，该业务涉及不动本信托基金（不动本教育信托基金）和备用信托基金（收益型教育信托基金）。

（1）收到 600 万美元的捐款时，不动本信托基金的会计分录如下：

借：现金	6 000 000	
贷：收入——捐赠款项		6 000 000

（2）将上述捐款进行投资时：

借：投资	6 000 000	
贷：现金		6 000 000

【例 6－45】 6 月末，获得 35 万美元投资收入。其中，25 万美元以现金形式收讫。

（1）获得投资收入时，不动本信托基金的会计分录如下：

借：现金	250 000	
应收投资收入	100 000	
贷：收入——投资收入		350 000

(2)将投资收益款项转移至备用信托基金时,不动本信托基金的会计分录如下:

借:对收益型教育信托基金的业务转移　350 000
　贷:应付收益型教育信托基金款　350 000
借:应付收益型教育信托基金款　250 000
　贷:现金　250 000

备用信托基金的会计分录如下:

借:应收不动本教育信托基金款　350 000
　贷:不动本教育信托基金的业务转入　350 000
借:现金　250 000
　贷:应收不动本教育信托基金款　250 000

【例 6—46】 转让投资收取 15.5 万美元,含投资收益 1.5 万美元,不动本信托基金的会计分录如下:

借:现金　155 000
　贷:投资　140 000
　　收入——按公允市价计算的投资价值净增长　15 000

【例 6—47】 当年全年用于教育贷款的资金总额为 23 万美元。

备用信托基金的会计分录如下:

借:应收贷款　230 000
　贷:现金　230 000

【例 6—48】 12 月末,收到投资收益 25 万美元。其中,有 10 万美元是上半年的应收款;另有 4 万美元的投资收入,尚未到账。

不动本信托基金的会计分录如下:

(1)已到账投资收益。

借:现金　250 000
　贷:应收投资收入　100 000
　　收入——投资收入　150 000

(2)未到账的投资收益。

借:应收投资收入　40 000
　贷:收入——投资收入　40 000

【例 6—49】 不动本信托基金转移到备用信托基金 19 万美元;偿付对备用信托基金的欠款 29 万美元。

不动本信托基金的会计分录如下:

借:对收益型教育收入信托基金的业务转移　190 000
　贷:应付收益型教育基金信托基金款　190 000
借:应付收益型教育基金信托基金款　290 000
　贷:现金　290 000

备用信托基金的会计分录如下:

借:应收不动本教育信托基金款　190 000

贷：不动本教育信托基金的业务转入　190 000

借：现金　290 000

贷：应收不动本教育基金信托基金款　290 000

【例 6—50】 本年收回贷款 0.5 万美元，获得贷款利息 1 万美元。其中，0.5 万美元已经到账。此外，部分公务员已取得学位，贷款本金下降了 1.5 万美元。

备用信托基金的会计分录如下：

(1)收回贷款和利息时：

借：现金　10 000

应收贷款利息　5 000

贷：收入——贷款利息　10 000

应收贷款　5 000

(2)贷款本金减少时：

借：开支——贷款的减少　15 000

贷：应收贷款　15 000

【例 6—51】 留本型教育信托基金持有的投资的公允市价在当年中增加了 40 万美元。

不动本信托基金的会计分录如下：

借：投资　400 000

贷：收入——投资公允市价的净增值　400 000

3. 会计报表

(1)编制结账分录

【例 6—52】 当年 12 月 31 日，对贷款基金进行结账。

不动本信托基金的会计分录如下：

借：收入——捐赠款　6 000 000

——投资收入　540 000

——投资公允市价的净增值　415 000

贷：转入收益型教育信托基金　540 000

基金余额　6 415 000

备用信托基金的会计分录如下：

借：留本型教育信托基金的业务转入　540 000

收入——贷款利息　10 000

贷：支出——贷款的减少　15 000

基金余额　535 000

(2)不动本信托基金的财务报表

不动本信托基金的会计报表包括“资产负债表”“收入、支出与基金余额变动表”和“现金流量表”。备用信托基金包括“资产负债表”和“收入、支出与基金余额变动表”。

①资产负债表——不动本信托基金

表 6—15

华纳市

不动本信托基金(留本型教育信托基金)

资产负债表

××××年 12 月 31 日

单位:美元

项　目	金　额
资产:	
现金	115 000
应收投资收入	40 000
投资	6 260 000
资产总计	6 415 000
负债:	
应付收益型教育信托基金款	0
基金余额:	
基金余额	6 415 000
负债和基金余额总计	6 415 000

②收入、支出与基金余额变动表——不动本信托基金

表 6—16

华纳市

不动本信托基金(留本型教育信托基金)

收入、支出与基金余额变动表

××××年 12 月 31 日

单位:美元

项　目	金　额
收入:	
捐赠款	6 000 000
投资收入	540 000
投资——按公允市价计量的净增值	415 000
业务转移前收入	6 955 000
对收益型教育信托基金的业务转移	(540 000)
净收入	6 415 000
年初基金余额	0
年末基金余额	6 415 000

③现金流量表——不动本信托基金

表 6—17

华纳市

不动本信托基金(留本型教育信托基金)

现金流量表

××××年 12 月 31 日　　单位:美元

项　目	现金流入流出	净现金
业务活动产生现金流量:		
捐赠款	6 000 000	
业务活动产生的净现金		6 000 000
非资本融资活动产生的现金流量:		
对收益型教育信托基金的业务转移	(540 000)	
用于非资本融资活动的净现金		(540 000)
投资活动产生的现金流量:		
购买投资	(6 000 000)	
出售投资	155 000	
投资收入	500 000	
用于投资活动的净现金		(5 345 000)
现金净增额		115 000
年初现金余额		0
年末现金余额		115 000

④资产负债表——备用信托基金

表 6—18

华纳市

备用信托基金(收益型教育信托基金)

资产负债表

××××年 12 月 31 日　　单位:美元

项　目	金　额
资产:	
现金	280 000
应收不动本教育信托基金款	40 000
应收贷款利息	5 000
应收贷款	210 000
资产合计	550 000
基金余额	535 000

⑤收入、支出与基金余额变动表——备用信托基金

表 6—19

华纳市

备用信托基金(收益型教育信托基金)

收入、支出与基金余额变动表

××××年 12 月 31 日

单位:美元

项　目	金　额
收入:	
贷款利息	10 000
支出:	
贷款减少	15 000
收入减支出后的余额	(5 000)
其他融资来源:	
源于留本型教育信托基金的业务收入	540 000
收入和其他融资来源减去支出后的余额	535 000
年初基金余额	0
年末基金余额	535 000

出于会计报告的目的,在"收入、支出与基金余额变动表"中,应该根据 GASB 第 31 号公告所要求的,把投资销售的资本增益与投资公允市价的净值结合起来。若分别核算这两个项目并在财务报表附注中予以披露也是被允许的。

三、代理基金的账务处理和报表编制

(一)代理基金的基本概念

1. 定义

代理基金,也称为代管基金,是根据委托、代理关系设立的,以政府为代理人,代表委托人持有并按委托协议规定或委托人的指令处置资源的基金。当一个政府单位作为属于某一其他组织的基金的代理人时,或当一只基金被用来执行政府单位的其他基金资金的集中收集和发放功能时,都要使用代理基金。代理基金没有权力拥有也不能控制这些基金,所以这种基金没有基金余额,即代理基金所持有的所有资金都应与需经这些资金偿还的负债相等。

2. 业务控制

典型的代理基金常被用来记录财产税的征收。财产税由征管部门收缴后,再分配给合法授权的接受者。在税款分配给指定的接受者前,也可能使用代理基金来记录。代理基金还常用来记录以代理方式持有的资金、与政府单位有商业关系的承包人的存款,以及由政府单位持有的无人认领的资金。

上述业务的财产税收入并非由财产税收缴基金独有，实际的财产税要记录在普通基金、特种收入基金等基金中，代理基金只负责开展资金的收集和分配业务。通过代理基金收到的资金没有分配时，政府单位应将这些资金用于投资。若法律或政策没有要求将投资的所有或部分收益分配给被政府单位所代理的机构主体，则这些投资活动或基金业务所产生的收入或支出通常都要记录在代理人的普通基金中。

代理基金的业务控制通常不通过法律预算进行控制，在核算中也不需要使用备付金会计。对代理基金实行控制的主要依据是政府单位与基金合法“所有者”之间的协议。代理基金采用的是修正的权责发生制记账基础。

依照有关法律或者涉及的合同要求，应该就每种代理关系建立一只独立的代理基金。但某些委托协议也规定，如果代理基金的财务资源持有时间较长，也应当根据委托代理协议设立专门的代理基金。

（二）主要业务的账务处理

本财政年度，华纳市发生了以下与代理基金相关的业务：

【例 6－53】 华纳市征缴财产税 1 800 万美元，估计发生坏账 1 万美元。之后，把所有款项的 30％分别拨付给地方教育委员会、文化局和该市的普通基金。

每个政府单位都要记录其对财产税的计征情况，在相关基金中做如下账务处理：

普通基金的会计分录如下：

借：应收财产税——当期	6 000 000	
贷：估计欠征财产税——当期		1 0000
收入——财产税		5 990 000

代理基金的会计分录如下：

借：市和其他政府单位应收财产税——当期	18 000 000	
贷：应付市和其他政府单位款——当期		18 000 000

【例 6－54】 收到 1 200 万美元的税款，根据华纳市政府的规定，因提供计征财产税服务可对服务对象征收 2％的费用。税收缴清后，此项支出从地方教育委员会和文化局应得财产税收款中予以扣减，相应增加的代理基金收益作为普通基金收入处理。

代理基金的会计分录如下：

（1）税款的征收。

借：现金	12 000 000	
贷：市和其他政府单位应收财产税——当期		12 000 000

（2）税款的计算。

借：应付市和其他政府单位款	12 000 000	
贷：应付普通基金款（4 000 000＋80 000＋80 000）		4160 000
应付地方教育委员会基金款（4 000 000×0.98）		3 920 000
应付文化局基金款（4 000 000×0.98）		3 920 000

（3）税款的分配。

借:应付普通基金款　　4 160 000

　应付地方教育委员会基金款　　3 920 000

　应付堤防管区基金款　　3 920 000

　贷:现金　　12 000 000

【例 6—55】 普通基金、文化局(特种收入基金)和地方教育委员会收到以上财产税收入。普通基金的会计分录如下:

借:现金　　4 160 000

　贷:应付财产税——当期　　4 000 000

　　收入——其他收入　　160 000

文化局(特种收入基金)和地方教育委员会基金的会计分录如下:

借:现金　　3 920 000

　支出——财产税的收缴费用　　80 000

　贷:应收财产税——当期　　4 000 000

【例 6—56】 当期 3 000 美元欠征财政税被注销。代理基金的会计分录如下:

借:应付市和其他政府单位款　　3 000

　贷:市和其他政府单位应收财产税——当期　　3 000

上述会计事项在普通基金和其他任何相关基金的账簿中也应做出相应的会计分录。值得注意的是,以上所有业务既不能为代理基金带来收入,也不能为代理基金带来支出。

(三)会计报表

代理基金编制的财务报表包括“资产负债表”和“资产和负债变动一览表”。

1. 资产负债表

表 6—20

华纳市

税收代理基金

资产负债表

××××年 12 月 31 日　　单位:美元

项　目	金　额
资产:	
应收市和政府其他单位的财产税——当期	5 997 000
资产合计	5 997 000
负债:	
应付市和其他政府单位款	5 997 000
负债合计	5 997 000

2. 资产和负债变动一览表

表 6－21

华纳市
税收代理基金
资产和负债变动一览表
××××年 12 月 31 日

单位:美元

	2018 年 12 月 31 日的余额	增加额	减少额	2019 年 12 月 31 日的余额
资产:				
现金	0	12 000 000	12 000 000	0
应收财产税	0	18 000 000	12 0030 00	5 997 000
资产合计	0	30 000 000	24 003000	5 997 000
负债:				
应付市和其他政府单位款	0	18 000 000	12 003 000	5 997 000
应付普通基金款	0	4 160 000	4 160 000	0
应付教育委员会基金款	0	3 920 000	3 920 000	0
应付文化局基金款	0	3 920 000	3 920 000	0
负债合计	0	30 000 000	24 003000	5 997 000

第三节　美国政府财务报告的编制与分析

一、政府财务报告的基本概念

(一)政府财务报告的定义

政府财务报告是报告主体对一定会计期间财务活动及至整个主体各项活动进行系统、全面的总结和报告,用于反映和评价政府主体的绩效水平和受托责任的履行情况,是向信息使用者提供财务会计及相关信息的载体,也是信息使用者评价业绩及做出相关决策的重要依据。

政府财务报告应当有助于信息使用者评估政府期末的财务状况、财政资金的使用和运用方面的限制以及各种资产的潜在损失和收益;明晰政府当年收入和支出平衡状况;当年收入的取得和资金的运用是否与预算、相关法律、契约相符;提供相关信息,以便于考察政府单位的服务质量、运行成本和业绩考核,为下期的投资做出改进的策略。

为达到控制特定资金的来源与运用以及考核政府整体财务状况的目的,美国实行日常以基金为主体进行会计核算、期终以政府为主体进行财务报告。

(二)政府财务报告的目标

政府财务报告主要目标是提供满足报告使用者需求的信息,提供有助于广大使用者对资源分配做出决策以及评价主体财务状况、业绩和现金流量的信息,反映主体对受托资源管理责任,提供有助于预测持续经营所需资源、持续经营所产生资源以及风险和不确定性的信息。[①]

① 赵建勇:《政府财务报告问题研究》,上海财经大学出版社 2002 年版。

政府财务报告应提供全面财务信息以帮助使用者评价政府的受托责任。

政府财务报告不仅要满足内部使用者的要求,更应该满足外部使用者的要求。外部主要使用者包括公民、立法及监察机构、投资者和信贷者。政府财务报告目标的选择,直接决定着政府财务报告披露内容、形式,并决定着政府会计准则中会计主体、会计基础、会计政策等相关问题。

合理评价政府的受托责任(Accountability),典型的方法就是政府行为的"3E"状况。

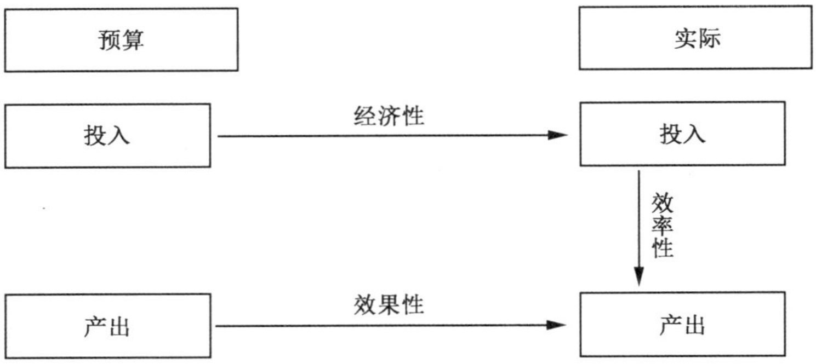

图 6—1 "3E"政府受托责任评价指标

经济性(Economy),是指以最低的资源耗费,获得一定数量和质量的产出。从政府投资运作的经济性角度评价政府行为,确定政府的服务成本是否最优化。

效率性(Efficiency),是指从一个部门或一个项目的资源投入,力争取得最大的产出或确保以最小的资源投入取得一定数量的产出。政府行为的导向应该是在保证社会公平的基础上提高政府的效率,实现效率和公平的平衡发展,有效地提供公共服务品。

效果性(Effectiveness),是指既定的目标实现的程度或一项活动预期的影响与实际影响之间的关系。

(三)政府财务报告主体

政府财务报告编制至少包括两个层面:一是政府各部门,二是政府整体。政府各部门负责编制本部门年度财务报告,各级政府分别由各级财政部门编制本级政府整体财务报告。财政部负责汇总地方各级政府综合财务报告。此外,社会保障基金涉及社会养老、医疗等政府未来负债情况,与政府整体财务状况密切相关,应将其作为独立的基金报告主体,按一定的权责发生制基础,提供相应的财务报告。

政府会计核算主体和政府财务报告主体的区别为:政府财务报告主体(Financial Reporting Entity)通常应当包括一级政府,一级政府对其负有财务受托责任的组织机构,与一级政府关系密切、意义重大的机构等。如果不包括这些机构可能使报告主体的财务报表不完整和产生误导。政府财务报告主体必须是一级政府(Primary Government),满足以下三个条件:管理层是经过单独选举产生的;是独立的法人实体;在财政上是独立的。

识别一个机构是否纳入一级政府的财务报告,关键因素是财务受托责任(Financial Accountability),判断是否负有财务受托责任的标准:(1)一级政府是否能够独立任命该机构管理委员会中的大多数成员;(2)一级政府是否能够将其意志强加于该机构上;(3)该机构是否能够给一级政府带来潜在的收益或者财务负担。

二、美国政府综合财务报告的体系

一个全面、完整的政府财务报告体系,不仅仅能够使得广泛的政府财务信息使用者获得所需要的有关政府的受托责任、财务管理、偿债能力等各方面的信息,更主要的是能加强对政府的整体财务状况和工作绩效的监督。政府最终编制的是年度综合财务报告(Comprehensive Annual Financial Report),具体包括:简介部分,财务报告正文部分,审计报告,通用财务报表,图表、单项基金和各类账户报表以及合并报表。

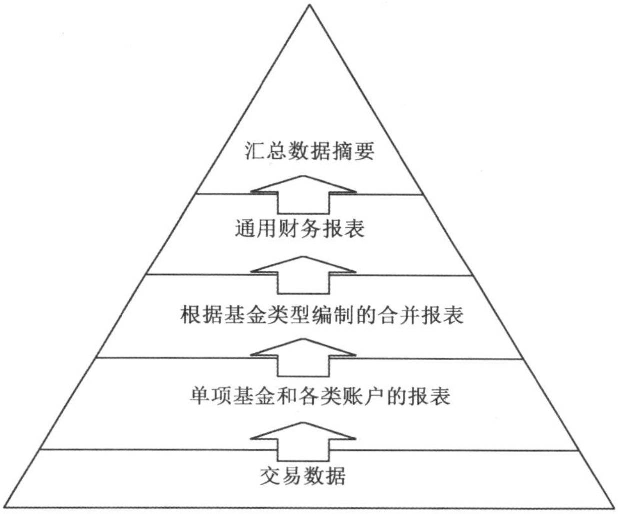

图 6—2　美国政府综合财务报告统计表数据归集过程

美国政府财务报告按照不同信息使用者的要求,建立详略程度不同的“金字塔”形财务报告结构(见图 6—2)。每个层次的财务报表都附有财务报表附注,并可以单独对外报送。

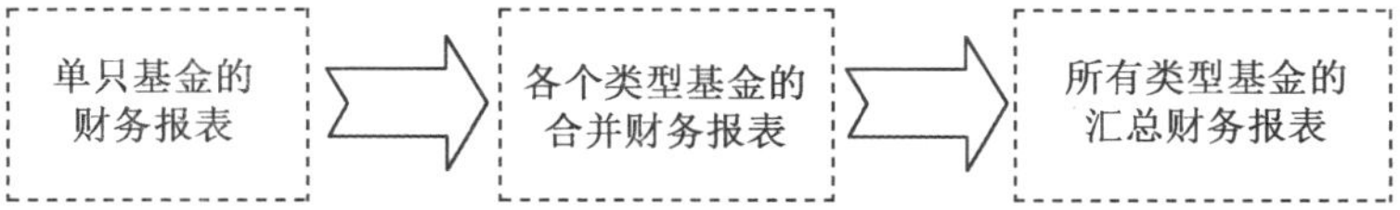

图 6—3　美国政府综合财务报告编制流程

在帮助政府履行公共受托责任的总体目标下,美国政府财务报告体系包括:

(1)审计报告;

(2)精简数据摘要;

(3)通用财务报表,包括“合并资产负债表”“合并收支及基金余额变动表”“预算与实际比较的收支及余额变动表”“合并收入费用与权益变动表”“合并现金流量表”以及报表注释;

(4)联合报表,按基金和单独列示的组成单位编制;

(5)单只基金、固定资产、长期负债等报表;

(6)附表及补充信息。

另外,美国政府会计要求编制和公布年度综合财务报告,该报告由以下三部分构成:

(1)概况部分,包括目录表、咨询资料以及其他从管理角度看应该列入的资料;

(2)财务部分,包括审计报告、通用财务报表(或合并报表)、要求的补充信息、联合基金、单个基金以及账群报表和附表等;

(3)统计表,包括按职能分类的一般预算支出、按来源分类的一般预算收入等。

三、政府财务报告可靠性保障体系

政府财务报告可靠性主要通过以下机制得以保障:

(1)政府财务官员协会(Government Financial Officer Association)颁发的财务报告可靠性证书(Certificate of Achievement for Excellent in Financial Reporting)。政府财务官员协会是最初制定政府会计和财务报告原则和注册会计师审计指南的机构,是很权威的机构,由其审核政府的财务报告,可以保证其可靠性和真实性。

(2)标准普尔(S&P)等评级机构的评级。标准普尔是世界权威金融分析机构,为投资者提供信用评级、独立分析研究、投资咨询等服务,包括反映全球股市表现的标准普尔全球1200指数和作为美国投资组合指数的基准的标准普尔500指数等一系列指数。1975年,美国证券交易委员会SEC认可标准普尔为"全国认定的评级组织"或称"NRSRO"(Nationally Recognized Statistical Rating Organization)。目前,标准普尔已成为一个世界级的资讯品牌与权威的国际分析机构。

(3)外部独立审计。外部审计是指独立于政府机关和企事业单位以外的国家审计机构所进行的审计,以及独立执行业务会计师事务所接受委托进行的审计。外部独立审计的优点是审计人员与管理当局不存在行政上的依附关系,可以保证审计的独立性和公正性。

(4)其他金融机构诸如银行、证券公司等。银行和金融机构也会定期地根据与政府机关的财务往来,仔细核算财务报表和计划,判定政府财务报表信息的真实性。

四、政府财务报表分析

(一)政府财务报表分析框架

政府财务报表分析是以政府基本活动为对象、以财务报表为主要信息来源、以分析和综合为主要方法的系统认识政府的过程,其目的是了解过去、评价现在和预测未来,以帮助报表使用者改善决策。

财务报表分析的起点是阅读财务报表,终点是做出某种判断(包括评价和找出问题),中间的财务报表分析过程,由比较、分类、类比、归纳、演绎、分析和综合等认识事物的步骤和方法组成。其中,分析与综合是两种最基本的逻辑思维方法。因此,财务报表分析的过程也可以说是分析与综合的统一。

1."3E"评价的基础

"3E"评价的基础是业务活动表。评价政府活动的"3E"关键指标,具体可以运用以下指标进行分析:

(1)支出/收入比率：以最小的支出获得最大的收入符合效率原则。

(2)收入构成分析——稳定的收入、暂时性收入：稳定的收入占总收入的比重越大，表明政府收入越稳定。

(3)支出构成分析——持续的支出、暂时性支出：关注持续性的支出有助于了解政府的资金支出的明细，了解资金的来龙去脉，便于更好地做成本效益分析。

2. 债务风险分析的基础

债务风险分析的基础是资产负债表和现金流量表。评价债务风险的关键指标包括：

(1)短期债务风险：速动比率、流动比率、现金比率

短期偿债能力是偿还流动负债的能力，短期偿债能力的强弱取决于流动资产的流动性，即资产转换成现金的速度。流动资产的流动性强，相应的短期偿债能力也强。因此，通常使用营运资本、流动比率、速动比率和现金比率衡量短期偿债能力。

(2)长期债务风险：资产负债率、负债结构、资产结构

长期偿债能力是指对债务的承担能力和对偿还债务的保障能力。长期偿债能力的强弱是反映财务安全和稳定程度的重要标志。

3. 政府绩效评价标杆(benchmark)的选择

国外政府绩效评估发展最具代表性的评估方法除"3E"评价法外，还有标杆管理法和平衡记分卡法。"3E"评价法是政府绩效评估在方法探索上的开端；标杆管理法预示着对政府绩效全面评估的开始；平衡记分卡法明确提出政府要以长远的眼光对社会的发展做出远景规划，思考其在社会发展中应承担的使命，指导政府绩效评估。①

(1)"3E"评价法

为了更好地控制政府财政支出，节约成本，20 世纪 60 年代，美国会计总署率先把对政府工作的审计重心从经济性审计转向经济性、效率性、效果性②并重的审计，从单一指标扩展到多重指标，这就是政府施政绩效评估的雏形，俗称"3E"评价法。可以看出，效率只注重数量，而效益或称为效能更强调质量，强调结果的满意。因此，效益指标是最具综合性的一个评估指标。③ "3E"评价法更强调成本的节约，强调经济性，这是"3E"评价法的根本价值准则。

在面临严重的财政危机的情况下，美国政府不得不更强调经济上的实用性，强调对成本的控制。1972 年，美国政府审计师用于绩效审计的工作量占到了其总工作量的 86%，足见绩效审计在美国政府审计中的地位。为了保证审计的顺利进行，其审计部门应是独立于政府行政部门的。美国政府所采取的一系列措施保证了"3E"评价法在一定程度上达到了实施目的，与此前相比，政府的财政支出更加有度与合理。

由于政府在社会中所追求的价值理念(如平等、公益、民主等)和"3E"评价法单纯强调经济性之间存在矛盾与冲突，"3E"评价法暴露出一系列的不足，需要补充和完善。因此后来又加入了"公平"指标，发展为"4E"。但这些改进和完善都无法消除这一方法本质所内含的不足：一方面是因为"3E"评价法本身只强调经济性，较为片面，缺乏统揽全局的能力；另一方面

① 郭亚军、姚爽：《公共支出绩效评价研究综述》，《地方财政研究》2010 年第 1 期。

② 所谓"经济"，是指投入成本的降低程度；"效率"指标反映所获得的工作成果与工作过程中的资源消耗之间的对比关系；"效益"指标通常用来描述政府所进行的工作或提供的服务在多大程度上达到了政府的目标，并满足了公众的需求。

③ 丁之合：《国外政府绩效评估方法比较研究》，《软科学》2005 年第 5 期。

由于政府是国家这一政治共同体内部进行价值的权威性分配的非营利性管理组织,其作用主要表现在为经济发展创造条件并提供服务,以增加社会福利。政府公共部门的非营利性、目标的弹性和软目标性,使得政府投入尤其是产出难以量化。

为了避免"3E"审计的片面性,美国的政府绩效评估体系由硬性指标和软性指标共同构成:硬性指标是由美国会计总署承担的对政府的绩效审计;软性指标是由社会大众对政府的评价,定期发布政府支持率,以增强政府执政地位的合法性和政策的权威性。

(2)标杆管理法

"3E"评价法存在的内在矛盾促使政府绩效评估方法的进一步探索。随着新公共管理理论的发展,企业化政府、市场化政府呼声的高涨,政府管理借鉴私营企业的做法越来越多,标杆管理法的应用就是其中之一。美国俄勒冈州是以标杆管理法的成功实施而著称的一个州级城市。20 世纪 80 年代由州政府直接领导的俄勒冈进步委员会正式成立,全面的标杆管理法就由该组织集中推进。在 20 年的时间里,该方法促进了政府绩效的明显好转,成功的核心就在于制定了一套科学、合理、全面的指标体系。

与"3E"评价法相比,标杆管理的指标体系比较全面,除了经济层面的指标外,还包括政府提供的公共产品(如教育质量的比较评估)、政府在公益性活动中所做努力的指标等。杠杆管理指标体系的内容在一定程度上引导着政府努力的方向:一方面,标杆管理可以使政府全面考虑自身在社会中应承担的责任,从而对社会的全面发展起到领导作用;另一方面,标杆管理在评估方法上具有独特性,通过比较来实现评估。

标杆管理法的第一步是确定标杆,作为政府奋斗的目标,在每一个实施阶段结束后都把结果与确定的标杆相比较,进行阶段性的总结评估,以对下一阶段的方法做出调整,直至最后达到标杆水平,确定更高的标杆。

(3)平衡计分卡法(Balanced Score Card,BSC)①

平衡计分卡法从四个角度——顾客、财务、内部业务和内部创新与学习来管理组织的绩效,并要求彼此之间保持适度的平衡。平衡计分卡在公共部门同样存在适用的可能性。从平衡计分卡本身的思想精髓及其具体内容来看,该方法在公共部门应用的关键有:①公共部门(这里主要讨论政府部门)对自身战略、使命的准确分析和把握,并对该战略在政府内部各部门的分解。②公共部门对服务对象即"顾客"的正确认识。③公共部门内部的不断学习、变革和创新氛围的形成,建立学习型政府。

平衡计分指标体系分为三个层次:第一层次包括四个领域,即财务、顾客、内部业务和内部学习与创新。第二层次即上述每个领域所包含的内容。财务领域主要是组织怎样满足公民需求的财务信息;顾客领域就是政府所面临的服务对象;内部业务领域主要是政府在业务领域内所必须擅长的技能;内部学习与创新领域主要是政府人员的自我学习和提高的能力。第三层次即每一领域内的每一内容上的具体的、可量化的测评指标。

平衡计分卡的优势体现在把政府对社会发展所承担的眼前责任与长远责任结合起来,政府不仅要实现财政收支的平衡,更重要的是要承担起引导社会良性发展的重任。在政府绩效

---

① 平衡计分卡法是 1992 年,哈佛商学院教授罗伯特·卡普兰和大卫·诺顿开发的一种新型的侧重于企业的绩效评估方法。

评价体系的建设过程中，政府绩效评价标准的设计很重要，为政府绩效评价提供数据的政府会计信息和其他有关信息则更加重要。从这个角度讲，若建立起科学、合理的政府绩效评价体系，离不开政府会计的改革和政府财务报告所提供的信息。如果要评价财政项目的有效性，就必须依赖于政府会计提供有关项目成本的信息和由项目所形成资产的信息；如果要评价某一政府或者部门的工作业绩和可持续发展能力，还依赖于政府财务报告中所包括的营运绩效表和资产负债表所提供的有关收入、费用、资产、负债信息等。[①]

（二）政府财务报表分析方法

财务报表分析，又称财务分析，以财务报表和其他资料为依据和起点，采用专门方法，系统分析和评价过去和现在的经营成果、财务状况及其变动。财务分析的最基本功能是将大量的报表数据转换成对特定决策有用的信息，减少决策的不确定性。财务报表分析的基本方法有趋势分析、结构分析、预算数和实际分析。

1. 纵向分析——趋势分析

趋势分析法，是通过观察连续数期的财务报表，比较各期的有关项目金额，分析某些指标的增减变动情况。在此基础上判断其发展趋势，从而对未来可能出现的结果做出预测的一种分析方法。运用趋势分析法，报表使用者可以了解有关项目变动的基本趋势，判断这种趋势是否有利并对未来发展做出预测。

2. 横向分析——结构分析

结构分析法，是指将财务报表中某一关键项目的数字作为基数（即为100%），再计算该项目各个组成部分占总体的百分比，以分析总体构成的变化，从而揭示出财务报表中各项目的相对地位和总体结构关系。

3. 目标分析——预算数和实际分析

将报告期的预算数额作为比较的标准，实际数与预算数的差距就能反映完成预算的程度，可为进一步分析和寻找潜力提供方向。目标分析方法的主要作用在于揭示客观存在的差距以及形成这种差距的原因，有利于政府发现问题，挖掘潜力，改进工作。这是各种分析方法的基础，不仅报表中的绝对数需通过比较才能说明问题，计算出来的财务比率和结构百分数也需与有关资料（比较标准）进行对比，才能得出有意义的结论。

本章小结

“权益型基金”(Proprietary-type Funds)是在政府部门管理类似于商业企业所从事的经济业务活动时使用的基金类型。根据所提供对象的不同，权益基金可以分为内部服务基金和企业基金。政府权益基金采用应计制基础确认、计量和记录业务运营活动的收支，并计算业务运营活动的净收益。政府权益基金编制报表包括“资产负债表”“收入、费用和基金权益（或留存收益）变动表”“现金流量表”，以反映其财务状况、经营成果及现金流量等情况。

“内部服务基金”是政府为了向各部门各单位或其他政府机构提供物品或服务而设立的基

① 丁之合：《国外政府绩效评估方法比较研究》，《软科学》2005年第5期。

金,主要包括生产业务、物资采购业务和提供各种服务或劳务。企业基金用于处理与企业相类似的财务及其他活动,这类活动由经营管理机构按照持续经营的原则,将为社会公众提供物品或服务的成本(包括各项费用和折旧等)通过向消费者或服务对象收费的方式收回,以保全政府投入的资本,使公共政策、管理控制、受托责任或其他目标得以落实。

"政府受托基金"是用于处理政府机构以信托人或代理人的身份接受个人、私人机构、其他政府单位或其他政府基金资产的保管或监管而设置的基金。政府受托基金可分为"养老信托型基金""不动本信托基金""备用信托基金""投资信托基金"和"代理基金"等种类。

政府财务报告是报告主体对一定会计期间财务活动及至整个主体各项活动进行系统、全面的总结和报告,用于反映和评价政府主体的绩效水平和受托责任的履行情况,是向信息使用者提供财务会计及相关信息的载体,也是信息使用者评价业绩及做出相关决策的重要依据。美国政府财务报告按照不同信息使用者的要求,建立详略程度不同的"金字塔"形财务报告结构:①浓缩、总括的财务报表;②通用财务报表(概括性合并报表);③按基金类型编制的合并财务报表;④单只基金及账户群报表。每个层次的财务报表都附有财务报表附注,并可以单独对外报送。至今,国外政府绩效评估发展最具代表性的评估方法主要有三种:"3E"评价法、标杆管理法和平衡计分卡法,这些方法分别代表了政府绩效评估的三个不同发展阶段:"3E"评价法是政府绩效评估在方法探索上的开端;标杆管理法预示着对政府绩效全面评估的开始;平衡计分卡法明确提出政府要以长远的眼光对社会的发展做出远景规划,思考其在社会发展中应承担的使命,指导政府绩效评估。

关键词

政府权益基金　内部服务基金　企业基金　试算平衡表　政府受托基金　养老信托型基金　不动本信托基金　备用信托基金　投资信托基金　代理基金　固定收益养老金计划　固定供款养老金计划　公务员退休保障体系　政府财务报告　美国政府财务报告的编制与分析　政府绩效评价标杆　报表分析方法　趋势分析　结构分析　目标分析

思考题

1. 简述内部服务基金服务价格的确定方法。
2. 内部服务基金的资金来源有哪些?如何通过预算进行控制?
3. 公交事业基金的设立目的是什么?主要业务包括哪些?
4. 简述美国两种养老金计划的区别。
5. 代理基金的特征是什么?为什么设置代理基金?
6. 备用信托基金和不动本信托基金的联系和区别是什么?
7. 简述政府财务报告主体的含义。
8. 比较"3E"和"4E"的区别,说明原因。

参考文献

1. Implementation Guide No. 2016－1, Implementation Guidance Update—2016, GASB, 2016.3.

2. 财政部:《权责发生制政府综合财务报告试编办法》,2010 年。

3. 财政部:《政府性基金管理暂行办法》,2010 年。

4. 财政部:《中华人民共和国预算法(2014 年修正)》,2015 年。

5. 财政部:《中华人民共和国财政部令第 78 号——政府会计准则——基本准则》,2015 年。

6. 财政部:《财政部关于印发〈政府财务报告编制办法(试行)〉的通知》,2015 年。

7. 财政部:财政部会计司有关负责人就印发《政府会计准则第 1 号——存货》等 4 项具体准则答记者问,2016 年。

8. 财政部:财政部会计司有关负责人就印发《政府会计准则第 5 号——公共基础设施》和《政府会计准则第 6 号——政府储备物资》答记者问,2017 年。

9. 财政部:《政府会计准则第 7 号——会计调整》,2018 年。

10. 财政部:财政部会计司有关负责人就印发《政府会计准则第 8 号——负债》答记者问,2018 年。

11. 财政部:财政部会计司有关负责人就印发《政府会计准则第 9 号——财务报表编制和列报》答记者问,2018 年。

12. 财政部:《2019 年政府收支分类科目》,2018 年。

13. 财政部:《关于 2018 年中央国有资本经营预算的说明》,2018 年。

14. 财政部办公厅:《关于征求对政府财务报告编制办法及操作指南修订意见的函》,2019 年。

15. 财政部办公厅:《关于征求〈政府会计准则第 10 号——政府和社会资本合作安排〉及应用指南意见的函》,2019 年。

16. 常光辉、刘文佳、李靠队:《政府会计与企业会计等式比较》,《财会通讯》2016 年第 22 期。

17. 丁之合:《国外政府绩效评估方法比较研究》,《软科学》2005 年第 5 期。

18. 杜莉、徐晔:《中国税制》(第六版),复旦大学出版社 2017 年版。

19. 盖地:《政府会计》,立信会计出版社 2001 年版。

20. 郭磊、郭玲编著:《政府会计》,南开大学出版社 2005 年版。

21. 郭亚军、姚爽:《公共支出绩效评价研究综述》,《地方财政研究》2010 年第 1 期。

22. 黄鑫、郝向华、王红霞:《谈我国政府会计核算的会计基础》,《山东经济》2006 年第 4 期。

23. 景宏军、王蕴波:《我国政府会计改革:理论探源与流程创新》,黑龙江大学出版社 2012 年版。

24. 李定清、张国康、章新蓉:《中西政府与非营利组织会计比较研究》,重庆出版社 2001 年版。

25. 林世怡、林华编著:《财务报告和分析——企业、政府和行政事业单位财务报告分析》,复旦大学出版社 2007 年版。

26. 楼继伟、张弘力、李萍:《政府预算与会计的未来》,中国财政经济出版社 2002 年版。

27. 卢平:《浅析美国会计准则制定机构的演变及其对我国的启示》,《金卡工程·经济与法》2009 年第 11 期。

28. 路军伟、陈希晖:《法国政府预算与政府会计改革:评介与借鉴》,《审计与经济研究》2009 年第 3 期。

29. 马蔡琛:《政府预算》,东北财经大学出版社 2018 年版。

30.[美]罗伯特·J. 弗里曼、克雷格·D. 肖尔德斯著,王建英等译:《政府与非营利组织会计理论与事务》,清华大学出版社 1999 年版。

31.[美]约瑟夫·R. 拉扎克等著,张志超、蔡方、郭玲等译:《政府与非营利组织会计导论》,机械工业出版社 2003 年版。

32. 孟凡利:《当代西方政府和非营利组织会计》,东北财经大学出版社 1997 年版。

33. 人民网:十八届三中全会《中共中央关于全面深化改革若干重大问题的决定》,2013 年。

34. 施锦明:《政府会计》,中国财政经济出版社 2018 年版。

35. 孙琳:《政府会计》,复旦大学出版社 2015 年版。

36. 孙琳、陈舒敏:《债务风险、财政透明度和记账基础选择——基于国际经验的数据分析》,《管理世界》2015 年第 10 期。

37. 王晨明、周欣:《政府会计实务及案例解析》,立信会计出版社 2018 年版。

38. 王敏:《国库集中收付制度研究》,经济科学出版社 2002 年版。

39. 王雍君:《政府会计体系三分法与预算会计的优先完善》,《会计之友》2017 年第 4 期。

40. 行政单位会计制度研究组:《行政单位会计制度讲解》,东北财经大学出版社 2014 年版。

41. 邢俊英:《政府会计》,东北财经大学出版社 2016 年版。

42. 严刚、王双蕾、师慧:《基于权责发生制的政府综合财务报告编制探讨》,《经贸实践》2018 年第 18 期。

43. 张琦:《政府会计改革:系统重构与路径设计》,东北财经大学出版社 2011 年版。

44. 赵建勇:《政府财务报告问题研究》,上海财经大学出版社 2002 年版。

45. 赵建勇:《政府与非营利组织会计》,复旦大学出版社 2005 年版。

46. 赵建勇:《政府与非营利组织会计》(第二版),复旦大学出版社 2008 年版。

47. 政府会计制度编审委员会:《政府会计制度详解与实务》,人民邮电出版社 2018 年版。

48. 中华人民共和国财政部会计司:《政府会计制度——行政事业单位会计科目和会计报表》(财会〔2017〕25 号)。